상고제도론

세계 각국의 상소제도 및 한국 상고제도 개혁방안

오용규 저

法 文 社

감사말씀

2014년 12월 갑자기 국회 여야의원들 168명이 상고법원 도입을 위한 법률개정안을 발의하였다. 창원지방법원에서 부장판사로 근무하고 있던 필자는 국회와 법원행정처가 대단한 논의를 거쳐 법률개정안을 발의하였겠거니 생각하였다. 이런 큰 변화가 어떻게 이렇게 급작스럽게 발의되었을까 하는 일말의 의구심을 가지기는 하였으나 그러려니 하였다. 창원에서 근무할 때 상고법원 제도 추진에 대한 설명을 하기 위하여 법원행정처에서 판사들이 내려오기도 하였다. 과반수가 넘는 국회의원이 상고법원 도입을 위한 법률안을 발의하였음에도 상고법원 도입이 지지부진했고, 법원행정처는 여러 방면으로 최선의 노력을 다하는 것으로 보였다.

사실관계가 분명해 보이는 소송이 대부분이기는 하지만 치열한 다툼이 있는 소송에서는 실체적 진실을 밝히는 것이 너무나도 어렵다. 원고, 피고 얼굴만 보면 딱 알 수 있으면 좋으련만 그런 관심법이 소송에서는 전혀 통하지 않고, 결국 원고, 피고가 제출한 증거의 우열을 따져서 판단할 수밖에 없다. 1심, 2심은 그래도 원고, 피고 또는 그 대리인들의 얼굴이라도 볼 수 있고, 소송 진행 경과를 몸소 느낀 법관들이 재판을 하는데, 3심은 단지 서류 심사만으로 판단을 하게 된다. 따라서 3심이 원심의 명백한 오류 수정 및 법률판단을 하는 것 이외에 사실관계를 수정하는 것이 과연 바람직한지에 대한 의구심을 늘 품고 있었다. 개인적으로는 상고법원이 도입되면 상고심에서 심리불속행이 아닌 실질 판단을 하게 될 것이고 1심이나 2심뿐만 아니라 3심도 변호사들이 사건 수임함에 있어 큰 역할을 하겠구나 하는 생각을 하면서 애꿎은 국민들은 이제 3심 및 파기환송심 수임료 부담 및 소송 장기화 걱정을 해야 하는 것이 아닌지 하는 걱정을 하였었다.

그러던 중 2017년 법원 내 국제인권법학회의 회원 중 한 명인 이탄희 전 판사에게 부당한 압박이 가하여졌다는 의혹이 터져 나왔고, 이에 대한 진상조사가 이루어지게 되었다.

그 때 필자는 중국정법대학 박사학위논문을 준비하고 있었는데, 한국에서 그 때까지 이루어진 연구논문, 공청회 자료, 법원 내부 연구자료들이 상당히 쌓여 있어서 이러한 자료들을 활용하여 영미법계와 대륙법계의 상고제도를 비교법적으로 연구분석하고 한국 상고제도의 역사, 개정 논의에 대하여 논문을 쓰면 중국 학자들에게도 유용한 자료가 될 수 있겠다고 생각하고 지도교수님과 협의하였다.

당시 법원 내에서 상고제도 개혁을 위한 많은 준비를 하였었는데, 법원 외국사법제도연구반에서 집필한 세계 각국의 1심, 항소심, 상고심에 대한 연구 책자, 서울대학교 산학협력단에서 연구한 여러 논문들, 사법정책연구원에서 발간한 책들이 있었고, 그 외에도 학계와 실무가들이 작성한 상고제도에 관한 각종 논문들이 있었다. 특히 법원 외국사법제도연구반의 책자들은 외부에 출간된 것이 아니어서 일반인이 접하기도 어려웠는데 이런 연구물들을 정리하면 상고제도 연구에 있어 좋은 기초자료가 될 수 있을 것이라고 생각했다.

우리나라 법제도는 대륙법계의 영향을 많이 받았으나 미군정의 영향으로 헌법에 삼권분립의 원칙이 확고히 규정되었고, 헌법은 사법부에게 삼권분립의 한 축으로서 매우 큰 역할 및 책임을 부여하였다. 이후에도 미국의 법제도는 한국의 소송법, 실체법에 큰 영향을 미쳤고, 결국 미국식 로스쿨 제도도 도입되었다.

상고제도 개혁은 눈에 보이는 문제를 해결하기 위한 원 포인트 법 개정으로 해결할 수 있는 문제가 아니다. 상고제도도 사법제도의 한 부분이고, 사법제도는 이를 구성하는 여러 제도들이 하나의 큰 유기체처럼 엮여 있다. 이러한 이해를 기본으로 상고제도 개혁이 다른 사법제도와 어떻게 영향을 주고 받는지에 대한 고민이 전제가 되어야 한다.

따라서 대륙법계와 영미법계가 섞여 있는 대표적인 표본이라고도 할 수 있는 우리나라 법제도 연구를 위해서 대륙법계와 영미법계의 상고제도 등 심급제도와 재판제도를 비교법적으로 연구하는 것이 필요하다고 생각하였고, 이와 함께 재판제도를 운영하는 법조인의 양성제도도 조사하였다.

한 나라의 사법제도를 바꾼다는 것, 특히 상고제도를 바꾼다는 것은 법원의 위상, 역할, 책임에 큰 영향을 미칠 수 있고 이는 결국 국민들의 생활에도 큰 영향을 미치게 된다. 단편적 개편보다는 큰 그림을 그리는 상고제도, 재판제도 개혁이 이루어졌으면 하는 바람으로 이 책이 그 기초자료가 될 수 있다면 큰 보람이 될 것 같다.

2018년 박사학위 논문을 작성한 후 시간이 많이 흘러 그 사이 논문에서 언급했던 여러 나라의 제도도 많이 바뀌었고, 우리나라 제도도 상당히 바뀌었다. 그리고 학위논문과는 의도한 방향이 달라서 내용을 상당 부분 가감, 수정하였다. 그 와중에 책 본문 중 틀린 부분이 있을 것 같은데 많은 지적이 있으면 좋겠다.

이 책이 만들어지기까지 많은 분들의 도움과 격려가 있었다. 부족한 필자를 남달리 제자로 받아 주시고 바쁜 재판 업무로 박사학위논문을 시작하지 못할 때 은근히 매년 격려해 주셨던 중국정법대학 샤오젠화(肖建华) 교수님의 따뜻한 배려와 지지에 감사드리고, 부탁 말씀을 드렸을 때 단 1초의 고민도 없이 흔쾌히 추천사를 써 주시겠다고 말씀해 주신 이인복 전 대법관님, 사법연수원 교수 시절 우리 사법제도에 대하여 늘 말벗을 해 주시고 치열하게 판례 연구와 강의 합의해 주셨던 강의교수실의 여러 교수님들께 감사의 말씀을 드린다. 이 책을 출판하는 것을 주저할 때 해보라고 지지해 주셨던 옛 동료 판사님들께도 감사의 말씀을 드리며 비록 많이 부족한 글이지만 격려와 지도의 말씀을 해 주실 것을 기대해 본다. 그리고 늘 필자가 새로운 도전을 하는 원동력이 되어 주는 제자들에게도 깊은 감사의 뜻을 전하고 싶다. 또한 이 책의 발간을 적극적으로 후원해 주신 법문사의 권혁기 차장님, 이렇게 깔끔하고 멋진 책자가 나올 수 있도록 편집·교정 작업을 완벽하게 해 주신 김용석 차장님께도 감사의 인사를 전한다.

마지막으로 늘 저를 믿고 지지해주는 부모님, 가족들과 법무법인 동인의 동료 변호사님들에게 이 책을 바치고 싶다.

추 천 사

『상고제도론 – 세계 각국의 상소제도 및 한국 상고제도 개혁방안』의 출간을 진심으로 축하합니다. 저자와는 사법연수원 시절 지도교수와 제자로 처음 인연을 맺었고, 그 이래 법조계에서 오랜 세월을 함께하며 그의 학문적 열정과 실무 역량을 가까이에서 지켜볼 수 있었습니다. 저자는 연수생 시절부터 남다른 성실함과 문제의식, 그리고 깊은 사고력을 바탕으로 동료들 사이에서 신망을 받아왔으며, 이후에도 법관과 연구자로서 꾸준히 성장하며 우리 사법제도의 발전에 기여해 왔습니다.

이 책은 저자의 오랜 연구와 실무 경험이 집약된 결과물로, 세계 주요국가들의 법원과 심급 제도, 법조인 양성, 법관 임용제도, 상고제도를 폭넓게 비교·분석하고, 이를 토대로 한국 상소제도의 현황과 개선 방향을 심도 있게 제시한 귀중한 저작입니다. 특히 미국, 영국, 독일, 프랑스, 일본 등 다양한 국가의 제도를 체계적으로 정리함으로써, 독자들이 각국 제도의 역사적 배경과 구조적 특징을 한눈에 파악할 수 있도록 하였습니다. 이 과정에서 저자는 각국 제도의 단순 비교에 그치지 않고, 심급제도와 법조인 양성 시스템 등을 유기적으로 검토하고 그 연장선 상에 있는 사법 시스템을 고찰하였으며, 각국의 사법적·사회적 맥락을 충분히 고려하여 상고제도의 본질과 실제적 효과를 입체적으로 조명하였습니다.

한국 상소제도의 발전 과정과 현행 제도의 문제점에 대한 저자의 분석은 매우 날카롭고도 균형 잡혀 있습니다. 특히 저자는 최근 논의되고 있는 대법관 증원 방안에 대해 신중한 시각을 견지하고 있습니다. 대법관의 증원은 국민의 재판받을 권리 보장, 재판의 신뢰성 확보, 사법시스템 전체의 유기적 구성 등의 관점에서 조화를 이루는 접근이 필요함을 강조하고, 과거 수차례의 상고제도 변혁과 운영 경험을 토대로 우리나라에 맞는 상고제도가 무엇인지 탐구하고 있습니다.

나아가 저자는 사실심의 충실한 강화가 가장 기본이 되어야 하고, 이를 바탕으로 한국 사법제도에 맞는 상고제한제 도입이 필요하다는 점을 역설합니다. 즉, 1심과 2심에서 충분하고 충실한 심리가 이뤄질 때 비로소 상고심인 대법원이 본연의 법률심 기능에 집중할 수 있다는 점을 강조합니다. 이러한 입장은 단순히 대법원의 업무 부담 경감이 아니라, 사법제도 전체의 신뢰와 효율성, 국민의 권리 보장이라는 큰 틀에서의 개혁 방향을 제시하는 것입니다.

대법관 증원을 비롯한 상고제도 및 재판제도의 개정은 단기간에 졸속으로 결정할 문제가 아니며, 제도 전체에 대한 고찰 없이 일정 부분의 수정에 한정할 것도 아닙니다. 삼권분립과 대법원의 역할, 사법시스템 전반의 조화와 균형 등 헌법질서에서 사법의 근본적 가치에 대한 충분한 논의와 사회적 합의가 선행되어야 하는 것입니다. 대법원의 본연의 역할은 법령 해석의 통일과 법적 분쟁에 대한 최후의 사법적 판단에 있으며, 사법제도 개혁에 관한 논의과정에서 이러한 본질적 기능이 훼손되지 않도록 신중히 접근해야 합니다. 이러한 점에서 저자의 관점은 매우 흥미롭고 현재의 제도개혁에 도움이 되리라 생각합니다.

저자는 사법연수생 시절부터 지금까지 원칙을 중시하고, 항상 실력과 인품을 겸비한 법조인으로 성장해 왔습니다. 지도교수로서, 그리고 오랜 동료로서 저자의 학문적 성취와 헌신에 깊은 자부심을 느낍니다. 이 책이 우리나라 사법제도의 발전에 소중한 밑거름이 되기를 기대하며, 앞으로도 저자의 건승과 학문적 발전을 기원합니다.

이 인 복*

---

* 전 대법관, 제18대 중앙선거관리위원회 위원장

차 례

緖 論

제 1 장

세계 각국의 사법제도, 상소제도의 비교

제1절 미 국

제2절 영 국

제3절 독 일

제4절 프 랑 스

제5절 일 본

제 2 장

한국의 심급·상소제도 및 상소제도의 변천

제 1 절 한국의 심급·상소 제도

제 3 장

한국 민사소송 상소제도 및 적용 중의 문제

제1절 한국 민사소송 상소제도의 주요 내용

제2절 한국 민사소송 제2심(항소심)제도의 문제점

제 4 장

한국 상소제도 개선 논의 및 그 평가

제1절 2002년 민사소송법 개정 당시 상소제도 개선 논의

제2절 최근 한국에서의 상고제도, 상고심 심리방법 개선을 위한 논의

제 5 장

실현 가능한 상소심 개혁방안의 모색

제3절 1심 강화를 위한 제도 개선 방안

제4절 항소심과 상고심의 구조 개선 방안

結 論

부 록

상고심 개혁 논의의 고려 요소들(법률신문 기고문)

緖 論

Ⅰ. 상고법원의 추진과 사법행정권남용 의혹 사건[1]의 발생

수년 전 법원은 이른바 사법행정권남용, 재판 거래 등 의혹 문제로 역사상 유례 없는 위기를 겪었고 아직도 그 위기가 완전히 극복되었다고는 보기 어렵다. 양승태 전 대법원장은 자신의 재임 시기 한국 법원의 오랜 숙원사업이었던 상고제도 개혁을 시도하면서 그동안 제시되었던 여러 방안 중에 상고법원 제도 도입을 강하게 추진하였다.

2014년 12월 19일 국회의원 168명이 복잡하고 다양한 법률과 관련된 갈등 및 분쟁의 급증 등 변화하는 사법 환경에 맞춰 보다 신속하고 충실한 상고심 심판으로 국민의 재판청구권을 보장한다는 목적으로 상고법원 도입에 관한 법률개정안을 발의하였다. 이 개정안의 주된 내용은 모든 상고사건은 대법원에 접수된 후 법률에서 대법원이 필수적으로 심판하도록 정한 사건 이외에는 대법원이 사건 심사를 하여 심판할 법원을 정하는데, 법령 해석의 통일 또는 공적 이익과 관련 있는 사건은 대법원이 담당하고, 그러한 관련성이 인정되지 않는 사건은 상고법원이 담당한다는 것이다. 상고법원은 만장일치로 결론을 내리고, 만장일치가 되지 않으면 대법원이 심판하며, 상고법원의 판결에 대해서는 더 이상 불복할 수 없고, 헌법위반, 판례위반의 예외적 경우에만 다시 대법원의 최종적 판단을 받을 수 있도록 하였다.

법원행정처는 위 법률개정안이 국회를 통과할 수 있도록 2014년부터 2015년까지 모든 행정력을 동원하여 추진하면서 상고법원 도입 필요성에 대한 대국민, 대국회 설득작업을 하였고, 상고법원 도입을 지지하는 논문을 작성하고 공청회 등을 개최하였으며, 상고법원 도입에 있어 결정적인 영향력을 끼칠 수 있는 청와대 설득작업에도 온 힘을 다하였다. 이 와중에 법원 내 국제인권법학회의 회원

---

1) 대법원 자체 진상조사 단계에서 사용된 공식 명칭으로 사법부 내부 조사 보고서, 공식 문서 등에서는 "사법행정권 남용 의혹"이라는 표현을 사용하였으나, 검찰 수사와 언론 보도에서는 "사법농단"이라는 용어로 사용되었다.

중 한 명인 이탄희 전 판사에게 부당한 압박을 가하였다는 의혹이 터져 나왔고, 이에 대한 진상조사가 이루어지게 되었다. 이를 계기로 소외 사법행정권남용 의혹 사건이 불거졌고 법원은 큰 혼란에 빠지게 되고 일부 법관들이 재판을 받는 실정에까지 이르게 되었으며 지금까지도 그 재판들이 모두 종결되지 않고 있다.

법원이 지속적으로 요구하여 온 상고제도의 개혁 문제가 이러한 사건 발생의 원인이 되었다고 할 수 있다. 상고제도 개혁의 문제는 사법제도 개혁의 핵심 사항이라고 할 수 있는데 당시 논의되었던 내용들을 정리하는 것이 향후 법개정 논의에 도움이 될 것으로 생각한다. 또한 최근 대법관 증원 필요성이 갑자기 대두되면서 2025년 6월 4일 국회 법제사법위원회 소위원회를 통과한 '대법관 증원법'(법원조직법 개정안)은 대법관 정원을 기존 14명에서 30명으로 늘리는 내용을 골자로 하고 있으며 향후에도 대법원 개혁에 대한 논의가 이어질 것으로 예상되는데 이러한 논의에도 도움이 될 것으로 기대한다.

Ⅱ. 상고제도 개혁논의의 전제

상고제도를 포함한 심급제도, 즉 국민이 자신의 권리를 구제받기 위하여 법원에 소송을 제기하고 이에 불복하는 경우 상급심에 항소를 제기하고 이에 다시 불복하는 경우 최종심 법원에 상고를 제기하는 제도는 각 나라의 역사와 상황에 따라 서로 다르게 발전되어 왔다. 어떤 나라에서는 당사자의 권리구제를 더 우선하여 심급제도를 만들기도 하였고, 어떤 나라에서는 법령 해석적용의 통일을 통하여 법을 지속적으로 발전시킨다는 공공의 이익을 더 우선하여 심급제도를 만들기도 하였다. 그러나 세계 대부분의 나라에서 상고심[2] 법원의 역할은 당사자의 권리구제의 측면도 있지만 가장 중요한 것은 법령 해석적용의 통일을 통하여 하급심 판결에 대하여는 통일적인 기준을 제시하여 명확하게 정리해 줌으로써 국민들에게 그와 같은 법률분쟁이 앞으로는 생기지 않도록 하는 행동지침을

2) 본서에서 상고심이란 최종심을 일컫는 용어로 사용한다. 세계 각국의 재판제도를 살펴보면 어느 나라에서는 2심이 최종심이고, 어느 나라는 3심이 최종심이다. 한 나라의 재판제도 내에서도 어떤 사건은 2심으로 마쳐지기도 하고, 어떤 사건은 3심으로 마쳐지기도 한다. 그러므로 세계 각국에서 상고심의 의미는 같지 않지만 최종심을 상고심이라고 본다면 어느 정도 비슷한 역할(법령 해석의 통일 및 당사자의 권리구제)을 하고 있다고 볼 수 있다.

주는 것이라고 할 수 있다.

그런데 이러한 상고제도는 1심 및 2심 재판의 운영형태와 밀접한 관련이 있다. 1심 재판이 얼마나 충실히 심리되는지, 배심에 의한 재판이 이루어지는지 아니면 직업법관에 의한 재판이 이루어지는지 등의 문제와 큰 관련이 있으며, 1심 재판에 대하여 불복하여 이루어지는 2심 재판의 심판 범위, 심리방식, 사실심 또는 법률심인지 여부, 2심 재판의 재판부가 어떻게 구성되는지 등의 문제와도 큰 관련이 있다.

그러므로 상고제도에 대한 검토는 반드시 1심 및 2심 재판 운영 형태의 개선과 같이 논해져야 한다. 1심, 2심 재판의 운영은 변함이 없는데 상고심만 개혁한다고 하여 성공적인 상고심 개혁이 되기 어렵다.

한국은 1948년 건국 이래로 수차례 상고제도에 대한 개혁이 있었다. 처음에는 대법원이 모든 상고사건을 담당하다가 1959년 법원조직법 개정으로 대법원에 대법관과 대법원판사를 두고 재판은 대법관 1인 이상을 포함한 5인으로 구성된 합의부에서 하고, 중요한 사건은 대법관만으로 구성된 합의부에서 담당하도록 하여 대법원을 이원적으로 구성하였다. 1961년에는 법원조직법 개정으로 대법원에는 전원합의부만 두고 소부를 폐지하며, 1심 단독사건에 관한 상고심을 담당하기 위하여 고등법원에 상고부를 설치하였다. 1963년에 고등법원 상고부를 폐지하고 다시 대법원만 상고사건을 담당하였다. 1981년에는 상고허가제를 도입하여 대법원의 상고허가를 받은 사건에 대하여만 상고심 심리를 하였다. 이러한 상고허가제는 많은 비판을 받았고, 1987년 상고허가제를 폐지하고 상고 심리불속행(審理不續行) 제도를 신설하여 현재까지 시행하고 있다.

그러나 이러한 심리불속행 제도에 대하여도 많은 문제가 발생하여 비판을 받고 있는데, 심리불속행 제도를 시행하였음에도 상고심 사건이 꾸준히 증가하여 대법관 1인당 사건수가 3,000건이 초과하여 대법관의 사건 부담이 상상을 초월할 정도에 이르렀으며, 사건 당사자들은 대법원이 심리도 하지 않고 판결이유도 작성하지 않은 채 심리불속행 판결을 한다는 불만을 꾸준히 제기하고 있다.

물론 상고심 개혁 과정에서 1심 및 2심 재판의 개선을 위한 노력을 하지 않은 것은 아니지만 국민의 신뢰를 확보하기 위한 획기적인 개혁이 이루어지지는 않았다. 1심 및 2심 재판 운영 형태가 획기적으로 개선되지 않는 이상 상고제도의 개혁이 성공하기는 어렵다. 한국은 과거 70년 동안 수차례 상고제도를 개혁하였지만 여전히 많은 비판을 받고 있다는 점을 볼 때 앞으로의 상고제도 개혁은 1심 및 2심 개혁과 함께 논의되어야 할 것으로 생각된다.

2002년의 독일 민사소송법 개정이 그와 같았다. 독일은 기존 가액상고제도를 전면적 상고허가제로 변경하였는데, 상고제도의 개혁에 그치는 것이 아니라 사실심 강화도 같이 이루었다. 즉, 화해를 위한 변론을 반드시 거치도록 하였고, 법관의 석명 의무 및 지적 의무를 강화하였으며, 항소와 상고의 기능을 명확하게 차별화하였다. 이러한 민사소송법 개정에 대하여 지금까지 대체로 긍정적으로 평가하고 있는 것으로 보인다.

Ⅲ. 상고제도 개혁논의의 방법론

상고제도 개혁에 대한 논의는 지속적으로 이루어져 왔으며, 많은 학자, 법관, 변호사들이 이러한 논의에 참여하여 왔다. 1987년 법원조직법 개정과 관련하여 많은 논문이 발표되고 토론이 이루어졌으며, 그때 신설한 심리불속행 제도에 대한 비판과 함께 새로운 상고제도에 대한 연구가 지속적으로 이루어져 왔다. 그러나 상고제도에 대한 법개정은 이루어지지 않았고, 2014년부터 몇 년 동안 대법원과 법원행정처가 상고법원 도입을 추진하면서 이와 대한 논의들이 다시금 많이 이루어지게 되었다. 법원에서는 당시 법원행정처 사법정책실장이었던 한승 판사가 상고법원 도입에 관한 의견을 발표하여 상고법원 도입이 필요함을 역설하였고, 고려대학교 법학전문대학원 윤남근 교수가 상고제도의 개선 방안에 대하여 논의하면서 상고법원 도입안을 지지하였으며, 민주사회를 위한 변호사모임의 대표를 역임하였던 장주영 변호사는 대법관 증원을 통한 상고심 개편을 주장하였다.

그러나 이와 같은 연구가 현재는 거의 중단된 상태이다. 대법원과 법원행정처가 상고법원 도입을 추진하면서 법원 내에서 이에 대한 반대의견을 묵살하거나 견제하였고, 상고법원 도입을 반대하는 변호사 단체 및 학자들에 대한 설득작업을 하면서 불법적인 방법을 사용하였다는 의혹이 제기되면서 상고제도와 관련된 논의가 중단되기에 이르렀다. 그러나 상고제도에 대한 당시 논의들은 정치적 고려를 제외하고도 상당히 의미 있는 논의들이었으며 더 나아가 충분히 심도 깊게 논의하여 한국에 맞는 상고제도가 무엇인지에 대하여 심사숙고하는 계기가 되어야 할 것이다.

사법행정권남용 의혹 사건 이전까지 상고제도 논의는 상고법원의 도입 여부에 대한 논란에만 집중되어 있었고, 1심 및 2심 재판 운영 개선까지 같이 논의하는 경우 상고법원 도입에 집중할 수 없으리라는 우려 때문에 의도적으로 1심 및 2심 재판 개선은 논의되지 않았었다. 그러나 성공적인 상고제도 건설은 1심 및 2심 재판의 개선과 같이 논의되지 않는 한 더 이상 성공적일 수 없고, 향후에도 큰 문제와 비판을 동반할 가능성이 크다는 점에서 민사소송 전체의 틀을 개선하는 과정 중 하나로서 상고제도의 개혁이 논해져야 할 것이다.

이 책에서는 한국 내에서 상고제도에 대한 연구자료 및 다른 나라의 상고제도 및 1심, 2심 재판 운영 형태에 대한 연구자료를 참고하여 한국의 현재 상고심 및 사실심(1, 2심) 운영 형태와 과거부터 현재까지의 상고심 형태 및 이에 대한 학계, 법조계의 비판을 모두 참고하여 한국 상고제도에 대한 현재의 문제제기를 살펴보고자 한다. 그 과정으로서 세계 각국의 사법제도, 상소제도를 비교법적으로 소개하되 영미법계의 미국, 영국, 대륙법계의 독일, 프랑스, 일본 법원의 심급제도, 1심, 2심 운영형태, 법관임용제도, 법조인양성제도, 상소심 운영형태, 상고제한제도 등을 중점으로 보며, 영국, 미국의 소원형 상고심, 독일의 재심형 상고심, 프랑스의 파기형 상고심이 형성되어온 배경과 역사에 대하여도 살펴본다.

이어 한국의 심급제도, 1심, 2심, 3심의 구조 및 운영형태, 법관의 임명과 승진 및 법조인 양성제도에 대하여 설명하며 미국, 영국, 독일, 프랑스, 일본 등과 어떻게 다른지 살펴본다.

한국 상고심 개혁을 논하기 위하여 1945년 이후부터의 법원조직법과 민사소송법의 개정 과정 및 그러한 법 개정이 이루어진 배경에 대하여 소개한다. 현재는 1987년 도입된 상고 심리불속행(審理不續行) 제도를 현재까지 시행하고 있는데 이 제도에 대한 비판들을 소개하고, 20년 가까이 이어져 오고 있는 상고제도 개선 논의 및 각각의 개정안의 장점과 단점에 관하여 살펴본다.

이와 같이 세계 각국의 심급제도, 항소 및 상고제도, 1심 운영형태를 비교법적으로 연구한 후 우리나라의 실정에 맞는 제도가 무엇인지, 그 제도를 우리 실정에 맞게 어떻게 변용하여 운영할 수 있는지, 그 과정에서 발생할 수 있는 여러 문제들을 어떻게 해결할지에 관하여 단계적, 심층적으로 분석하여 새로운 형태의 상고제도 및 1심, 2심 운영형태를 제안하고자 한다.

끝으로 이 책의 전체 방향을 요약, 제시하기 위하여 필자가 법률신문에 연재하였던 글들을 다소 편집하여 실어 독자가 이 책의 내용을 요약 정리해서 이해할 수 있도록 하였다.

제 1 장

세계 각국의 사법제도, 상소제도*의 비교

* 세계 각국이 판결의 불복 절차에 대하여 달리 규정하고 있다. 3심이 일반적으로 통용되고 있다고 볼 수도 없고, 3심이 보장된다고 하여 3심의 역할이 동일하지도 않다. 어떤 나라에서는 3심이 1심이나 2심과 마찬가지로 사실심을 하기도 하고 어떤 나라에서는 법률심만 하기도 하고 어떤 나라에서는 1심과 2심의 감독 역할만 하기도 한다. 그리하여 일반적인 상고제도가 존재한다고 보기는 어렵다. 다만, 본서에서는 상고의 의미를 한국에서 사용하는 상고의 의미와 마찬가지로 "최고법원에 대한 최종적 판결불복절차"라는 의미로 사용하기로 하며 항소와 상고를 합하여 상소라고 한다.

제1절 미 국

Ⅰ. 미국 법원의 구조 및 심급제도[1)]

1. 연방법원의 구조

(1) 미연방헌법 제3조(사법부 조항) 법원

미연방헌법 제3조 제1절(United States Constitution, Article III §1)은 "미국의 사법권은 1개의 대법원(Supreme Court), 그리고 연방의회가 수시로 제정, 설치하는 하급 법원들에게 속한다[2)]"고 규정하고 있다. 위 헌법조항에 따라 연방의회가 1789년 Judiciary Act와 1891년 Circuit Courts of Appeals Act 등을 제정하여 연방지방법원과 연방항소법원을 창설함에 따라 연방하급법원 조직이 만들어졌다. 이에 따라 미연방법원은 하나의 대법원(U. S. Supreme Court), 13개 항소법원(U.S. Courts of Appeals), 94개 지방법원(U. S. District Court)으로 구성되어 있다.[3)]

이러한 연방법원은 다음의 경우에 관할권이 있다.[4)] ① 연방문제 관할(federal question jurisdiction: 분쟁금액에 상관없이 연방헌법, 연방법률이 적용되는 사건이다. 그 중 특허침해 사건은 연방법원만이 관할권을 가지나, 나머지 사건은 주법원도 동시에 관할권을 갖는다. 주법원에서 심리가 이루어진 경우 주최고법원의 판결에 대해서도 연방헌법과 연방법률에 관한 문제임을 이유로 연방대법원의 상고[5)]허가를 통해 연방대법원의 판단을 받을 수도 있다), ② 다른 주 주민 상호간 분쟁 관할(diversity jurisdiction: 다른 주 주민들 사이의 소송으로 분쟁금액이 75,000달러를 초과해야 한다. 이 경우 주법원의 관할권도 동시에 발생하며, 절차적 법률은 연방법률에 따르나 실체적 법률은 연방법률이

---

1) 이 부분은 법원행정처, 외국사법제도연구(11)-각국의 항소심 운영 모델-, 법원행정처, 2012, 2~8쪽 참조함.

2) The judicial Power of the United States, shall be vested in one supreme Court, and in such inferior Courts as the Congress may from time to time ordain and establish.

3) 미국은 50개의 주로 이루어져 있는데 연방지방법원 관할의 단위가 되는 district는 하나의 주에 한 개 또는 여러 개가 존재하며, 연방항소법원 관할의 단위가 되는 circuit은 몇 개의 주가 합쳐서 하나의 circuit이 된다.

4) 미연방헌법 제3조 제2절 제1항 참조.

5) 미국에서는 항소법원에 대한 상소와 상고법원에 대한 상소를 구분하지 않고 appeal이라고 하는데, 여기서는 항소법원에 대한 것은 항소로, 최고법원에 대한 것은 상고로 지칭한다.

아니라 사건을 심리하는 연방지방법원이 위치하는 주의 법률에 의한다), ③ 연방정부나 그 기관이 당사자인 사건, ④ 외교사절 및 영상에 관한 사건, ⑤ 해사법 관련 소송, ⑥ 같은 주 주민간의 분쟁이나 다른 주로부터 부여된 토지 분쟁으로 야기된 사건

미연방헌법 제3조에 의해 구성된 법원에 속하는 판사들은 종신제이며, 재임 중 보수가 감액되지 않는 등의 헌법상의 보호를 받는다.[6)]

(2) 미연방헌법 제1조(연방의회 조항) 법원

헌법에서 규정하는 법원이 아니라 연방의회가 미연방헌법 제1조(의회편)에서 부여된 권한에 따라 법률에 의해 설치한 법원으로 군사법원(military courts), 연방조세법원(the United States Tax Court) 등이 있다. 이 법원에 소속된 판사들은 미연방헌법 제3조 법원 판사들과 달리 종신직의 부여나 급여 감액 금지 등의 보호를 받지는 못한다.

2. 연방법원의 심급 체계

(1) 1심 법원

1) 연방지방법원(the United States District Courts)

연방지방법원은 district라는 지역적 범위에 따라 조직되는데 각 district는 한 개의 주 또는 한 개의 주의 일부로 구성된다. 전국적으로 94개의 district가 있다. 연방지방법원의 재판은 대부분 단독재판장에 의해 이루어진다.

2) 특별법원

각 연방지방법원에는 파산부 판사들에 의해 파산법 관련 사건만을 처리하는 파산법원(상소는 연방항소법원 등이 담당)이 부속되어 있다.

또한 연방지방법원과 별개의 독자적인 법원으로 미연방세법에 대한 사건을 담당하는 연방조세법원(The Tax Court)이 있고, 미국 정부에 대한 금전배상 청구

---

6) 미연방헌법 제3조 제1절 후단. "연방대법원 및 하급 법원의 판사는 중대한 죄과가 없는 한 그 직을 보유하며, 그 직무에 대하여는 정기에 보수를 받으며, 그 보수는 재임 중에 감액되지 아니한다."

를 심리하는 연방배상법원(The Claims Court), 국제 무역 및 관습과 관련된 분쟁을 다루는 연방국제통상법원(The Court of International Trade)도 있다.

(2) 2심 법원

연방항소법원은 "일반적 사건에 대하여 각 지역관할에 기반하여 관할권을 행사하는 법원"과 "미국 전역에 대해 일정한 사물관할[7]에 대하여 관할권을 행사하는 법원"으로 나뉜다. 미국의 각 주를 11개로 묶어 그 각 지역을 관할하는 11개[8]의 항소심 법원(court of appeals)과 미국 수도인 콜럼비아특별구(약칭 Washington D.C, 미국 어느 주에도 속하지 않는 연방정부직할지로 연방법률이 준거법임) 법원의 항소심인 콜럼비아특별구 항소법원(the Court of Appeals for the District of Columbia)이 전자의 예이며, 특허법원, 연방배상법원, 국제통상법원의 재판에 대한 항소심을 심리하는 연방순회항소법원(the Court of Appeals for the Federal Circuit)이 후자의 예이다.

연방항소법원은 통상 3명의 판사에 의하여 합의부를 구성하여 재판을 하지만 때로는 전원합의체로 재판부를 구성하여 재판을 하기도 한다. 어느 하나의 연방항소법원의 항소심 판결은 다른 연방항소법원의 항소심에서 설득력 있는 선례로서의 효력을 가질 뿐 기속력을 갖지 않기 때문에 연방항소법원 상호간 서로 불일치하는 판결을 할 수도 있다.[9]

(3) 3심 법원(상고심 법원)

연방최고법원은 미연방대법원(the Supreme Court of the United States)이다. 미연방대법원은 주와 주 사이의 사건, 외교사절이 당사자인 사건 등에 대해 극히 예외적으로 1심으로서 기능하기도 하지만, 대부분의 업무는 연방항소법원 판결에 대한 불복사건과 연방헌법 내지 연방법률에 관한 쟁점이 있는 주최고법원 판

---

7) 법원이 어떤 종류의 사건을 심리하고 판결할 수 있는 권한, 즉 "사건의 성질"에 따라 정해지는 관할권을 의미한다.

8) 각 연방항소법원(순회법원이라고도 한다)은 3개 내지 9개의 주를 관할하는데, 뉴욕주, 버몬트주, 코네티컷주를 관할하는 제2연방항소법원(Second Circuit)과 캘리포니아주를 포함한 9개 주를 관할하는 제9연방항소법원(Ninth Circuit)의 영향력이 크다.

9) 이우영, 미국연방민사절차 1, 경인문화사, 32쪽.

결에 대한 불복사건을 처리하는 것이다. 대부분의 주최고법원들과 같이 연방대법원은 당사자가 하급심 판결에 잘못(error of law in a lower court decision)이 있다고 주장하는 모든 사건에 대해 단순히 하급법원의 잘못을 바로잡기 위한 심리는 하지 않는다. 연방법에 대한 중요한 의문점의 해소나 주최고법원, 연방항소법원 사이의 법률적 판단의 충돌 등 해결이 필요한 사건에 대해서만 재량적 판단에 따라 상고허가(사건이송명령, a writ of certiorari)를 하여 사건을 심리하며, 그 수는 보통 연간 100건이 되지 않는다. 미연방대법원 규칙 10조는 "미연방대법원은 하급심의 사실판단 오류나 법리적용의 오류가 주장되는 사건에 대해서는 거의 승인하지 않는다(rarely granted when the asserted error consists of erroneous factual findings or the misapplication of a properly stated rule of law)"고 규정하고 있다.

미연방대법원은 때때로 연방항소법원들이 서로 일치하지 않는 여러 판결들을 선고할 수 있도록 기다리면서 연방항소법원들의 다양한 판단이유 및 분석을 살펴본 후에 비로소 상고허가를 하고 심리하여 판단을 내리기도 한다. 따라서 상고가 불허가되었다는 것은 단순히 상고허가신청이 구해진 시점에는 연방대법원이 그 법률적 쟁점에 대해서 아직은 논의할 가치가 없다고 판단했다는 점만을 확인시켜줄 뿐이며, 미연방대법원이 하급심 판단을 승인했다는 의미는 아니다.[10)]

3. 주법원

(1) 1심 법원

1) 일반관할법원(trial court of general jurisdiction)

미연방을 구성하는 각 주는 독자적인 다양한 법원제도를 채택하고 있으나 모든 주는 일반관할을 가진 제1심 법원(사실심 법원)이 일반 민사사건과 중죄(felonies, 일반적으로 1년 이상의 징역형으로 처벌 가능한 범죄)에 해당하는 사건을 처리하도록 하고 있다. 개별 주의 제1심 법원은 다양한 이름으로 불리는데 일반적으로는 "Superior Court"라 불린다. 뉴욕주에서는 "Supreme Court"라는 명칭으로 불리기도 한다.

---

10) Mary Beth Beazley, A practical guide to appellate advocate(3판), Aspen Publishers, 12～13쪽.

2) 제한관할법원(trial court of limited jurisdiction)

대부분의 주는 일반관할을 가진 제1심 법원의 내부 또는 하위에 제한된 관할권(limited jurisdiction)을 행사하는 부 또는 별도의 특별법원을 두고, 소가가 일정액 미만인 민사사건 그리고 경죄(misdemeanors, 일반적으로 1년 미만의 징역형으로 처벌되는 범죄)에 해당하는 형사사건을 담당하도록 하고 있다.

(2) 2심 법원(상소심 법원)

1) 일반관할법원 사건에 대한 상소

상소심 법원의 경우 각 주에 따라 그 심급의 수와 구조가 다르다.

2005년을 기준으로 전체 50개 주 가운데 39개의 주가 최종 상급심인 대법원과 별개로 항소법원을 두고 있으며(3심제), 나머지 11개 주(Delaware, Maine, Montana, Nevada, New Hampshire, North Dakota, Rhode Island, South Dakota, Vermont, West Virginia, Wyoming)는 최고법원만을 두었을 뿐 항소법원을 두고 있지 않다(2심제).[11]

2개의 상소심 법원을 둔 주에서는 제1심 법원의 오류를 바로 잡는 기능은 항소법원이 담당하며, 상고법원은 당해 사법 제도 내의 최고법원으로서 사법정책의 차원에서 법의 발전을 담당하는 역할을 하게 된다. 따라서 이러한 제도하에서 상고법원은 법리를 명확히 할 필요가 있거나 주요한 공공정책상의 문제가 제기된 경우 등에만 재량에 의해 상고를 허용한다. 결국 대부분의 사안에서 상소는 실질적으로 1회만 허용되는 것이다.

상소심이 단일 심급으로 이루어져 제1심을 합하여 전체가 2심제로 구성된 사법제도를 운용하는 주에서는 주최고법원에의 상소가 보장되는 사안이 상대적으로 광범위하다.[12]

주대법원은 모든 주에 있다. 보통 1개지만 일부 주에서는 민사사건을 다루는 대법원과 형사사건을 다루는 대법원이 별개로 존재한다. 대부분의 주에서는 대법원(Supreme Court)이라 불리지만, 일부 주에서는 상소법원(the court of appeals),

11) Daniel John Meador, Appellate Courts in the United States, Thomson West 2006, 101~102쪽.
12) 이우영, 앞의 책, 41쪽.

최고법원(Supreme Judicial Court), 상소대법원(the Supreme Court of Appeals) 등의 명칭을 쓴다.

주대법원의 대법관 수는 5명, 7명, 9명인 경우로 나누어지는데, California, New York, New Jersey, Michigan 등을 포함한 대부분의 주대법원의 대법관의 수는 7명이며, 모두 전원합의체를 채택하고 있고, 보통 그 주의 수도에서 법정을 연다. 대부분의 주대법원은 연방대법원과 비슷한 절차를 따르며 주대법원은 자신의 재량(certiorari, 상고허가) 또는 주항소심 법원의 특별한 요구(certification, 상고제청)가 있는 경우에 한하여 심리를 한다.[13)]

2) 제한관할법원 사건에 대한 상소

제한관할법원 사건에 대해서 대부분의 주는 항소를 허용하고, 항소형태는 일반관할법원에서 다시 재판하는 것이다. 보통은 제한관할법원에서 제기한 쟁점에 한정하되 때로는 추가적인 주장이나 증거가 제출될 수 있는 반면, 몇몇 주에서는 제한관할법원에 의한 재판의 당부만을 판단한다. 몇몇 주에서는 일반관할법원의 재판에 대하여 다시 상소할 수 없는 반면, 다른 몇몇 주에서는 일정한 조건 아래에서 상소가 허용된다.

Ⅱ. 미국 법관임용제도 및 법조인양성 제도

1. 미국의 법관임용제도

(1) 주법원 법관의 임용방식

1) 임용방식 종류

미국은 연방제 국가로서 주법원은 각 주마다 다른 방식의 법관임용제도를 갖고 있다. 세부적인 절차에서는 조금 다를 수도 있겠지만, 대체로는 정당입후보 선거방식(Partisan Elections), 비정당입후보 선거방식(Nonpartisan Elections), 주지사나 의회 임명방식(Gubernatorial or Legislative Appointment), 실적위주 선발방식

---

13) 법원행정처, 외국사법제도연구(11), 법원행정처, 2012, 9쪽.

(Merit－Election)으로 분류될 수 있다.[14)]

이 중 법관선거방식은 미국 특유의 법관임용방식으로서 1832년 미시시피 주에서 최초로 도입하였고, 그 후 1846년 뉴욕 주에서 이 제도를 채택한 것을 계기로 미국 전역으로 확대되었다. 법관선거방식은 정당입후보 선거방식과 비정당입후보 선거방식으로 나눌 수 있는데, 정당입후보 선거방식은 법관후보자들이 정당의 공천을 받아 입후보하고 최종적으로 선거를 통해 결정된다. 이에 비해 비정당입후보 선거방식은 선거를 통해 법관을 선발하지만 법관후보자가 투표자에게 자신의 당적을 나타내지 아니한다는 점에서 차이가 있다.[15)]

다음으로 주지사나 의회가 법관을 임명하는 방식이 있고 법관선거방식과 주지사나 의회가 법관을 임명하는 방식을 절충한 방식인 실적으로 선발하는 방식이 있는데, 이 방법은 법관임명위원회가 법관 대상자의 검증을 통해 법관후보자를 주지사에게 추천하면 주지사가 그 후보자 명단 범위 내에서 법관을 임명하는 방식이다. 이렇게 임명된 법관에 대해서는 일정 기간이 지난 후에 인준투표를 시행하여 그 유임 여부를 결정한다. 유임의 다수표를 얻게 되는 경우 남은 임기를 다 채울 수 있게 된다. 이러한 방식은 1940년 미주리 주에서 최초로 채택되어 전국으로 퍼졌으므로 "미주리 플랜"이라고도 한다.[16)]

2) 실적위주 선발방식의 도입 배경

법관선거방식은 미시시피 주에서 도입된 이후로 1850년대까지 널리 이용되었다. 그러나 이러한 정당입후보 선거방식은 법원과 법관이 점차 정치화되는 문제를 발생시켰다. 국민은 더 이상 정치화된 사법부를 신뢰하지 않는다는 비판이 퍼지자 사법신뢰를 회복하기 위한 노력의 일환으로 미국사법협회(American Judicature Society)와 미국변호사협회(American Bar Association), 뉴욕시변호사협회(Association of the Bar of the City of New York) 등 각종 법조인 단체들이 결성되어 이러한 법관임명방식의 개선을 논의하였고, 결국 실적위주 선발방식이 미주

14) The Institute for the Advancement of the American Legal System, Shared Expectations Judicial Accountability in context, Unversity of Denver, 2006, 9～10쪽.

15) 박준선, 미국과 영국의 법관임용제도와 우리나라에의 시사점, 법학논총 제37권 제3호, 전남대학교 법학연구소, 2017, 295쪽.

16) The Institute for the Advancement of the American Legal System, 위 논문, 10～11쪽.

리 주에서 소개된 후 전국으로 확대되어 갔다.[17)]

3) 실적위주 선발방식의 방법

a) 법관임명위원회(judicial nominating commission)

1984년 미국사법협회는 실적위주 선발방식을 도입하려는 주에 도움을 주기 위해 모범법관선발규칙(Model Judicial Selection Provisions)을 제정하였다. 이 규칙에 따라면 법관의 최종 임명권한은 주지사가 가지되, 실질적인 선발작업은 법관임명위원회를 구성하여 진행한다. 법관임명위원회에서 2~5명의 법관을 지명하며, 주지사는 이들 중 한 명만 법관으로 임명한다. 법관임명위원회는 총 7인으로 구성되며, 세부적으로는 법조인 3명과 비법조인 4명 또는 법조인 4명과 비법조인 3명으로 구성된다. 여기서 법조인 위원은 해당 지역 변호사협회에서 지명하거나 선출하는 반면, 비법조인 위원은 주지사가 지명한다. 법관임명위원회의 정치적 독립성을 확보하기 위하여 보수를 받는 정치적 직책에 있는 사람은 위원이 될 수 없고 과거에 위원으로 활동했던 자는 임기종료 후 3~4년 동안 정치적 직책을 맡을 수 없도록 한다. 또한 위원들의 임기가 동시에 종료하지 않도록 개별 위원들 간에 임기 개시 시점을 달리하도록 하고 있다.[18)]

b) 심의절차

법관임명위원회의 심의는 공개되어야 한다. 법관임명위원회는 최초 미팅에서 법관후보자에 대한 선발 절차와 법관후보자 자격요건에 대해 논의해야 하며, 주제의 공고는 72시간 전에 공개되어야 한다. 다만, 법관추천을 위한 최종 심의는 비공개를 원칙으로 하여 논의가 자유롭게 이루어질 수 있도록 한다.[19)]

c) 선발기준

미국의 주법원 법관 선발 시 여러 요소들이 고려되는데, 그중 중요한 것은 고결성(integrity), 법률 지식과 법적 능력(legal knowledge and ability), 전문적 경력(professional experience), 사법적 기질(judicial temperament), 성실성(diligence), 건

17) 박준선, 위 논문, 296~297쪽.

18) American Judicature Society, Model Judicial Selection Provisions I, §1~3.

19) American Judicature Society, Model Judicial Selection Provisions Ⅱ, Rule 05(a), 05(b).

강(health), 재정적 책임(financial responsibility), 공적 활동(public service) 등을 들 수 있다.[20]

이 중 고결성은 과장 없이 진실을 말하고, 실수에 대한 책임을 인정하며, 자기 자신의 권력 확대를 추구하지 않는다고 설명되고 있는데, 법관임명위원회에서 법관후보자를 심사할 때 해당 후보자가 그동안 살아오면서 고도의 윤리 기준을 준수하였는지 평가하여야 한다.[21] 이를 위해서 과거에 해당 후보자가 대리했던 사건을 담당했던 판사 등에게 후보자에 대한 평판 조회를 해 보아야 하고, 징계를 받은 적이 있는지, 법률 외적으로도 후보자의 진실성과 공정성에 대한 평판이 어떠한지 고려하여야 한다.[22] 법률 지식과 법적 능력 요소와 관련하여, 해당 후보자가 정립된 법리와 법적 절차에 관하여 일정 수준 이상의 지식을 보유하고 있고, 그것들을 해석하여 구체적인 사실에 적용하는 능력을 갖추고 있는지 평가해야 하는데, 해당 후보자의 학력사항, 변호사 의무연수 참가 여부, 후보자가 그동안 작성했던 법률문서, 후보자와 직접적 교류가 있었던 판사나 기타 전문직 종사자 사이에서의 평판 등을 고려할 수 있다.[23]

(2) 연방법원 법관의 임용방식

1) 임용권자 및 임용요건

미국 연방법원 판사는 연방상원의 인준(confirmation)을 거쳐 대통령이 임명한다. 이는 연방대법원장과 8명의 연방대법관은 물론 연방항소법원 및 연방지방법원 판사의 경우도 동일하다. 연방법원 판사의 임용요건으로 변호사 자격이나 법학교육이수 등과 같은 특별한 자격을 요구하지 않지만, 변호사 자격을 갖고 있는 사람 중에서 연방법원 판사를 임명하는 것이 확립된 관행이다. 통상 법조계에서 크게 활약하는 변호사를 연방법원 판사로 임명해 온 것이 관례인데, 이들은 대체로 유명 로펌에서 근무하거나 법학전문지를 통하여 글을 발표하는 등 동료변호사들의 평판이 좋은 자들이다. 연방대법원・연방항소법원・연방지방법원

---

20) 박준선, 위 논문, 298~301쪽.

21) American Bar Association, Guidelines for Reviewing Qualifications of Candidates for State Judicial Office, §1.

22) 박준선, 위 논문, 298~299쪽.

23) American Bar Association, §2.

의 판사 임용이 별도로 이루어지며 연방지방법원 판사와 연방항소법원 판사 사이에 승진구조는 존재하지 않는다.[24)]

2) 임명절차 및 임기

대통령은 백악관 참모진, 법무부 관료 및 상원의원 등과 같은 정치지도자들과 상의를 하고 연방수사국(Federal Bureau of Investigation, 'FBI')의 신원조회를 거쳐 후보자를 지명하는데, 연방법원 판사 후보자 지명에는 해당 지역 상원의원의 영향력이 가장 크다.

대통령이 연방법원 판사 후보자를 공식적으로 지명하여 상원에 통보하면, 미국변호사협회(American Bar Association, 'ABA')에 소속된 연방사법상임위원회(Standing Committee on the Federal Judiciary)는 지명된 후보자에 대한 평가를 실시하고, 그 결과를 연방상원 법사위원회에 제출한다. 연방상원 법사위원회는 청문회 등을 통하여 후보자를 심사하며, 법사위원회의 심사를 통과한 후보자는 연방상원 본회의에서 최종 심사를 받는다. 미국변호사협회 협회장은 연방대법관 임명동의안을 처리하는 경우에는 상원에서 증언하는 것이 관례이다. 지명된 후보자가 위와 같은 일련의 심사과정을 통과하여 연방상원의 인준을 받으면, 대통령은 그 후보자를 연방법원 판사로 임명한다.[25)]

2. 미국의 법조인양성 시스템

영미법계의 법조인은 실체법의 해석보다는 자연 상태에 존재하는 사회적 관습을 발견하는 역할을 하므로 최소한의 법적 소양만을 갖춘 상태로 법률가를 배출하고 이후 실무를 통하여 경험을 익히고 배워가는 구조로 양성한다. 원칙적으로 국가가 법조인 양성과정에 직접적으로 관여하지 않고 민간에 법조인 양성을 맡긴다.

미국은 대학교 학부과정에 법학과가 존재하지 않고 다양한 전공의 졸업자가 미국변호사협회(American Bar Association; ABA)의 인가를 받은 로스쿨에 입학하는 시스템을 갖고 있다. 법률적 지식이 아닌 일반 상식과 논리성 및 언어능력을

---

24) 사법정책연구원, 각국의 법관 다양화에 관한 연구, 사법정책연구원, 2017, 19쪽.
25) 위 책, 20쪽.

검증하는 시험을 통해 로스쿨 입학자격을 얻게 되며 로스쿨에 입학하면 3년간의 로스쿨 교과과정을 거친 후 변호사시험(Bar Exam)에 응시하게 된다. 변호사시험은 주의 대법원 또는 ABA에서 관리하는 변호사시험위원회를 통해 신청한다. 로스쿨은 일반적으로 3년간의 교육과정을 거치는 JD과정이며 이미 변호사 자격이 있는 사람 또는 외국의 법학부 졸업자 등을 위하여 단기과정인 LLM과정도 제공한다. 로스쿨에서는 이론교육과 함께 전문직업교육으로서 실무교육도 병행하고, 졸업자는 법조인 자격을 취득하는 것을 전제로 교육과정이 편성되어 있다.

미국 대부분의 로스쿨은 학기 중 학생들의 외부기관 연수(Judicial Externship)를 인정하고 학점을 부여하며, 법원, 검찰, 정부기관, 민간분야 등 다양한 외부연수 분야가 존재한다.

미국의 로스쿨에서는 법률이론이나 판례의 단편적인 이해나 암기보다는 실제 법률가처럼 사고하고 행동하는 방식의 교육에 중점을 두고 있어 로스쿨에 따라 학생들이 실제 사건을 직접 처리하는 과정에 참여하여 사건 해결과정을 체득하면서 법이론을 실무에 적용하는 방법을 배우는 리걸 클리닉(Legal Clinic) 제도가 활성화되어 있다. 그 외 로스쿨에 따라서는 소송대리인 없이 민사소송의 당사자들이 직접 하는 사건 중 중요한 쟁점이 있거나 사건이 복잡하여 당사자 스스로 소송을 수행하기 어려운 경우 젊은 변호사들과 로스쿨 학생들이 소송을 수행하게 하는 프로보노 프로그램(Pro Bono Program)도 운영하고 있다.

미국은 로스쿨 졸업 후 변호사 시험 합격 이외 변호사 활동을 위한 요건으로서의 실무연수 제도는 두고 있지 않으며 다양한 직장에서 업무를 수행하면서 실무교육을 받게 된다. 이에 따라 제대로 된 실무교육을 받지 못하는 변호사의 경우 제대로 된 변호사로서의 역할을 할 수 없게 되는 문제가 대두된다. 미국의 법조인양성 제도의 배경에는 각자의 능력에 따라 각자의 직장에서 실무교육을 받는 것이 가장 효율적이라는 생각이 전제되어 있고 국가가 법조인양성 실무교육을 맡는 것보다는 민간에 자율적으로 실무교육을 맡기는 것이 가장 효율적이라는 공감대가 형성되어 있다.

Ⅲ. 미국 1심 운영형태와 상소제도의 특징

미국은 연방 헌법상 배심에 의한 재판을 받을 권리가 보장되고 있다. 미국의 1심 재판은 기본적으로 배심재판을 예정하고 있다. 배심 재판의 보장은 미국에서의 1심과 항소심의 운영형태에 절대적인 영향을 미친다.

다음으로 미국 1심 재판의 운영형태에 대하여 살펴보고, 그에 따른 미국 상소심의 특징에 대하여 살펴보기로 한다.

1. 미국의 1심 운영형태

미국의 민사소송절차는 대체적으로 소답(訴答)(pleading), 일정 명령(scheduling order), 변론 전 회합(pretrial conference), 디스커버리(discovery), 최종변론 전 회합(final pretrial conference), 변론(trial)의 순서로 진행된다. 미국 소송에서는 배심재판을 예정하고 있는데, 배심은 그 성격상 일단 소집된 이상 다시 소환하기 어려워 변론이 일정한 시간 동안 계속적으로 이루어질 수밖에 없으므로, 변론 전 절차와 변론절차 사이에 명확한 단절이 생길 수밖에 없고, 변론절차에서 배심원들을 설득하기 위하여는 변론 전 절차에서 주장과 쟁점이 정리되어야 하고 증거도 모두 사전에 확보되어야 한다. 이를 확보하기 위하여 디스커버리 등 변론 전 절차가 매우 세밀하게 이루어져야 한다.

이 부분에서는 변론 전 절차에 관하여만 간단히 살펴보기로 한다.

(1) 1938년 FRCP 제정 당시 변론 전 절차의 특징

1938년 FRCP(Federal Rules of Civil Procedure) 제정 당시 미국 연방민사소송에서 변론 전 단계(pretrial stage)의 특징은, 단순화된 소답절차(simplified pleading), 광범위하게 인정되는 디스커버리(liberal discovery) 그리고 제한적으로 인정되는 약식판결(limited grant of summary judgment) 세 가지를 들 수 있다.[26] 이는 소답절차에 관하여 과거 보통법 시절의 기술적인 복잡성을 배제하여 단순화시킴으로

---

26) Arther R. Miller, "From Conley to Twombly to Iqbal; A Double Play on the Federal Rules of Civil Procedure", v. 60 Duke Law Journal, 2010, 55쪽.

써 연방법원에 대한 접근성을 강화하고, 광범위하게 인정되는 디스커버리를 통하여 쌍방이 사건의 쟁점과 관련 있는 모든 정보를 인지함으로써 적정한 사법절차를 구현하고자 하였다.[27)]

1) 단순화된 소답절차(Simplified Pleading; Notice Pleading)

먼저 소답에 관하여 FRCP 8조는 원고가 권리 구제를 받을 수 있는 자격이 있음에 관하여 간략하고 평이한 진술을 요한다고 규정하고 있는데,[28)] 이는 소답절차의 목적을 상대방에게 자신의 청구가 무엇인지를 알려주는 통지(notice)의 기능으로 파악하고 있기 때문이다. 여기에서의 간략하고 평이한 진술(short and plain statement)이 무엇을 의미하는지 명확하지 아니한데, FRCP는 대인 상해(personal injury) 사건의 청구원인에 관하여 다음과 같이 예시하고 있다.

> " … ○○○○년 ○월 ○일 피고는 부주의하게(negligently) 원고를 향하여 차량을 운전하였다. 이로 인하여 원고는 신체적 상해, 일실수입 그리고 정신적 손해 등 합계 $_______ 의 손해를 입었다. … "[29)]

위와 같은 상해로 인한 손해배상 사건에서 주된 쟁점은, 과연 피고에게 주의의무위반이 있는지 여부가 될 것인데, 소답 단계에서는 앞서 본 바와 같이 피고가 어떠한 주의의무를 위반하였는지(과속인지, 음주운전인지, 전방주시를 태만히 한 것인지 등)에 관하여 주장을 특정하지 아니하고, 단순히 "부주의하게(negligently) 운전하였다"라고 기재하는 것으로 족하다고 보고 있다. 한편, 소답이 충분히 특정되었는지에 관하여 피고가 다툴 수 있는 장치로서 기각명령요청(Motion to dismiss)이 FRCP 12(b)[30)]에 규정되어 있는데, 이에 관하여 Conley 판결은, "FRCP 8조는 단지 원고가 권리 구제를 받을 수 있음을 보일 수 있는 간략하고 평이한

27) 법원행정처, 외국사법제도연구(12), 법원행정처, 2012, 12쪽.

28) FRCP 8(a) Claim for relief. A pleading that state a claim for relief must contain … a short and plain statement of the claim showing that the pleader is entitled to relief.

29) FRCP Form 11. Complaint for Negligence.

30) FRCP 12(b) How to Present Defenses. Every defense to a claim for relief in any pleading must be asserted in the responsive pleading if one is required. But a party may assert the following defenses by motion:

(6) failure to state a claim upon which relief can be granted

진술만을 요구하고 있을 뿐이고, 권원(cause of action)을 뒷받침하는 개개의 구체적 사실을 요구하지 아니한다"[31]라고 판시하고 있고, 따라서 "원고가 의심의 여지가 없을 정도로 자신의 청구를 뒷받침할 사실을 전혀 밝히지 못할 것임이 명백한 경우를 제외하고는 원고의 청구를 기각해서는 안 된다('no set of facts' standard)"라고 판시하였다.[32]

이는 과거 보통법 시대에 구체적인 사실과 청구원인의 특정을 요구하였던 이른바 Code Pleading에서 소송의 결과가 주장의 강약이 아니라 소송절차와 관련한 기술적인 문제(technicality)나 대리인의 기술(skill)에 의하여 승패가 결정되는 것을 막기 위한 것이라고 한다.[33]

2) 광범위한 디스커버리

미국 민사소송 제도의 특징적인 요소로 꼽히는 디스커버리가 보통법(common law) 시대부터 광범위하게 허용되었던 것은 아니었다. 즉 보통법 시대에는 원고가 소답 단계에서 자신의 청구를 뒷받침할 수 있는 구체적인 사실을 특정하지 아니하면 디스커버리가 시작될 수도 없었고, 디스커버리 단계에 들어갔다고 하더라도 그 방법에는 큰 제약이 있었다. 그러나 1938년 제정 당시 FRCP는 당사자에게 변론에 앞서 쟁점과 사실관계에 대한 최대한의 접근을 보장할 수 있도록 디스커버리를 널리 허용하였다.

"더 이상 오랜 세월 동안 지속된 '증거낚기'에 대한 불만이, 일방 당사자가 상대방 주장의 기저를 이루는 사실관계에 대하여 탐지하려는 것을 막을 수는 없다. 쌍방에 의하여 수집된 이 사건에 관한 모든 사실들을 알게 되는 것은 적정한 소송 수행을 위하여 필수적이다. 이를 위하여 일방 당사자는 상대방으로 하여금 자신이 알고 있는 모든 사실을 밝히도록 강제할 수 있다."[34]

---

31) Dioguardi v. Durning, 139 F.2d 774 (2d Cir. 1944).

32) Conley v. Gibson 355 U.S. 41, 48 ("[A] complaint should not be dismissed for failure to state a claim unless it appears beyond doubt that the plaintiff can prove no set of facts in support of his claim...").

33) John H Breisner, "Discovering a Better Way: The Need for Effective Civil Litigation Reform", v. 60 Duke Law Journal, 2010, 556쪽.

34) Hickman v. Taylor, 329 U.S. 495, 507 (1947); "No longer can the time-honored cry of "fishing expedition" serve to preclude a party from inquiring into the facts underlying his opponent's case. Mutual knowledge of all the relevant facts gathered by both parties is

광범위한 디스커버리를 통하여 당사자들이 쌍방 주장의 강약을 조기에 알 수 있어 분쟁의 화해적 해결을 촉진할 수 있다.

3) 약식판결(summary judgment)

약식판결은 변론에서 배심의 사실 판단 이전에 판사가 배심원들에 의하여 판단 받을 만한 쟁점이 있는지 여부를 판단하는 절차이다. 법원에 제출된 자료에 기초하여 해당 사건에 관하여 배심원들이 판단해야 할 중요한 사실관계에 대한 실질적인 쟁점이 있는지 유무를 판단하게 되는데, 만약 실질적인 쟁점이 없다면(no genuine issue of material facts) 법률의 문제로서 약식판결을 하게 될 것이고,[35] 그렇지 아니한 경우에 법원은 분쟁이 있는 사실관계와 분쟁이 없는 사실관계를 구별하는 내용의 명령을 하게 되는데, 후자는 이후 변론에서 확정된 사실관계로 취급된다.[36]

4) 1938년 제정 당시 FRCP가 의도한 쟁점정리의 특징

1938년 FRCP는 전형적인 당사자주의에 입각한 모델이라고 볼 수 있다. 이러한 모델의 긍정적인 측면으로는, ① 제소 당시 사실관계 특정에 대한 부담을 경감시킴으로써 법원에 대한 접근권을 보다 폭넓게 보장할 수 있고, ② 증거가 일방 당사자에게 편재된 사안에서 상대방이 가진 증거에 대한 최대한 접근권을 보장함으로써 실질적인 정의에 부합하며, ③ 쟁점 정리라는 관점에서 본다면, 소송진행 단계에 따라 새롭게 발견되는 증거관계를 소송에 반영함으로써 소송의 동태적 측면을 반영할 수 있다는 장점이 있다. 반면, 소답 단계에서 구체적 사실을 특정하지 아니하고 '결론적인 주장'만을 되풀이하거나, 이른바 'shotgun pleading'이라 하여 엄청난 양의 사실관계를 나열한 다음 청구원인과의 관련성을 밝히지

---

essential to proper litigation. To that end, either party may compel the other to disgorge whatever facts he has in his possession."

35) FRCP 56(a) Motion for Summary Judgment or Partial Summary Judgment. A party may move for summary judgment, identifying each claim or defense—or the part of each claim or defense—on which summary judgment is sought. The court shall grant summary judgment if the movant shows that there is no genuine dispute as to any material fact and the movant is entitled to judgment as a matter of law. The court should state on the record the reasons for granting or denying the motion.

36) 법원행정처, 외국사법제도연구(12), 15쪽.

아니한 채 결론만을 주장하는 경우에는 소제기 당시 원고의 사실적 주장이 특정되지 아니하게 되고 이로 인하여 피고 또한 충분히 구체적인 답변을 할 수 없게 되어 쟁점이 조기에 부각되지 않게 된다. 이에 따라 그 이후에 시작될 디스커버리가 초점을 잃고 무분별하게 이루어져 이른바 '증거낚기(fishing expedition)'로 남용될 위험도 있으며 이로 인해 소송의 지연과 고비용을 초래할 수도 있다.[37] 그리고 약식판결도 어느 정도 디스커버리가 이루어진 이후에 비로소 이루어질 수 있으므로 디스커버리로 인한 비용과 지연 문제는 그대로 약식판결 절차에도 이어질 수 있다. 또한 당사자가 변론을 받을 기회를 박탈당할 우려가 있다는 이유로 약식판결이 널리 활용되지 않음으로써 결국 쟁점 정리를 위하여 예정하였던 디스커버리와 약식판결 모두 그 소기의 효과를 이루지 못하였던 것으로 보인다.[38]

그리고 이러한 우려는 1970년대 이후 연방법원의 사건이 급격히 증가하고 디스커버리로 인한 고비용과 지연 문제가 대두됨으로써 현실화되었다. 사실 발견을 목적으로 한 디스커버리가 오히려 디스커버리 자체로 인한 부담으로 화해가 강요되는 등 부작용이 증가함에 따라 1983년 이후 여러 차례에 걸쳐서 FRCP에 대한 개정이 이루어지게 된다. 여기에서 주목할 만한 점은 미국에서는 FRCP 개정 과정에서 소송의 진입 단계인 단순화된 소답 절차를 수정하는 대신, 그 이후 디스커버리 단계에 관하여 법원의 적극적인 사건관리를 통하여 지연과 비용을 해소하고자 하였다는 것이다.[39]

그리고 이러한 방향에 입각하여 1983년, 1993년, 2000년 FRCP 개정을 통하여 Rule 16, 26은 판사에게 일정의 수립과 디스커버리의 한계 설정에 관한 광범위한 권한을 부여하게 된다.

(2) 1983년 FRCP 개정 이후 쟁점정리 수단으로서의 사건관리

1) 1983년 FRCP 개정의 배경과 주요 내용

1983년 개정은 주로 변론 전 회합에 대한 16조와 discovery에 대한 26조에 대하여 이루어졌다. Rule 16의 표제는 "Pretrial Conferences; Scheduling;

37) 위 책, 16쪽.
38) 위 책, 17쪽.
39) Arther R. Miller, 위 논문, 55쪽.

Management"로 되어 있는데, 민사소송절차에서 '관리(management)'라는 용어가 처음으로 규칙에 등장하였다.[40] 그 주된 취지는, 종전의 변론 전 회합의 초점이 오로지 변론을 준비하는 절차에 맞춰져 있었다면 FRCP 개정의 초점은, 각종 신청(motions)과 디스커버리에 대한 규제를 포함한 '변론 전 절차의 전 과정'으로 개정의 폭을 확대하는 방향으로 나아간 것이다.[41]

2) 쟁점 정리를 위한 변론 전 회합 절차

a) 변론 전 회합의 준비

i) 최초 일정수립 명령(Initial Scheduling Order)

최초 일정수립 명령은 법원의 사건에 대한 관리가 시작되는 단계로서, 조기의 지속적인 감독을 위하여 중요성이 강조되고 있다. Rule 16(b)는 일정수립 명령(Scheduling Order)을 피고에게 소장 송달된 이후 90일 이내 또는 어떤 피고라도 출석한 후 60일 이내 중 더 빠른 시점에 발하도록 규정하고, 필수적으로 다른 당사자의 참가, 소답의 수정, 디스커버리 완료 및 각종 신청(motion)의 시한을 설정할 것을 규정하고 있다.[42] 그 밖에도 의무적 증거공개(disclosure)의 시기 조정, 디스커버리의 정도 조정, 전자적으로 저장된 정보(electronically stored information, ESI)에 대한 디스커버리에 관한 사항, 정보가 개시된 후의 특권 또는 보호명령 신청에 관한 당사자간 합의 내용, 변론 전 회합 및 변론의 일정 수립 등의 내용을 포함시킬 수도 있다고 규정하고 있다.[43] 실무에서는 Rule 26(f) 회합과 관련하여 대리인들로 하여금 사전에 쌍방의 주장 내용, 증거공개(disclosure) 및 디스커버리 계획 및 분쟁의 화해적 해결 가능성 등에 관하여 협의하고, 가능한 구체적으로 다툼 있는 사실관계에 관하여 잠정적인 서면을 제출하게 할 수도 있다.[44][45]

여기서 주목할 만한 부분은, 법원이 일정 수립을 함에 있어서 당사자들과 대

---

40) Steven S. Gensler, "Judicial Case Management: Caught in the Crossfire", v. 60 Duke Law Journal, 2010, 669, 676~677쪽.

41) 법원행정처, 외국사법제도연구(12), 17쪽.

42) FRCP 16(b)(3)(A).

43) FRCP 16(b)(3)(B).

44) Federal Judicial Center, Manual for Complex Litigation Fourth §11.11.

45) Federal Judicial Center, Civil Litigation Management Manual 2nd Edition(2010), 6쪽.

면, 전화, 이메일 등의 방식으로 협의하도록 규정하고 있다는 점과[46] 법원이 변론 전 회합 이후의 변론 전 명령(pretrial order)으로 활용할 수 있도록 위에서 언급한 사항들을 기재할 수 있는 표준 양식을 제공하여 당사자들이 서로 합의를 거쳐서 그 양식에 기초하여 명령 초안을 작성하여 법원에 제출하면 법원은 이를 확인한 다음 명령을 발한다는 점이다.[47]

ii) Rule 26(f) 회합

Rule 26(f)는 일정수립 회합(scheduling conference) 21일 이전에, ① 주장과 항변의 내용과 근거 및 신속한 합의를 비롯한 사건의 종국 가능성 및 ② 디스커버리와 관련하여 제기될 가능성이 있는 쟁점들과 디스커버리 계획의 수립에 관하여 협의하여야 한다고 규정하고 있다.

b) 변론 전 회합(Pretrial Conference)

판사는 변론 전 회합에서, ① 쟁점의 형성과 단순화, ② 의미 없는 주장과 항변의 제거,[48] ③ 필요하거나 바람직한 경우 소답의 수정,[49] ④ 사실관계에 관하여 자백 또는 동의를 받는 것,[50] ⑤ 불필요하거나 중복되는 입증을 배제하고 전문가 증언의 사용을 제한하는[51] 등 쟁점 정리를 위하여 적절한 조치를 취할 수 있다.

c) 변론 전 명령(pretrial order)

변론 전 회합을 마치게 되면, 법원은 그 자리에서 논의되고 결정된 사항에 관하여 변론 전 명령을 내리게 되는데, 이는 법원의 후속 명령에 의하여 변경되지 아니하는 한 소송절차를 규율하는 기준이 된다.[52] 따라서 비록 소답에 포함되어 있다고 하더라도 변론 전 명령에 포함되어 있지 아니하다면 이후 변론절차에서 주장할 수 없고, 반대로 소답에 제기되지 아니한 쟁점이라 하더라도 변론 전 명

---

46) FRCP 16(b)(1)(B).
47) 이우영, 미국연방민사절차 I, 경인문화사, 2007, 70쪽.
48) FRCP 16(c)(2)(A).
49) FRCP 16(c)(2)(B).
50) FRCP 16(c)(2)(C).
51) FRCP 16(c)(2)(D).
52) FRCP 16(d).

령에 기재되어 있다면 당해 소송에서 유효한 쟁점으로 취급된다.

최종변론 전 회합 이후에 내려지는 최종변론 전 명령에는 변론 소요시간, 일수, 배심 재판 여부, 다툼 없는 사실, 변론에서 심리할 사실적 법률적 쟁점, 변론에서 제출할 증인목록, 제시할 서증목록 등 증거에 관한 내용이 기재되는데, 이는 이전까지의 법원의 결정 및 합의 중 그 기재내용과 상이한 모든 것을 대체하는 효력이 있고, 명백히 정의에 반하는 경우가 아닌 한 변경될 수 없다.[53] 변론 전 명령은 대체로 당사자들이 합의하여 명령안을 만든 다음 법원의 확인을 거쳐 발하는 방식을 가장 많이 활용한다.

2. 미국 상소제도의 특징

(1) 상소심의 심리범위

미국에 있어 연방법 및 대다수의 주법에 따르면 상소심은 제2의 사실심이 아니며, 상소법원은 법률문제만을 심사하는 것을 원칙으로 한다. 즉, 상소법원은 제1심 법원의 판결에 대해 법률문제만을 재심사할 권한을 가지며 제1심 법원에서 확정된 사실문제를 재심사할 수 없는 것이 원칙이다. 이러한 원칙은 배심의 사실인정을 최대한 존중하여야 한다는 점에서 비롯된 것으로 수정헌법 제7조가 보통법상의 소송에 있어서 배심에 의하여 심리를 받을 권리를 보장하고 있고, 배심에 의하여 심리를 받은 사건은 보통법의 규정에 의하는 경우 외에는 합중국의 어느 법원에서도 재심을 받지 아니한다라고 규정하고 있는데 근거한 것이다. 즉 배심원들이 합리적 평결을 내리기에 증거가 충분한지 여부를 고려하는 경우를 제외하고는 배심의 평결을 재심사하는 것은 연방항소법원의 관할에 속하지 아니한다.

비(非)배심재판의 경우에도 제1심 법원의 사실인정을 존중한다. 왜냐하면 연방항소법원은 당해 사건의 사실문제를 전면적으로 재심사할 의도가 없으며 제1심 법원 법관이 증인의 증거력을 평가하기에 보다 나은 입장에 있기 때문이다.[54] 다만 비배심재판의 경우에는 제1심 법원 법관의 사실인정에 명백한 오류

53) FRCP 16(e).

54) Geoffrey C. Hazard, Jr. and Michele Taruffo, American Civil Procedure: An Introduction (1993), 178쪽.

가 있다면 그 사실인정은 연방항소법원의 심리범위에 속한다.

그리고 전술한 바와 같이 연방항소법원은 법률문제에 대한 제1심 법원의 판단에 대해 재심사할 수 있다. 이러한 심급관할은 실체법적 문제뿐만 아니라 절차문제에도 확대 적용된다. 예컨대 연방항소법원은 제1심 법원 법관이 증거규칙을 적용함에 있어 잘못하였는지 여부 또는 변론 전 단계에서 증거개시 범위를 제한함에 있어 잘못하였는지 여부를 재심사할 수 있다.[55]

이렇듯 연방항소법원은 법률문제에 대해서는 자유롭게 재심사할 수 있는 반면에 사실문제에 대해서는 아주 제한된 범위 내에서 재심사할 수 있다. 따라서 특정한 문제가 사실문제인지 아니면 법률문제인지 여부의 판단은 연방항소법원의 심리범위와 관련하여 매우 중요하다.

(2) 상소심의 심판대상

연방항소법원에 대한 항소는 제1심 법원의 최종 판결에 대해서만 인정하는 것을 원칙으로 하고 있으며, 중간적 명령에 대한 독립된 항소는 허가하지 아니한다. 이를 '종국성 원칙(final judgment rule)'이라고 표현한다.

그 논거로서 다음의 두 가지를 들고 있다.[56]

첫째, 종국판결이 등록(entry)되기까지는 당사자는 현실적으로 불이익을 입지 않았고 종국판결에 이르기까지의 중간판결에 대해서 각각 상소를 인정하면 소송의 지연을 가져오게 될 것이기 때문이다.

둘째, 소송계속 중 오류가 있더라도 종국판결에서 올바른 판단을 하게 되면 중간적 오류에 대해서는 상소의 이익이 상실되기 때문이다.

(3) 상소심 재판부의 구성

통상 단독재판장에 의해 심리가 이루어지는 연방지방법원과 달리 연방항소법원은 보통 연방항소법원 판사 3인으로 구성된 재판부(panel)에서 상소사건을 심리한다.

재판부는 연방항소법원 판사 전원으로 구성된 전원합의체 재판부에서 심리하

---

55) Hazard and Taruffo, 위의 책, 178쪽.

56) 한국민사소송법학회, 상소심 개선방안에 대한 사법정책 연구, 법원행정처, 2009, 92~93쪽.

기로 결정할 수 있는데 관할 지역이 매우 넓거나 판사의 수가 많은 법원의 경우 전원합의체를 구성하는 것이 쉬운 일이 아니다.

연방의회는 15명 이상의 판사가 재직 중인 연방항소심 법원에서는 전체가 아니어도 법원이 정한 규칙에서 규정된 인원이 참여하여 전원합의체를 구성할 수 있도록 하는 법률을 제정하였다. 제9순회법원은 위 법률에 따라 제한된 전원합의체(limited en banc) 제도를 운용하고 있는데, 법원장과 무작위로 선정된 10명의 법관을 합한 11명이 합의체를 구성할 수 있도록 하고 있다.

전원합의체 재판부는 3인 재판부 결정을 재고하거나 그 사건을 새로 심리할 수 있다. 드물게는 최초의 심리부터 곧바로 전원합의체 재판부에 의하여 행하여질 수 있다.

(4) 제1심 재판기록의 상소심에의 전달

원심에서의 재판기록은 소제기에 의한 소송의 개시부터 소송의 종료에 이르기까지 전 과정과 절차에 대한 문서화된 기록이지만, 상소심에서의 심리대상이 되는 원심재판의 기록은 원칙적으로 상소인이 그 범위를 지정함으로써 원심에서 상소심으로 전달되는 원심 재판기록의 일부분만을 의미한다. 당사자주의에 따라 상소인에게 상소심에서 다투어지는 쟁점의 해결을 위해 상소심의 심리에 필요한 원심 재판기록상의 모든 부분을 제출할 책임을 지우고 있는 것이다. 여기에는 증거, 당사자가 각자의 주장의 근거로 제시한 성문법률 또는 조례 등의 관련 조항, 원심에서의 관련 결정 및 명령 등이 포함된다.

연방항소규칙은 항소심에 전달되어야 할 원심 재판기록에 ① 원심에서 제출되어 접수된 관련 서증 및 문서의 원본, ② 원심에서 특정 관련 절차에서의 속기록이 있는 경우 그 속기록, ③ 원심의 특정 관련 절차에서 기록원이 작성한 재판기록으로서 공식 재판기록의 일부로 편철된 기록의 정본이 포함되어야 한다고 규정하고 있다. 결국 원심에 제출된 증거나 서면만이 상소심에서의 원심재판기록(record on appeal)의 일부가 될 수 있다.

항소법원의 심리를 위한 원심 재판기록의 제출 책임이 항소인에게 있는 이상 항소인이 이러한 책임을 다하지 못하면, 원심에서의 판결은 명백하고 중대한 위반 등이 없는 한 그대로 확정된다.

(5) 제1심 법원 판결에 대한 심사 방법

상소심에서는 1심의 소송기록과 법률적 주장을 담은 당사자의 서면을 검토하며, 사실관계가 아닌 법률적 쟁점에 대하여 주로 판단한다. 상소심이 원심 판결을 심사하는 기준은 법률적 쟁점인지 사실적 쟁점인지에 따라 다르고, 1심 법원에 재량이 있는 부분인지에 따라서도 다르며, 1심 법원에서 당사자가 제기하였던 쟁점인지에 따라서도 다르다.

1) 심리의 방식

연방항소법원의 재판은 1심과 상당히 다르다. 연방항소법원은 1심 법원의 사건 기록을 토대로 재판을 하고, 추가적인 증거조사를 하지 아니한다.

항소법원은 새로운 증거를 심리하지도 않고, 단지 1심 법원의 기록 및 당사자들의 항소심에서의 변론만을 살펴서 1심 법원의 재판 과정에 오류가 없었는지 확인할 뿐이다.

2) 구술변론(oral argument)

연방항소규칙(Federal rules of Appellate Procedure) 제34조는 연방항소심에서 구술변론 없이 항소절차를 진행할 수 있게 하였다. 즉 구술변론은 원칙적으로 허용되지만, 준비서면과 소송기록을 검토한 3명의 판사로 구성된 재판부가 만장일치로 구술변론이 필요없다고 동의한 경우에는 구술변론을 거치지 않게 된다.

구술변론이 불필요한 경우의 기준으로 ① 항소가 별다른 근거가 없는 것이라거나, ② 결정적 쟁점들에 대하여 이미 유효한 권위있는 선례들이 있을 때, ③ 사실적, 법률적 주장이 충분하게 준비서면과 소송기록에 제시되어 있고 구술변론이 결정 과정에 있어 의미 있는 도움이 되지 않을 때의 세 가지가 정해져 있는데 기록을 검토한 법관들이 이러한 기준 중 어느 하나에 해당한다고 판단되면[57] 구술변론 없는 본안 판단이 이루어지게 된다.

---

57) FRAP rule 34(a)(2) Standards. Oral argument must be allowed in every case unless a panel of three judges who have examined the briefs and record unanimously agrees that oral argument is unnecessary for any of the following reason

1. the appeal is frivolous. 2. The dispositive issue or issues have been authoritatively

(6) 판결문 작성 방법

구술변론을 거친 재판부는 판결 선고 전에 합의를 한다. 구술변론의 주가 끝난 뒤, 판사들은 평의를 열어 결론을 어떻게 하고, 어느 법관이 판결문을 작성할지 등을 결정한다. 판사들 사이에 견해가 같을 경우에는 곧바로 판결을 선고한다. 그러나 판사들 사이에 의견이 다른 경우 적어도 세 명 중 두 명의 의견이 일치하여야 판결을 선고할 수 있고, 일치 의견을 낸 판사 중 한 명이 판결문(opinion)을 작성하고 판결을 선고하며 그 이유를 설명하게 된다. 이 경우 결론을 달리하는 판사는 반대의견을 작성하고, 결론은 같으나 이유를 달리하는 판사는 별개의견을 작성한다.

몇몇 법원에서는 재판장(재판부의 가장 선임 법관)이 의견을 작성할 법관을 지정하나 다른 법원들에서는 순환제에 의해 기계적으로 정하기도 한다. 순환제의 단점 중의 하나는 합의부 중 누가 그 사건의 판결을 작성하게 될지 법관들이 미리 알게 되어 주심이 아닌 법관들은 주심의 의견에 의지하게 되어 주심의 의견이 절대적이 될 수 있다는 것이다.

법원은 일부 사건에 대해서만 판사들이 정식으로 서명한 판결문을 작성한다. 이렇게 정식으로 서명된 판결문은 여러 판결집으로 출판되며 통상 선례적 효과를 인정받는다.

그러나 보다 많은 수의 판결문은 판결문 작성자의 성명이나 개개 법관의 서명 없이 법원의 의견이라는 형태로 작성되는 익명의 판결문(per curium opinion)이다.

판사들이 보기에 별달리 논의될 내용이 없고 판례법 형성에 별 기여를 하지 못하는 판결에 대하여는 이러한 형태의 짧고 서명되지 않은 익명의 판결문을 사용하는데, 만약 판결에 별개의견이나 반대의견이 있는 판사는 자신의 견해를 판결문에 부기할 수도 있다. 익명의 판결문은 출간되지 않으며 보통 선례적 효과가 없는 것으로 간주된다.

---

decided. 3. The facts and legal arguments are adequately presented in the briefs and record, and the decisional process would not be significantly aided by oral arguments.

(7) 상소심 재판에서의 심사기준

1) 1심에서 제기된 쟁점(preserved claims)에 대한 심사기준

지방법원의 판결에 대한 항소심의 심사범위는 ① 재심사 기준(de novo), ② 명백한 오류기준(clearly erroneous), ③ 재량의 남용기준(abuse of discretion), ④ 명백한 하자기준(plain error)이 적용되느냐에 따라 각각 다르다. ①, ②, ③ 기준이 전통적인 '사실/법률'이라는 패러다임 하에서 작용하는 기준이라면, ④ 기준은 항소심에서 처음 제기되는 쟁점에 대하여 적법절차보장 혹은 소송경제적 관점에서 논의되는 기준이다.

1심 판사의 법률판단에 대해서는 재심사 기준(de novo)이 적용되어 전면적인 당부 판단이 가능하지만 1심 판사의 사실인정에 대한 심사에는 판단우선권(deference)을 부여하여 명백한 오류(clear error)가 있는지에 관하여만 심사한다. 1심 판사가 재량으로 할 수 있는 결정에 대해서는 헌법과 법률, 규칙, 판례 등에 비추어 판사에게 주어진 재량권을 남용하였는지 하는 재량의 남용기준(abuse of discretion)에 따라 심사한다.

이 3가지 기준으로 심사한 결과 1심재판에 잘못이 발견되면 항소심의 구제 여부는 침해적 하자기준(harmless error doctrine)에 따라 결정하게 된다. 이에 따라 항소심은 당사자의 실체적 권리에 영향을 미치지 못하는 하자에 대해서는 판단하지 않는다.[58]

2) 1심에서 제기되지 않은 쟁점(unpreserved claims) 또는 실기한 쟁점(forfeited claims)에 대한 심사기준 – 명백한 하자기준(plain error)

사실심에서 쟁점을 제때에 제기하지 않아 실기하였을 경우에는 명백한 하자기준이 적용된다. 즉 1심에서 제기되지 않았거나 실기한 쟁점을 항소심에서도 주장할 수 있지만, 그 잘못이 '명백'하고 항소인의 '실체적 권리에 영향'을 주고 있으며, 그럼으로써 '사법절차의 공정성, 완전성 또는 공공성에 심각한 해악을 끼친다'는 점까지 증명하도록 하여 무거운 입증책임을 부과하고 있다.[59]

---

58) 28 U.S.C. §2111.

59) Johnson v. United States, 520 U.S. 461 (1997).

3) 사실/법률 구분 패러다임

원칙적으로 사실인정에 대해서는 매우 제한적인 심사, 즉 명백한 오류기준이 적용되고, 법률판단에 대해서는 재심사(de novo review) 기준이 적용된다. 이는 1심과 항소심의 권한배분의 기본적 원칙과도 관련된다. 하지만 배심재판에서 판사가 배심에게 제공하는 법리설명(instruction)이나 추상적 법리(abstract law), 또는 사실판단인지 법률판단인지 분간이 애매하거나 혼합되어 있는 사항들의 경우는, 1심에서 쟁점을 제기하였느냐 아니냐에 따라 동일한 사항에 관해서 심사기준이 달라지는 복잡한 경우도 예상해 볼 수 있다.

이렇게 사실판단인지 법률판단인지 애매한 쟁점(mixed findings/questions)에 관해서는, "그 문제에 관해서 1심 법원이 항소심 법원보다 더 잘 판단할 것 같은(better positioned) 사항"인지, "법률판단을 명확히 하고 통일성을 유지하기 위해 항소심 법원의 판단을 받는 것이 나은 사항"인지에 따라 항소심 법원의 심사의 정도가 결정되기도 한다.

Ⅳ. 미국 연방대법원의 상고제한 제도

아래 표에서 보는 바와 같이, 미국연방대법원에는 매년 약 8,000건 정도의 사건이 접수되다가 최근 계속 감소하여 2023년에는 4,223건이 접수되었다.

본안 판단을 받는 사건 중 구술변론을 거치는 건수 역시 감소 추세이고 최근 70건 전후이다. 그 외 구술변론 없이 본안에 관하여 약식으로 처리되는 건수가 수십 건 되고 나머지 사건은 본안에 관한 판단 없이 종결된다. 전체 접수사건 중에서 위와 같이 본안 판단을 받게 될 소수의 사건을 선별하는 절차가 상고허가 제도이다.

〈미국 연방대법원의 연간 사건 접수건수 및 변론건수〉[60]

회기연도[61]	2004	2005	2006	2007	2008	2009	2010	2011	2012	2013
접수건수	7,496	8,521	8,857	8,241	7,738	8,159	7,857	7,713	7,509	7,376
변론건수	87	87	78	75	87	82	86	79	77	79
회기연도	2014	2015	2016	2017	2018	2019	2020	2021	2022	2023
접수건수	7,033	6,475	6,305	6,315	6442	5411	5307	4900	4159	4223
변론건수	75	82	71	69	73	73	72	70	68	69

구술변론을 거쳐 판결을 하는 사건 수가 1930년대 초반까지만 하더라도 한 해 230건 정도였는데, 서서히 감소하여 1950년대와 1960년대에는 한 해 100건 내지 120건 정도였고, 다시 1970년대와 1980년대에는 한 해 150건 가량으로 늘었다가, 1990년대 중반 이후 대폭 감소하여 100건을 하회하고 있다.[62)]

렌퀴스트(William H. Rehnquist) 대법원장(1986.9.26.~2005.9.3.)은 연방대법원의 주요 역할을, ① 매년 7,000건이 넘는 상고허가신청사건 중 100건 정도를 선별하는 것, ② 선별된 사건을 구술심리하고 평의에서 투표하는 것, ③ 판결서를 작성하는 것의 3가지로 보았는데,[63)] 이와 같이 상고사건 선별은 구술심리 및 판결서 작성에 못지않은 중요한 연방대법원의 역할에 해당한다. 상고사건 선별은 연방대법원이 자체적으로 심리할 대상을 결정한다는 의미 외에 미국사회에 정치적, 문화적 논쟁거리를 제공하는 의미가 있다. 즉, 낙태, 언론의 자유, 종교의 자유 등 사회적으로 민감한 주제의 경우 연방대법원이 관련 사건을 심사하기로 결정한 사실 자체가 언론의 주목을 받는다.[64)]

---

60) Chief Justice's Year-End Reports on the Federal Judiciary, https://www.supremecourt.gov/publicinfo/year-end/year-endreports.aspx

61) 미국 법률에 의하면 각 회기연도(Terms of court)는 당해 연도의 10월 첫 번째 월요일부터 다음 해 10월 첫 번째 월요일의 전날까지로 정해져 있다(28 U.S.C. §2).

62) Kenneth W. Starr, "The Supreme Court and Its Shrinking Docket: The Ghost of William Howard Taft", 90 MINN. L. REV. 1363, 1364, 1369 (2006).

63) William H. Rehnquist, TheSupreme Court 224 (new ed. 2004), 224쪽.

64) 미국연방대법원의 의사결정과정은 대부분 비공개로 이루어지고, 특히 상고사건 선별과 관련하여서는 명문의 규정들도 거의 없기 때문에, 은퇴한 대법관들의 개인자료가 공개되면 그 자료를 근거로 하거나 연방대법원의 전·현직 관계자들과의 인터뷰 등을 통하여 그 과정을 확인할 수 있을 뿐이다(법원행정처, 외국사법제도연구(8), 4쪽).

1. 상고허가제도의 도입 및 변천

(1) 1891년 법원조직법 이전

1) 제1심 관할권과 상고심 관할권 규정

1787년 제정된 미국연방헌법 제3조 제2항(Section 2 of Article Ⅲ)은 연방대법원 및 연방하급심법원의 관할 사건으로 일정 유형의 사건[65]을 열거하면서, 그중 외교사절 등 관련 사건과 주가 당사자인 사건에 관하여는 연방대법원이 제1심 관할권(original jurisdiction)을 가지고, 나머지 사건에 관하여는 연방의회가 정하는 바에 따라 연방대법원이 상고심 관할권(appellate jurisdiction)을 가진다고 규정하고 있다.[66] 이에 따라 연방의회가 연방대법원의 제1심 관할권에 대하여는 대상 사건을 추가하는 등의 권한이 없으나, 상고심 관할권과 관련하여서는 그 범위를 확정할 수 있는 상당한 권한을 보유하게 되었다.[67]

---

65) 연방헌법, 연방법률 및 조약과 관련한 사건, 외교사절 등 관련사건, 국가가 당사자인 사건, 해군 및 해양 관련사건, 2개 이상의 주 사이의 분쟁, 서로 다른 주 주민 사이의 분쟁, 여러 주에 걸친 토지에 관한 같은 주 주민 사이의 분쟁, 주나 주민과 외국이나 외국국민 사이의 분쟁이 그러한 사건이다.

66) "The judicial Power shall extend to all Cases, in Law and Equity, arising under this Constitution, the Laws of the United States, and Treaties made, or which shall be made, under their Authority; to all Cases affecting Ambassadors, other public Ministers and Consuls; to all Cases of admiralty and maritime Jurisdiction; to Controversies to which the United States shall be a Party; to Controversies between two or more States; between a State and Citizens of another State; between Citizens of different States; between Citizens of the same State claiming Lands under Grants of different States, and between a State, or the Citizens thereof, and foreign States, Citizens or Subjects." [U.S.CONST. art. 3, § 2, cl. 1 (amended 1795)]. "In all Cases affecting Ambassadors, other public Ministers and Consuls, and those in which a State shall be Party, the supreme Court shall have original Jurisdiction. In all the other Cases before mentioned, the supreme Court shall have appellate Jurisdiction, both as to Law and Fact, with such Exceptions, and under such Regulations as the Congress shall make."(U.S.CONST. art. 3, § 2, cl. 2).

다만 1795년 수정 11조(Amendment 11)로 다른 주 주민이나 외국 국민이 주를 상대로 하는 사건을 연방대법원 및 연방하급심법원의 관할대상 사건에서 제외하였다.

"The Judicial power of the United States shall not be construed to extend to any suit in law or equity, commenced or prosecuted against one of the United States by Citizens of another State, or by Citizens or Subjects of any Foreign State."(U.S.CONST. amend. XI).

67) Hartnett, Questioning Certiorari: Some Reflections Seventy－Five Years After the Judges' Bill, vol. 100, 1649쪽.

2) 1789년 법원조직법

연방의회는 최초로 1789년 법원조직법(Judiciary Act of 1789)을 제정하면서 연방하급심법원으로 연방지방법원(district court) 및 연방대법관 2인과 연방지방법원 판사 1인으로 구성되는 순회법원 형식의 연방항소법원(circuit court)의 2가지를 두었다.[68]

또한 위 법률은 연방대법원과 연방하급심법원에 재판에 필요한 명령(writ)을 내릴 수 있는 권한을 부여하였는데, 위 명령 중에는 오늘날 상고허가제도의 모태가 되는 기록송부명령(writ of certiorari)이 포함되어 있었다. 하지만 오늘날의 상고허가제도와 달리, 당시의 기록송부명령은 연방대법원이 상고사건을 선별하는 절차가 아니었고, 단순히 하급심 기록에 불충분한 부분이 있을 때 이를 보완하는 취지에서 행하는 보조수단에 불과하였다.[69]

3) 상고사건 적체

초기에는 상고사건이 많지 않아 대법관들은 상고사건을 담당하기보다는 각 지역을 순회하면서 연방항소법원의 사실심 심리 법관으로서의 역할을 주로 담당하였다. 그러나 남북전쟁(1861~1865) 후 연방의회가 입법으로 연방법원 관할사건을 추가하였고 경제활동 활성화와 인구 증가 등의 영향이 겹쳐 연방대법원에 접수되는 사건이 폭증하였다. 이에 따라 사건처리가 심각하게 적체되기 시작하였다. 1890년 회기연도를 시작할 무렵에는 미제건수가 1,800건에 이르렀고, 연방대법원에 사건이 접수된 날부터 첫 변론기일이 열리기까지 3년 반이 소요되었다. 당시까지만 해도 연방대법원이 상고사건을 선별할 수 있는 권한이 전혀 없어 상고되는 모든 사건을 심리해야 했기 때문에 사건이 적체될 수밖에 없었다.[70]

---

68) Judiciary Act of 1789, ch. 20, Stat.1, § 4, 73쪽. 단, 지방법원 판사는 자신이 내린 결정에 대한 항소나 오류에 대하여는 투표할 수 없으나, 그 결정의 이유는 설명할 수 있다.

69) 법원행정처, 외국사법제도연구(8) 각국의 상고제한제도와 상고심 심리방식, 5~6쪽.

70) 법원행정처, 외국사법제도연구(8) 각국의 상고제한제도와 상고심 심리방식, 6쪽.

(2) 1891년 법원조직법

1) 연방항소법원 상고사건에 대한 재량권 최초 부여

이러한 상황에서 1891년 법원조직법(Judiciary Act of 1891)이 제정되었는데, 위 법률은 기존의 순회법원 형태가 아닌 상설법원으로서의 연방항소법원(circuit court of appeals)을 새로이 창설하면서, 연방항소법원으로부터 상고되는 상고사건을 선별하여 심사할 수 있는 재량권을 처음으로 연방대법원에 부여하였다.[71] 원래 모든 상고사건이 의무심사 대상이었기 때문에 상고인들은 모든 사건에 대하여 권리로서 상고(appeal)할 수 있었는데, 위 법률은 연방항소법원 사건 중 연방의회가 의무심사 대상으로 정한 사건을 제외한 나머지 사건에 대하여는 연방항소법원 판결을 최종심(final)이라 선언할 수 있는 권한을 연방대법원에 부여하였다. 이처럼 미국연방대법원에의 상고의 경로는 권리상고(appeal), 상고심사제청(certification), 상고허가(certiorari)의 3가지가 있는데, 1891년 법원조직법에 의하여 비로소 위와 같은 3가지 형태의 상고 경로가 형성되었다. 즉, 의무심사 대상사건은 권리상고의 대상이 되고, 의무심사 대상이 아닌 사건은 연방항소법원의 상고심사제청대상이 되거나 연방대법원의 상고허가 대상이 되었다.

2) 각 주최고법원 상고사건에 대한 재량권 부여

한편 1891년 법원조직법은 연방항소법원으로부터의 상고사건에 관하여 연방대법원의 재량권이 부여된 것인데, 1916년에는 각 주최고법원으로부터의 상고사건에까지 확대되어 주최고법원 사건 중 연방헌법, 조약, 연방법률, 연방정부 위원회나 기구에 의하여 권리가 부여된 사건에 관하여 연방대법원이 상고허가의 형식으로 상고사건 선별과 관련한 재량권을 행사할 수 있게 되었다.[72]

3) 권리상고사건으로 인한 사건부담

위와 같은 과정을 통하여 상고사건 선별과 관련한 재량권이 연방대법원에 부여되었으나, 연방대법원이 의무적으로 심사하여야 하는 권리상고사건이 많았기

---

71) 이로써 연방대법원 대법관들이 더 이상 연방항소법원의 사실심 법관 역할을 하지 않게 되었다.
72) Hartnett, 앞의 책, 1657～1660쪽.

때문에, 연방대법원의 사건부담은 여전히 높았다. 예를 들어 1917년부터 1922년까지 사이에 연방대법원은 한 해 평균 330건에 대하여 구술변론을 열었다.[73)]

(3) 1925년 법원조직법

1) 1925년 법원조직법을 통한 재량권 확대

이에 태프트(William Howard Taft) 대법원장(1921.7.11.~1930.2.3.)은 1921년 대법원장에 취임한 후 상고사건 선별과 관련한 연방대법원의 재량권을 극대화하기 위한 노력을 시작하였고, 그 노력은 1925년 법원조직법(Judiciary Act of 1925, 보통 'Judges' Bill'이라 부른다)을 통하여 결실을 맺게 되었는데, 위 법률은 경미한(minor) 사건에 대한 연방대법원의 심사의무를 배제함으로써 연방대법원의 상고사건 선별 권한을 대폭 확대하였다. 당시 태프트 대법원장은 연방대법원의 기능이 하급심 판결의 오류를 시정하는 것이 아니라, 판결의 통일성을 보장하고, 대중적으로 중요한 문제를 적절히 해결하는 것이라는 점을 강조하면서, 연방대법원의 재량권이 확대되더라도 연방대법원이 '연방법률의 통일성 유지'와 '중요한 법률문제의 해결'이라는 두 가지 목표를 달성할 수 있는 방향으로 재량권을 행사할 것이라는 점을 연방의회가 신뢰하여 줄 것을 요청하였다. 위 법률 제정으로 연방대법원의 권리상고사건 비율이 큰 폭으로 감소하기 시작하였는데, 예를 들어 위 법률 제정 전인 1924년에는 연방대법원 접수사건 중 권리상고사건 비율이 40%이었는데, 1930년에는 15%로 감소하였다.[74)]

2) 연방대법원 판례 및 규칙을 통한 재량권 확대

연방대법원은 1925년 법원조직법 제정으로 권리상고사건을 축소시킨 데 만족하지 않고, 연방의회의 도움 없이 자체적으로 판례 및 연방대법원규칙을 통하여 재량권을 확대하여 나갔다. 먼저 연방대법원은 1928년 판례[75)]를 통하여, 1891년 법원조직법의 경우와 달리, 상고가 허가된 개개 사건의 모든 쟁점을 심사할 필요 없이 특정 쟁점만을 선별하여 심사할 수 있는 것으로 해석하기 시작하였고,

---

73) Hartnett, 앞의 책, 1646쪽.

74) 법원행정처, 외국사법제도연구(8) 각국의 상고제한제도와 상고심 심리방식, 9쪽.

75) Olmstead v. U.S., 277 U.S. 438 (1928).

이와 같은 관행은 그 후 상고허가신청서에 기재된 쟁점에 한하여만 연방대법원이 심사한다는 연방대법원규칙으로 정립되었다. 나아가 연방대법원은 1928년 연방대법원규칙[76]을 통하여 연방대법원의 재량권을 권리상고사건에까지 확대하였다. 즉, 상고인이 권리상고 후 30일 이내에 관할진술서(jurisdictional statement)를 제출하여야 하는데, 이 관할진술서에는 연방대법원에 상고심 관할권이 있다는 점 외에도 해당 사건의 연방 관련 쟁점이 중요하고, 사소하지(frivolous) 않으며, 이에 대한 연방대법원 판례가 없다는 점까지 언급되어야 하고, 이를 갖추지 않은 경우 연방대법원이 권리상고를 기각할 수 있었다. 실제로 그 다음해인 1929년에는 권리상고사건 36건이 위 요건을 갖추지 못하여 상고가 기각되었다.[77]

이와 같이 권리상고에 관할진술서제도를 도입함으로써 연방대법원이 권리상고사건에 관하여도 실질적으로 재량권을 행사할 수 있게 되었고, 이로써 권리상고와 상고허가 사이의 구별이 불분명해졌다. 당초 태프트 대법원장이 1925년 법원조직법 제정을 추진할 때 연방의회의 저항이 두려워 권리상고사건에 대하여는 상고허가제도를 도입할 엄두를 내지 못하였는데, 위와 같은 관행으로 권리상고사건에 대하여도 상고허가제도가 시행되는 결과가 되었다.[78]

(4) 1988년 상고사건선별법

연방의회는 권리상고에 관한 법률 규정을 무시하는 위와 같은 연방대법원의 관행에 반대하기보다는 오히려 1988년 상고사건선별법(Supreme Court Case Selections Act of 1988)을 통하여 위 관행을 입법으로 수용하여 유명무실화된 권리상고에 관한 규정을 삭제하였다.[79]

연방법률은 연방대법원의 상고사건 유형으로 첫째, 연방지방법원 합의부 사건의 비약상고, 둘째, 연방항소법원 사건의 상고, 셋째, 각 주최고법원 사건의 상고, 세 가지를 규정하고 있다. 1988년 상고사건선별법 전까지는, 연방항소법원 사건의 경우 권리상고, 상고심사제청, 상고허가의 3가지 상고 경로를 인정하고 있었고, 각 주최고법원 사건의 경우 권리상고, 상고허가의 2가지 상고 경로를 인

76) Sup.Ct.R. 12, 275 U.S. 603-04 (1928).
77) Hartnett, 앞의 책, 1708쪽.
78) Hartnett, 앞의 책, 1708~1709쪽.
79) Hartnett, 앞의 책, 1710쪽.

정하고 있었는데, 위 법률로 연방항소법원 사건에서나[80] 각 주최고법원 사건에서나[81] 모두 권리상고 부분을 삭제하였다.

(5) 상고심사제청제도의 변천

상고심사제청제도가 도입된 1925년 법원조직법 제정을 위한 청문회 당시만 하더라도, 상고심사제청제도는 연방대법원이 연방의회에 상고사건 선별 권한의 확대를 요청하는 도구로서 기능하였다. 즉, 어차피 연방항소법원이 상고심사제청을 할 수 있는 권한을 보유하고 있기 때문에 연방대법원의 재량권이 확대되더라도 위 상고심사제청제도가 재량권 남용에 대한 견제 장치로 활용될 것이라는 점이 계속 강조되었다. 그러나 이미 연방대법원은 정책법원(policy-determining body)을 지향하고 있었고, 따라서 상고심사제청이 폭넓게 활용될 경우 연방대법원이 스스로 선택한 사건을 심사할 시간이 크게 제약되게 되므로, 연방대법원은 상고심사제청제도에 호의적이지 않았다.[82][83]

이에 연방대법원은 1925년 법원조직법 통과 후 연방항소법원이 보유하고 있던

---

80) 현행 연방법률은 다음과 같이 연방항소법원 사건의 상고 경로로 상고허가와 상고심사제청의 두 가지만 인정하고 있다.
"Cases in the courts of appeals may be reviewed by the Supreme Court by the following methods:
(1) By writ of certiorari granted upon the petition of any party to any civil or criminal case, before or after rendition of judgment or decree;
(2) By certification at any time by a court of appeals of any question of law in any civil or criminal case as to which instructions are desired, and upon such certification the Supreme Court may give binding instructions or require the entire record to be sent up for decision of the entire matter in controversy." (28 U.S.C. §1254).

81) 현행 연방법률은 다음과 같이 각 주최고법원 사건의 상고 경로로 상고허가만 인정하고 있다.
"Final judgments or decrees rendered by the highest court of a State in which a decision could be had, may be reviewed by the Supreme Court by writ of certiorari where the validity of a treaty or statute of the United States is drawn in question or where the validity of a statute of any State is drawn in question on the ground of its being repugnant to the Constitution, treaties, or laws of the United States, or where any title, right, privilege, or immunity is specially set up or claimed under the Constitution or the treaties or statutes of, or any commission held or authority exercised under, the United States."(28 U.S.C. §1257).

82) Hartnett, 앞의 책, 1710~1711쪽.

83) 이러한 운영이 가능한 것은 앞의 각주에서 본 바와 같이 법률상 상고심사제청이 있는 경우 연방대법원이 기록 전체를 연방대법원으로 송부할 것을 요구하여야 하는 것이 아니라 요구할 수 있는('may') 것으로 규정되어 있기 때문이다.

상고심사제청권마저도 크게 제약하여 운영하였다. 즉, 1927년부터 10년간은 총 72건의 상고심사제청을 받아들였으나, 1937년부터 10년간은 그 건수가 총 20건으로 감소하였고, 1957년도에는 종래까지 상고심사제청을 받아들이던 동일 연방항소법원 내의 합의부 판결이 서로 상충되는 경우에 관하여 더 이상 상고심사제청을 받아들이지 않기에 이르렀다. 1946년부터 1985년까지 연방대법원은 총 4건의 상고심사제청만을 받아들여 사실상 상고심사제청제도는 사문화되었다.[84)]

결국, 권리상고제도는 사실상 폐지[85)]되었고, 상고심사제청제도는 실질적으로 사문화되었기 때문에 현재 연방대법원의 상고제한제도로는 거의 유일하게 상고허가제도만이 남아 있다고 할 수 있다.

2. 상고허가의 기준

우선 상고허가 대상 사건 유형과 관련하여 연방법률은, 연방항소법원 사건에 대하여는 별다른 제한을 두지 않지만, 각 주최고법원 사건에 대하여는 조약이나 연방법률에 관련되거나, 주 법률이 연방헌법, 조약, 연방법률에 저촉되거나, 연방헌법, 조약, 연방법률, 연방정부 위원회나 기구에 의하여 권리가 부여된 사건에 한하여만 상고허가신청을 할 수 있는 것으로 규정하고 있다.[86)]

구체적인 상고허가 기준과 관련하여 연방법률 차원에서는 규정하고 있지 않다. 다만, 연방대법원규칙 제10조는 상고허가가 중대한 이유가 있는 경우에만 허용되는 재량행위라 선언하면서 중대한 이유의 예시로 아래와 같은 내용을 제시한다.[87)]

---

84) Hartnett, 앞의 책, 1712쪽.

85) 연방지방법원 합의부에서 연방대법원으로의 비약상고만이 유일하게 남아 있는 권리상고인 셈이다. Saul Brenner, "Granting Certiorari by the United States Supreme Court: An Overview of the Social Science Studies", 92 Law Libr. J. 193, 193 (2000).

86) 28 U.S.C. §1254, §1257.

87) "Review on a writ of certiorari is not a matter of right, but of judicial discretion. A petition for a writ of certiorari will be granted only for compelling reasons. The following, although neither controlling nor fully measuring the Court's discretion, indicate the character of the reasons the Court considers:

(a) a United States court of appeals has entered a decision in conflict with the decision of another United States court of appeals on the same important matter; has decided an important federal question in a way that conflicts with a decision by a state court of last resort; or has so far departed from the accepted and usual course of judicial

첫째, 연방항소법원 판결이 다른 연방항소법원 판결과 상충하는 경우, 중요한 연방 관련 사안에 관하여 연방항소법원 판결이 주최고법원 판결과 상충하는 경우, 연방항소법원 재판절차가 통상의 재판절차에서 과도하게 벗어나거나 연방항소법원이 그러한 제1심 법원의 재판절차를 인가하여 연방대법원의 감독이 필요한 경우이다.

둘째, 중요한 연방문제에 관한 주최고법원의 판결이 다른 주최고법원이나 연방항소 법원 판결과 상충하는 경우이다.

셋째, 연방대법원의 판단이 필요한 중요한 연방문제에 관하여 주법원이나 연방항소법원이 연방대법원 판례가 없는 상태에서 판결하였거나 관련 연방대법원 판례에 저촉하여 판결한 경우이다. 그러나 사실관계 판단의 오류나 법적용의 잘못은 대개 상고허가 사유가 되지 않는다.

하지만 실제로 위와 같은 기준이 특정 사건에 구체적으로 어떻게 적용되는지는 모호하고, 위 기준들만으로 당사자나 대리인들이 어느 경우에 상고가 허가되는지 가늠하기 어렵다는 비판이 있다.

3. 상고허가 절차

(1) 유료절차(paid petitions)와 무료절차(IFP)

상고허가 신청은 크게 유료절차(paid petitions: 상고허가 신청(petition for a writ of certiorari)의 일반적 형태로 40부의 부본과 300달러의 접수료를 납부해야 한다)와 무료절차(IFP; in forma pauperis: 극빈자들에게 접수료를 면제해 주는 제도로 이용자의 대부분이 수감된 형사피고인들이다)로 구별되는데, 유료절차는 1981년 2,935건이었

---

proceedings, or sanctioned such a departure by a lower court, as to call for an exercise of this Court's supervisory power;

(b) a state court of last resort has decided an important federal question in a way that conflicts with the decision of another state court of last resort or of a United States court of appeals;

(c) a state court or a United States court of appeals has decided an important question of federal law that has not been, but should be, settled by this Court, or has decided an important federal question in a way that conflicts with relevant decisions of this Court. A petition for a writ of certiorari is rarely granted when the asserted error consists of erroneous factual findings or the misapplication of a properly stated rule of law." (Sup.Ct.R. 10).

다가 2004년에는 2,041건 정도로 그 수가 큰 변동 없이 유지됨에 반하여, 무료절차는 1980년 2,371건이었다가 2004년에는 무려 6,543건으로 증가되었다.[88] 그러나 연방대법원의 사건접수사건수가 2006년 8,857건으로 가장 높았으나 그 후로 접수사건수가 감소함에 따라 2023년에는 무료절차가 2,847건, 유료절차가 1,376건에 불과하였다.[89]

위와 같이 유료절차는 전체의 1/3 정도밖에 되지 않으며, 연방 또는 지방교도소에 구금되어 있는 형사피고인들이 주로 신청하는 무료절차가 상고허가 신청사건의 다수를 차지하고 있으나 그 비중은 점차 낮아지고 있다.

접수사건수가 감소함에 따라 유료절차와 무료절차 모두 상고허가 신청 허용비율이 감소하기는 하였으나, 여전히 유료절차가 무료절차 사건에 비해 훨씬 인용률이 높다. 하나의 통계로 유료절차 사건 중 상고허가가 허가된 비율은 1980년대 초 5~7%였다가 2000년대에 3~4%로 감소하였고, 무료절차 사건 중 허가된 비율은 1980년대 초 0.3%에서 2%였다가 2000년대 0.1%에서 0.2% 정도로 감소하였다는 통계가 있다.[90]

(2) 상고허가신청사건의 심사방식

1) 독립심사방식과 공동심사방식

미국연방대법관들이 상고허가신청사건을 검토하는 방식에는 재판연구관(law clerk)의 활용모습에 따라 독립심사방식과 공동심사방식(cert pool)이 있다. 독립심사방식은 대법관이 자신에게 전속한 재판연구관으로 하여금 상고허가신청사건 전부를 검토하게 한 후 재판연구관이 보고서(memo)를 작성하여 제출하면 대법관이 이를 토대로 각 사건에 대한 상고허가 여부를 검토하는 것이고, 공동심사방식은 공동심사방식에 동참하는 대법관의 전속 재판연구관들을 공동심사조로 편성한 후 모든 상고허가신청사건을 위 재판연구관들에게 무작위로 배당하고, 재판연구관이 각자 배당받은 사건의 보고서(pool memo)를 작성하여 이를 공동심

88) Susan Low Bloch 외 2인, “Inside the Supreme Court: The institution and Its Procedures”, 2nd Edition, Thomson West, 352쪽.
89) Chief Justice’s Year-End Reports on the Federal Judiciary, https://www.supremecourt.gov/
90) Susan Low Bloch 외 2인, 앞의 책, 353~354쪽.

사방식에 동참하는 대법관들에게 송부하면 대법관들이 그 보고서를 중심으로 상고허가 여부를 심사하는 방식이다.[91)]

최종적으로 각 대법관이 전체 사건을 검토한다는 점에는 차이가 없으나, 전속 재판연구관들로 하여금 전체 사건을 검토하게 하고 그 대법관만을 위한 보고서를 제출하게 하는지, 아니면 공동심사조를 구성하는 재판연구관들로 하여금 자신이 배당받은 사건에 한하여 검토하게 하고 공동심사방식 참여 대법관 전체를 위한 보고서를 제출하게 하는지에 차이가 있다.

2) 심사절차

a) 보고서 작성

재판연구관들은 제출된 신청서, 답변서, 참고인 진술서, 하급심 판결 등을 검토한 후 보고서를 작성하게 되는데, 공동심사조의 재판연구관들은 각자 무작위로 배당받은 사건에 관하여, 그리고 독립심사방식의 재판연구관들은 전체 사건에 관하여 보고서를 작성한다. 보고서에는 사실관계, 하급심 판결 및 당사자와 참고인의 주장을 요약, 정리하고, 아울러 상고허가 여부에 대한 재판연구관 개인의 의견을 기재하게 되는데, 보통 '상고허가(grant)', '기각(deny)', '보류(hold)', '상고허가 및 파기환송(grant/vacate/remand)' 등의 형태로 의견을 기재한다.[92)93)]

---

91) 공동심사방식은 1972년 파웰(Lewis F. Powell Jr.) 대법관(1972.1.7.~1987.6.26.)의 제안으로 도입되었는데, 파웰 대법관은 재판연구관들이 상고허가신청서를 검토하는 데 소요되는 시간을 줄일 수 있는 장치로 대법관들에게 공동심사방식을 제의하였고, 버거(Warren Earl Burger, 1969.6.23.~1995.6.25.) 대법원장과 4인의 대법관은 늘어나는 상고허가신청사건을 효율적으로 대처하기 위하여 공동심사방식에 동의하여 시행하기 시작하였다.

이후 점차 공동심사방식에 참여하는 대법관 수가 확대되었고, 2010년 은퇴한 스티븐스(John Paul Stevens) 대법관(1975.12.19.~2010.6.29.)은 공동심사방식에 참가하지 않았고, 얼리토(Samuel Anthony Alito) 대법관(2006.1.31.~)은 취임 초기에는 공동심사방식에 가담하였으나 2008년 공동심사방식에서 탈퇴하였다. 얼리토 대법관은 탈퇴하기 전부터, 공동심사방식을 책임 있는 제도로 보기 어렵고 공동심사조 재판연구관들의 상고허가 여부에 대한 의견과 대법관들의 의견이 일치하지 않는 경우가 많다는 말을 한 바 있는데, 이러한 소신이 탈퇴의 배경이 된 것으로 보인다.

2017년에 대법관이 된 닐 고서치(Neil Gosuch, 2017.4.1.~) 대법관도 아직 공동심사방식에 참여하지 않고 있다. 스티븐스 대법관의 재판연구관들은 모든 상고허가신청서를 검토한 후 그중 고려할 가치가 있는 20% 내지 25%의 사건에 대해서 보고서를 작성하여 스티븐스 대법관에게 제출하였다.

92) Black and Owens, Analyzing the Reliability of Supreme Court Justices' Agenda-setting Records, 255쪽.

93) '상고허가 및 파기환송'은 'GVR'로 약칭되는데, 최근의 연방대법원 판례에 의하여 결론에 영향을

공동심사방식에 의하여 작성된 보고서는 공동심사방식에 동참하는 대법관들 전부에게 제출된다.

b) 평 의

연방대법관 전원이 모여 한 해에 수천 건씩 접수되는 사건들에 대하여 상고허가 여부에 대하여 효율적으로 심리하기 위하여 심사목록(discuss list) 제도를 시행하고 있다. 평의 직전 대법원장은 평의에서 검토할 가치가 있다고 판단되는 상고허가신청 사건을 기재한 심사목록을 작성하여 다른 대법관들에게 돌리는데, 대법관들은 각자 자유롭게 심사목록에 사건을 추가할 수 있다. 특정 사건이 심사목록에 기재되면 목록에 올린 대법관을 제외한 다른 대법관은 심사목록에서 그 사건을 삭제할 수 없다. 대법관 중 아무도 심사목록에 올리지 않은 사건은 폐기목록(dead list)으로 분류되어 표결을 거치지 않고 약식으로 신청이 기각된다.[94)]

대법관들은 평의에서 토론 및 표결을 거쳐 심사목록 사건에 대한 상고허가 또는 신청기각 여부를 결정하게 된다. 한 평의기일의 심사목록 사건이 100건 정도 되면 그중 15건 내지 30건 정도만이 토론을 거치게 되는데, 심사목록에 올랐더라도 토론을 거치지 않는 사건은 표결 없이 신청이 기각된다. 토론을 거칠 만한 가치가 있다고 판단되는 사건에 대하여는, 그 사건을 심사목록에 올린 대법관이 상고허가 여부에 관한 자신의 입장을 진술하면서 그 사건에 대한 토론을 이끌게 된다.[95)] 그 대법관이 가장 먼저 표결을 하고, 이어서 선임자부터 순서대로 표결을 하는데, 뒤에서 상술하는 바와 같이 대법관 4인 이상의 찬성이 있는 경우 상고가 허가된다.[96)]

상고허가 여부를 공개할 때 몇 명의 대법관이 상고허가에 찬성하였는지, 왜

받을 가능성이 있는 사건에 대하여 주로 내려지고, 드물기는 하지만 최근 관련 법령이 시행되거나 연방송무국장이 하급심 판결에 오류가 있다는 의견을 제시할 때도 내려진다. 하급심법원이 최근 연방대법원판례 등의 영향을 고려하여 다시 처음부터 심리를 하고 필요한 경우 판결을 번복할 기회를 주기 위한 제도이다. 판결은 간단히 2~3줄 정도로 기재하여 약식으로 한다.

94) Black and Owens, 앞의 책, 256쪽.

95) 다만 대법관 상호간에 토론이 실질적으로 활발히 이루어지는 것은 아니고 대법관들이 이미 개별적으로 결론을 내린 상태에서 이를 확인하기 위하여 투표를 하는 절차에 불과하다. Margaret Meriwether Cordray and Richard Cordray, "Setting the Social Agenda: Deciding to Review High-Profile Cases at the Supreme Court", 57 U. Kan. L. Rev. 313, 315 (2009), 317쪽.

96) Black and Owens, 앞의 책, 256쪽.

상고허가신청을 기각하였는지 등 세부적인 평의 내용은 공개되지 않는다. 다만 상고허가신청 기각에 반대하는 대법관들이 공개적으로 자신의 반대의견을 표시하는 경우가 있고, 본안 판단에서 상고허가이유가 간단하게 언급되기도 한다. 위와 같이 평의의 내용과 표결이 원칙적으로 공개되지 않기 때문에 상고허가에 대한 선례가 있을 수 없고, 대법관들은 더욱 더 강력한 재량권을 행사할 수 있다.[97]

c) 상고허가 사건의 처리

원칙적으로 평의에서 연방대법관 9명 중 4명이 이상이 상고허가에 찬성하면 상고허가 신청이 인용된다(Rule of Four). 이와 같이 과반수의 찬성을 받지 못하여도 인용될 수 있는데, 4명 이상의 찬성을 못 받는 경우나 심사목록(discuss list)에도 못 들어간 경우 상고허가 신청이 기각된다.

상고가 허가되는 경우 사무국장(The Clerk)은 하급심법원의 사무국장에게 당해 사건 기록의 인증 및 송부를 요구한다.[98] 상고가 허가된 사건은 정식으로 서면공방(briefing) 및 구술변론(oral argument)을 거쳐 심리된다. 다만 예외적으로 위와 같은 절차가 생략된 약식으로 처리될 수도 있다. 약식처리는 서면공방 및 구술변론을 거치지 않고 본안에 관하여 판단을 내리는 형식인데, 하급심 판결에 심각한 오류가 있어 서면공방이나 구술변론이 시간낭비라고 느껴질 때 하급심 판결을 약식으로 파기(summary reversal)하기 위하여 주로 활용된다.[99]

4. 상고허가제에 대한 비판

상고허가제에 대하여 제기되는 비판에는 다음과 같은 것들이 있다.

첫째, 사법심사는 법원의 의무인데, 상고허가제는 이러한 법원의 의무에 반한다.[100]

둘째, 상고허가 단계에서 법보다도 대법관들의 의지가 강하게 작용하게 되고, 이로써 상고허가제는 중립적인 결정권자이자 정책의 해석자인 법원을 적극적인 정책수립자로 만들어 버렸다.[101]

97) Black and Owens, 앞의 책, 256쪽.
98) Sup.Ct.R. 16.2.
99) 법원행정처, 외국사법제도연구(8), 23쪽.
100) Hartnett, 앞의 책, 1713~1717쪽.

셋째, 상고허가제가 사법심사의무를 저버리는 것이 아니라 어느 법원이 최종적으로 분쟁을 해결할지를 결정하는 사법행정의 일환일 뿐이라는 상고허가제 옹호론자들의 반박이 있으나, 연방대법원의 상고사건에는 각 주최고법원 사건도 있는데 각 주에 관하여 연방대법원이 사법행정권을 행사한다는 것은 부당하고, 연방항소법원 사건과 관련하여서도 연방대법원이 중립적으로 사법행정권을 행사하는 것이라 보기 어렵다.[102)]

101) Hartnett, 앞의 책, 1718~1726쪽.
102) Hartnett, 앞의 책, 1726~1730쪽.

제2절 영 국

오늘날 영국법의 기초를 이루는 코먼로(common law) 체계는 대략 12세기에 성립된 것으로 보인다. 당시 법원의 역할은 분쟁의 해결을 넘어 법을 제정하는 것으로 인식되었다. 즉 당시 왕의 법원은 사법기관임과 동시에 입법기관이었다. 이후 입헌주의와 의회주권주의(Parliamentary sovereignty)의 발달로 의회가 법을 제정하는 전임기관(專任機關)인 입법부가 되면서 종래 법 제정기관으로 인식되었던 최고법원이 입법부의 한 조직을 이루게 되었다. 영국이 대법원을 신설한 2009년 이전까지 상원이 최고법원의 역할을 담당하여 온 점은 바로 위와 같은 코먼로의 전통에 기인한 것이다.[103)]

Ⅰ. 영국 법원의 구조 및 심급제도

기본적으로 원심보다 경력이 높은 법관이 상소심을 담당하는 것을 원칙으로 하여 다소 복잡한 심급체계를 보이는데, 이를 간단히 요약하면 아래 그림과 같다.

〈영국법원의 구조〉[104)]

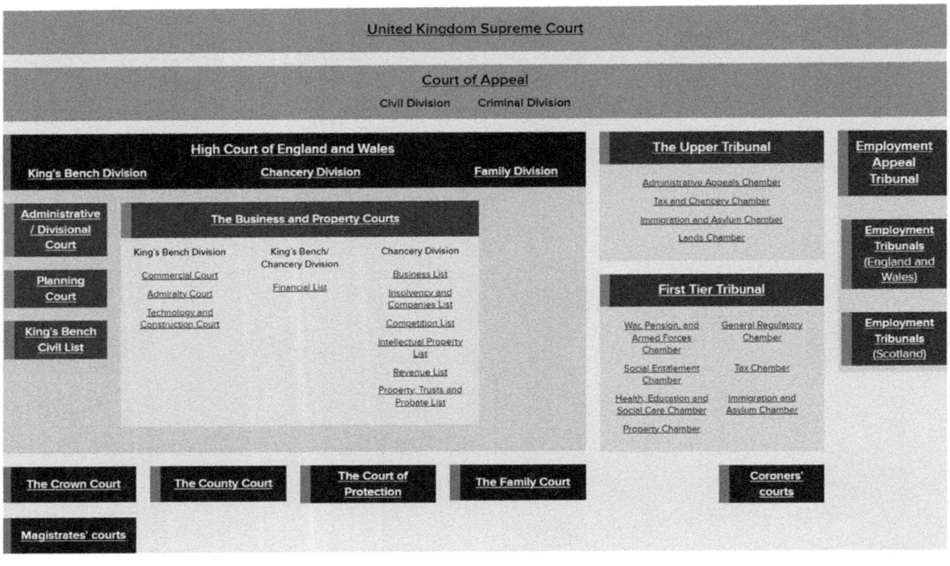

103) 사법정책연구원, 각국의 법관 다양화에 관한 연구, 사법정책연구원, 2017, 89쪽.
104) https://www.judiciary.uk/structure－of－courts－and－tribunals－system/

민사사건의 상소에 대하여는 민사소송규칙(Civil Procedure Rules) 52장에서, 형사사건의 상소에 대하여는 형사소송규칙(Criminal Procedure Rules) 36 내지 42장에서 자세한 절차 등을 규정하고 있다.

1. 민사사건

(1) 1심

1심 재판은 소가와 사건의 복잡성에 따라 고급법원(High Court)[105]과 구역법원(County Court)[106]에서 나누어 담당한다. 고급법원은 ① 소가 100,000파운드 이상의 사건 및 ② 소가 50,000파운드 이상의 신체사고로 인한 손해배상사건(personal injury claims), ③ 다른 법률에 의하여 고급법원에서 1심을 담당하도록 정한 사건 및 ④ 고급법원 판사들로 구성되는 전문법원에서 담당할 사건을 맡고, 나머지 사건은 구역법원에서 처리한다.

사건은 소가에 따라 4개의 재판방식 중 하나에 배당된다. 소가와 사실관계, 법리, 구두 증거의 분량 등을 기준으로 소액소송방식(small claims track), 신속방식(fast track), 중간방식(intermediate track), 복합방식(multi track)으로 배당된다.

---

105) 고급법원은 형평부(Chancery Division), 왕좌부(King's Bench Division, 2022년 전에는 여왕좌부로 불렸음), 가사부(Family Division)의 3부로 구성되어 있다. 형평부에는 회사(company), 조합(partnership), 부동산양도(conveyancing), 토지(land), 유언집행(probate), 특허(patent), 조세(taxation) 등 사건을 담당하는 17명의 판사들이 근무하고, 그 판사들은 회사법원(Companies Court), 특허법원(Patents Court), 파산법원(Bankruptcy Court) 등의 전문법원을 구성하기도 한다. 왕좌부에는 계약(contract), 불법행위(tort), 행정처분 등에 대한 사법심사(judicial review), 명예훼손(libel) 등 사건을 담당하는 73명의 판사가 근무하고, 그 판사들은 상사법원(Commercial Court), 해사법원(Admiralty Court), 기술 및 건설법원(The Technology and Construction Court), 행정법원(Administration Court) 등 전문법원을 구성하기도 한다. (https://www.judiciary.uk/you-and-the-judiciary/going-to-court/high-court/)

106) 구역법원은 가사사건과 상사사건을 포함한 모든 경미한 민사사건의 제1심 재판을 담당하며, 통상 단독판사가 재판을 진행한다. 각 구역법원에는 적어도 1명의 순회판사(Circuit Judge)와 1명의 지역판사가 있으며, 순회판사는 일반적으로 소송가액 25,000파운드 이상 사건을 주로 담당하지만 소송가액 10,000파운드 이상 25,000파운드 미만 사건을 담당하기도 한다. (https://www.judiciary.uk/you-and-the-judiciary/going-to-court/county-court/)

(2) 항소심[107)]

1) 관 할

구역법원 지역판사(District judge)[108)]의 판결에 대하여는 순회판사(Circuit judge)[109)]에게, 구역법원 순회판사의 판결에 대하여는 고급법원 판사(High Court judge)[110)]에게, 고급법원 판사의 판결에 대하여는 항소법원(Court of Appeal, CA) 민사부에 항소를 제기한다. 따라서 구역법원의 지역판사의 판결의 경우 구역법원 순회판사의 항소심을 거쳐, 구역법원 순회판사의 판결은 고급법원 판사의 항소심을 거쳐 또다시 항소법원 민사부에 항소가 제기될 수도 있다(2차 항소, second appeal).[111)]

원심법원이나 항소심법원(구역법원이나 고급법원)은 항소내용이 중요한 법적 문제를 담고 있는 등 항소법원(CA)이 바로 심리하여야 할 이유가 있다고 인정할 경우 당해 항소 사건을 항소법원 민사부로 이송할 수 있고, 항소법원 민사부장(Master of the Rolls)[112)]은 이송된 사건을 검토하여 항소법원 민사부에서 심리할 필요가 없다고 인정할 경우 다시 원래 심리해야 할 항소심법원으로 돌려보낼 수 있다.[113)] 반면, 항소법원 민사부장은 일반적으로 구역법원이나 고급법원이 담당

---

107) 영국법상 Appeal은 항소와 상고를 구별하지 않고 재판 등에 대한 불복을 통칭하나, 편의상 대법원에 하는 상소를 상고로, 나머지 상소를 항소로 구분하기로 한다.

108) 지역판사는 7년 이상 변호사의 자격을 보유하고 있던 사람 중에서 법관임명위원회(Judicial Appointment Commission)가 선발하고, 로드 챈슬러(Lord Chancellor)의 추천을 거쳐 왕이 임명한다. 지역판사는 고급법원 지원(district registry of the High Court)판사로서 고급법원에 제기되는 1심 민사사건을 처리하기도 한다.

109) 순회판사는 10년 이상 변호사 자격을 가지고 있고, 형사사건의 리코더(recorder)로서 근무하거나 민사사건의 지역판사로서 근무한 경력이 있던 사람 중에서 법관임명위원회의 선발, 로드 챈슬러의 추천을 거쳐 왕이 임명한다. 순회판사는 영국의 6개 구역별로 임명되고, 그 구역 내에 있는 형사법원(Crown Court)이나 구역법원에서 근무한다.

110) 고급법원 판사는 고급법원에서 변론할 수 있는 자격을 10년 이상 가지고 있고, 2년 이상 순회판사로 근무한 경력이 있는 사람 중 법관임명위원회의 선발, 로드 챈슬러의 추천을 거쳐 왕이 임명한다. 2025년 현재 107명의 고급법원 판사가 근무 중이다.

111) 모든 2차 항소는 항소법원 민사부에 제기하도록 되어 있으므로(Access to Justice Act 1999 (Destination of Appeals) Order 2000 5조), 구역법원으로부터의 2차 항소(구역법원 지역판사의 판결에 대하여 구역법원 순회판사가 내린 항소심 판결에 대한 불복)는 고급법원 판사가 아니라 항소법원 민사부에서 담당하게 되어 3차 항소는 생기지 않는다.

112) 잉글랜드와 웨일스 법관 중에서 수장인 Lord Chief Justice 다음으로 서열이 높은 법관이다. 전통적으로 항소법원 민사부에 배당되는 사건 중 가장 복잡한 사건을 담당한다.

할 항소심 사건을 항소법원이 대신 심리하도록 지시할 수 있는 권한도 있다.[114)]

2) 항소허가제

법정모욕으로 인한 수감결정(committal order), 인신보호영장(habeas corpus) 발부기각결정 등 개인의 신체적 자유에 관한 예외적인 경우를 제외하고는 구역법원이나 고급법원 판사의 판결에 대하여 불복하고자 하는 자는 원심법원 또는 항소심법원의 항소허가를 받아야 한다.[115)] 항소법원(CA)으로의 2차 항소의 경우에는 반드시 항소법원의 허가(일반항소의 경우 원심법원의 허가만 받아도 되는 점에서 차이가 있다)를 받아야 하고, 항소법원은 당해 항소사건이 중요한 법률적 쟁점(important point of principle or practice)을 포함하고 있거나 이에 준하여 2차 항소가 인정되어야 할 상당한 이유가 있는 경우에만 항소허가를 한다.[116)]

항소허가 신청은 원심판결 선고기일에 원심법원에 하거나, 항소기간(원심법원이 일정한 기간을 정하는 경우도 있고, 그렇지 않은 경우 원심판결일로부터 21일) 내에 항소심 법원에 해야 한다.[117)]

항소허가나 불허가 결정에 대하여 불복할 수는 없지만, 원심법원에 한 항소허가 신청이 받아들여지지 않을 경우, 신청인은 항소심법원에 다시 항소허가 신청을 할 수 있다.[118)] 항소심법원이 변론을 거치지 않고 신청을 기각할 경우, 항소허가 신청인은 그 기각결정을 받은 날로부터 7일 이내에 당해 결정을 변론을 거쳐 재고하여 줄 것을 청구할 수 있다.[119)] 다만, 항소법원(CA)은 당해 항소허가 신청이 아무런 이유가 없다고 인정하는 경우 신청을 기각하면서 위와 같은 청구를 할 수 없다는 명령을 함께 내릴 수 있다.[120)]

항소허가결정은 항소가 인용될 상당한 개연성(a real prospect of success)이 있거나 항소절차가 진행되어야 할 다른 상당한 이유가 있는 경우 내려지는데,[121)]

---

113) CPR 52.14.
114) Access to Justice Act 1999 57조.
115) CPR 52.3(1).
116) CPR 52.7.
117) CPR 52.12.
118) CPR 52.3(3).
119) CPR 52.4.
120) CPR 52.3(4A).
121) CPR 52.6(1).

심리할 항소이유를 제한하거나 조건이 부가되기도 한다.[122)]

3) 항소심의 심리방식

항소심은 사후심의 성격을 가지므로, 항소심법원은 원칙적으로 구술증거나 원심법원에 제출되지 않았던 증거는 심리하지 못한다. 항소심법원은 원심법원의 판결이 잘못되었거나(wrong), 중대한 절차상 하자 등으로 인해 불공정하다고(unjust because of a serious procedural or other irregularity in the proceedings) 인정할 때 항소를 받아들인다. 특히, 항소법원(CA) 민사부는 엄격한 상고허가제도 때문에 중요한 민사사건에서 사실상 최종심으로 역할하게 되는 경우가 많다. 항소법원 민사부에서의 심리는 대부분 3명의 법관으로 이루어진 재판부에서 이루어지는데, 중요한 사건에는 5명의 법관이, 경미한 사건에는 2명의 법관이 재판부를 구성하기도 한다. 2인 재판부가 심리하는 사건으로는 항소허가 신청사건, 당사자들이 2인 재판부에서 재판받는 것에 동의하는 사건, 보전처분에 관한 사건 등이 있다.

2. 형사사건

(1) 1심

1심 형사사건은 범죄의 경중에 따라 형사법원(Crown Court)[123)]과 치안법원(Magistrates' Court)에서 나누어 담당한다.

교통범죄, 단순협박, 재물손괴죄(5,000파운드 이하) 등 경범죄(Summary Offences)는 치안법원에서 근무하는 치안판사(Magistrate)[124)]나 지역판사(District Judge)[125)]

---

122) CPR 52.6(2).

123) 형사법원은 지역마다 산재한 법원이 아닌 단일한 법원이고 다만, 전국 77개 court centre에서 재판을 연다. 형사법원에 배당되는 사건 중 중죄는 고급법원 판사가 (파견되어) 재판을 담당하고, 비교적 경한 죄는 순회판사나 리코더가 담당한다. 유무죄를 다투는 사건은 배심재판으로 진행되고, 양형만 심리하는 사건은 판사가 2명 내지 4명의 치안판사와 재판부를 이루어 심리한다. (https://www.judiciary.uk/you-and-the-judiciary/going-to-court/crown-court/)

124) Justice of the Peace(JP)라고도 부른다. 치안판사는 지역사회 주민들로서 보수를 받지 않고(비용과 재판으로 인한 일실수입은 받을 수 있다), 법률교육을 받을 것도 요건으로 하지 않으며, 지역추천위원회의 조언에 따라 로드 챈슬러가 임명한다. 3명의 치안판사가 부를 이루어 성인 형사사건을 심리하는데, 재판과정에서는 법률적 조언을 해 줄 클럭(Justices' clerk: 로드 챈슬러가 보조 클럭으로 5년 이상 근무한 경력이 있는 변호사 등 가운데서 선발한다)이 참석해야 하

가 유무죄 및 양형을 모두 결정한다(간이재판, Summary Trial). 반면 살인, 강간 등 중범죄(Indictable Offences)는 형사법원에서 심리한다(Trial on Indictment). 절도나 상해죄 등의 범죄(Hybrid Offences)는 치안판사의 결정이나 피고인의 선택 등에 따라 위 두 가지 심리방식 중 어느 쪽으로도 심리될 수 있다.[126)]

(2) 항소심

원심재판의 진행방식에 따라서 따라 항소심도 다르게 진행된다.

1) 1심이 치안법원에서 진행된 경우

첫 번째로 피고인은 항소이유의 제한 없이(사실인정, 법률해석 또는 양형부당에 관하여) 유죄판결에 대하여 형사법원에 항소할 수 있다. 다만 피고인이 원심에서 유죄인정(guilty plea)을 한 경우에는 양형부당만을 이유로 항소할 수 있다.[127)] 이 경우 항소심은 형사법원에서 판사와 2명 내지 4명의 치안판사로 이루어진 재판부에서 항소된 사건에 대하여 완전히 새로운 심리(a trial de vono)를 하므로 새로운 증거를 제한 없이 제출할 수 있다. 한편, 이 경우 형사법원은 1심의 형량을 가중할 수도 있다[128)]. 두 번째로 피고인 또는 검찰[129)]은 원심법원이 그 권한범위를 넘는 재판을 했다는 등의 법률상 쟁점을 항소이유로 하여 고급법원 왕좌부에 항소할 수도 있다(appeal by way of case stated).[130)] 이러한 방식의 항소를 제기하

고, 6개월을 초과하는 실형을 선고할 수 없다. 전국 330여 개 치안법원에 약 16,000여 명의 치안판사가 있다. 치안판사는 유죄판결 후 양형을 정함에 있어 피고인의 전과 등에 비추어 피고인에게 선고해야 할 형이 치안법원의 양형권한 범위를 초과한다고 인정할 때 그 사건을 형사법원으로 이송할 수 있다.

125) 치안법원에는 치안판사뿐만 아니라 지역판사도 근무하면서 복잡한 형사사건을 처리하는데, 치안판사와 달리 주로 단독재판을 한다. (https://www.judiciary.uk/you-and-the-judiciary/going-to-court/magistrates-court/)

126) 치안판사가 피고인이 유죄를 인정하는지 여부, 피고인과 검찰이 당해 사건이 어느 법원에서 심리되기를 원하는지 등을 듣고 심리할 법원을 정하는데, 대부분의 경우 치안법원에서 재판을 한다. 전체 형사사건 중 95% 이상이 치안법원에서 이루어진다. (https://www.judiciary.uk/you-and-the-judiciary/going-to-court/magistrates-court/)

127) Magistrates' Courts Act 1980 108조 1항.

128) 그러나 형사법원보다 상급심인 항소법원 형사부는 피고인이 항소한 사건에 대하여 형량을 가중할 권한이 없다.

129) 검찰이 무죄판결에 대하여 항소할 수 없다는 일반원칙에 대한 예외를 이룬다.

130) Supreme Court Act 1981 111조 1항.

면 위에서 설명한 첫 번째 방법, 즉 형사법원으로의 항소는 제기하지 못한다. 다만, 피고인이나 검찰이, 형사법원이 치안법원 판결에 대하여 진행한 항소심판결에 대하여 형사법원의 권한을 초과하는 재판을 하였다는 등의 법률상 이유를 들어 고급법원에 다시 항소할 수 있다.[131)]

치안법원에서는 원심재판의 경과가 완전히 기록되지 않기 때문에,[132)] 이 경우 로클럭이 원심재판의 세부적인 내용(원심이 인정한 사실관계, 당사자의 주장, 인용한 판례, 원심의 판단 등)과 항소심 법원이 심리해야 할 법률상 쟁점을 정리하여 제출하여야 한다.

이 경우 항소심 재판부는 오직 법률상 쟁점에 관하여 심리하고 새로운 증거 등은 조사하지 않는다. 재판부는 대개 항소법원 판사(Lord/Lady Justice of Appeal) 1명과 고급법원 판사 1명으로 구성되고, 때로 단독 재판부가 심리하기도 한다.

2) 1심이 형사법원에서 진행된 경우

형사법원의 판결에 대하여 피고인은 유무죄 여부 및 양형부당에 관하여 항소법원(CA) 형사부에 항소를 제기할 수 있다.

항소법원 형사부로 항소하기 위해서는, 항소허가를 받거나, 또는 원심법원으로부터 당해 사건이 항소법원으로 항소되기에 적정하다는 증명을 받아야 한다.[133)] 다만, 항소법원은 판례를 통해 원심법원에서 항소법원의 항소허가에 갈음하는 증명을 하는 것을 적극적으로 억제하고 있다. Criminal Appeal Act 1995 시행 이전에는 법률적 쟁점만을 이유로 항소하는 경우 항소허가 등을 필요로 하지 않았으나, 위 법률의 시행으로 항소법원 형사부로의 모든 항소에는 항소허가 등이 요구된다.

항소허가 신청은 유죄판결일로부터 28일 내에 이루어져야 하고, 항소법원에서는 판사 1인이 서면에 의하여 허가 여부를 심리한다. 신청이 기각되면 14일 이내에 항소법원 형사부에 항소허가 신청을 새롭게 검토해줄 것을 신청할 수 있

131) Supreme Court Act 1981 28조 1항.

132) 영국 법원은 심리절차가 영구기록으로 보존되는 courts of records와 그렇지 않은 courts not of record로 구분되는데, 치안법원은 courts not of record이다(Terence Ingman, The English Legal Process, Oxford University Press (13th edition), 2010, 1～2쪽).

133) Criminal Appeal Act 1995 1조.

다. 이 경우에도 변론기일은 거의 열리지 않는다. 항소허가 신청을 받아들일지는 항소사건에 합리적 이유가 있는지(reasonably arguable) 여부에 따라 판단한다.

간이재판에 대한 항소와 달리, 피고인은 형사법원의 재판과정에서 유죄를 인정했다고 하더라도 유무죄 여부에 대하여 항소할 수 있고, 항소법원은 피고인의 형량을 가중할 수 없다.[134)]

3) 검찰총장의 의견조회(Attorney General's Reference)

검찰은 형사법원에서의 재판(indictment에 의한 재판)에서 무죄판결이 내려지는 경우 법률상 쟁점에 대해서라도 항소법원에 항소를 제기할 수 없다. 그러나 이러한 경우 검찰총장은 항소법원에 의견조회 형식으로 제기된 법률상 쟁점에 대한 문의를 할 수 있고 항소법원은 그 쟁점을 심리하여 의견을 선고한다.[135)] 선고된 항소법원의 의견은 당해 사건에서 이미 선고된 피고인의 무죄판결에 아무런 영향을 미치지 않고, 위 절차에서 피고인의 동의 없이 피고인의 신원이 밝혀져서도 안 된다. 항소법원이 의견조회 사건을 대법원에서 심리함이 상당하다고 인정할 때에는 그 사건을 대법원으로 이송할 수 있다. 이러한 절차는 학문적 법률쟁점에 대하여 의견을 표명하지 않는 영국법원 관행의 예외로서, 거의 이용되지 않고 있는데, 하급심 법원의 엇갈리는 판단에 대하여 신속한 의견 정립이 필요할 때 적절히 활용되어야 한다는 반론도 있다.[136)]

한편, 검찰은 피고인에 대한 양형부당을 이유로도 항소법원에 항소를 제기할 수 없으나, 검찰총장은 중범죄에 대하여 양형이 지나치게 가볍다는 이유로 의견조회를 할 수 있다.[137)] 이러한 의견조회를 위해서는 항소법원의 허가가 있어야 한다. 이러한 양형에 대한 의견조회 절차는 중범죄에 대한 가벼운 양형이 형사사법절차에 대한 일반인들의 신뢰를 해칠 수 있다는 정부의 견해에 따라 입법화된 것으로서, 항소법원은 원심의 형을 파기하고 새로운 형을 선고할 수 있어 위에서 본 법률상 쟁점에 대한 의견조회와 달리 피고인에게 실질적인 영향을 미친다.

---

134) Terence Ingman, The English Legal Process, Oxford University Press, 295쪽.
135) Criminal Justice Act 1972 제36조 제1항.
136) Ingman, 앞의 책, 298쪽.
137) Criminal Justice Act 1988 제36조 제1항.

Ⅱ. 영국 법관의 종류 및 법관임용제도, 법조인양성제도

1. 법관의 종류

(1) 기록판사(Recorder)

기록판사는 비상근법관으로서 1년에 적어도 15일 이상 형사법원 또는 구역법원에서 재판업무를 담당한다. 시간제판사로서의 경력은 전임제판사로 임용되기 위한 요건이므로 거의 대부분의 순회판사(Circuit Judge) 또는 고급법원 판사(High Court Judge)는 이전에 기록판사로 재직한 경험이 있다. 기록판사는 변호사 자격을 가지고 최소 7년 이상의 기간 동안 법률관련 업무에 종사한 자 중에서 임용된다.

(2) 치안판사(Magistrate)

치안판사는 비상근법관으로서 1년에 적어도 13일 이상 치안법원에서 재판업무를 담당한다. 치안판사는 법관으로서의 6가지 중요한 덕목을 갖추어야 하지만 법률적인 교육이나 자격을 임용요건으로 요구하지는 않는다. 치안판사가 담당하는 사건 중 대다수는 경미한 형사사건이지만, 그 이외에도 상당수의 민사사건, 가사사건 등을 처리한다.

(3) 지역판사(District Judge)

1) 구역법원 근무 지역판사

구역법원에서 근무하는 지역판사는 대부분의 민사사건을 처리하며, 가사사건도 관할한다. 지역판사는 이전에 시간제판사 또는 부지역판사(Deputy District Judge)로 재직한 경험이 있다. 변호사 자격을 가지고 최소 5년 이상의 기간 동안 법률관련 업무에 종사한 자 중에서 임용된다.

2) 치안법원 근무 지역판사

치안법원에서 근무하는 지역판사는 주로 형사사건을 처리하며, 민사 및 가사

사건도 담당한다. 복잡한 사건이나 범죄인 인도사건을 제외하고는 변호사 자격을 요구하지 않는 치안판사와 동일한 업무를 담당한다. 치안법원의 지역판사는 유·무죄 판단, 법적 쟁점과 관련된 결정 및 형 선고의 권한 등을 보유하고 있어 형사재판에서의 권한이 매우 막강한데, 대부분 지역판사로 근무하기 이전에 부지역판사로 재직한 경험이 있다. 구역법원에서 근무하는 지역판사와 동일하게 변호사 자격을 가지고 최소 5년 이상의 기간 동안 법률관련 업무에 종사한 자 중에서 임용된다.

(4) 순회판사(Circuit Judge)

순회판사는 대부분 형사법원의 사건을 처리하며, 다수는 형사법원에만 근무한다. 순회판사는 형사재판에서 유·무죄의 평결을 내리는 배심원단과 함께 재정하여, 법적 쟁점을 판단하고 재판을 진행하며 형을 선고한다. 어떤 순회판사는 구역법원에서 복잡한 민사 및 가사사건을 담당하기도 한다. 변호사 자격을 가지고 최소 10년 이상의 기간 동안 법률관련 업무에 종사하였거나, 형사사건 담당 기록판사 또는 민사사건 담당 지역판사 경력이 있는 자 중에서 임용된다.

(5) 고급법원 판사(High Court Judge)

고급법원 판사는 대부분 업무부담이 가장 큰 고급법원 왕좌부에 배속된다. 고급법원 형평부와 가사부의 고급법원 판사는 전문적인 지식을 가진 변호사 중에서 선발된다.

변호사 자격을 가지고 최소 7년 이상의 기간 동안 법률관련 업무에 종사하였거나, 최소 2년 이상 순회판사로 재직한 자 중에서 임용한다고 규정되어 있지만, 사실상 대부분의 고급법원 판사는 약 20~30년 경력의 법정변호사 중에서 임용된다.[138)]

(6) 항소법원 판사(Lord Justice of Appeal)

항소법원 판사는 항소법원 형사부 및 민사부에 배속되어 항소사건을 처리하

138) 김도형, "영국 법관임용의 몇 가지 문제에 관한 조사보고", 해외사법자료(2014), 2쪽; Penny Darbyshire, English Legal System (8th ed.), Sweet & Maxwell (2010), 129.

며, 이에 더하여 항소법원 및 고급법원 운영과 나머지 법원을 감독하는 사법행정업무를 수행한다. 항소법원 판사는 변호사 자격을 가지고 최소 7년 이상의 기간 동안 법률관련 업무에 종사하였거나, 고급법원 판사로 재직한 자 중에서 임용되는데, 일반적으로 고급법원 판사 중에서 임용된다.

(7) 대법관(Supreme Court Justice)

대법관은 영국 전역에서 상고된 사건에 대하여 '일반적인 공공 중요성(general public importance)'과 관련된 법적 쟁점을 심리하며, 추밀원 사법위원회(The Judicial Committee of the Privy Council)의 구성원이 된다. 변호사 자격을 가지고 최소 15년 이상의 기간 동안 법률관련 업무에 종사하였거나, 최소 2년 이상 고위법관(high judicial office)[139]에 재직한 자 중에 임용된다. 현재 재직하고 있는 대법관은 12명(그중 8명이 잉글랜드와 웨일스 출신)이며 일반적으로 항소법원 판사 중에서 임용된다.

(8) 최고법관(Lord Chief Justice)

최고법관은 2006.4.3. 2005년 헌법개혁법에 따라 Lord Chancellor를 대신하여 잉글랜드와 웨일스 사법부의 수장(Head of the judiciary and President of the Courts of England and Wales)이 되었다. 최고법관은 사법부 수장으로서, 사법부를 대표하여 의회와 정부를 상대로 사법부의 의견을 전달하거나, 법관을 포함한 사법부 전체 공무원의 복지 · 연수 · 교육 등을 관장하며, 각급 법원에 법관을 배치하고 담당 업무를 할당하는 등의 책임을 진다. 또한 최고법관은 대법원을 제외한 항소법원 · 고급법원 · 형사법원 · 구역법원 · 치안법원의 법원장으로서 위 법원의 모든 재판에 참여할 수 있다(2005년 헌법개혁법 제7조).[140]

반면, 영국 대법원장(President of the Supreme Court)은 사법부 수장의 지위를 갖지 아니하며 이와 관련된 어떠한 공식적인 역할(formal role)도 존재하지 않을 뿐만 아니라, 보수그룹(salary group)도 최고법관보다 한 단계 낮은 그룹에 속한

---

139) 고위법관(high judicial office)은 고급법원 판사 및 항소법원 판사를 지칭한다[The Supreme Court of the United Kingdom, Procedure for Appointing a Justice of the Supreme Court of the United Kingdom (2016), 1].

140) Constitutional Reform Act 2005, s.7.

다.[141)]

최고법관은 법관위원회(Judge's Council) 및 양형기준위원회(Sentencing Guidelines Council)의 위원장이며, 법관인사위원회의 지명으로 구성되는 선발위원단(selection panel)의 추천을 받아 임용된다.[142)]

2. 법관임용제도

(1) 법관인사위원회 설치

1) 설치 배경

영국은 2005년 헌법개혁법을 통하여 법관임용절차를 대폭 변경하였다. 헌법개혁법은 법관임용에서 행정부의 역할을 제약하는 한편, 법관인사위원회를 설치하여 법관임용절차의 책임을 행정부에서 법관인사위원회로 이전시켜 법관임용체계를 보다 개방적이고 투명하게 하였다.[143)]

2) 구 성

법관인사위원회는 위원장 1인을 포함하여 15인으로 구성되며, 위원은 Lord Chancellor의 추천을 받아 국왕이 임명한다. 위원장은 비법률가(lay chair)이어야 하며, 위원 중 6인은 법관(judicial member), 2인은 법률전문가(professional member), 5인은 비법률가(lay member), 1인은 일반인 법관인 치안판사(non－legally qualified judicial member)이다.[144)]

---

141) UK Supreme Court Blog, "Supreme Court of the United Kingdom: One Court, Three Jurisdictions", http://ukscblog.com/supreme-court-of-the-united-kingdom-one-court-three-jurisdictions/

142) JAC, "Lord Chief Justice", https://jac.judiciary.gov.uk/lord-chief-justice; Courts and Tribunals Judiciary, "Lord Chief Justice", https://www.judiciary.gov.uk/about-the-judiciary/who-are-the-judiciary/judicial-roles/judges/lord-chief-justice/; Courts and Tribunals Judiciary, "Lord Chief Justice of England and Wales-The Rt. Hon. The Lord Thomas of Cwmgiedd", https://www.judiciary.gov.uk/publications/lord-chief-justice-of-england-and-wales-the-rt-hon-the-lord-thomas-of-cwmgiedd/

143) 사법정책연구원, 각국의 법관 다양화에 관한 연구, 103쪽.

144) 박준선, 바람직한 법관상 구현을 위한 법관 임용 및 평가 방식에 관한 연구-미국과 영국의 제도를 중심으로-, 사법정책연구원(2016), 75; Ministry of Justice, The Governance of Britain: Judicial Appointments (2007), § 3.9.

(2) 임용절차

1) 법관인사위원회 또는 선발위원단의 추천

법관직에 공석이 발생하였을 때, Lord Chancellor는 법관인사위원회에 법관 선발을 위한 절차 개시를 요청한다. 법관인사위원회(선발대상이 고급법원 판사 이하인 경우) 또는 법관인사위원회가 지명하는 선발위원단[선발대상이 최고법관, 항소법원 및 고급법원 부장판사(Heads of Division), 항소법원 판사 등인 경우]은 적용되는 선발절차를 결정하고, 이를 적용한다. 법관인사위원회 또는 선발위원단은 공석이 발생한 법관직에 1명의 후보자를 선발하여 Lord Chancellor에게 추천한다.[145)]

2) 3단계 절차(3－stage process)

a) 제1단계(Stage 1)

Lord Chancellor는 ① 법관인사위원회 또는 선발위원단의 추천을 수락(accept)하거나, ② 추천을 거부(reject)하거나, ③ 법관인사위원회 또는 선발위원단에 재고(reconsider)를 요구할 수 있다. Lord Chancellor는 추천된 후보자가 해당 법관직에 적절하지 않다는 근거로만 추천을 거부할 수 있고, 후보자가 해당 법관직에 적합하다는 근거가 충분하지 않거나, 실적을 기준으로(on merit) 최상의 후보자가 아니라고 볼만한 근거가 있는 경우에만 법관인사위원회 또는 선발위원단에 대하여 재고를 요청할 수 있다. Lord Chancellor는 법관인사위원회 또는 선발위원단의 추천을 거부하거나 재고를 요청할 경우에는 서면으로 이유를 제시해야 한다.[146)]

b) 제2단계(Stage 2)

제2단계는 Lord Chancellor가 제1단계에서 법관인사위원회 또는 선발위원단의 추천을 거부하거나, 재고를 요청한 경우에 적용된다. 제1단계에서 Lord Chancellor가 법관인사위원회 또는 선발위원단의 추천을 거부했다면 법관인사위원회 또는 선발위원단은 다른 후보자를 선발하여 추천해야만 한다. 제1단계에서

---

145) Ministry of Justice, The Governance of Britain: Judicial Appointments (2007), § 3.10.
146) Ministry of Justice, The Governance of Britain: Judicial Appointments (2007), § 3.12.

Lord Chancellor가 재고를 요구했다면 법관인사위원회 또는 선발위원단은 제1단계와 동일한 후보자를 추천하거나 제1단계와는 다른 후보자를 추천할 수 있다.

법관인사위원회 또는 선발위원단이 제2단계에서 추천을 한 경우, Lord Chancellor는 제2단계 추천을 ① 수락하거나, ② 제1단계에서 재고를 요구한 경우에만 거부할 수 있으며, ③ 제1단계에서 거부한 경우에만 재고를 요구할 수 있다.[147)]

c) 제3단계(Stage 3)

제3단계는 Lord Chancellor가 법관인사위원회 또는 선발위원단의 제2단계 추천을 거부하거나 재고를 요청한 경우에만 적용된다.

Lord Chancellor가 법관인사위원회나 선발위원단의 제2단계 추천을 거부한 경우, 법관인사위원회 또는 선발위원단은 새로운 후보자(fresh candidate)를 추천해야 하며, 제1단계에서 재고 대상이 되었던 후보자를 다시 추천할 수 없다.

Lord Chancellor가 법관인사위원회 또는 선발위원단의 제2단계 추천에 대하여 재고를 요구한 경우 법관인사위원회나 선발위원단은 제2단계와 동일한 후보자를 추천하거나 제2단계와 다른 후보자를 추천할 수 있지만, 제1단계에서 거부 대상이 된 후보자를 추천할 수는 없다.

Lord Chancellor는 제3단계에서 법관인사위원회 또는 선발위원단이 추천한 후보를 수락하여야 하나, 제1단계 또는 제2단계에서 재고의 대상이 된 후보자를 다시 선택할 권리가 있다.[148)]

3) 임 명

Lord Chancellor가 법관인사위원회 또는 선발위원단의 추천을 수락하면, 추천된 후보자는 공식적으로 임명된다. Lord Chancellor 단독으로 상당수의 법관을 임명하지만 특정 고위 법관의 경우에는 Lord Chancellor 또는 수상(Prime Minister)의 제청으로 왕이 임명한다.[149)]

---

147) Ministry of Justice, The Governance of Britain: Judicial Appointments (2007), § 3.12.
148) Ministry of Justice, The Governance of Britain: Judicial Appointments (2007), § 3.12.
149) Ministry of Justice, The Governance of Britain: Judicial Appointments (2007), § 3.14.

3. 법조인양성제도

(1) 법정변호사(Barrister)와 사무변호사(Solicitor)의 구분

영국의 변호사는 연혁적인 이유로 법정변호사와 사무변호사로 이원화되어 있다. 법정변호사는 법정에서의 변호업무를 담당하고, 사무변호사는 일반적인 법률자문업무를 담당하는 것으로 전통적으로 구분되었으나, 유럽의 통합으로 법률서비스 시장이 개방됨에 따라 두 가지 변호사제도가 통합되어야 할 상황이 되었고 1990년 법원 및 법률서비스에 관한 법률(The Court and Legal Services Act 1990)에 의하여 상위법원(구역법원과 치안법원 이외의 법원)에서의 법정변호사의 변론 독점권이 폐지되었다. 다만, 현실에서는 여전히 법정변호사가 상위법원에서의 변론을 수행하고 있다.

(2) 사무변호사의 양성 과정

사무변호사의 자격요건 및 선발과정에 대해서는 사무변호사 규제기관(Solicitor Regulatory Authority, SRA)에서 담당한다. 사무변호사가 되기 위해서는 법학교육과정과 실무교육과정을 모두 마쳐야 한다. 법 개정 전후를 비교한다.

법 개정 전(2021년 이전)

1. 법학 학사(LLB) 또는 GDL	법학 비전공자는 Common Professional Examination(CPE) 과정이나 Graduate Diploma in Law(GDL, 1년) 이수
2. LPC(Legal Practice Course)	실무 중심의 1년 과정(법률실무 교육)
3. Period of Recognised Training(PRT), Training Contract	로펌 등에서 2년간 수습(Trainee Solicitor)

법 개정 후(2021년 9월 이후)

1. 학사 학위(전공 무관)	법학 · 비법학 모두 가능
2. SQE1	법률지식 평가(객관식 시험)
3. SQE2	실무 · 법률기술 평가(서면+구두 실무시험)
4. QWE(Qualifying Work Experience)	2년간 실무경험(로펌, 법률클리닉, pro bono 등 다양한 방식 인정)

법 개정으로 LPC · GDL이 폐지되고 SQE로 일원화되었고, 로펌 이외에서 실무수습을 해도 되어 좀 더 유연하고 다양한 경로를 허용하여 외국인, 비전공자에게도 개방적으로 되었다.

(3) 법정변호사의 양성 과정

법정변호사가 되기 위하여도 법학교육과정과 실무교육과정을 모두 이수하여야 한다. 법 개정 전후를 비교한다.

법 개정 전(2020년 이전)

1. 법학 학사(LLB) 또는 GDL	법학 비전공자는 GDL(1년) 이수
2. BPTC(Bar Professional Training Course)	1년 과정(법정 변호사 실무교육)
3. Pupillage	법정변호사실(Chambers)에서 1년간 수습
4. Bar 등록(Inn of Court)	4대 Inn of Court 중 하나에 가입 및 자격세션 이수

법 개정 후(2020년 9월 이후)

1. 법학 학사(LLB) 또는 GDL	법학 비전공자는 GDL 이수
2. 다양한 Bar Course	각 교육기관별로 다양한 명칭 · 구성의 Bar Course 운영
3. Pupillage	1년 수습(변동 없음)
4. Bar 등록(Inn of Court)	10회의 Qualifying Sessions(자격세션) 이수 등

법 개정으로 BPTC가 폐지되고, Bar Course로 다양화되었다.

Ⅲ. 민사 1심 운영형태와 상소제도의 특징

영국은 1854년 이전에는 모든 보통법 소송에서 배심재판을 운영하였으나 그 후 배심재판에 너무 많은 시간이 소요된다는 비판에 따라 배심에 의한 재판은 갈수록 감소하여 현재는 거의 배심재판이 열리지 않고 있다.[150] 대신 사건을 효율적으로 처리하기 위하여 사건을 3가지로 분류하여 다른 트랙으로 심리할 수

150) Ingman, 앞의 책, 251쪽.

있도록 1심 절차를 개혁하였으며, 항소법원 민사부의 과중한 업무부담으로 인하여 재판이 지연되는 것을 방지하기 위하여 상소허가제를 도입하였다.

1. 민사 1심 운영형태

(1) 울프 개혁과 CPR의 제정

현재 영국의 민사소송 체계는 울프 경(Lord Woolf)에 의한 개혁의 성과물이다. Lord Chancellor는 1994년 당시 Master of Rolls였던 울프 경에게 기존의 Rules of Supreme Court(RSC)와 County Court Rules(CCR)를 통합·정리할 것을 지시하였고 울프 경은 "① 사법접근성(access to justice)의 개선 및 소송비용의 감소, ② 법규의 복잡성 완화 및 용어의 현대화, ③ 실무(practice)와 규정(procedure) 사이의 불필요한 차이의 제거"를 목표로 민사소송절차의 전반적인 개혁작업에 착수하여 1996년 최종보고서를 제출하였고, 그의 제안에 따라서 1999년에 새로운 민사소송규칙(Civil Procedure Rules, CPR)[151)152)]이 시행되었다. CPR은 비법률가도 민사절차를 적은 비용으로 빠르고 쉽게 이해할 수 있도록 설계되었으며, 영국 민사소송절차 전반에 걸쳐 커다란 변혁을 몰고 왔는데, 법원의 사건관리 권한의 강화를 비롯한 사법적 재량권의 증대, 소송 전 규약(pre-action protocol)의 제정과 법원예치금(payment into court)제도[153)]의 개선 등을 통한 화해(settlement)의 촉진, 다양한 방식을 통한 소송비용제도의 개선 등이 핵심적인 내용이다.[154)]

CPR은 법원이 사건을 비례적 비용으로 공정하게 처리할 수 있도록 하는 것을 최우선 목적으로 하는 절차 규정[155)]으로 사건을 공정하게 처리한다는 것은 ① 당사자들을 동등한 지위에 두는 것, ② 비용을 절감하는 것, ③ 소가(訴價), 사건의 중요성, 쟁점의 복잡함, 당사자들의 재정적 지위에 비례하는 방식으로 사건을

---

151) http://www.justice.gov.uk/courts/procedure-rules/civil/rules

152) CPR은 Rules와 Practice Directions(시행세칙, PD)으로 구분되었고, 기존의 Rules of Supreme Court(RSC)와 County Court Rules(CCR)의 일부 규정들은 CPR의 목적에 부합하도록 수정되어 Schedule 1(RSC의 규정)과 Schedule 2(CCR의 규정)로 CPR에 남았으며, pre-action protocol이 CPR을 보충하는 형식으로 구성되어 있다.

153) 소송당사자에 의하여 또는 소송당사자를 위하여 소송이 진행되는 동안 소송비용의 담보로서 또는 조건으로서 또는 제재로서 법원에 임시적으로 맡겨두는 금전을 말한다.

154) 법원행정처, 외국의 민사재판실무, 법원행정처, 2009, 221쪽.

155) CPR 1.1 (1).

처리하는 것, ④ 사건을 신속하고 공정하게 처리하는 것, ⑤ 다른 사건에 자원을 배정할 필요성 등을 고려하여 법원 자원을 적절히 사건에 배분하는 것을 포함한다.[156] 이 규정은 분쟁 금액 및 쟁점의 다과 등에 비례하여 필요한 만큼만 법원 자원이 배정되어야 한다는 점을 강조한 것이 특징이다.

또한 CPR은, 법원이 능동적으로 사건을 관리함으로써 최우선 목적을 이루어야 한다고 규정함으로써,[157] 법원의 사건관리(case management) 의무를 강조하였다. 능동적인 사건관리란, ① 당사자들로 하여금 소송에서 협조하도록 권장하는 것, ② 조기 단계에서 쟁점을 정리하는 것, ③ 신속하게 집중심리를 요하는 쟁점들과 약식으로 처리할 수 있는 나머지 쟁점들을 결정하는 것, ④ 쟁점 해결 순서를 결정하는 것, ⑤ 적절한 경우 당사자들에게 ADR(조정, 화해 등)을 권고하는 것, ⑥ 당사자들이 화해하도록 조력하는 것, ⑦ 기일을 지정하는 것, ⑧ 비용에 비추어 소송행위 등이 적절한지 고려하는 것, ⑨ 가능한 한 동시에 최대한 많은 문제를 처리하는 것, ⑩ 당사자가 법원에 출석할 필요 없이 사건을 처리하는 것, ⑪ 정보화 기술을 이용하는 것, ⑫ 신속하고 공정하게 사건을 처리할 수 있도록 지시하는 것을 포함한다.[158]

이는 그동안 영미 법정에서 행해져 왔던 '기습에 의한 변론(trial by ambush)'의 행태를 지양하고, '공격방어방법의 공개(cards on the table)'라는 태도를 취한 것이다. CPR은 또 소송진행과정에서 소송대리인 사이에서 대치보다는 협조에 의해 사건을 해결하여 당사자주의적(adversarial)인 색채를 줄이려는 시도를 하고 있다. 이는 시간과 금전을 절약하기 위한 것이며, 변론 준비가 공동으로 협조에 의해 수행되어야 할 과정이라고 파악한 것이다.[159]

CPR에 의한 현재 영국의 민사 1심 운영 절차는 아래와 같다.

156) CPR 1.1 (2).
157) CPR 1.4 (1).
158) CPR 1.4 (2).
159) 김광태, 영국 법원에서의 사건관리와 증인진술서의 활용, 법조 50권 9호(2001), 41~42쪽.

(2) 사건의 분류

1) 피고가 다투지 않는 경우

a) 무변론판결(default judgment)

피고가 소장을 송달받은 후 14일 안에 아무런 답변을 하지 않는 경우[160] 원고는 법원에 변론 없이 무변론판결을 하도록 요청할 수 있다.[161]

b) 자백판결(judgment on admission)

피고가 원고의 주장을 인정할 경우 원고는 법원에 자백에 근거한 승소판결을 요청할 수 있다.[162]

c) 지급유예 등 판결

피고가 원고의 주장을 모두 인정하되 지급유예나 분할 지급을 요청할 경우에는 피고의 의무를 전부 인정한다는 자백서식을 작성하면서 피고의 재산상태와 구체적인 지급계획까지 기재하여 14일 안에 원고의 주소지로 송달하여야 한다. 원고가 피고의 이러한 요구를 수용한 경우 법원은 피고가 제안한 지급방법에 기한 원고승소판결을 하게 된다{CPR 14.9 (1)~(6)}.

2) 피고가 다투는 경우

원고의 주장을 부인하는 내용의 답변서가 제출된 경우 법원은 사건을 세 가지 방식 중 하나로 분류하기 위하여 원고와 피고에게 사건분류 질문지(allocation questionnaire)를 보내고, 원고와 피고는 14일 안에 사건분류 질문지에 해당사항을 기재하여 법원으로 보내야 한다(CPR 26.3). 사건분류가 이루어진 경우 법원은 상대방이 제출한 사건분류질문지와 추가제출서류 사본을 첨부하여 당사자들에게 사건분류 결과를 통지해 준다(CPR 26.9).

CPR은 민사 사건을 소가에 따라 소액청구방식(small claims track), 신속방식(fast track), 복합방식(multi track)의 세 가지로 분류하고, 각각 다른 방식으로 처

160) CPR 15.4.
161) CPR 12.1.
162) CPR 14.3.

리한다.

a) 소액청구방식(small claims track)[163]

i) 10,000파운드 이하의 인적 손해배상청구(claim for personal injuries) 사건 등

b) 신속방식(fast track)[164]

i) 소가 25,000파운드 이하 사건 등

ii) 심리가 1일 안에 끝나고,

iii) 구두 전문가 증거가 2개 전문 분야 이내, 각 분야마다 당사자당 1인으로 제한될 것으로 법원이 판단하는 경우에 적용된다.

c) 중간방식(Intermediate track)[165]

i) 소가 100,000파운드 이하의 사건 등

ii) 심리가 3일 안에 끝나고,

iii) 구두 전문가 증거가 당사자당 2인으로 제한될 것으로 법원이 판단하는 경우에 적용된다.

d) 복합방식(multi track)[166]

소액청구방식과 신속방식을 제외한 나머지 청구에 관하여 적용된다.

위와 같은 세 가지 방식 중 어느 방식으로 소송을 진행할 것인지에 관하여 법원은 ① 청구의 경제적 가치, ② 구제수단의 성격, ③ 사실관계, 법리, 증거 문제의 난이도, ④ 당사자들의 수, ⑤ 반소의 소가와 관련 문제들의 난이도, ⑥ 소요될 수 있는 구두 증거의 분량, ⑦ 제3자에 대한 영향, ⑧ 당사자들의 의사, ⑨ 당사자들의 환경 등의 요소들을 고려하여야 한다.[167]

(3) 소송 전 행위(pre-action conduct)

소송 전 행위 시행세칙(Practice Direction-Pre-Action Conduct)[168]의 목적은 소

163) CPR 26.9 (1).
164) CPR 26.9 (5).
165) 2023년 10월 법개정으로 중간방식(Intermediate track)이 새로 추가되었다(CPR 26.9 (7)).
166) CPR 26.9 (10).
167) CPR 26.13 (1).
168) http://www.justice.gov.uk/courts/procedure-rules/civil/rules/pd_pre-action_conduct

송을 시작할 필요 없이 당사자 사이에 문제를 해결하도록 하고, 소송이 불가피한 경우 법원과 당사자가 사건을 효율적으로 관리하도록 하며 이를 위해 당사자들로 하여금 사건에 관한 정보를 교환하도록 하고, ADR 절차를 활용하도록 권고하는 것이다.[169)]

CPR에 의하여, 법원은 사건 관리를 위한 지시를 하거나 소송비용에 관한 결정을 할 때, 당사자들이 소송 전 행위 시행세칙 또는 관련 소송 전 규약(Pre-Action Protocol)을 준수하였는지 여부를 참작할 수 있다.[170)]

다음과 같은 경우가 그 위반 사례가 된다. ① 당사자가 상대방에게 사건을 이해할 수 있는 충분한 자료를 제공하지 아니하는 경우, ② 관련 소송 전 규약에 정해진 기간 또는 특별한 기한이 적용되지 아니하는 때에는 상당한 기간을 준수하지 아니한 경우, ③ 상당한 이유 없이 ADR을 고려하기를 거부한 경우

(4) 변론 전 절차

1) 소액청구방식(small claims track)

법원은 당사자에게 사건분류사실과 변론기일을 알리면서 변론기일 14일 전까지 법원에 모든 증거자료의 사본을 제출하고 원본은 변론기일에 가져오도록 하는 내용의 표준안내문(standard direction)을 보낸다.[171)] 소액청구방식에서는 임시처분(interim remedies), 증거개시, 전문가 증거, 화해의 제안 등의 적용이 제한된다.[172)] 한편 원고와 피고가 모두 동의할 경우 법원은 변론기일의 진행 없이 서면심리만으로 사건을 종료할 수도 있다.[173)]

2) 신속방식(fast track) 및 중간방식(Intermediate track)[174)]

법원은 사건이 신속방식 또는 중간방식으로 분류된 경우 원고와 피고에게 사건분류사실을 알린다. 신속방식 사건에 대한 안내양식에는 원고와 피고가 재판기

---

169) Practice Direction- Pre-Action Conduct 3.
170) Practice Direction- Pre-Action Conduct 13.
171) CPR 27.4.
172) CPR 27.2.
173) CPR 27.10.
174) CPR Part 28.

일 전에 준비하여야 하는 사항들을 기재한 표준안내문(standard direction)과 그 준비기한을 기재한 예상진행표(timetable)가 포함되어 있다. 증거공개, 증인진술서 및 전문가 감정서의 교환이 진행된 후 법원은 당사자에게 재판 전 점검목록(pre-trial checklist)을 송부하는데, 당사자가 재판 시작 8주 이내에 재판 전 점검목록을 완성하여 제출하지 않으면, 법원은 7일 이내에 제출을 다시 명하고, 다시 불이행한 때에는 청구(반소청구 포함)를 배척(strike out)한다.[175] 한 쪽 당사자만 재판 전 점검목록을 제출하지 않거나 충분한 정보를 기재하지 않은 경우에는 보완을 명하거나 심문기일(listing hearing)을 정한다.

3) 복합방식(multi-track)

사건이 복합방식으로 분류된 경우 당사자에게 사건분류 사실을 알리는데, 소액청구방식이나 신속방식에서와 같은 정형화된 절차는 사용되지 않고, 사건의 가치와 복잡성의 정도에 따라 신속방식에서 쓰는 것과 같은 안내문(direction)과 예상진행표를 활용하기도 하고, 그것이 부적절한 경우에는 사건관리회의(case management conference)나 변론준비기일(pre-trial review)과 같은 절차를 이용하기도 한다.

법원이 직권으로 안내문을 발하는 경우에는 당사자들에게 ① 주장을 보다 명확히 하기 위한 자료의 제출, ② 증거의 표준개시(standard disclosure) 및 증인진술서의 교환, ③ 관련 쟁점에 관한 공통의 전문가 증인(single joint expert)의 선정, ④ 상당한 이유가 있는 경우 각자의 전문가 증인의 소환 및 전문가 감정서의 교환 등을 요구하게 된다.[176]

사건관리회의에서는 주로 변론기일 전에 준비하여야 하는 사항에 대한 검토와 조치가 이루어진다. 예컨대 청구취지 및 원인이 불명확한 경우 그의 보완, 각종 일정(추가적 사건관리회의의 개최 여부, 재판 전 점검목록의 제출 시한, 변론준비기일의 지정 등)에 대한 의견, 변론기일 및 변론기간(a trial date or a trial window)의 확정, 다툼 없는 사건개요의 정리, 쟁점 정리 등이다.

사건관리회의 후 법원이 명한 재판 전 점검목록이 제출시한까지 제출되지 않

---

175) CPR 28.4 (3).

176) Practise Direction 29 para 4.10.

으면 법원은 당사자들에게 7일 이내에 제출할 것을 다시 명하고, 다시 이행되지 않은 때에는 청구(반소청구 포함)를 배척(strike out)한다.[177] 한 쪽 당사자만 재판 전 점검목록을 제출하지 않은 경우에는 심문기일(listing hearing)을 지정하는데,[178] 법원은 그 심문기일에서 위 점검목록 미제출 당사자가 출석하지 않더라도 변론기일 지정 기타 소송절차 진행에 필요한 명령을 내릴 수 있다.[179]

(5) 변론 절차

1) 소액청구방식

소액청구방식의 재판절차는 대부분 구역법원(county court)의 지역법관(district judge)에 의하여 이루어진다(PD 27, para 1). 실제 소액청구방식은 대부분 정식법정이 아닌 법관의 방에서 법관 및 원고와 피고가 책상에 둘러앉아 재판을 진행하며 법관도 법복이나 법정가발을 착용하지 않는다(PD 27, para 4). 지역법관은 변론기일에 원고와 피고에게 다시 한 번 협상의 기회를 제공하여, 협상이 이루어진 경우에는 그러한 협상의 내용을 확인하는 서면을 만들어 주고, 협상에 실패한 경우에는 30분 내지 1시간 가량 원고와 피고의 주장을 들으면서 증거를 검토한다. 당사자들은 차례로 자신의 주장을 진술하고 증인을 소환하며 상대방 증인에 대하여 반대신문을 할 수 있다. 변론이 종결되면 법관은 간략히 이유를 덧붙여 구두로 판결을 선고한다. 법관의 판결에 불만이 있더라도 절차에 중대한 하자가 있거나 법관이 법률을 오해한 경우 외에는 항소가 허가되지 않는다. 항소가 허가되는지 여부에 대한 판단은 순회법관(circuit judge)이 한다.[180]

2) 신속방식과 복합방식

a) 변론일정표(Trial timetable)

법관은 사전에 교부한 변론일정표대로 또는 이를 변경하여 진행할 수 있고, 미리 정한 변론일정표가 없으면 따로 변론일정을 세워서 진행한다(PD 28 para

---

177) Practise Direction 29 para 8.3 (1).
178) CPR 29.6 (4)에서 법원은 필요한 지침을 내릴 수 있다고 규정하고 있다.
179) Practise Direction 29 para 8.3 (2).
180) 법원행정처, 외국의 민사재판실무, 244쪽.

8.3, PD 29 para 10.3). 신속방식의 경우 하루 안에 변론을 종결할 수 없는 부득이 한 사정이 발생한 경우에는 다음날 계속 재판을 진행하여야 하고(PD 28 para 10.3), 복합방식의 경우에는 한 번 변론기일이 진행되면 재판이 종료될 때까지 연이어 계속된다(PD 29 para 10.6).

b) 진행절차

변론절차는 입증책임을 부담하고 있는 당사자(통상은 원고)에 의하여 시작되는데, 전통적으로는 분쟁의 배경과 쟁점을 설명하는 모두진술(opening speech)을 하게 된다. 그러나 법관은 이미 변론기일 전에 소송기록(trial bundles)을 읽어서 사건내용을 알고 있는 때가 많으므로 이 경우 모두진술을 생략할 수 있다(PD 28 para 8.2, PD 29 para 10.2). 다음 원고측 증거에 대한 조사가 이루어지는데, 증인신문은 원고의 주신문(evidence-in-chief), 피고의 반대신문(cross examination) 및 원고의 재주신문(re-cross examination)의 차례로 진행된다. 주신문은 증인진술서(witness statements)로 갈음하는 경우가 많기 때문에 증인에 대한 구술신문은 반대신문 위주로 이루어지기도 한다. 다음으로 피고의 변론이 이어지는데, 피고도 모두진술을 할 수 없는 것은 아니지만 지금은 매우 드물고, 곧바로 원고와 같은 방식으로 피고측 증거의 조사가 실시된다. 증거조사가 모두 끝나면, 피고가 먼저 최후진술(closing speech)을 하고, 이어서 원고가 최후진술을 한다. 이때 각 당사자는 증거들 사이의 차이점과 증거에 의하여 입증되는 사실을 부각시켜 자신의 법률적 주장을 펼친다.[181]

(6) 배심 재판

구역법원에서는 8명의 배심원으로 배심단이 구성되지만 배심재판이 거의 이루어지지 않고 고급법원에서는 12명의 배심원으로 배심단이 구성되는데 형평부와 가사부는 실제 배심 재판이 이루어지지 않고 있으며, 왕좌부에서 단지 1%의 사건만 배심재판이 이루어지고 있다.[182]

민사재판에서의 배심재판은 과거 150년 동안 계속 감소하고 있다. 1854년 전

181) 법원행정처, 외국의 민사재판실무, 246쪽.
182) Ingman, 앞의 책, 250～251쪽.

에는 보통법 법정에서의 모든 사건은 배심재판이 이루어져야 했다. 보통법 절차법(The Common Law Procedure Act)(1854)은 보통법 소송에서 양당사자가 동의하면 배심재판을 하지 않을 수 있다고 규정하였고, 사법법(Judiciary Act 1875)에 의하여 법원의 구성이 달라지면서 더욱 더 배심재판의 비율이 낮아졌다. 1933년 사법관리법(the Administration of Justice Act 1933) 제6조가 비방(slander), 문자비방(libel), 악의남소(malicious procecution), 불법구금(false imprisonment) 등 사건에 있어서만 배심재판을 요구할 권리가 있다고 제한함으로써 배심재판은 더욱 줄어들었으며, 이러한 4가지 경우에 있어서도 그 사건이 시간이 걸리는 서증 조사, 과학적 조사 등이 필요한 경우 배심재판을 거절할 수 있다.[183]

2. 영국 상소제도의 특징

(1) 항소절차의 개혁

현행 민사항소절차는 사법접근법(The Access to Justice Act) 1999에 의하여 기존의 항소제도를 크게 개정한 것인바, 위 법률 시행 이전까지 민사 항소심 절차, 특히 항소법원(CA) 민사부의 과중한 업무부담 및 그로 인한 재판지연에 대해서 상당한 비판이 제기되고 있었다. 예를 들어, '1994-95 항소법원 연간보고서'는 항소법원 민사부 일부 사건의 진행 지연이 사법권의 적정한 운영(due administration of justice)을 침해할 정도에 이르렀다고 지적했고, '1997년 항소법원 민사부 검토보고서'는 항소법원 판사들이 그 경륜에 걸맞을 만큼 충분히 중요하거나 복잡하지 않은 수많은 사건을 처리하고 있고, 그 사건들은 때로 이미 상소절차를 거친 것들이라고 하면서 재판부의 구성에 대한 현행 규정이 지나치게 경직되어 있어 늘어나는 업무량을 감당하기 어렵다는 의견을 밝혔다.[184]

The Access to Justice Act 1999는 항소사건의 중요도와 난이도에 따라 적절한 수준의 법관으로 하여금 심리하게 함으로써 사법제도를 보다 효율적으로 이용하기 위하여 추진된 것이고, 특히 항소법원(CA)의 업무량 감소를 염두에 둔 것으로서, 위 법의 시행이 민사 항소심 절차에 가져온 주된 변화 내용은 아래와 같다.

---

183) Ingman, 앞의 책, 251쪽; 齐树洁, 英国民事司法制度, 厦门大学出版社, 2011, 121쪽.
184) 법원행정처, 외국사법제도연구(8), 116~117쪽.

1) 원칙적으로 모든 항소단계에 있어서 항소허가제를 도입하면서 규칙으로 각 항소허가법원과 허가요건 등을 정하도록 하였다.[185] 이전까지는 항소법원 민사부로의 항소에만 허가를 필요로 했다.

2) 구역법원이나 고급법원이 항소심으로서 판결을 하는 경우, 원칙적으로 그 판결에 대하여 항소법원에 다시 항소할 수 없도록 하였다. 2차 항소가 허용되려면, 위에서 본 것처럼 특별한 이유가 있어야 한다.[186]

3) 항소사건이 적정한 단계의 법관에게 배정될 수 있도록 하기 위해서 Lord Chancellor[187]에게 항소절차를 다양화할 수 있는 규칙제정권을 부여하였다. 이와 같은 규칙을 제정하기 전에 Lord Chancellor는 Lord Chief Justice,[188] 항소법원 민사부장(Master of the Rolls), 고급법원 형평부 및 가사부 선임법관 등의 의견을 구해야 한다.[189] 이를 통하여 기존에 항소법원(CA)으로 오던 사건 중 일부가 사건의 중요도에 따라 하급법원으로 분산되게 되었다.

4) 항소법원 민사부를 구성하는 판사의 수를 사건의 난이도에 따라 다양하게 할 수 있도록 하였다.[190] 기존에는 항소법원 민사부의 재판을 위해서 3명 이상의 홀수 법관으로 구성된 재판부가 심리하도록 법으로 정하고 있었으나,[191] 위 개정법은 항소법원 민사부장이 Lord Chancellor의 동의를 받아 재판형식에 따라 재판부를 구성하는데 필요한 법관최소인원을 정할 수 있도록 하였다.

항소법원 민사부 판결 및 예외적으로 고급법원 판결에 대하여 항소심법원이나 대법원의 허가를 받아 상고할 수 있다. 상고심 부분에서 자세히 살피기로 한다.

---

185) The Access to Justice Act 1999 54조.

186) The Access to Justice Act 1999 55조.

187) Constitutional Reform Act 2005 이전에는 상원의장, 사법부 수장 및 내각의 관료(Lord Chancellor's Department, 사법행정 등을 담당)를 겸직하는 존재였으나, 이러한 제도가 3권분립을 침해한다는 지적에 따라 위 법률에 의하여 상원의장의 지위는 Lord Speaker of the House of Lords에게, 사법부 수장의 지위는 Lord Chief Justice에게 이전되었다. 로드 챈슬러 제도 자체를 폐기하려는 움직임도 있었으나, 그 역사적 특수성 등을 고려하여 법무부장관(Secretary of State for Justice)을 겸직하면서 로드 챈슬러 지위가 유지되고 있다. (https://www.parliament.uk/site-information/glossary/lord-chancellor/)

188) 대법원을 제외한 잉글랜드와 웨일스 법원의 수장으로서, 항소법원 형사부장을 겸임한다.

189) The Access to Justice Act 1999 56조.

190) The Access to Justice Act 1999 59조.

191) The Supreme Court Act 1981 54조.

(2) 상소 관할

항소심은 기본적으로 원심보다 경력이 높은 법관이 담당하는 것을 원칙으로 하며, 민사사건의 상소에 대하여는 민사소송규칙(Civil Procedure Rules) 52장에 규정되어 있다.

구역법원 지역판사(district judge)의 판결에 대하여는 순회판사(circuit judge)에게, 구역법원 순회판사의 판결에 대하여는 고등법원 판사에게, 고등법원 판사의 판결에 대하여는 항소법원 민사부에 각 항소를 제기한다.

구역법원 지역판사의 판결의 경우 구역법원 순회판사의 항소심을 거쳐, 구역법원 순회판사의 판결은 고등법원 판사의 항소심을 거쳐 또 다시 항소법원 민사부에 항소가 제기될 수도 있다(2차 항소, second appeal). 그러나 앞서 본 바와 같이 항소법원으로의 2차 항소의 경우에는 반드시 항소법원의 허가를 받아야 하고, 항소법원은 당해 항소사건이 중요한 법률적 쟁점을 포함하고 있거나 이에 준하여 2차 항소가 인정되어야 할 상당한 이유가 있는 경우에만 항소허가를 하므로, 원칙적으로 구역법원 순회판사나 고등법원 판사가 항소심으로서 판결을 하는 경우, 원칙적으로 이에 대한 항소가 허가를 얻기는 매우 어렵다.

한편, 원심법원이나 항소심법원으로서의 구역법원의 순회판사나 고급법원은 항소내용이 중요한 법적 문제를 담고 있는 등 항소법원이 바로 심리하여야 할 이유가 있다고 인정할 경우 당해 항소사건을 항소법원 민사부로 이송할 수 있고, 항소법원 민사부장(Master of the Rolls)은 이송된 사건을 검토하여 항소법원 민사부에서 심리할 필요가 없다고 인정할 경우 다시 원래 심리해야 할 항소심법원으로 돌려보낼 수 있다.[192] 반면, 항소법원 민사부장은 일반적으로 구역법원이나 고등법원이 담당할 항소심 사건을 항소법원이 대신 심리하도록 지시할 수 있는 권한도 있다.[193]

(3) 항소허가제

법정모욕으로 인한 수감결정(commital order), 인신보호영장(habeas corpus) 발

192) CPR 52.14.

193) The Access to Justice Act 1999 57조.

부기각결정 등 개인의 신체적 자유에 관한 예외적인 경우를 제외하고는 구역법원이나 고등법원 판사의 판결에 대하여 불복하고자 하는 자는 원심법원 또는 항소심법원의 항소허가를 받아야 한다. The Access to Justice Act 1999에 의하여 기존의 항소제도가 크게 개정되기 전에는 항소법원 민사부로의 항소에만 허가를 필요로 하였다.

항소법원으로의 2차 항소의 경우에는 반드시 항소법원의 허가(일반항소의 경우 원심법원의 허가를 받아도 족한 점과 다르다)를 받아야 하고, 항소법원은 당해 항소사건이 중요한 법률적 쟁점(important point of principle or practice)을 포함하고 있거나 이에 준하여 2차 항소가 인정되어야 할 상당한 이유가 있는 경우에만 항소허가를 한다.[194)]

항소허가 신청은 원심판결 선고기일에 원심법원에 하거나, 항소기간(원심법원이 일정한 기간을 정하는 경우도 있고, 그렇지 않은 경우 원심판결 선고일로부터 21일) 내에 항소심법원에 해야 한다.[195)]

항소허가나 불허가 결정에 대하여 불복할 수는 없지만, 원심법원에 한 항소허가 신청이 받아들여지지 않을 경우, 신청인은 항소심법원에 다시 항소허가 신청을 할 수 있다.[196)]

항소심법원이 변론을 거치지 않고 신청을 기각할 경우, 항소허가 신청인은 그 기각결정을 받은 날로부터 7일 이내에 당해 결정에 대하여 변론을 거쳐 재고하여 줄 것을 청구할 수 있다.[197)] 다만, 항소법원은 당해 항소허가 신청이 아무런 이유가 없다고 인정하는 경우 신청을 기각하면서 위와 같은 청구를 할 수 없다는 명령을 함께 내릴 수 있다.[198)]

항소허가결정은 항소가 인용될 상당한 개연성(a real prospect of success)이 있거나 항소절차가 진행되어야 할 다른 상당한 이유가 있는 경우 내려지는데,[199)] 심리할 항소이유를 제한하거나 조건이 부가되기도 한다.[200)]

---

194) CPR 52.13.
195) CPR 52.3 (2).
196) CPR 52.3 (3).
197) CPR 52.3 (4).
198) CPR 52.3 (4A).
199) CPR 52.3 (6).
200) CPR 52.3 (7).

(4) 항소심의 성격과 심리방식

소액소송방식에 의한 지역판사의 판결에 불복한 항소는 절차에 중대한 하자가 있거나 법관이 법률을 오해한 경우 등 법률문제로 제한된다. 항소심은 복심이 아니고 원심법원이 법률상 오류를 범하였는지 여부를 결정하는 사후심이다. 비록 법률문제에 대해서만 항소를 제기할 수 있으나, 항소가 받아들여진다면, 항소심법원(즉, 순회판사)은 보통 재심리를 위하여 사건을 돌려보내는 대신 직접 처리한다.[201)]

대부분의 소액청구방식 사건들은 매우 단순하기 때문에 재심리를 할 이유가 없기 때문이다.

항소법원에의 항소는 법률상 혹은 사실상 오류가 있다고 주장하며 제기될 수 있다. 항소법원은 원칙적으로 사후심의 성격을 가지므로, 새로운 증거가 제출된 경우 이외에는 목격자를 소환하는 등 증거를 다시 심리하지 않는다. 1심판사가 작성한 기록(notes)과 항소심에 제출된 증거서류를 근거로 심리한다. 통상 구두변론의 시간과 비용을 줄이기 위해 쟁점정리서면(Written skeleton arguments)의 제출이 요구된다.

항소법원은 구역법원의 판결을 인용하거나, 변경(예를 들어, 손해배상의 액수를 변경하는 등)하거나 뒤집을 수 있다. 완벽한 재심리가 이루어지지 않기 때문에 1심 판사의 사실인정을 번복하는 것은 잘 이루어지지 않는다. 1심판사는 증인의 태도를 관찰할 수 있는 반면, 항소법원은 증인들의 진실성과 신뢰성에 대한 판단에 의문을 제기하기 힘들 것이기 때문이다.

Ⅳ. 영국의 상고제한 제도

1. 상고허가제

(1) 일반론

상소심법원으로서 영국 대법원은 항소법원 민사부와 형사부 판결에 대한 상

201) Practice Direction, Pt 27, 8.3.

고사건 및 제한적으로 고급법원의 판결 중 비약상고(Leapfrog Appeal)되는 사건을 심리한다.

판결이나 결정에 대하여 상고하기 위해서는 항소법원이나 대법원의 상고허가(permission to appeal, PTA)가 필요하다. 상고를 원하는 사람은 우선 항소법원에 상고허가 신청을 하여야 하고, 항소법원에서 상고를 불허하는 경우 대법원에 다시 상고허가 신청을 할 수 있다.[202)]

항소법원의 결정 중 대법원에 상고할 수 없는 것도 있는데, 가장 대표적이고 중요한 것이 항소법원으로의 항소허가를 구하는 신청에 대한 항소법원의 기각결정이다.[203)] 이러한 결정에 대한 상고허가 신청이 대법원에 접수되면, Registrar[204)]은 신청인에게 대법원이 그와 같은 사건에 대하여 관할이 없음을 통지한다. 이러한 통지를 받은 경우 유럽인권협약(European Convention on Human Rights)에 따라 유럽인권법원에 제소를 함에 있어 영국 국내법상 모든 구제조치를 밟았다는 요건을 충족한 것으로 인정된다. 또한 유언집행(probate) 절차에 관한 구역법원 결정, 파산절차에 대한 고급법원 형평부의 결정에 대하여도 항소법원이 최종심이다.[205)]

(2) 형사사건

형사사건에 대하여 상고할 경우에는 상고허가신청의 전제로 상고사건이 일반공중에게 중요한 법적 쟁점(a point of law of general public importance)을 포함하고 있고, 그 쟁점이 대법원에서 심리할 만한 것임을 인정하는 원심법원의 증명서가 추가적으로 필요하다.[206)]

(3) 비약상고

고급법원의 민사판결에 대하여 항소법원을 거치지 않고 바로 대법원에 상고

202) The Supreme Court Rules (2009) 10조.
203) Access to Justice Act 1999 54조 4항.
204) 대법원에 접수되는 사건에 관하여 재판이 개시되기 전까지 감독업무를 담당하는 법원공무원.
205) County Courts Act 82조, Insolvency Act 1986 375조 2항.
206) Criminal Appeal Act 1968 33조 2항, Administration of Justice Act 1960 1조 2항, Practice Direction of the Supreme Court 12.2.1.

하는 비약상고(Leapfrog Appeal)[207]를 하기 위해서는 고급법원 판사가 판결 직후 또는 판결일로부터 14일 이내에 신청에 의하여 발부하는 비약상고의 요건이 충족되었음을 인정하는 증명서와 대법원의 상고허가가 필요하다.

고급법원 판사는 ① 당해 사건이 일반 공중에게 중요한 법적 쟁점을 담고 있고, 그 쟁점이 입법이나 제도와 관련된 것으로서 원심에서 충분히 심리되어 원심판결에서 판단이 내려졌거나, 또는 항소법원, 상원 상소위원회, 대법원의 선례에 관한 것으로서 원심법관이 그에 기속되어 판단하였을 것, ② 대법원의 상고허가를 구할 만큼 충분한 심리가 이루어질 것, ③ 양 당사자가 비약상고에 동의할 것의 세 가지 요건이 충족될 때 위와 같은 증명서를 발급할 수 있다. 증명서의 발급 또는 발급거부에 대하여 불복할 수 없다.

이러한 비약상고절차는 거의 활용되고 있지 않다고 한다.[208]

인신보호영장(habeas corpus) 사건에 관하여도 비약상고와 같이 고급법원의 결정에 대하여 바로 대법원에 상고하는데, 이 경우는 고급법원 판사의 증명서는 필요하지 않고, 고급법원이나 대법원의 상고허가만 있으면 된다.[209]

(4) 신청절차

1) 신청방식

대법원에 하는 상고허가 신청은 다른 법률에 특별한 규정이 없는 한 원심판결이나 결정일로부터 28일 이내에 제기하여야 한다.[210] 비약상고의 경우에는 고급법원 판사의 증명서가 발급된 날로부터 1달 이내에 상고허가 신청을 제기하여야 한다.[211]

Registrar은 상고허가 신청이 ① 대법원 상고사건의 관할에 속하지 않을 때, ② 적절한 상고이유가 포함되어 있지 않을 때, ③ 절차의 남용(abuse of process)이라고 인정될 때에는 신청접수를 거부하고 적절하다고 인정되는 조치를 취할 수 있다.[212]

---

207) Administration of Justice Act 1969 12조부터 16조.
208) Ingman, 앞의 책, 291쪽.
209) Practice Direction of the Supreme Court 3.6.17.
210) The Supreme Court Rules(2009) 11조 1항.
211) Practice Direction of the Supreme Court 3.6.8.

2) 피상고인의 이의

피상고인은 상고허가에 대하여 반대하는 경우 상고허가 신청서 부본을 송달받은 날로부터 14일 이내에 이의통지서(notice of objection)를 제출하여야 한다.[213] 이의통지서를 제출하지 않은 상대방은 상고허가 심리에 참여할 수 없고, 그 심리진행과정에 대하여 아무런 통지도 받지 못한다.[214]

3) 참 가

행정기관이나 비정부기관(non-governmental organization)을 비롯한 누구나 공공의 이익을 위하여 상고허가신청에 관한 의견을 제출할 수 있고, 그러한 의견은 상고허가 여부를 심리할 재판부에 전달되어야 한다.[215] 상고허가 결정이 내려질 경우 참가인에게 그 결정을 통지하여야 하고, 참가인이 계속해서 상고심 절차에도 참가하기를 원할 경우 별도의 참가신청을 해야 한다.[216]

(5) 심리방식

1) 서면심리의 원칙

상고허가 여부의 심리는 원칙적으로 변론을 열지 않고 3인 이상(거의 모든 사건에서 3인)의 대법관으로 구성된 부[217]에서 서면 심리한다.[218]

심리결과 ① 상고이유의 전부 또는 일부에 관하여 상고를 허가 또는 불허하는 결정을 내리거나, ② 14일 이내에 재판부가 제시하는 조건부 상고허가에 의견을 제출하도록 명하거나, ③ 보다 충실한 심리가 필요한 경우 변론기일을 지정할 수 있다.[219] 대법원이 상고이유의 일부만 상고를 허가하는 경우 나머지 상고이유는 상고가 불허된 것으로 본다.[220]

---

212) The Supreme Court Rules(2009) 11조 2항.
213) The Supreme Court Rules(2009) 13조 1항.
214) The Supreme Court Rules(2009) 13조 3항.
215) The Supreme Court Rules(2009) 15조 1항, 3항.
216) The Supreme Court Rules(2009) 15조 4항, 26조.
217) Practice Direction of the Supreme Court 3.1.1.
218) The Supreme Court Rules(2009) 16조 1항.
219) The Supreme Court Rules(2009) 16조 2항.
220) The Supreme Court Rules(2009) 16조 4항.

재판부가 상고허가에 부가되는 조건을 제시하고, 그에 대하여 상고인이 의견을 제출한 경우, 재판부는 다시 서면심리를 통하여(제시했던 조건을 철회하고) 상고를 단순허가할 것인지, 상고를 불허할 것인지 또는 조건부 상고허가를 할 것인지 여부를 결정하게 된다.[221] 조건부 상고허가가 된 경우 상고인은 그러한 조건을 따르지 않고 상고를 철회할 수 있다. 만약 비약상고의 경우 조건부 상고허가가 내려질 경우, 상고인은 상고를 철회하고 일반적인 방법인 항소법원으로의 항소를 제기할 수도 있다.[222]

2) 예외적 변론

변론기일이 정해지는 경우 피상고인은 14일 이내에 보다 자세한 상고허가 반대이유를 제출할 수 있다.[223] 변론은 대개 30분 가량 진행되고, 재판부는 일반적으로 변론종결 직후 구술로 결정을 내린다.[224] 변론이 진행되는 사건은 극히 드문데, 매년 1~2건 정도에 대해서만 상고허가 여부의 심리를 위한 변론기일이 열린다.[225]

(6) 결 정

필요한 서류를 모두 갖추어 상고허가 신청이 접수되면, 대개 12주 이내에 결정이 내려진다.[226] 긴급을 요하는 사안의 경우에는 Registrar에게 신속한 결정을 구하는 신청을 할 수 있는데,[227] 그러한 필요가 인정되는 경우 2주 이내에 결정을 하게 된다.[228]

재판부는 당해 사건이 대법원이 심리해야 할 일반 공중에게 중요한 법적 쟁점(arguable point of law of general public importance)을 포함하고 있다고 인정할 때 상고를 허가하고, 그렇지 못한 경우 상고허가 신청을 기각한다. 상고허가 신청을

---

221) The Supreme Court Rules(2009) 16조 3항.
222) Practice Direction of the Supreme Court 3.3.11.
223) Practice Direction of the Supreme Court 3.3.13.
224) Practice Direction of the Supreme Court 3.3.15.
225) https://www.supremecourt.uk/news/the-supreme-court-annual-report-and-accounts.html 참조.
226) The Supreme Court Annual Report and Accounts 2017 - 2018, 24쪽.
227) The Supreme Court Rules(2009) 31조 1항.
228) The Supreme Court Annual Report and Accounts 2017 - 2018, 24쪽.

기각함에 있어서는 간략한 이유를 붙인 결정으로 한다.[229]

〈상고허가신청사건 처리 및 상고사건 처리 통계〉[230][231]

연도	2009	2010	2011	2012	2013	2014	2015	2016
상고허가신청 접수	135	228	249	259	229	231	230	209
상고허가신청 인용 결정	44	67	64	86	81	88	84	67
상고사건 변론 진행	43	76	69	83	120	89	92	91
연도	2017	2018	2019	2020	2021	2022	2023	
상고허가신청 접수	229	234	232	217	211	153	185	
상고허가신청 인용 결정	70	60	76	50	42	70	37	
상고사건 변론 진행	85	91	81	61	60	50	47	

2. 상고심 심리방식

(1) 심리의 준비

상고허가결정일로부터 112일 이내에 상고인은 원심에서 인정된 사실과 쟁점을 정리한 요약서면과 원심의 증거서류 등을 정리한 추록을 제출하여야 한다. 위 서면은 제출 이전에 피상고인 측에 제공되어 그의 동의를 받아야 한다. 상고인과 피상고인은 위 요약서면과 색인이 제출된 때로부터 1주일 이내에 Registrar에게 상고사건의 변론준비가 완료되었음을 통지하고, 그들의 소송대리인의 구술변론에 소요될 것으로 추정되는 시간을 특정하여야 한다.[232] 이렇게 당사자들이 제출하는 구술변론에 필요한 시간, 재판부의 일정 및 견해를 고려하여 변론기일이 정해진다.

대부분 사건은 5명의 대법관으로 구성된 재판부가 진행하고, 특별한 사건의 경우 7명 또는 9명의 대법관까지 변론기일에 참석하기도 한다.[233] 변론기일은

229) Practice Direction of the Supreme Court 3.3.3.

230) https://www.supremecourt.uk/news/the-supreme-court-annual-report-and-accounts.html 참조.

231) 매해 통계는 4월 1일부터 다음해 3월 31일까지이다. 예를 들면 2009년은 2009년 4월 1일부터 2010년 3월 31일까지의 통계이다.

232) The Supreme Court Rules (2009) 22조.

233) The Supreme Court Annual Report and Accounts 2017 - 2018, 31쪽.

대개 2일간 진행된다. 각 당사자를 위하여 2명의 대리인까지 변론을 할 수 있고, 참가인의 경우 구술변론허가를 받는 경우 1명의 대리인이 변론을 한다.[234)]

그 밖에도 상고인과 피상고인 측은 서로의 주장을 담은 준비서면(case)을 교환하고, 상고인은 위와 같은 교환이 이루어진 때로부터 지체 없이, 늦어도 변론기일 14일 이전까지는 그 주장을 정리한 핵심준비서면(core volumes)을 제출하여야 한다.[235)] 핵심서면에는 ① 상고허가신청서, ② 사실관계와 쟁점의 요약서면, ③ 당사자들의 주장, ④ 증거추록, ⑤ 관련 판례, 문헌 등의 색인(index to the authorities volumes) 등이 포함되어야 한다.[236)]

당사자가 원심에서 제기되지 않은 다른 쟁점을 제기하려는 경우에는 준비서면에 이를 명시하고, Registrar에게 통지하여 재판부의 허가를 받아야 하고, 만약 위와 같은 쟁점의 심리를 위하여 새로운 증거조사가 필요한 경우 역시 재판부로부터 허가를 받아야 한다.[237)] 당사자의 주장이 기존 대법원이나 상원 상소위원회의 판례변경을 구하는 것이라면, 준비서면에 이를 명확히 기재하여야 한다.[238)]

(2) 참 가

상고허가 심리단계와 마찬가지로 행정기관이나 비정부기관을 비롯한 누구나 공공의 이익을 위하여 상고절차에 참가신청을 할 수 있다. 재판부는 신청을 심리하여 참가 신청을 기각하거나, 서면을 통한 참가허가결정 또는 서면과 구술변론을 통한 참가허가 결정을 할 수 있다.[239)]

(3) 변론의 진행

공공의 이익에 반한다는 등의 특별한 사정이 없는 한 모든 상고사건은 공개법정에서 구술변론으로 진행된다. 비공개로 심리하기로 결정한 사건은 재판부가 개정 전 그러한 결정을 하게 된 이유를 공표하여야 한다. 재판부가 변론과정에

---

234) Practice Direction of the Supreme Court 6.6.5.
235) The Supreme Court Rules (2009) 22조 4항, 23조.
236) Practice Direction of the Supreme Court 6.4.3.
237) Practice Direction of the Supreme Court 6.3.3.
238) Practice Direction of the Supreme Court 6.3.4.
239) The Supreme Court Rules (2009) 26조.

서 당사자 일방이나 대리인이 공공의 이익을 위하여 절차에서 배제되는 것이 상당하다고 인정하는 경우, 배제되는 당사자 또는 대리인의 이익을 위한 특별대리인을 선임하면서 그들을 당해 절차에서 퇴정시키는 경우도 있다.[240)]

구술변론의 전통을 중시하는 영국에서는 소송대리인들이 그들의 주장을 상세하게 변론하고, 법원도 그러한 변론시간을 제한하지 않는 경향이 미국에 비하여 강하지만,[241)] 대법원은 구술변론에 시간제한을 둘 수 있도록 규칙으로 정하고 있다.[242)]

대법원 변론절차에 대해서는 영국 내 다른 법원과 달리 언론의 사진촬영과 녹화가 금지되어 있지 않다. 모든 변론과정은 녹화되어 보존되고, 일반인들이 온라인으로 시청할 수 있으며 중요 사건에 대해서는 생중계가 이루어지기도 하며, X(구 트위터)나 유튜브, 인스타그램을 통하여서도 대법원의 활동을 알리고 있다.[243)]

(4) 판결의 선고

대법원 판결의 선고는 공개법정에서 이루어지거나, 재판부의 지시에 따라 Registrar가 공표한다.[244)] 법정에서 선고가 이루어지는 경우 당사자별로 1명의 대리인이 출석할 수 있고, Registrar에 의하여 공표되는 경우 대리인은 판결문 사본을 미리 지정된 날짜에 수령할 수 있다.[245)]

법원은 판결문 선고 이전에 소송대리인에게 판결초고를 제공한다. 예를 들어, 선고기일이 수요일인 경우 대리인은 그 직전 주 목요일 오전에 판결초고를 입수할 수 있으며, 월요일 정오까지 판결문의 수정내용을 제출하여야 한다.[246)]

소송대리인은 공중의 이익 등을 고려하여 재판부가 달리 정하지 않는 이상 선고 24시간 전에는 당사자들에게 그 내용을 전달하여도 무방하다.[247)]

---

240) The Supreme Court Rules (2009) 27조.
241) Zander, M(2007), Cases and Materials on the English Legal System, 10th edn, Cambridge University Press, 681~683쪽.
242) The Supreme Court Rules (2009) 27조 4항.
243) The Supreme Court Annual Report and Accounts 2023 - 2024, 9쪽.
244) The Supreme Court Rules (2009) 28조.
245) Practice Direction of the Supreme Court 6.8.2.
246) Practice Direction of the Supreme Court 6.8.1.

이와 같이 법원이 판결 선고 전에 소송대리인에게 초고를 제공하는 이유는 그들로 하여금 다시 쟁점에 관한 주장을 하게 하려는 것이 아니고, 판결문의 정확성 등을 보장하기 위한 것이다. 즉, 소송대리인은 초고를 수령한 이후 오자 등의 사소한 실수를 확인할 의무가 있고, 초고에 명백한 오류나 불명확한 표현이 있는 경우, 선고 2일 전까지 이를 법원에 알려야 한다.[248]

247) Practice Direction of the Supreme Court 6.8.3.

248) Practice Direction of the Supreme Court 6.8.4.

제3절 독 일

Ⅰ. 독일 법원의 구조 및 심급제도

1. 연방최고법원의 종류

(1) 독일기본법의 근거 규정

독일기본법(Grundgesetz für die Bundesrepublik Deutschland, 'GG') 제92조는 '사법권은 법관이 행사한다. 사법권은 연방헌법재판소, 기본법에 규정된 연방법원 그리고 주법원에 의하여 행사된다'라고 규정하고 있다. 독일에는 위 기본법에 따라 연방헌법재판소, 각급 연방법원 및 주법원이 설치되어 있다.

(2) 통상(通常)법원과 특별법원의 분리

법원은 재판권의 영역에 따라 통상법원과 특별법원으로 분리되어 있고, 특별법원에는 노동법원(Arbeitsgericht), 재정법원(Finanzgericht), 사회법원(Sozialgericht), 행정법원(Verwaltungsgericht) 등이 있다. 통상법원과 특별법원은 각 주별로 따로 설치되어 있고 연방에는 각 분야의 최종심을 관할하는 연방최고법원이 별도로 존재하며, 각각은 독립된 권리구제경로를 갖고 있다.

(3) 연방최고법원의 종류

독일에는 연방일반법원[249](Bundesgerichtshof), 연방행정법원(Bundesverwaltungsgericht), 연방재정법원(Bundesfinanzhof), 연방노동법원(Bundesarbeitsgericht), 연방사회법원(Bundessozialgericht) 등 5개의 최고법원이 있으며, 위 최고법원을 헌법적으로 통제하는 연방헌법재판소(Bundesverfassungsgericht)가 있다.

민사 및 형사사건의 최고법원인 연방일반법원(Bundesgerichtshof)은 Karlsruhe에 있으며, 27개의 재판부(13개의 민사부와 6개의 형사부 그리고 8개의 특별부)가 구

249) 이에 대하여는 논문에 따라 연방최고법원, 연방대법원, 연방일반최고법원, 연방통상대법원, 연방보통법원, 연방일반법원, 연방통상법원과 같이 다양하게 번역하고 있는데, 일반 사건에 있어서 최고법원이라는 의미에서 이 글에서는 "연방일반법원"이라고 번역하기로 한다.

성되어 있고, 2025년 현재 153명의 판사(19명의 재판장)가 근무하고 있다.[250]

행정사건의 최고법원인 연방행정법원(Bundesverwaltungsgericht)은 Leipzig에 소재하고 있으며, 13개의 재판부가 구성되어 있으며, 2025년 현재 59명의 법관이 근무하고 있다.[251]

노동사건의 최고법원인 연방노동법원(Bundesarbeitsgericht)은 Erfurt에 소재하고 있으며, 10개의 재판부가 구성되어 있다. 2025년 현재 38명의 법관(10명의 재판장)이 근무하고 있다.[252]

재정사건의 최고법원인 연방재정법원(Bundesfinanzhof)은 München에 소재하고 있으며, 11개의 재판부가 구성되어 있으며, 2025년 현재 총 60명의 법관(11명의 재판장)이 소속되어 있다.[253]

연금, 의료보험 등 사회부조사건의 최고법원인 연방사회법원(Bundessozialgericht)은 Kassel에 소재하고 있으며, 12개의 재판부가 구성되어 있다. 각 재판부는 3명의 전문법관과 2명의 명예직 법관으로 구성되며, 2025년 현재 41명의 전문법관(8명의 재판장)이 근무하고 있다.[254]

2. 연방일반법원의 구성

(1) 부(Senat)

민사 및 형사사건의 상고심 법원인 연방일반법원은 1950년 10월 1일에 설립되었으며, 현재 13개의 민사부와 6개의 형사부 그리고 8개의 특별부가 구성되어 있다. 연방일반법원의 부(Senat)의 수는 법원조직법(Gerichtsverfassungsgesetz, GVG) 제130조에 따라 연방법무부장관이 정하도록 규정하고 있는데, 연방일반법원 설치 이래 꾸준히 늘어나 민사 및 형사사건의 경우 1990년 12개의 민사부와 5개의 형사부가 설치되어 운영되다가,[255] 2018년 13개의 민사부와 6개의 형사부로 민사부와 형사부 각 1개씩 증설되었다.

---

250) http://www.bundesgerichtshof.de/DE/DasGericht/Organisation/Richter/richter_node.html 참조.
251) https://www.bverwg.de/das-gericht/organisation/richter-und-senate 참조.
252) http://www.bundesarbeitsgericht.de/dasgericht/organisation.html 참조.
253) https://www.bundesfinanzhof.de/de/gericht/organisation/senate/ 참조.
254) https://www.bsg.bund.de/DE/Gericht/Rechtsprechung/rechtsprechung_node.html 참조.
255) Bundesgerichtshof, The Federal Court of Justice (2014), 11쪽.

민사부는 주로 사건을 기준으로 업무 분담이 이루어지며, 형사부는 고등법원(Oberlandesgericht)의 관할지역에 따라 업무가 나누어지고 있다.

연방일반법원의 각 부에는 1명의 재판장(Vorsitzender)과 6~7명의 판사가 소속되어 있는데, 개별 사건의 재판에 모든 구성원이 참여하는 것은 아니며 법원조직법 제139조 제1항에 따라 개별 사건의 재판부는 원칙적으로 1명의 재판장과 4명의 배석판사로 총 5명으로 구성된다. 그리고 8개의 특별부에는 별도의 법관이 배치되는 것이 아니라 민사 또는 형사부에 소속되어 있는 법관이 겸직하고 있다.

(2) 연합부(Grosser Senat)

연방일반법원에는 일반재판부 외에 민사연합부(Grosser Senat für Zivilsachen)와 형사연합부(Grosser Senat für Strafsachen)가 있으며, 이들이 합쳐진 대연합부(Vereinigte Grosse Senate)가 있다. 법원조직법(GVG) 제132조에 의하면, 연방일반법원의 어느 한 재판부가 법률문제를 판단할 때 다른 재판부의 재판과 배치되는 판단을 내리고자 하는 경우 이 사건은 연합부가 맡게 된다. 즉, 민사재판부가 다른 민사재판부나 민사연합부의 재판과 다른 판단을 내리고자 하면 민사연합부에서 이를 담당하여야 하며, 형사사건의 경우에는 형사연합부가 맡게 되는 것이다. 그리고 민사재판부가 형사재판부나 형사연합부의 판단과 다른 판단을 내리고자 하거나 또는 형사재판부가 민사재판부나 민사연합부의 판단과 다른 판단을 내리고자 할 때에는 대연합부가 당해 사건을 담당하게 된다.

민사연합부는 연방일반법원장과 각 민사재판부의 부원 1인으로 구성되며, 형사연합부는 연방일반법원장과 각 형사재판부의 부원 2인으로 구성된다. 그리고 대연합부는 연방일반법원장과 민사 및 형사연합부의 부원으로 구성된다(법원조직법 제132조 제5항). 민사연합부와 형사연합부 및 대연합부의 재판장은 연방일반법원장이 되며, 연방일반법원장이 직무를 수행할 수 없는 경우에는 각 연합부의 연장자가 재판장이 된다(법원조직법 제132조 제6항). 민사·형사 연합부 및 대연합부는 오로지 법률문제에 대해서만 판단하며, 이 판단은 당해 재판부를 구속한다(법원조직법 제138조 제1항).

3. 일반법원의 심급구조

(1) 민사 및 형사 관할 법원

1) 구법원(Amtsgericht)

구법원이 담당하는 민사사건에는 소송가액 5,000유로 이하의 민사사건과 소송가액과 무관한 임대차사건, 부양사건 및 가사사건 등이 있고, 형사사건에는 4년 이하의 징역형이나 벌금형에 처할 사건 등이 있다.

구법원은 단독판사에 의한 재판이 원칙이나, 형사사건 중 2년 이하의 자유형에 처할 사건을 제외한 사건은 직업법관(Berufsrichter) 1인과 참심법관(Schöffe) 2인으로 구성되는 참심재판부(Schöffengericht)가 담당한다.[256]

2) 주법원(Landgericht)

a) 민사사건

주법원은 소송가액 5,000유로를 초과하는 모든 민사사건 및 소송가액과 무관한 국가배상청구사건 및 잘못된 금융시장 정보를 이유로 한 손해배상청구사건 등의 제1심과 구법원 판결에 대한 항소심을 관할한다. 주법원 민사부는 소송법 규정에 따라 재판부를 대신하여 단독판사가 재판해야 하는 경우가 아닌 한, 재판장을 포함한 3인의 판사로 구성된다[법원조직법(Gerichtsverfassungsgesetz, 'GVG') 제75조].

b) 형사사건

주법원 형사부에는 1명의 직업법관과 2명의 참심법관으로 구성되는 소형사부(kleine Strafkammer)와 3명의 직업법관과 2명의 참심법관 또는 2명의 직업법관과 2명의 참심법관으로 구성되는 대형사부(große Strafkammer)가 있다.

소형사부는 구법원의 형사판결에 대한 항소심을 관할하며, 대형사부는 법원조직법 제74조가 규정하는 중죄(살인, 강간치사, 상해치사, 강도치사 등)에 대한 제1심 관할을 담당한다. 대형사부의 판결에 대하여는 연방일반법원에 상고할 수 있을

256) 문병효, "법원조직에 관한 비교법적 고찰 - 독일 및 프랑스를 중심으로", 강원법학 제29권 (2009), 229쪽.

뿐이므로 중죄에 대하여는 2심제로 운영되고 있다.

3) 주상급법원(Oberlandesgericht)

주최고법원은 주법원 판결에 대한 민사항소 및 항고사건, 주법 위반을 이유로 하는 형사상고사건 및 반역죄 등과 같은 중대사건의 형사 제1심을 관할한다.

원칙적으로 3인의 직업법관으로 구성된 합의부에서 재판을 담당하나, 반역죄의 제1심 사건은 5인의 직업법관으로 구성된 합의부가 재판을 담당한다.

민 사
구법원 → 주법원 → 연방일반법원
주법원 → 주상급법원 → 연방일반법원

형 사
구법원 → 주법원 소형사부 → 주상급법원 소형사부 (3심)
주법원 대형사부 → 연방일반법원 (2심)
주상급법원 형사부 → 연방일반법원 (2심)

(2) 연방특허법원(Bundespatentgericht)

연방특허법원은 1961년 7월 1일 설립된 법원으로서, 연방일반법원의 하급법원이다. 연방특허법원은 독일특허청의 결정에 대한 불복소송, 특허의 무효 및 취소에 관한 소송, 강제실시권 부여에 관한 소송, 독일연방식물청의 결정에 대한 불복소송 등을 관할한다. 특허침해소송은 연방특허법원의 관할이 아니며, 각 주마다 지정된 2 내지 3개의 지방법원 민사부에서 담당하고 있다.[257)]

4. 특별법원의 심급구조

(1) 노동법원

독일 노동법원은 노동법과 관련된 모든 민사분쟁을 관할한다. 제1심인 노동법

---

257) 사법정책연구원, 각국의 법관 다양화에 관한 연구, 사법정책연구원, 2017, 124쪽.

원(Arbeitsgericht), 항소심인 주노동법원(Landesarbeitsgericht), 상고심인 연방노동법원(Bundesarbeitsgericht)으로 구성되며, 현재 110개의 노동법원(Arbeitsgericht)과 18개의 주노동법원(Landesarbeitsgericht)이 설치되어 있다.

(2) 행정법원

독일 행정법원은 제1심인 행정법원(Verwaltungsgericht), 항소심인 상소행정법원(Oberverwaltungsgericht), 상고심인 연방행정법원(Bundesverwaltungsgericht)으로 구성되며, 현재 51개의 행정법원(Verwaltungsgericht), 15개의 상소행정법원(Oberverwaltungsgericht)이 설치되어 있다.

행정법원은 헌법적 쟁점을 제외한 모든 공법적 분쟁을 담당한다. 행정법원이 담당하는 전형적인 사건은 공공질서 및 공공안전과 관련된 법률로부터 발생한 분쟁, 망명, 건축, 교통, 통상 · 산업, 교육, 환경보호, 보조금, 공공기관에의 접근, 공공복지, 공공시설로부터 초래된 불법적인 방해, 지방자치단체의 세입 · 행정기구 등과 관련된 것이다.

(3) 사회법원

독일 사회법원은 제1심인 사회법원(Sozialgericht), 항소심인 주사회법원(Landessozialgericht), 상고심인 연방사회법원(Bundessozialgericht)으로 구성되며, 현재 67개의 사회법원(Sozialgericht) 및 14개의 주사회법원(Landessozialgericht)이 설치되어 있다. 사회법원이 관할하는 사건은 연금보험 · 교통사고보험 · 의료보험 등의 사회보장보험 및 실직자보험과 관련된 공법적 분쟁, 그리고 연방노동부의 사무 중 위 보험관련 사무 이외에도 전쟁피해자 원호를 비롯한 그 밖의 사무와 관련된 공법적 다툼 등이다.[258)]

(4) 재정법원

독일 재정법원은 재정법원(Finanzgericht)이 제1심을 담당하고, 연방재정법원(Bundesfinanzhof)이 최종심을 담당하는 2심제로 구성되어 있다. 현재 18개의 재정법원(Finanzgericht)이 설치되어 있으며, 재정법원 판결 중 약 5% 정도가 연방

258) 사법연수원, 독일법, 사법연수원, 2007, 64쪽.

재정법원에 상소된다.[259)]

독일 재정법원은 행정벌과 형사사건을 제외한 재정법(Finanzgesetz)과 관련된 모든 분쟁을 처리하며, 구체적으로는 연방의회의 통제를 받는 세금 등 공과금으로서 연방재정관청 또는 주재정관청을 통하여 관리되는 공과금 사무에 관한 공법적 분쟁, 연방재정관청 또는 주재정관청에 의하여 공과금 관련 법률에 따라 실행되어야 하는 행정행위와 관련된 공법적 분쟁 등이 있다.

Ⅱ. 독일 법관의 종류 및 법관임용제도, 법조인양성제도

1. 독일 법관의 종류 및 그에 따른 법관임용제도

(1) 법관의 종류

직업법관은 법률전문가로서 이에 대비되는 개념으로는 일반시민 중에서 선출되는 명예법관 또는 비직업법관(이하 '명예법관'이라 한다)이 있다.

독일의 직업법관에는 정년직 법관(Richter auf Lebenszeit), 임기직 법관(Richter auf Zeit), 수습법관(Richter auf Probe), 파견법관(Richter kraft Auftrags), 기술판사 등이 있는데, 정년직 법관과 임기직 법관만이 독일기본법 제97조 제2항에 의하여 신분이 보장되는 '전임으로 그리고 계획에 정해진 바에 따라 종국적으로 임명된 법관'에 해당한다.[260)] 나아가 독일사법체계에서 독특한 위치를 갖는 기술판사도 정년직 법관과 동일한 지위를 가진다.

(2) 정년직 법관

1) 임용자격 및 임용절차

a) 임용자격

정년직 법관의 임용자격은 ① 독일 국적자일 것, ② 자유민주적 기본질서를

---

259) Bundesfinanzhof, Short description(English), 2쪽.

260) 독일기본법 제97조 제2항(Art. 97 Abs. 2 GG). 유성욱, "독일의 법관임용에 관하여", 해외사법자료(2015), 6쪽; 이상덕, "사법부 내에서의 법관의 독립-독일의 사례·제도의 시사점을 중심으로-", 행정법연구 제34호(2012.12), 70쪽.

준수하는 자일 것, ③ 사법시험에 합격한 자일 것, ④ 필수적인 사회적 능력(soziale Kompetenz) 갖춘 자로서, 최소 3년 이상의 법조경력을 갖출 것 등이다(독일법관법(Deutsches Richtergesetz) 제10조 제1항).

위의 '3년 이상의 법조경력'에는 고위공무원으로 근무한 경력, 정부기관 또는 국제기관에서 공무와 관련한 업무에 종사한 경력, 법과대학 교수로 근무한 경력, 변호사·공증인으로 근무한 경력, 그 밖에 이에 준하는 지위에서 근무한 경력 등이 포함된다(독일법관법 제10조 제2항). 보통 정년직 법관은 일반적으로 사법시험을 합격한 후 바로 수습법관으로 임용되어 최소 3년의 법조경력을 충족한 자 중에서 임용된다.[261)]

b) 임용절차

ⅰ) 연방법원 법관

연방법원 법관은 연방 관할주무관청의 장관과 법관선발위원회가 공동으로 선출하고 연방대통령이 임명한다. 연방 관할주무관청의 장관은, 연방일반법원·연방행정법원·연방재정법원은 연방법무부장관, 연방노동법원은 연방노동사회부장관, 연방사회법원은 연방보건부장관이다.[262)]

법관선발위원회는 32인의 위원으로 구성되며, 그중 16인은 독일 16개 주의 관할주무관청 장관이, 나머지 16인은 연방하원에서 선출된다. 위원장은 연방 관할주무관청의 장관이 맡는데, 의사진행에만 관여할 뿐 표결권이 없다. 위원장과 위원은 연방법원 법관후보자를 추천할 수 있고, 위원장은 후보자의 인사기록을 법관선발위원회에 제출한다. 법관선발위원회는 위원 중 2인을 조사자(Berichterstatter)로 임명하여 후보자의 적격 여부를 조사하는 한편, 연방 관할주무관청의 장관은 그 명의로 후보자가 속하게 될 연방법원의 법관인사자문위원회(Präsidialrat)[263)]에 대하여 의견표명을 요청한다. 법관인사자문위원회는 후보자의 객관성과 전문성

261) 유성욱, "독일의 법관임용에 관하여", 해외사법자료(2015), 6쪽.

262) 독일기본법 제95조 제2항 및 법관선발법(Richterwahlgesetz, 'RiWG') 제1조.

263) 독일법관법에 의하면, 연방과 주의 모든 각급 법원은 법원장과 판사들로 구성된 법관인사자문위원회를 두어야 한다. 법관인사자문위원회는 법관후보자의 임명과 선출, 소속 법관의 전보 시 입장 표명(Stellungnahme)을 하는 것을 임무로 한다. 법관인사자문위원회의 입장 표명이 법적 구속력은 없으나 사실상 인사권자의 인사권을 견제하는 역할을 한다[독일법관법 제49조 내지 제60조(§ 49-60 DRiG); 유성욱, "독일의 법관임용에 관하여", 해외사법자료(2015), 2쪽.

을 조사하여 1개월 이내에 의견서를 제출하여야 하며, 이는 후보자의 인사기록에 편철된다. 법관선발위원회에 소속된 각 주의 관할주무관청 장관의 과반수, 연방하원의원의 과반수가 참석한 가운데 비밀투표를 진행하여 과반수의 득표를 얻으면 연방법원 법관으로 선출되며, 위원장은 연방대통령에게 임명을 제청한다. 연방법원 법관은 대체로 주상급법원 법관 중에서 선출된다.[264]

ii) 주법원 법관

독일기본법 제98조 제4항은 '주는 주법원 법관의 임명에 관하여, 주법무부장관이 법관선발위원회와 공동으로 결정할 것을 정할 수 있다'고 규정하고 있으므로, 각 주는 연방과는 달리 자율적으로 법관선발위원회의 설치 여부를 정한다.

(3) 수습법관

1) 임 용

수습법관은 사법시험 2차 성적과 실무수습성적 등을 고려하여 각 주정부 법무부장관이 임명하는데, 임명 후 5년 이내에 법관 또는 검사로 임명되어야 한다(독일법관법 제12조).

수습법관 임용을 위한 시험 등 별도의 절차는 없으며, 수습법관 지원자는 사법시험성적자료 등과 같은 서류를 제출하고 면접을 거친다. 사법시험 성적은 절대적이지는 않지만 수습법관 임용에 결정적인 역할을 하는데, 통상적으로 필요한 일정 수준 이상의 사법시험 점수를 요구한다.[265]

2) 신 분

수습법관은 정년직 법관과는 달리 신분이 보장되지 않는다. 즉 수습법관은 ① 임용 후 6개월, 12개월, 18개월, 24개월이 경과한 시점에서 해임될 수 있고, ②

---

264) 법관선발법 제8조, 제9조 및 제12조(§§ 8, 9, 12 RiWG).

265) 독일 사법시험 성적은 0점부터 18점까지인데, 4점부터 6점까지는 '충분한'(ausreichend), 7점부터 9점까지는 '만족스러운'(befriedigend), 10점부터 12점까지는 '매우 만족스러운'(vollbefriedigend), 13점부터 15점까지는 '좋은'(gut), 16점부터 18점까지는 '아주 좋은'(sehr gut)으로 분류된다. 바이에른주는 사법시험 2차 점수로 8.25점 이상을 요구하고, 함부르크주는 사법시험 1차 및 2차 시험 모두 '매우 만족스러운' 10점부터 12점까지를 요구한다[차성안, "독일 각 주의 법관임용 및 법관연수제도의 구체적 운용방법", 해외사법자료(2015), 6].

임용 후 3년 또는 4년이 경과한 시점에서 수습법관이 법관으로서 자질이 부족하거나, 법관선발위원회가 정년직 법관 임용을 거부하였을 경우 해임될 수 있으며, ③ 징계사유가 발생한 경우에는 언제라도 해임이 가능한데, 징계사유는 정년직 법관에게 동일한 사유가 발생한 경우 법정 징계절차가 개시되어 징계조치가 내려질 정도로 중한 것이어야 한다(독일법관법 제22조).

(4) 임기직 법관

임기직 법관은 연방법이 규정하는 조건과 임무에 근거하여 일정한 임기를 전제로 임용되는 법관이다(독일법관법 제11조). 현재는 임기 12년의 연방헌법재판소 재판관이 이에 해당한다.

(5) 파견법관

파견법관은 전문적 지식을 갖춘 공무원이 행정법원이나 특허법원 등의 법관으로 임용되는 것으로, 장차 정년직 법관으로 임용될 예정인 공무원이 공무원의 신분을 유지하면서 일시적으로 법관으로 임용되는 것이다.[266]

파견법관으로 임용된 후 2년 이내에 법관선발위원회의 추천을 받지 못한 경우에는 면직된다는 점에서 신분보장은 앞서 설명한 수습법관과 유사하다(독일법관법 제14조 및 제16조). 주로는 전문지식을 갖춘 공무원이 행정법원이나 특허법원의 법관으로 임용되기 위한 준비과정으로 이용된다.

(6) 기술판사

연방특허법원의 기술판사는 사법시험에 합격한 법률판사와 마찬가지로 직업판사로서의 권리와 의무를 가지는 종신직 직업법관의 지위를 가진다는 점에서 독일 사법체계의 독특한 제도이다.[267]

기술판사는 역사적으로 1961년 연방특허법원의 창설과 더불어 탄생하였다. 이전까지는 기술자들로 구성된 독일특허청 항고부에서 특허사건을 처리하여 왔지만, 1959년 연방행정법원이, 독일특허청 항고부는 독일기본법상의 법원에 해당

266) 사법정책연구원, 각국의 법관 다양화에 관한 연구, 139쪽.
267) https://www.bundespatentgericht.de/cms/index.php?lang=de 참조.

하지 아니하므로 독일특허청의 처분에 대하여 독일특허청 항고부가 항고사건을 담당하는 것은 독립된 법원의 판단을 받지 못하는 결과가 되어 헌법에 반한다는 판결을 하였고, 위 판결이 계기가 되어 1961.7.1. 발효된 특허법에 따라 연방특허법원 및 기술판사제도가 창설되었다.[268)]

특허법원은 법원장, 부장판사 및 기타 일반 판사들로 구성된다. 법원장, 부장판사 및 기타 일반 판사들은 독일법관법에 따른 법관의 자격이 있거나(법률판사) 또는 기술의 한 분야에서 전문지식이 있어야 한다(기술판사).

(7) 명예법관

독일은 원칙적으로 일반 민사재판을 제외한 다른 모든 재판에 법률전문가인 직업법관이 아닌 일반시민 중에서 선출된 명예법관을 재판부 구성원으로 하여 재판 전반에 참여하도록 하고 있다. 명예법관은 크게 형사재판의 참심법관, 상사재판의 상사법관(Handelsrichter), 직업법원의 전문명예법관(Expertenehrenamtsrichter), 기타 일반 명예법관 등으로 구별된다(독일법관법 제45a조).

2. 법조인양성제도

(1) 특 징

독일의 법조인양성제도의 특징은 통일적 법조인, 2단계 법조인 양성(법과대학에서의 법학교육과 사법연수(시보) 과정)이라고 할 수 있다. 통일적 법조인은, 법조인의 업무 영역은 판결이나 자문에 국한되지 않고 다양하며 변호사도 법관, 검사와 더불어 하나의 사법제도상의 기관으로서 법관, 검사와 동일한 양성교육을 받아야 한다는 것이다. 통일적 법조인은 원칙적으로 추가적 교육 없이 모든 영역에서 최소한 동등한 수준으로 활동할 수 있는 토대를 만든다는 것으로 독일 법조인 양성 제도의 핵심이다. 즉, 독일의 법조인양성제도는 완전한 의미에서의 법조 일원화를 염두에 두고 운영되고 있다. 서로 다른 직역을 교차적으로 경험함으로써 다양한 관점에서 법률을 해석 적용해보는 것이 각 직역의 질적 향상에

---

268) Schmidt-Kolb 저, 유진희·최병규 역, “기술판사의 임용과 재판활동”, 법학논총 제32집(1995), 464쪽.

도움이 된다고 보고 법관, 검사, 변호사가 서로 전직을 하는 것이 각 직역 상호 발전에 도움이 되고 통합적 법률가 양성에 기여한다고 보고 있다.

이러한 법학교육과 사법연수(시보) 모두 국가가 통제하는 시험에 합격해야 통과되며 변호사로서 자격을 취득하게 된다.

법과대학의 교수도 제1차와 제2차 사법시험에 합격하여야 하며 박사논문을 취득하고 교수자격취득논문을 작성하여 통과하여야 한다.

(2) 제1단계 교육 – 법학교육

독일 법조인양성제도의 기본 법률인 연방법률은 독일법관법(Deutsches Richtergesetz, DRiG)이며 이 법이 법조인양성의 구체적 내용을 정하고 있다.

법조인이 되기 위해서는 대학에서 4년간 법학을 이수한 후 대학과 국가에서 치르는 1차 시험(서술시험과 구술시험으로 구성되어 있으며 두 번의 응시기회가 있다)에 합격하여야 한다. 대학에서 배우는 세부과목은 독일법관법에서 정한 최소 요건을 충족하는 범위 내에서 각 주가 정할 수 있다.

(3) 제2단계 교육 – 사법연수(시보)

1차 시험에 합격한 후 2년의 사법연수과정을 이수하여야 하며 민사법원, 검찰청이나 형사법원, 행정기관, 변호사 사무실에서 시보로 근무하여야 한다. 시보들은 연수기간 중 국가로부터 급여를 받으며 준공무원의 자격을 갖게 되고 각 주의 고등법원에 소속되어 관할 지방법원에 배치되어 기초적 실무교육을 받는다. 사법연수과정 수료 후 각 주 법무부 부속 사법평가청이 주관하는 2차시험(서술시험과 구술시험으로 구성되어 있으며 두 번의 응시기회가 있다)을 보게 되며 이에 합격하면 법조인이 된다(이러한 과정을 모두 마친 자를 독일에서는 완성된 법률가라고 한다). 여기서 우수한 성적을 받은 사람은 각 주 법무부에 판사, 검사로 지원하게 된다.

Ⅲ. 독일 민사 1심 운영형태 및 상소제도의 특징

독일은 2002년 1월 1일부터 시행되는 민사소송개혁법(Gesetz zur Reform des

Zivilprozess)에 의해 민사소송법이 개정되었는데, 그 주요한 내용 중 하나가 '제1심의 강화(Stärkung der ersten Instanz)'였다.

1심 강화와 관련된 주요한 개정내용은, 실체적 소송지휘권(materielle Prozessleitungsbefugnis)의 신설, 원칙적 단독판사(originärer Einzelrichter)의 사건 처리, 필요적 화해변론(Güteverhandlung), 서증·검증·감정물 제출의무의 강화, 영상 및 음성중계에 의한 변론 가능, 변론 재개사유의 명시를 통한 상소 회피 및 소송경제의 도모, 제2의 사실심(zweite Tatsacheninstanz)으로서의 항소심(속심)을 폐기하고 '원칙적 사후심'으로의 항소심 구조 변화, 법적 청문권(Anspruch auf rechtliches Gehör)의 침해에 대한 1심 법원 스스로의 판결 시정(Selbstkorrektur) 가능 등이다.[269]

독일의 2002년 민사소송법 개정 시 1심, 2심, 3심 모두 개혁의 대상이었다. 재판은 1심, 2심, 3심이 모두 연결되어 있는 것으로서 어느 하나의 심급 운영형태만 수정하여서는 효과를 볼 수 없다. 상소심, 즉 2심이나 3심에서 사후심적 요소를 강화한다면 필연적으로 1심 심리가 강화되어야 한다. 독일에서도 이러한 배경하에 1심 심리 방식을 강화함과 동시에 상소심에서의 사후심적 요소, 상소제한제도를 강화하였으며, 비교적 성공적인 개정으로 평가받고 있다. 다음으로 독일 민사소송법 개정 시 1심의 심리방식의 개정내용과 2심의 개정내용에 대하여 살펴보기로 한다.

1. 독일 민사 1심 운영형태

(1) 민사 제1심의 집중과 강화의 필요성이 대두된 배경

1) 시대의 변화에 맞는 민사소송법 개정의 필요성

종래의 민사소송법에 의해서는 시대의 변화를 반영하기 어렵다는 인식이 확대되었고, 종래의 변론진행 방식이나 상소제도의 구조와 기능 등에 의해서는 급변하는 사회적·경제적 변화, 즉 일상생활에 있어 많은 부분들이 법의 대상이 되어가고 있는 현상이나, 정보화 및 커뮤니케이션 기술의 급격한 진보, 유럽법 영역의 통합에 따른 새로운 과제 등장과 같은 문제를 해결하기 어렵고 국민의

---

269) 법원행정처, 외국사법제도연구(12), 법원행정처, 2012, 229쪽.

사법부에 대한 기대에 부응하지 못한다는 인식이 바탕이 되었다. 즉, 현대 사회에서 개인의 권리의식이 높아지고 소비자보호, 소송구조, 소송보험 등의 요인으로 소송이 계속 증가하는데, 그에 대응하여 과거 민사소송법은 이러한 수요를 제대로 충족시키기 어려웠다. 따라서 민사소송법의 근본적인 구조개혁(Strukturreform)을 통해, 보다 시민에게 가깝고(bürgernäher), 보다 효율적이며(effizienter), 보다 투명한(transparenter) 민사소송절차가 되어야 함을 개정목적으로 삼았다.[270]

2) 상소의 남용 방지 필요성

불필요한 소송절차를 줄이고 남상소에 의한 법원의 심사능력 낭비를 줄여나가야 한다는 필요성을 인식하게 되어 이를 위하여 원칙적인 단독판사재판을 도입함으로써, 법원이 재판을 함에 있어 제1심에서부터 소송당사자와 심도 있는 법적인 대화를 하고, 이로써 제1심에서의 사실관계를 좀 더 구체적으로 심도있게 확정하며, 당사자들에게 설득력 있는 판결을 작성하는데 집중할 수 있도록 할 필요가 있다는 의견이 제기되었다.

그 밖에도 가망이 없는 상소에 의한 법원의 업무능력 낭비는 법원에도 바람직하지 않을 뿐만 아니라, 제1심 절차를 통해서 승소할 것임이 명백한 일방 당사자를 위해서도 감소되어야 한다는 인식이 확산되었다.[271]

3) 법관 인력 재배치에 의한 1심 강화 필요성

독일 각 주의 재정상태를 볼 때, 이러한 시대변화에 따른 소송의 증가에 비례하여 법관의 수를 무한정 늘릴 수는 없었고, 추가적인 인력 증대 없이도 한정된 사법서비스 자원을 효율적으로 운영하는 방안이 항시 민사소송법 개혁의 화두가 되어 왔었다. 특히 국민들은 제1심에서 사법(司法)에 대한 경험을 처음 하게 된다는 점에서, 개별 사안을 철저히 검토하고, 화해적 해결책을 잘 제시하며, 납득할 수 있는 판결을 할 충분한 시간을 가진, 사회적으로 능력이 있는 판사가 제1심에서 일해야 하므로 항소심 법관 대비 제1심 법관의 수는 더 늘리는 방향으로 조정될 필요가 있다는 의견도 제시되었다.[272]

---

270) 법원행정처, 외국사법제도연구(12), 233쪽.
271) 법원행정처, 외국사법제도연구(12), 234쪽.

4) 항소심 구조 변경의 필요성

독일의 경우, 법정책적인 측면에서 항소심의 구조를 제2의 사실심(속심)에서 사후심으로 변경하여, 한정된 사법인력을 효율적으로 배치할 필요가 있다는 의견도 제시되었다.

(2) 제1심 강화의 목표와 실천방향

1) 민사소송법 개정의 목표

연방법무부(Bundesministerium der Justiz)는 '소송절차'와 '사실관계 확정'의 중점(重點)을 제1심에 둠으로써, 항소심과 상고심의 부담을 완화시켜 항소심은 그 본래의 기능인 제1심 판결의 구성요건과 법적 평가에 있어서의 오류통제 및 제거라는 고유한 임무에 집중하게 되고, 상고심은 본래의 임무인 법의 발전과 판례통일에 집중하게 하는 것을 목표로 하였다. 종래의 부분적 개정이 아니라, 근본적인 구조개혁에 의해서만 이러한 민사소송의 질적 향상이 달성될 수 있다고 보았다. 즉, 제1심에서 사실관계를 제대로 '해명'할 수 있는 구조를 마련하는 것이 근본적 구조개혁의 필수적인 전제라고 보았다.

2) 실천방향[273)]

a) 제1심 판사에게 권한 부여

제1심 판사에게 소송절차를 종국적으로 해결할 수 있는 효과적인 형성적 권능(Gestaltungsmöglichkeit)을 부여하고자 하였다. 당사자의 입장에서 볼 때, 양 당사자에 의해 주장된 사실관계를 광범위하게 다각도로 심리하기 위하여 법원이 가능한 모든 방법을 동원하였다는 점을 수긍할 수 있게 된다면, 당사자들은 제1심 법원의 최종판단에 대해 실질적으로 승복할 수 있게 되고, 이에 따라 더 많은 소송이 제1심 절차에서 종국적으로 해결될 수 있을 것이라고 생각하였다.

구체적으로는 ① 법관의 지적의무(Hinweispflicht)의 강화, ② 쟁송사건(Streitsache)에 대한 가능한 한 광범위한 조사(Aufarbeitung), ③ 증거조사 결과에 대한 토론

---

272) 법원행정처, 외국사법제도연구(12), 234~235쪽.
273) 법원행정처, 외국사법제도연구(12), 236~238쪽.

(Erörterung), ④ 당사자에 대하여 목표가 설정되고 집중된 주장의 촉구 등을 통해 위와 같은 목적이 실현될 수 있을 것이라고 보았다.

b) 제1심 판사의 부담 경감

다른 한편으로, 제1심 판사에게 판결 작성의 부담을 줄이고, 그 여력을 더욱 더 사실관계 해명이 필요한 사건에 투여할 수 있는 길을 열어줄 필요가 있었고, 그 일환으로 원칙적으로 단독판사로 재판부를 구성하여 재판부 수를 늘림으로써 합의부 구성에 따른 부담을 줄이고 절차를 촉진시키고자 하였다.

c) 항소심은 제1심의 사실확정에 기속됨

제1심의 강화와 더불어 항소심의 구조변화가 함께 있어야 한다. 즉, 항소심이 그 본래의 기능인 제1심의 사실관계와 법적 평가에 있어서의 오류통제와 오류제거에 집중하기 위해서는 원칙적으로 항소심은 제1심의 사실관계 확정에 기속되어야 하고, 제1심의 확정이 정당성과 완전성을 의심할 만한 구체적인 근거가 있는 경우에 한하여 예외적으로 항소심절차에서 제1심이 행한 사실 확정을 다시 심사할 수 있도록 하여야 한다.

(3) 구체적 개정내용

1) 실체적 소송지휘와 법관의 토론의무[274)]

a) 법관의 토론의무 강조

법원은 필요하다고 보이는 경우, 증거조사 이후에도 모든 소송자료, 즉 사실상의 기초는 물론 법률문제에 관해서도 당사자와 포괄적이고 열린 대화(umfassendes offenes Gespräch)를 하여야 한다. 법관의 토론의무는 당사자의 진술이 불완전하고 불분명한지 여부에 좌우되지는 아니하며 어느 경우에 어느 정도의 토론이 필요한지에 따라 정해지는데 구체적인 경우에 따라 다르다.

b) 지적의무(Hinweispflicht)의 이행

지적의무의 이행시기가 개정의 핵심인바, 개정법 제139조 제4항은 "가능한 한

---

274) 이인석, "2002년 독일민사소송법 개정내용과 재판실무의 변화", 사법개혁과 세계의 사법제도 Ⅶ, 사법발전재단(2010), 109~110쪽.

조기에" 지적을 할 것을 규정하고 있다.

지적의무의 대상으로 구 독일민사소송법 제278조 제3항은 '법률상의 측면'만을 규정하였으나, 개정법 제139조 제2항은 '사실상의 측면'도 포함하도록 개정되어, 양 측면에서 모두 '기습적인 재판의 금지'가 적용되었다.

지적의무가 강화된다고 하여 민사소송에 직권탐지주의가 도입된다는 의미는 아니고, 소송자료의 범위와 한계는 당사자가 결정하고, 법원은 당사자가 설정한 범위 내에서 재판에 중요한 사실관계와 법률관계를 명확히 하도록 노력해야 한다는 의미이다.

법원의 지적의무 이행을 통해, 당사자들은 본안에 관한 진술을 그 지적에 따라 중요한 것에 집중하고 국한하게 되며 당사자가 지적 등을 통한 석명에 불응하는 경우에는 법원은 그에 대한 주장・입증이 없는 것으로 취급하여 불이익한 재판을 할 수 있다.

c) 지적의 문서화(Dokumentationspflicht)

지적의 방법과 증명에 관하여 개정법은 조서나 소송지휘에 관한 처분(Verfügung), 지적 결정(Hinweisbeschluß) 등을 통하여 소송기록에 기재하도록 하였다. 지적의 사실이 기록에 드러나지 않으면 지적의무는 이행되지 않은 것으로 추정된다. 이는 지적의무 이행 여부에 대한 다툼을 회피하기 위한 것이다.

2) 서증, 검증, 감정물 제출의무 강화[275)]

개정법은 제142조에서 문서제출명령에 관하여, 제144조에서 검증과 감정에 대하여 당사자의 제출 및 수인의무(受忍義務)를 규정함으로써 '당사자의 해명의무'를 강화하고 있고, 나아가 이러한 의무를 당사자뿐만 아니라 제3자에까지 확대하였다.

다만, 제3자에 대한 문서제출명령의 경우, 그에게 문서제출을 기대하기 어려운 사정이 있거나 그가 증언거부권을 가지는 경우에는 문서제출의무를 부담하지 않는 것으로 규정하여 제3자의 사익 보호와 균형을 맞추었다.

275) 이인석, 위 논문, 115쪽.

3) 증거조사 결과에 대한 토론[276)]

개정법 제279조 제3항에서는 증거조사 후에는 사실 및 쟁점, 그리고 증거결과에 대하여 토론이 되어야 함을 규정하였다. 당사자는 해명 및 설득작업, 정정 등을 통해 사실관계 확정에 영향을 미칠 수 있도록 증거조사결과에 대한 의견표명을 할 수 있는 기회를 부여받아야 한다. 법원은 증거결과에 대한 잠정적인 평가를 제시할 수는 있지만, 이미 종국적으로 확정된 것이라는 인상을 주어서는 안 된다.

개정법 제279조 제3항에 따른 사실 및 쟁점에 대한 새로운 토론은 변론의 중요한 경과로서 독일민사소송법 제160조 제2항에 따라 조서에 기재되어야만 하고, 만일 기재가 되지 않으면 절차의 하자가 있는 것이고 법적 청문권 침해에 해당한다.

4) 구술변론에 선행하는 필요적 화해변론[277)]

개정법 제278조에 의하면 법원은 절차가 어떠한 상태에 있든 간에 소송에 대한 또는 개개의 쟁점에 대한 화해적 해결을 모색하여야 한다. 소송의 화해적 해결을 목적으로 구술변론에 앞서 화해변론을 선행하되, 재판 외 화해기관에서 이미 합의시도가 있었거나 화해변론이 명백히 가망 없어 보이는 경우는 제외한다.

법원은 화해변론에서 당사자와 함께 모든 상황을 자유롭게 평가하여 사실 및 쟁점을 토론하여야 하고 필요한 경우 질문하여야 한다. 출석한 당사자에게는 이에 관하여 직접 청문의 기회가 부여되어야 한다. 화해변론 및 그 밖의 화해시도를 위하여 당사자 본인 출석을 명하여야 한다. 양 당사자가 화해변론에 출석하지 아니한 때에는, 절차의 중지를 명할 수 있다.

2. 독일 상소제도의 특징

(1) 개정이유

2002년 개정 민사소송법은 화해를 위한 변론의 선행, 법관의 실질적 소송지

276) 법원행정처, 외국사법제도연구(12), 267~268쪽.
277) 법원행정처, 외국사법제도연구(12), 279~280쪽.

휘, 단독판사 원칙 등을 통하여 제1심을 강화하고 분쟁에 대하여 사실상 법률상 폭넓게 다루어 제1심에서 분쟁을 종결시키려 하였으며, 제2심에서는 제1심 재판의 오류 통제와 제거를 목적으로 하고, 제3심에서는 법의 발전과 판례통일에 집중하도록 하였다. 이러한 개혁의 목표는 입법과정에서 실무계의 반대에 부딪쳐 상당부분 수정되기는 하였으나 그 기본적인 방향은 유지되었다.

독일 민사소송법은 우리 민사소송법과 마찬가지로 판결에 대한 상소수단(Rechts-mittelverfahren)으로 항소(Berufung)와 상고(Revision)를 두고 있고, 일정한 경우 항소와 상고를 제한하고 있는데, 개정법에서는 특히 항소심 절차에 큰 변화가 있었다.

우선 개정법은 항소가액을 1,500마르크에서 600유로로 내리고, 불복액이 항소가액 미만인 사건에 대해서도 근본적인 중요성이 있는 경우를 위하여 항소허가제를 둠으로써 항소가능성을 확대하였고, 항소심을 고등법원으로 단일화하려는 방안을 시범적으로 운용하려고 하였으며, 항소심에서도 단독판사제를 적극적으로 활용하였다.

다음으로, 항소심의 기능을 제1심을 반복하거나(覆審) 제1심을 계속하는 것(續審)에서 제1심 판결의 오류를 통제하고 발생된 오류를 제거하는 것으로 바꿈으로써 항소심을 속심에서 사후심적 성격이 가미된 제한적 속심으로 바꾸었다. 제1심 법원이 하자 없이 확정한 사실관계는 항소심 법원을 구속하되, 제1심 법원이 확정한 사실관계가 옳지 않거나 완전하지 않다고 항소심 법원이 의심할 만한 구체적 근거가 있는 경우에만 사실관계를 새로이 심리하고 확정할 수 있다. 제1심 법원에 의하여 각하된 공격방어방법은 원칙적으로 항소심에서도 제외되도록 하였고, 승소 가능성이나 근본적인 중요성이 없는 항소는 결정으로 기각하는 제도 등을 도입함으로써, 입법자는 법원의 실질적 소송지휘를 통하여 제1심을 강화함과 동시에 항소심에서는 1심에서 정당하게 배척된 공격방법방법의 배제규정을 강화하여 항소심의 신속한 처리를 의도하였다.

(2) 허가항소(Zulassungsberufung)와 항소가액[278)]의 인하(독일 민사소송법 제511조)

> 독일 민사소송법 제511조(항소의 적법성) ② 항소는 다음에 해당하는 경우에 한하여 적법하다.
> 1. 항소가액이 600유로를 넘거나, 2. 제1심 법원이 항소를 판결에서 허가한 때
> ④ 제1심 법원은 다음에 해당하는 경우에는 항소를 허가하여야 한다.
> 1. 법률사건이 근본적인 중요성을 가지거나 법의 형성 또는 판례의 통일에 항소법원의 재판이 필요하고, 2. 항소가액이 600유로 이하인 경우.
> 항소법원은 이 허가에 구속된다.

항소를 통하여 다투는 대상(Beschwerdegegenstand)의 가액이 600유로를 초과하거나 1심 법원이 판결에서 항소를 허가한 경우에만, 당사자는 항소를 제기할 수 있다. 이에 반하여 항소를 통하여 다투는 대상의 가액이 600유로를 초과하지 아니하고 1심 법원으로부터 판결에 대한 항소허가도 받지 못한 경우에는 당사자는 1심 판결에 불복하여 항소를 제기할 수 없다.

따라서 당사자가 항소를 통하여 다투는 대상의 가액이 600유로를 초과하지 아니하는 경우에 1심 판결에 대하여 항소를 제기하기 위해서는 그 1심 법원으로부터 항소허가를 받아야 하는데, 항소허가의 요건은 사건이 근본적 의미를 가지고 있거나 법의 발전 또는 판례의 통일성 보장을 위하여 필요한 경우이다. 항소허가요건을 충족하는 경우 1심 법원은 판결에서 항소를 허가하여야 하고, 항소법원은 1심 법원의 항소허가에 기속되게 된다.

(3) 항소이유와 항소이유의 제시(제513조, 제520조)

개정법은 제513조에서 명시적으로 항소이유를 제한하여 항소는 재판이 법률위반에 기인한 경우 또는 제529조(항소심의 심판범위)에 따라 기초가 된 사실이

---

278) 이는 소송물(Streitgegenstand)과는 다른 개념이다. 예를 들어 원고가 피고에 대하여 10,000유로의 대여금의 반환을 구하는 소송을 제기하여, 1심에서 피고에 대하여 9,500유로의 지급을 명하는 판결이 선고되었고, 원고가 위 판결에 불복하여 항소를 제기하고자 한다면, 비록 소송물 가액은 10,000유로로서 600유로를 초과한다 하더라도, 항소를 통하여 다투는 대상의 가액은 500유로에 불과하여 항소기준인 600유로에 미달하기 때문에, 위 1심판결에서 원고의 항소를 허가하지 아니한 이상, 원고는 항소를 제기할 수 없다.

다른 재판을 정당화시키는 경우에만 이를 이유로 제기할 수 있으며, 제1심 법원의 관할위반에 근거하여서는 항소를 제기할 수 없도록 하였다.

항소장에 항소이유가 기재되어 있지 아니한 경우에는 항소를 제기한 당사자가 서면으로 항소이유서를 항소법원에 제출하여야 하는데, 항소이유서는 1심 판결을 송달받은 날부터 2월 이내에 제출하여야 한다. 이때 항소인이 1심 판결을 송달받지 못하더라도 1심 판결 선고 후 5개월이 경과하면 항소이유서 제출기간이 개시된다.

다만, 항소이유서 제출기간은 당사자의 신청이 있고 상대방의 동의가 있으면 재판장이 연장할 수 있고, 설사 상대방의 동의가 없는 경우라도 재판장은 소송절차를 지연시키지 않는다고 판단하거나 또는 항소인이 상당한 이유를 제시한 경우에는 이 기간을 한 달까지 연장할 수 있다.

개정법에서는 항소인에게 항소장이나 항소이유서에 항소이유를 구체적으로 기재하도록 의무화하였는데, 이때 항소이유에는 항소취지, 1심 판결에서 중요한 법률위반이 있었다는 사정에 대한 주장, 1심 판결의 사실인정의 정확성과 완전성이 의심되어 새로운 사실인정이 필요한 이유가 되는 구체적 근거(Anhaltspunkt)의 제시, 새로운 공격방어방법과 항소심에서 새로운 공격방어방법의 제출이 허용되는 요건사실에 관한 주장이 포함되어 있어야 한다(제520조 제3항).

(4) 실질이 없는 항소의 각하 또는 기각(제522조)

> **독일 민사소송법 제522조(적법성 심사: 각하결정)** ① 항소법원은 항소 그 자체가 허용되는지 여부 및 그것이 법정형식 및 기간을 준수하여 제기되고 이유가 있는지 여부에 대하여 직권으로 심사하여야 한다. 이들 요건 중 하나라도 결여될 때는 항소는 부적법한 것으로 각하한다. 이 재판은 결정으로 할 수 있다. 이 결정에 대해서는 법률항고가 허용된다.
> ② 항소법원은 다음의 경우에 대하여 확신을 얻은 때는 전원일치 결정으로 항소를 지체 없이 기각한다.
> 1. 항소가 승소할 가능성이 없는 것일 것
> 2. 그 법률 사안이 근본적인 중요성을 가지지 않는 것
> 3. 법의 계속형성 또는 판례통일에 항소법원의 재판이 필요하지 않은 것
> 4. 구두변론이 요구되지 않는 경우
>
> 항소법원 또는 재판장은 항소기각을 의도하고 있는 것 및 그 이유를 미리 양 당사

> 자에게 지적하고 항소인이 일정기간 내에 의견을 제출할 기회를 부여하여야 한다. 제1문에 근거한 결정은 각하이유가 이미 제2문에 근거한 지적에 포함되어 있는 것이 아닌 한 이유를 제시하여야 한다.
> ③ 제2항 제1문에 근거한 결정에는 불복할 수 없다.

항소법원은 직권으로 항소가 허용되는지, 법률이 정한 방식에 따라 그리고 법률이 정한 기간 내에 항소가 제기되고 항소이유서가 제출되었는지를 검토한다.

위 요건의 하나라도 충족하지 못하는 경우에는 항소법원은 항소를 부적법 각하하고, 이 재판은 결정(Beschluss)으로 할 수 있다(제522조 제1항). 위 결정에 대하여는 법률항고(Rechtsbeschwerde: 2002년 민사소송법 개혁으로 독일 민사소송법 제574조가 새롭게 법률항고를 규정하게 되었는데, 법률항고는 연방일반법원이 주법원과 주상급법원의 결정에 대하여 제기되는 법률적 문제를 통일적으로 해결하기 위하여 법률에 명시적으로 허용되거나, 항고법원이나 항소법원 또는 고등법원이 1심인 결정에서 허가한 경우에 허용된다. 법률에 명시적으로 허용된 경우에도 법률항고를 제기하기 위해서는 사건이 근본적 의미를 가지고 있거나 법의 계속적 발전 또는 판례의 통일성 보장을 위하여 필요한 경우이어야 한다)가 허용된다.

개정법을 통해 수리거부결정(Zurueckweisungsbeschluss)제도가 도입되었는데, 항소법원은, 항소가 승소 가능성이 전혀 없고 법률문제가 근본적인 중요성을 가지지 아니하며 법의 형성발전 또는 판례의 통일성 보장을 위하여 항소심 판결이 반드시 필요한 경우가 아니라고 판단되는 경우에는, 전원일치의 결정으로 즉시 항소를 거부하여야 한다(동법 제522조 제2항). 이때 항소법원이나 재판장은 그 이전에 미리 항소거부의 의도와 그 이유를 항소인에게 지적하여 그 항소인에게 지정된 기간 내에 의견을 표명할 기회를 주어야 한다. 원칙적으로 수리거부결정문에는 이유를 기재하여야 하지만 위 지적 중에 거부의 이유가 이미 포함되어 있는 경우에는 결정문에 이유를 기재하지 아니할 수 있다. 위 결정에 대하여는 불복할 수 없는 것으로 동법 제522조 제3항에 규정되어 있지만, 연방일반법원(BGH)은 기각결정이 잘못된 경우에는 동법 제574조 제1항 제1호에 의해 법률항고가 가능하다고 판시하고 있다.[279] 또한 법적 청문권이 침해되었다면 제321a조의 청문권 침해에 대한 이의를 제기할 수 있을 것이다.

---

279) BGH, Beschl. v. 20. 6. 2006-Ⅵ ZB 75/05 (NJW 2006, 2910).

개정법은 위 제도를 통하여 명백하게 이유 없는 항소에 대해서는 구술변론이 행해질 필요가 없도록 하여 법관의 업무부담을 덜어줌으로써 구술변론이 필요한 사건에 시간과 노력을 집중할 수 있도록 하고자 한 것이었다.[280)]

(5) 항소심에서 단독판사에 의한 사건처리의 확대(제526조)

민사소송법 제522조 제1항이나 제2항에 의하여 항소가 결정으로 각하되거나 수리거부되지 아니하는 경우에는 항소법원은 사건을 단독판사에게 위탁할지 여부를 결정하고, 즉시 구술변론기일을 지정한다(제523조 제1항).

개정법은 제526조를 통해 항소심에서도 제1심에서와 마찬가지로 단독판사의 활용을 강화하였다. 당사자의 의사와는 관계없이 단독판사를 항소심 절차에 투입할 수 있게 한 것이다. 제526조에 의하면 항소법원은 사건을 합의부에 또는 단독판사에게 맡길 것인지를 자유롭게 판단할 수 있다.

제526조에 따라 항소법원이 부원을 단독판사로 정하여 사건을 맡길 수 있는 경우로는 원심재판이 단독판사에 의해 행해지고, 사건이 사실상 또는 법률상으로 특별히 어렵지 않으며, 법률문제가 근본적인 중요성을 가지지 아니하고, 주요기일(Haupttermin)에서 사건 실체에 대하여 변론을 하지 않은 때이다. 다만, 유보판결, 일부판결이나 중간판결이 행해진 경우에는 그러하지 아니하다(제526조 제1항). 사건이 단독판사에게 위탁되면 그 단독판사는 합의부와 재판장의 모든 기능을 수행한다.

한편, 단독판사는 사정이 크게 변경되어 담당한 사건을 처리함에 있어 사실상 또는 법률상 어려운 점이 생기거나 법률문제가 근본적인 중요성을 가지게 된 경우 또는 당사자가 합치하여 신청한 경우에는 항소법원에 사건을 회부하여 항소법원이 당해 사건을 맡을지 여부에 대해 판단할 수 있도록 하여야 한다. 전자의 두 경우에 그 요건이 갖추어진 때에는 항소법원이 사건을 맡는다. 이에 관하여 항소법원은 당사자의 의견을 들은 후 결정으로 판단하고, 단독판사에게 재위탁할 수는 없다(제526조 제2항).

항소사건이 제526조에 따라 단독판사에게 위탁되지 않은 경우에는 항소법원

280) 법원행정처, 외국사법제도연구(11), 170쪽.

은 단독판사로 하여 재판의 준비를 맡길 수 있고(제527조), 이때 단독판사는 제527조 제2~4항에 따라 일정한 범위에서 증거조사와 재판을 할 수 있다.

(6) 항소심의 심판범위 – 제1심의 사실인정에의 원칙적인 구속(제529조)

> **독일 민사소송법 제529조(항소법원의 심사범위)** ① 항소법원은 다음 사실을 그 심리 및 재판의 기초로 하여야 한다.
> 1. 제1심 법원에 의하여 확정된 사실, 다만 재판에 중요한 사실인정의 정당성 또는 완전성이 구체적인 근거에 의하여 의심되어지고 그로 인하여 새로운 사실인정이 요청되는 경우에는 그러하지 아니하다.
> 2. 참작하는 것이 적법한 한도에서 새로운 사실
>
> ② 직권으로 고려되지 않은 절차상의 하자에 대하여는 이것이 제520조 제3항에 따라 주장된 때에만 원심판결을 심사할 수 있다. 그 밖에 당사자가 주장하는 다른 항소이유에 대해서는 항소법원이 구속되지 아니한다.

이 부분은 개정법에서 항소심의 가장 중요한 변화로, 항소법원은 사실인정에 관하여 원칙적으로 1심 법원의 사실인정에 구속되게 됨으로써 민사소송법상 항소심의 구조가 1심과 같은 '사실심'에서 1심의 오류를 교정하는 '제한적 사실심'으로 개편된 것이다. 이에 따라 항소심은 재판에 중요한 사실확정에 대해 그 정당성과 완전성을 의심할 만한 구체적인 근거가 있는 경우에 한하여 제1심 법원이 행한 사실확정을 다시 심사할 수 있게 되었다. 다시 말해, 항소법원은 재판상 중요한 의미를 가지는 1심 법원의 사실인정에 관하여 정확성과 완전성을 의심할 구체적인 근거가 있어 새로운 사실인정이 필요하지 아니한 이상, 1심 법원이 인정한 사실만을 근거로 심판하여야 하고, 새로운 사실은 항소심에서 고려하는 것이 허용된 경우에만 이를 근거로 하여 심판할 수 있게 된 것이다(제529조 제1항). 이처럼 항소심에서 제1심 재판을 심사하는 경우를 잘못된 사실확정에 기초하여 재판을 한 경우로 한정한 것은 지금까지 항소심이 제1심 재판을 반복한다는 문제점을 염두에 둔 것이었다. 그 밖에 직권으로 고려하여야 하는 사항을 제외한 1심판결의 절차상 하자에 관하여는 항소법원은 항소인이 항소이유로 주장한 사항에 관하여만 심판할 수 있게 되었다(제529조 제2항). 이에 따라 항소법원은 재판상 중요한 의미를 가지는 1심 법원의 사실인정에 관하여 정확성과 완전성을 의심할 구체적인 근거가 있어 새로운 사실인정이 필요한 경우에는 항소인이 이를 항소이유로 주장하였는지 여부와 상관없이 직권으로 1심 법원이 인정한 사실과 다른 사실을 인정하고 그에 따라 심판을 할 수 있지만, 1심 판결의 절차상 하자에 관하여는 특별한 사정이 없는 한 항소인이 이를 항소이유로 주장한 경우에만 항소법원이 그에 대하여 심판할 수 있게 하였다.

한편, 법 개정의도와는 달리, 연방헌법재판소는 제529조 제1항 제1호와 관련하여 항소법원은 상이한 판단의 가능성이 있으면 의무적으로 증거조사를 다시 해야 한다고 판시하였다.[281] 연방일반법원은 제1심의 사실확정에 구속되는 범위와 관련하여, 제1심에서 확정된 사실관계에 항소심이 구속된다는 제529조 제1항 제1호의 규정에도 불구하고, 제1심의 사실확정에 절차적인 하자가 없더라도 항소심이 제1심의 판단에 확신이 서지 않는다면 사실확정을 새롭게 할 수 있다고 판시하였으며, 또한 연방일반최고법원은 항소심의 직권에 의한 사후심사 제한은 절차하자에 대해서만 적용되며 사실관계에 대해서는 사후심사를 제한해서는 안 된다고 판시하였다. 결국 당사자의 이의에 구속되는 것은 절차하자에 대한 항소이유와 관련하여서이며, 사실 확정에 대해서는 항소심이 제1심의 소송기록 내용 전체를 직권으로 조사할 수 있다는 것이다.[282]

(7) 항소심에서 새로운 공격방어방법의 제출 제한 강화(제531조)

> **독일 민사소송법 제531조(각하된 공격방어방법과 새로운 공격방어방법)** ① 제1심에서 적법하게 각하된 공격방어방법은 그 제출을 허용하지 않는다.
> ② 새로운 공격방어방법은 다음에 해당하는 경우에 한하여 제출이 허용된다.
> 1. 제1심 법원에서 명백히 빠뜨렸거나 또는 중요하지 않다고 간주된 관점에 관한 것일 때
> 2. 제1심의 절차적인 하자에 의하여 주장되지 않은 때
> 3. 제1심에서 주장되지 않은 것이 당사자의 과실에 의하지 않을 때
>
> 항소법원은 새로운 공격방어방법의 적법성을 나타내는 사실의 소명을 요구할 수 있다.

개정법 제531조에 의하면, 1심에서 정당하게 배척된 공격방어방법(당사자가 제

---

281) BVerfG(2. Kammer des Ersten Senats), Beschl. v. 12. 6. 2003-1 BvR 2285/02 (NJW 2003, 2524).

282) BGH, Urteil vom 12. 3. 2004-V ZR 257/03 (BGHZ 158, 269 = NJW 2004, 1876).

1심에서 자신에게 부과된 소송촉진의무를 다하지 않을 때에는 제296조 제1항과 제2항에 의해 실기한 공격방어방법으로서 각하된다)은 원칙적으로 항소심에서도 배제되고, 항소심에서 새로운 공격방어방법은, 1심 법원이 명백히 간과하거나 중요하지 아니한 것으로 받아들인 관점에 관련되거나, 1심 법원의 절차상 하자로 인하여 공격방어방법을 주장하지 못하거나, 1심 법원에서 당사자의 과실 없이 주장되지 아니한 것인 경우에만 그 제출이 허용되며, 당사자는 항소법원에 대하여 새로운 공격방어방법의 제출을 허용하는 요건의 존재를 소명하여야 한다.

법 개정이 이뤄지기 전까지는 구법 제528조 제1, 2항에 의하여 새로운 공격방어방법의 제출이 소송을 지연시키지 않거나, 당사자의 공격방어방법의 제출지연에 충분한 이유가 있을 때에는 당사자는 새로운 공격방어방법을 항소심에서 제출할 수 있었으나, 개정법 제531조 제2항 제1문 제3호에서는 제1심에서 제출되지 않은 까닭이 당사자의 과실에 기인하지 않는 경우에만 항소심에서 새로운 공격방어방법의 제출을 허용할 수 있게 함으로써 과거보다는 그 요건을 엄격하게 제한하였다.

즉, 부주의한 소송수행으로 인하여 제1심에서 제출하지 못한 것은 그것이 소송을 지연시키느냐에 관계없이 원칙적으로 더 이상 항소심에서 제출할 수 없다는 것이다. 이 점이 구법 제528조 제1, 2항과 다른 점이고, 이 규정으로써 입법자는 재판에 중요한 사실을 제1심에서 빠짐없이 제출하도록 한 것이다.

이와 같이 개정법은 항소심에서 새로운 공격방어방법의 제출을 엄격하게 제한함으로써 당사자가 1심에서 조기에 공격방어방법을 제출하도록 유도하고자 하였다.

Ⅳ. 독일의 상고제한 제도

1. 상고제도의 역사와 특징

독일의 상고제도는 13세기에 시작하여 1790년 파기원(Cour de cassation)이 설립됨으로써 완성된 프랑스의 파기제도(cassation)로부터 유래한 것으로 보고 있다. 이러한 파기제도를 모델로 제3심의 불복제도가 만들어진 것이다. 로마법 계

수 이래 독일에서는 Oberberufung(또는 Oberappellation: 상급항소)이 제3심에의 불복제도로 존재해 왔는데, 여기서는 새로운 사실자료와 증거 제출은 금지되었지만 사실의 평가(Tatsachenwürdigung)에 대한 사후심사는 가능하였다. 물론 모든 사건에 다 상급항소가 가능한 것은 아니었으며, 불복가액(Beschwerdesumme)이나 이전 판례와의 불일치(Nichtkonformität der vorausgehenden Urteile)를 요건으로 하여 제한을 가하였다.283)

그런데 프로이센에서는 이 제도가 독특하게 발전하여, 1822년 프로이센 소송법(Allgemeine Gerichtsordnung für die Preußischen Staaten, AGO)은 Oberberufung의 장에서 Revision이라고 표기하면서 상고심 판사는 불복에 대해 사실적 측면뿐 아니라 법 발견과 법 적용에 대해서도 완전히 자유롭게 판단할 수 있다고 밝혔다. 그리고 새로운 사실자료와 증거 제출은 금지되지만 많은 예외가 인정되기도 하였다(AGO 115 § 11).

독일에서 상고제도가 가지는 의미는 형사사건과 민사사건에서 서로 다르게 발전해 왔다. 형사재판의 경우 상고는 개별 사례의 구체적 정당성에 무게 중심을 둔 반면, 민사재판에서는 법률문제의 근본적인 중요성이나 판례의 통일을 더 중시해 왔다. 특히 민사상고제도의 목적이 법령적용해석의 통일에 놓여 있다는 것은 1961년의 민사소송법 개정준비위원회(Kommission zur Vorbereitung einer Reform der Zivilgerichtsbarkeit)의 보고서에도 분명히 나타나 있다. 이에 따르면, 상고제도는 법의 통일보장을 위한 불복방법(Revision als Rechtsmittel zur Bewahrung des Rechtseinheit)이 되어야 한다는 것이다. 그리하여 최고법원(Oberste Gerichte)은 법통일과 법의 지속적인 형성발전의 보루(Bastion der Rechtseinheit und Rechtsfortbildung)로 간주되었다.284)

일반적으로 형사사건에서 상고는 제1심 법원 판결의 정당성 보장에 그 목적이 놓여 있다고 보았기 때문에 상고를 제1심 법원 판결에 대해 인정되는 유일한 불복방법이라고 여겨 당사자 누구에게나 인정되어 왔다. 이에 비해 민사사건에서는 상고보다는 항소가 이러한 의미를 가져 모든 제1심 판결을 심사하는 역할

283) 이호원 · 정선주 · 전병서 · 김희균, 각국의 상고심제도 개선의 추진 배경 및 진행 과정 연구－독일, 프랑스, 일본을 중심으로, 법원행정처, 2014, 61쪽.

284) 이호원 · 정선주 · 전병서 · 김희균, 위 논문, 63쪽.

은 항소가 담당하였으며, 상고는 부가적인 불복방법이라고 인식되었다. 이에 따라 민사사건에서는 형사사건에서 보다 상고 제한이 쉬웠다. 민사상고는 처음부터 제한된 경우에만 상대적으로 인정되었으며, 이 제한은 점점 더 강화되어왔다. 상고제도에 대한 이러한 기본적인 입장 차이로 인해 상고제도의 개선 방향 또한 다르게 진행되었다. 형사재판에서는 상고제도의 개정 논의가 늘 법원의 업무 경감에 초점이 맞추어져 있었던 반면, 민사재판에서는 상고 제기 자체를 제한하려고 노력해 왔다.[285)]

형사재판의 경우, 법원의 업무 경감을 위해서 당사자의 상고 제기 자체를 제한할 수는 없다는 인식이 뿌리 깊게 자리 잡고 있었기 때문에 상고심제도의 개선 방향은 상고심을 고등법원으로 하거나 결정절차를 도입하거나 또는 상고절차를 간소화하는 데에 역점을 두었다. 또한 형사재판에서 상고는 피고인의 이익을 위해 그리고 개별 사건의 정당성 보장을 위해 제1심 법원의 판결을 통제하는 데 기여해야 한다고 보았기 때문에 최고법원의 판례에서는 사실심 법관의 사실 확정에 대한 이유 설시의 강도를 높이는 경향이 나타나기도 하였다. 이에 비해 민사재판에서는 처음부터 상고를 단지 하나의 부가적인 불복방법으로 인식하였기 때문에 모든 경우에서가 아니라 제한된 경우에 한하여 인정해 왔다. 당사자에게는 불복의 가능성을 한 번만 열어두는 것으로 충분하다고 보았으며, 항소제도가 그러한 역할을 담당하는 것으로 생각했다. 그리하여 민사재판에서는 최고법원의 업무 부담이 문제될 때마다 상고 제기를 제한함으로써 이 문제를 해결하려고 시도해 왔는데, 민사재판에서는 두 번의 사실심이 존재하기 때문에 이러한 해결방안이 충분히 고려될 수 있다고 여겼던 것이다.[286)]

2. 민사상고제한 제도의 발전

(1) 전심재판의 결과(Difformität)

우선 제1심과 제2심의 판결 결과가 상이한지에 따라 상고의 허용 여부를 결정하는 제도가 이용되어 왔는데, 이것이 Difformität이다. 이에 따르면 제1심과

---

285) 이호원 · 정선주 · 전병서 · 김희균, 위 논문, 64쪽.
286) 이호원 · 정선주 · 전병서 · 김희균, 위 논문, 64~65쪽.

제2심의 판결 결과가 일치하는 때에는 상고가 배제된다.

1877년 민사소송법 입법이유서에서 이 제도를 상고제한 방법으로 명시하였다. 제1심과 제2심 판결에서 모두 패소한 당사자는 무조건 그 결과에 승복하여야 한다는 것이었다. 이러한 상고제한 방법은 당사자의 입장에서도 쉽게 받아들일 수 있다고 보았다. 그러나 제1심과 제2심 재판의 일치가 재판 결과만의 일치를 의미하는지 아니면 판결 이유까지 일치해야 한다는 의미인지 불분명한 점 등 여러 문제를 안고 있는 제도였고, 이후 입법과정에서 Difformität 요건이 완화되어, 최종적으로는 두 심급의 판결이 일치해도 일정한 요건이 있으면 상고를 허용하는 방향으로 변경되었다.

(2) 가액상고제(Wertrevision)

상고를 제한하는 또 다른 방법으로는 불복가액(Wert der Beschwer)이나 불복대상가액(Wert des Beschwerdegegenstandes)에 따라 상고의 허용 여부를 결정하는 가액상고제도가 있다.

이 제도는 매우 오랜 기간 동안 상고제한 방법으로서 이용되어 왔다. 1877년의 민사소송법 시행 이후부터 상고심 법원의 업무 경감을 위한 방안으로서 이용되어 왔으며, 불복가액의 기준을 늘 상향 조정해 왔다.

2002년 개정법에서는 원칙적으로 가액상고제도가 폐지되었다고 밝혔지만 그 잔재가 존재하고 있었다. 개정법은 가액상고제도를 폐지하면서도 상고불허가에 대한 불복 사건이 제한 없이 제출되는 경우 연방대법원의 업무 부담이 과도하게 늘어날 것을 우려하였다. 그리하여 상고불허가에 대하여 불복을 제기할 수 있는 불복가액을 20,000유로로 제한하였다. 처음에는 2006년 12월 31일까지 한시적으로 이러한 제한이 적용되는 것으로 규정하였지만 그 적용기간이 계속 연장되어 2019년 12월 31일까지 연장되었다가[287] 민사소송법을 개정하여 2020년 1월 1일부터는 가액상고제를 법률로 다시 규정하였다.

가액상고제도를 상고 제한의 방법으로서 오랜 기간 동안 사용해 왔던 것은 그러한 제한에 대한 이론적인 근거가 있어서 그런 것은 아니고 실용성, 편의성 때문이었다. 불복가액을 기준으로 상고를 제한하게 되면 관할법원은 사건의 내용

287) Einführungsgesetz zur Zivilprozessordnung (EGZPO, 민사소송법 도입법) 제26조 8호.

에 대한 심사 없이 가액기준의 초과 여부에 따라 쉽게 상고의 적법 여부를 심사할 수 있기 때문에 큰 어려움 없이 상고 허가 여부를 결정할 수 있다. 그리고 입법자의 입장에서도 보다 융통성 있게 상고심으로의 접근 가능성을 조정할 수 있게 된다. 경제적 가치의 변화와 상고심 법원의 업무 현황을 고려하여 가액기준을 상향 조정하거나 하향 조정하면 되기 때문이다.[288)]

(3) 상고허가제(Zulassungsrevision)[289)]

상고를 제한하는 방법으로서 상고허가제가 처음 언급된 것은 1900년대 초반이었으나 거의 주목 받지 못하였고, 상고심으로의 접근을 제한하는 방법으로는 여전히 가액상고제도가 이용되어 불복가액 기준만 계속 상향 조정되었다. 그 결과 제1차 세계대전이 끝난 다음에는 인플레이션으로 불복가액이 1,000,000,000 마르크에 달하기도 하였다.

제1차 세계대전이 끝난 후 불복가액이 아닌 다른 기준으로 상고를 제한하는 방안이 혼인관계 사건에서 잠시 도입되어 항소심 법원은 근본적인 중요성이 있거나 제국법원이나 다른 최고법원의 판례와 상반되는 판결에 대해 상고를 허가할 수 있었다.

그러다가 1932년 시행령(Verordnung vom 14.6.1932)에 의해서 혼인관계 사건에서 상고허가가 정착되었으며, 상고사유로서 판례의 불일치는 제국법원의 판례에 대한 것으로 제한하였다.

이처럼 혼인관계 사건에 대해 상고허가의 방법으로 상고를 제한하는 데 대해서는 크게 논란이 되지 않았으며, 반대의 목소리도 거의 없었다. 그렇지만 상고허가제도는 여전히 예외적인 경우에 인정되는 것이었으며, 상고 제한의 방법은 불복가액에 의하는 것이 당시의 주된 흐름이었다.

상고제도에 결정적인 변화가 일어난 것은 제2차 세계대전 이후이다. 상고를 법의 통일과 사건의 근본적인 중요성이 인정되는 경우에 고등법원의 허가에 의해 가능하도록 규정하게 된 것이다.

우선 처음으로 영국점령지역에서 1947년 상고심 법원으로서 최고법원(Oberster

---

288) 이호원 · 정선주 · 전병서 · 김희균, 위 논문, 69쪽.
289) 이호원 · 정선주 · 전병서 · 김희균, 위 논문, 70~73쪽 참조.

Gerichtshof)이 설치되었으며, 상고는 항소심 판결에서 허가하거나 불복가액이 6,000마르크를 초과하는 사건에서만 가능하도록 하였다. 영국점령지역 내 최고법원 설치령(DVO) 제29조에 따르면, 상고는 법적 분쟁이 근본적인 중요성을 가지는 때 허가되는데, 반드시 최고법원의 판례와 상치되어야 한다. 그 밖에 상고가 항상 허용되는 것은 항소 또는 다른 권리구제방법이 부적법하거나 주법원이 전속적인 관할권을 가지는 경우에서였다. 상고허가제도를 규정한 제29조의 목적은 법의 통일을 유지하고 촉진시키기 위한 것이었다.

상고허가제가 서독 지역 전역으로 확대 적용된 것은 1949년 독일연방공화국이 건립된 이후이다. 1950년 "법의 통일을 위한 법률(Rechtsvereinheitlichungsgesetz)"에 의해 상고심 법원으로서 연방일반법원이 설치되었으며, 상고허가와 가액상고의 병행을 규정하였던 DVO(영국점령지역 내 최고법원 설치령) 제29조가 그대로 수용되어 상고허가와 가액상고에 의한 상고 제한이 서독 전 지역에 확대 적용되었다. 이 규정의 목적 또한 DVO 제29조와 마찬가지로 법의 통일을 유지하고 촉진시키는 데 있었다.

(4) 수리상고제(Annahmerevision)

라인 강의 기적과 함께 빠른 속도로 경제가 발전함에 따라 민사분쟁이 크게 늘어났고, 이에 따라 주상급법원 민사부의 수도 증가하였으나 연방일반법원의 민사부의 수도 늘려야 할지 문제가 되었다.

이러한 상황에서 1975년의 개정법(Gesetz zur Änderung des Rechts der Revision in Zivilsachen vom 8.7.1975)은 상고심 법원의 업무 경감을 꾀하고, 상고심의 판단을 받을 가치가 있는 사건을 보다 잘 선별하기 위해 상고제도를 대대적으로 새롭게 규정하였다. 개정법은 한편으로는 불복가액기준(Beschwerdewertgrenze)을 상회하는 사건의 경우 자유롭게 상고심 법원으로의 접근이 가능하며 법관에 의해 통제될 수 없도록 하면서도, 다른 한편으로는 불복가액기준을 충족시키지 못하는 사건과 비재산권상의 청구에 대해서는 항소심 법원의 허가에 의해서만 상고심으로의 접근이 가능하도록 하였다. 그리고 불복가액기준을 상회하는 사건의 경우에도 상고심 법원의 상고수리를 필요로 하도록 하였다(1975년 개정 민사소송법 제554조b). 이에 따라 연방대법원은 근본적인 중요성이 인정되지 않는 경우에는 상고수리를 거부할 수 있게 되었다. 그리고 불복가액의 기준도 40,000DM로 상향 조정하였다.

이러한 개정으로 상고심 법원으로의 접근 제한은 허가상고와 가액상고 및 수리상고의 결합에 의해 이루어지게 된 것이다.

그러나 이러한 수리상고제도는 그 판단 주체가 주상급법원에서 연방일반법원으로 넘어갔다는 의미밖에 없었으며 연방일반법원의 업무량이 감소될 것이라는 기대는 충족되지 못하였다. 오히려 접수되는 상고사건 수는 해마다 증가하였다.

3. 2002년 상고허가제도의 도입(민사상고)

이와 같은 문제점들을 해결하기 위하여 2002년 1월 1일 독일 민사소송법은 획기적인 변화를 추구하였는데, 그중 하나가 민사상고제도에 대한 개혁이었다. 이전에는 원칙적으로 가액에 따라 상고가 제한되었지만, 개정 후에는 가액과 상관없이 항소법원 또는 상고법원의 허가를 받아야 상고가 가능하게 된 것이다. 즉, 가액상고(Streitwertrevision) 제도가 허가상고(Zulassungrevision) 제도로 바뀌게 된 것이다.[290)]

결국 상고법원의 판단을 받기 위해서는 항소법원에서 상고를 허가받거나, 항소법원이 상고불허가결정을 한 경우 이에 대하여 항고를 하여 상고법원에서 상고를 허가받아야 한다. 개정법은 원칙적으로 항소법원이 판결에서 상고를 허가해야만 상고심의 판단을 받을 수 있도록 하면서, 대신 당사자의 권익을 침해한다는 비난으로부터 벗어나기 위해 보충적으로 상고불허가에 대한 항고제도를 도입한 것으로 해석된다.

이와 같이 항소법원으로부터 상고허가를 받으면 상고심 진입은 곧바로 가능하다. 상고허가는 항소법원이 항소심 판결에서 결정한다. 판결에 허가가 분명히

---

290) 독일 민사소송법 제543조(상고의 허가) ① 다음 각 호의 어느 하나에 해당하는 경우에만 상고할 수 있다.
1. 항소법원이 판결에서 상고를 허가한 경우
2. 상고법원이 상고불허가에 대한 항고사건에서 상고를 허가한 경우
② 다음 각 호의 어느 하나에 해당하는 경우에 상고를 허가하여야 한다.
1. 사건이 근본적인 의미가 있는 경우
2. 법의 계속적 발전이나 판례의 통일성 보장을 위하여 상고법원의 판단이 필요한 경우 상고법원은 항소법원의 상고허가결정에 기속된다.

언급된 경우에만 상고로 가는 길이 열린다. 언급이 없을 때는 제543조 제1항 제2호, 즉 상고불허가에 대한 항고(NZB27)를 통과해야만 상고가 가능해진다. 최소한 항소심 판결에서 어떠한 형태로든, 최소한 이유에서는 언급되어야 한다. 즉 항소심이 아무런 언급을 하지 않았다면, 허가는 없는 것이 된다.[291)]

항소법원으로부터 상고허가를 받지 못한 경우, 그 다음 택할 수 있는 길은 상고불허가에 대한 항고다.[292)] 개정법은 제544조를 두어 상고권 심사의 범위를 확정하는 일을 항소법원의 손에만 전적으로 맡겨 놓지 않았다. 이와 같은 제도를 두지 않는다면 상고법원이 판결의 개별적인 오류를 검토하는 일에서 완전 배제될 수도 있다. 항소법원이 항소심 판결을 하면서 심리 과정에서 고려해보았던 오류의 가능성을 원인으로 하여 스스로 상고재판을 허용하는 데에는 소극적일 수도 있기 때문이다.

개정법 시행 초기 위 규정에 따른 상고불허가에 대한 항고 사건이 폭주하고, 게다가 상고의 가액제한이 폐지된 결과 이전보다 더 많은 사건이 접수될 것이 우려되었다. 이에 민사소송법시행령 제26조 제8호를 두어 2006년 12월 31일까지 한시적으로 상고를 통하여 다투는 가액이 20,000유로를 초과하는 경우에만 상고불허가에 대한 항고를 허용하는 것으로 규정하였다. 위 시행령이 그 후 수차례 개정되어 위 제한 규정은 2019년 12월 31일까지 연장되었다가 2020.1.1. 민사소송법을 개정하여 위 조문을 반영하였다.[293)]

4. 형사상고

(1) 법률심(Rechtsinstanz)

독일 형사소송법상 형사판결에 대한 상소(Rechtsmittel)에는 항소(Berufung)와 상고(Revision)가 있다. 항소는 구법원(Amtsgericht)의 판결에 대하여 가능하고, 주법원(Landgericht) 소형사부(kleine Strafkammer)에서 사건에 대한 모든 사실적·법률적 측면에서 포괄적인 변론을 하게 된다. 그러나 상고는 법률심으로서 불복되는 판결 및 그 기초가 되는 절차에 대하여 법률적 하자가 있는지 여부의 관점에

---

291) BGHZ 20, 188, 189; 법원행정처, 외국사법제도연구(8), 163~164쪽(재인용).

292) 제544조(상고불허가에 대한 항고) ① 항소법원의 상고불허가에 대하여 항고할 수 있다(NZB).

293) 독일 민사소송법 제544조 제2항.

서만 심사한다.[294] 상고심법원은 유죄선언(Schuldspruch) 및 법률효과선언(Rechts-folgenausspruch)의 기초가 되는 사실관계의 해명을 위한 증거조사는 하지 않고, 사실심법원이 한 사실인정에 기속된다. 상고심법원은 이러한 사실인정이 법률상 하자 없이 이루어졌는지, 법률적 하자 없이 증거평가가 이루어졌는지, 인정된 사실관계가 유죄선언을 정당화하는지, 사실심법관이 양형에 있어 법률상 하자를 범하였는지 여부에 관하여 이에 상응하는 상고이유 주장에 따라 심사하게 된다. 상고심법원이 사건에 관하여 새로이 변론을 하지 않는 것은 사실이지만, '상고심법원은 증거조사를 하지 않는다'는 일반적인 표현은 정확하지 않다. 상고심법원은 상고의 적법요건, 소송요건의 존부, 절차적 상고이유에 관한 주장사실에 대하여 증거조사를 할 수 있고, 하여야만 하기 때문이다. 상고심법원은 경험법칙의 확인을 위해서도 증거조사를 할 수 있다.[295]

(2) 상고심법원(Revisionsgericht)

관할 상고심법원은 원심법원에 따라 정해진다. 구법원의 1심 판결에 대한 상고, 즉 제335조에 의한 비약적 상고(Sprungrevision)나, 주법원의 항소심 판결에 대하여는 주상급법원(Oberlandesgericht)이 이를 심판한다(법원조직법 제121조 제1항 제1호의 a목, b목, 형사소송법 제335조 제2항). 주법원 및 주상급법원의 1심 판결에 대하여는 원칙적으로 연방일반법원(Bundesgerichtshof)이 상고심법원이 된다(법원조직법 제135조 제1항. 법원조직법 제121조 제1항 제1호의c도 참조). 이를 표로 정리하면 다음과 같다.

1심	항소심	상고심
구법원 (형사단독판사, 제25조[296]) (참심법원, 제28조 이하)	주법원 (소형사부, 제74조 제3항)	주상급법원 (제121조 제1항 제1호)
주법원 (대형사부, 제74조 제1항, 제2항)	없음	연방일반법원 (제135조 제1항)
주상급법원 (형사부, 제120조 제1항, 제2항)	없음	연방일반법원 (제135조 제1항)

294) 독일 형사소송법 제337조 참조.
295) 법원행정처, 외국사법제도연구(8), 192쪽.

〈연방일반법원에 접수되는 상고사건수(민사)〉[297] [298]

연도	접수건수	연도	접수건수	연도	접수건수	연도	접수건수
2002	4595	2008	3230	2014	4158	2020	4644
2003	3888	2009	3192	2015	4377	2021	4933
2004	3633	2010	3179	2016	4545	2022	4837
2005	3233	2011	3357	2017	4127	2023	4157
2006	3319	2012	4238	2018	4088	2024	3105
2007	3404	2013	4348	2019	3776		

296) 이 표에서 인용된 조문은 모두 독일 법원조직법이다.

297) https://www.bundesgerichtshof.de/DE/Service/Statistik/statistik_node.html 참조.

298) 2002년부터는 상고불허가에 대한 항고사건 건수도 포함된다. 표에서의 접수건수는 허가상고와 상고불허가에 대한 항고사건을 합한 숫자이다.

제4절 프 랑 스

프랑스 사법제도는 국왕의 자문기관이 독자적인 행정재판기관의 역할을 담당하여온 역사적 전통과 구체제(ancien régime)하에서 절대군주제를 옹호하면서 국민들의 불신과 지탄의 대상이 되어 온 사법특권귀족을 혁파한 프랑스 혁명의 영향을 바탕으로 형성되었다. 그 결과 프랑스 사법권은 일반법원과 행정법원으로 이원화되어 있고, 사법권을 행사하는 사법관의 독립성과 중립성은 헌법과 법률에 따라 엄격하게 보장되고 있다.

프랑스는 사법부의 다양화를 위하여 정규직 사법관 이외에 다양한 임시직 사법관제도를 운영하고 있다. 일반 사법법원의 경우 정규직 사법관은 대개 국립사법관학교를 통하여 충원되지만, 임시직 사법관은 일정한 요건을 갖춘 자 중에서 선발하며, 특히 임시직 일반사법관은 소심법원이나 제1심 법원 배석판사의 업무부담 경감을 위하여 도입되었다.[299)]

Ⅰ. 프랑스 법원의 구조 및 심급제도

프랑스의 법원조직은 일반 민·형사사건을 관할하는 일반법원과 행정사건을 관할하는 행정법원으로 이원화되어 있다. 이 외에도 헌법재판을 담당하는 헌법위원회(Counseil Constitutionnel)와 대통령의 책임을 묻는 탄핵재판소(Haute Cour) 및 정부구성원의 형사상 책임을 묻는 공화국재판소(Cour de la justice de République) 등이 있다.

좁은 의미의 사법권은 최고법원(파기원, Cour de cassation)을 정점으로 민·형사사건을 담당하는 사법법원(Juridictions Judiciaires)과 국가참사원(Conseil d'État)을 정점으로 행정사건을 담당하는 행정법원(Juridictions Administratives)만을 의미한다고 할 수 있다.

299) 사법정책연구원, 각국의 법관다양화에 관한 연구, 2017, 153쪽.

1. 사법법원

(1) 최고법원(파기원, Cour de cassation)

3개의 민사재판부와 각 1개의 상사・경제재판부, 사회재판부 및 형사재판부 등 합계 6개의 재판부로 구성된다.

(2) 상소법원(Cour d'appel)

상소법원에는 민사・사회・상사・형사 등 사건의 분류에 따라 재판부가 구성되어 있으며, 통상 3인의 법관으로 구성된 재판부가 제1심 판결에 대한 상소사건을 처리한다. 한편 특별한 법률규정이 있거나 중요사건을 처리하는 경우, 예컨대 최고법원에서 파기환송된 사건을 처리하는 경우에는 상소법원장이 재판장이 되어 2개 부가 연합(audience solennelle)하여 개정한다.

한국과는 달리 프랑스의 항소심은 일원화되어 있어 대심법원(大審法院) 및 소심법원(小審法院)의 제1심 판결에 대한 불복은 모두 상소법원이 담당한다.[300)]

(3) 제1심 법원

1) 대심법원[301)](Tribunal[302)] de grande instance)

대심법원은 사건의 종류 또는 소송가액(소송가액 10,000유로 이하 사건은 소심법원이 관할한다)에 따라 다른 법원의 관할에 속하지 않는 민사 및 상사사건을 관할하였으며,[303)] 형사소송법이 규정하고 있는 다른 법원의 관할권을 침해하지 않는 범위 내에서 경죄(délits, 10년 이하의 징역형 또는 1,500유로를 초과하는 벌금형으로

---

300) 문병효, "법원조직에 관한 비교법적 고찰-독일 및 프랑스를 중심으로", 강원법학 제29권(2009), 238쪽.

301) 1심 법원이므로 지방법원으로 지칭할 수도 있겠지만, 1심의 역할을 하는 법원이 Tribunal de grande instance, Tribunal d'instance 두 종류이며, 가액에 따라 분류될 뿐이므로 대심법원, 소심법원으로 지칭하기로 한다.

302) 프랑스에서 법원을 의미하는 용어는 'Tribunal', 'Cour', 'Conseil' 등으로 매우 다양하다. 그중 'Tribunal'은 제1심법원을 의미하는 용어로 흔히 사용되는데, 이는 '로마시대에 평민의 이익을 옹호하는 책임을 맡은 행정관'을 뜻하는 라틴어 'tribunus'에서 유래한 것이다[사법연수원, 사법제도론(2012), 사법연수원, 186쪽].

303) 金邦贵 主编, 法国司法制度, 法律出版社, 2008, 128쪽.

처벌하는 범죄) 및 이와 분리될 수 없는 위경죄(違警罪, contraventions, 원칙적으로 1,500유로 이하, 누범인 경우에는 3,000유로 이하의 벌금형으로 처벌하는 범죄)[304] 사건 등을 관할하였다. 대심법원이 형사사건을 담당할 경우 이를 경죄법원(tribunal correctionnel)이라 한다.

2) 소심법원(Tribunal d'instance)

소심법원에는 합의부가 설치되어 있지 아니하며 단독판사가 모든 사건을 처리한다.

소심법원이 관할하는 민사사건에는 소송가액 10,000유로 이하의 채권, 동산 및 채무집행에 관련된 사건과 소송가액과 관계없이 일상생활과 밀접한 관련이 있는 사건(예를 들면, 급여압류청구 사건, 주택임대차 관련 임료청구 사건 등) 등이 있다. 그중 4000유로 이하 사건에 대해서는 소심법원이 종심법원이고, 4000유로 초과 사건은 1심 법원이었다.[305]

소심법원이 형사사건을 처리하는 경우 이를 경찰법원(Tribunal de police)이라고 하며, 경찰법원은 종래 5급 위경죄 사건을 관할하였는데, 아래와 같이 근린법원이 2017.7.1. 폐지되면서 모든 위경죄 사건을 관할하게 되었다.

3) 근린법원(Juridiction de proximité)

근린법원은 일상생활에서 발생하는 소액사건 분쟁을 신속하고 간이하게 처리하는 등 사법에의 접근을 용이하게 하기 위하여 2002년 설치되었던 법원이다.[306] 근린법원이 관할한 민사사건은 4,000유로 이하의 채권, 동산 및 채무집행에 관련된 사건 등이었고, 형사사건은 1－4급 위경죄 사건 등이었다.[307]

근린법원은 단독판사가 모든 사건을 처리하는데, 근린법원 판사(Juge de proximité)는 법률에 다른 정함이 없는 한 법률적 소양을 가진 일반시민 중에서 선발되는 비직업법관(Juge non professionnel)이다. 한편 근린법원은 2017.6.30.까

304) 프랑스 형법상 위경죄는 가장 경한 1급 위경죄부터 가장 중한 5급 위경죄까지 5단계로 세분화되어 있다[프랑스 형법 제131-1조, 제131-3조, 제131-4조, 제131-13조; 김형진 · 하민경, 정식재판청구제도 개선 방안에 관한 연구, 사법정책연구원(2016), 187쪽].

305) 金邦贵, 위 책, 131쪽.

306) 金邦贵, 위 책, 135쪽.

307) 사법연수원, 사법제도론(2012), 198쪽.

지 존속하다가 2017.7.1.부터 폐지되었으며, 근린법원이 담당하였던 민사사건은 소심법원으로, 형사사건은 경찰법원으로 각 관할이 이전되었다.[308)]

4) 사법법원(tribunal judiciaire)[309)]

2019년 개정법으로 대심법원과 소심법원은 하나로 통합되었으며, 경죄법원과 경찰법원은 사법법원 내 형사부로서 존재하며 여전히 구분되고 있다.

(4) 특별법원

1) 형사특별법원

a) 중죄법원(Cour d'assises)

중죄법원은 살인, 강도, 강간 등과 같은 중죄[310)]를 다루는 형사법원으로서 회기를 정하여 비상설로 운영되며, 고등법원 또는 지방법원 청사에서 재판이 열린다. 3인의 법관으로 구성되는 합의부에서 재판을 담당하며, 6인의 배심원(juré)이 재판에 참여한다. 중죄법원의 판결에 대한 항소는 파기원 형사부가 지정하는 다른 중죄법원이 담당하며, 이 경우 배심원의 수는 9인이 된다.[311)]

프랑스 중죄법원의 배심원은 제1심은 9명으로, 항소심은 12명으로 구성되어 있었으나, 2016년 법률 개정으로 제1심은 6명, 항소심은 9명으로 구성되는 것으로 변경되었다.

b) 소년중죄법원(Cour d'assises pour mineurs)

소년중죄법원은 16세 이상 18세 미만의 미성년자가 범한 중죄사건을 관할한다. 3명의 직업법관 중 2명의 배석판사는 보통 소년판사(Juge des enfants) 중에서

---

308) Ministère de la Justice, "Juridiction de proximité", http://www.justice.gouv.fr/organisation-de-la-justice-10031/lordre-judiciaire-10033/juridiction-de-proximite-19668.html (2017.6.1. 확인).

309) Un décret en date du 11 décembre 2019 (n° 2019-1333) et un décret du 20 décembre 2019 (n° 2019-1419).

310) 프랑스 형법상 중죄는 법정형 상한이 무기징역 또는 15년의 구금형(하한은 10년)에 해당하는 범죄를 말한다[김형진 · 하민경, 정식재판청구제도 개선 방안에 관한 연구, 사법정책연구원(2016), 187쪽]. 2019년 사법개혁 이후 중죄법원 관할 범죄 중 일부가 형사법원의 관할로 변경되었다(사법정책연구원, 프랑스 형사배심제에 관한 연구, 사법정책연구원(2023), 102쪽).

311) 프랑스 형사소송법(Code de procédure pénale) 제296조, 제297조.

지명되며, 재판절차는 비공개이다.

c) 소년법원(Tribunal pour enfants)

소년법원은 미성년자가 범한 5급 위경죄와 경죄 및 16세 미만자가 범한 중죄 사건을 관할하며, 소년판사와 2명의 일반인으로 구성된다.

2) 상사법원(Tribunal de commerce)

상사법원은 상사분쟁해결을 위한 특별법원으로서 프랑스에서 가장 오래된 법원 중 하나이다. 직업법관이 아닌 상인들에 의하여 선출된 일반인 법관(Juge consulaire, 5년 이상 상업활동에 종사한 30세 이상의 사람 중에 선출되며, 임기는 2년 또는 4년)이 재판부를 구성하여 사건을 처리한다.[312)]

상사법원은 상행위에 관한 소송, 상인간의 거래·약정·불공정경쟁 등에 따른 소송, 환어음·약속어음 사건, 상업재산의 매매·저당 등에 관한 사건 등을 관할한다.

3) 노사조정법원(Conseil des prud'hommes)

노사조정법원은 노사문제를 해결하는 특별위원회로서 사용자와 근로자에 의하여 각각 동수로 선출된 조정관(conseiller)들로 재판부를 구성한다. 재판부의 합의과정에서 결론이 나지 않는 경우에는 노사조정법원이 설치된 소심법원 판사가 재판장이 되어 조정관들과 함께 최종 판결을 위한 합의를 한다.

4) 농촌임대차조정법원(Tribunal paritaire des baux ruraux)

농촌임대차조정법원은 농지 및 농업 관련 건물의 소유자와 임차인 간에 발생한 분쟁을 해결하는 특별법원이다. 소심법원 판사 1인 및 선출된 임대인 대표와 임차인 대표 각 2인으로 구성되는 5인 재판부가 사건을 담당한다. 비상설로 운영되며 통상 소심법원 소재지에 설치된다.

5) 사회보장법원(Tribunal des affaires de sécurité sociale)

사회보장법원은 사회보험 가입자와 운영자 간의 분쟁을 해결하는 특별법원

---

312) 金邦贵, 위 책, 144~145쪽.

이다.

현직 대심법원 판사 또는 은퇴한 판사 1인을 재판장으로 하여 근로자 대표 1인 및 사용자나 자영업자 대표 1인을 배석판사로 하여 재판부를 구성한다.

앞서 설명한 프랑스 일반 사법법원의 구성을 요약하면 아래 그림과 같다.

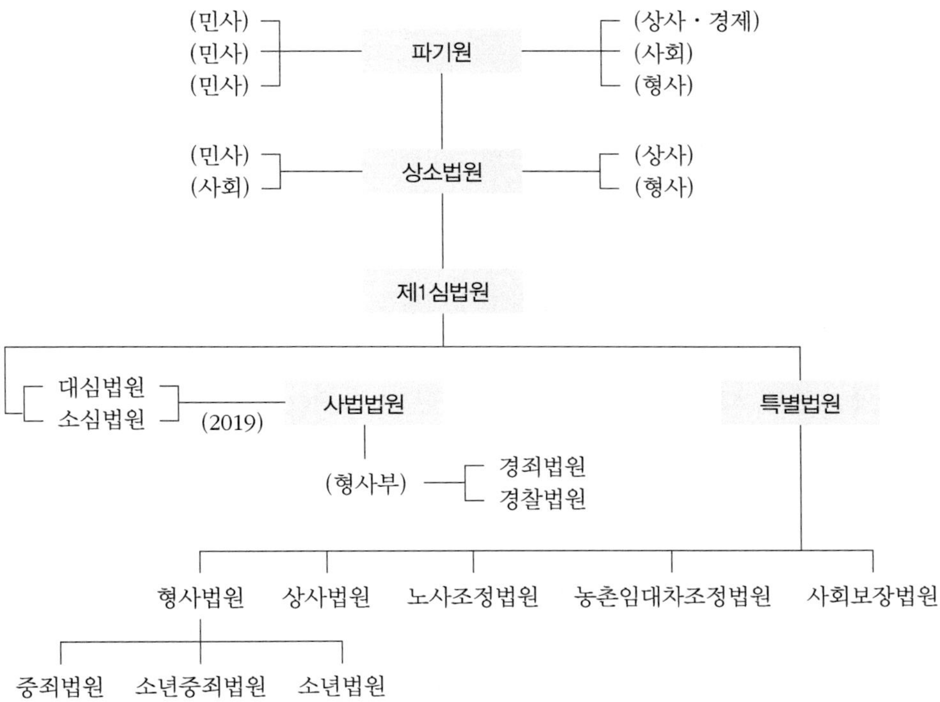

2. 행정법원

(1) 국가참사원(Conseil d'État)

국가참사원의 권한은 크게 자문권한과 소송권한으로 구분된다. 국가참사원의 자문권한은 정부의 조언자(conseiller du gouvernment)로서 법률사항, 행정입법 및 개별행정행위와 관련된 정부의 자문에 대하여 의견을 표명하는 것으로, 정부는 대체로 국가참사원의 의견을 존중한다.

국가참사원의 소송권한은 행정사건을 처리하는 것으로, ① 법이 정하는 특별한 사건에 대한 제1심 겸 최종심, ② 지방행정법원의 선거사건 판결 및 특별행정법원의 판결에 대한 상소심, ③ 행정상소법원 판결에 대한 상소심을 담당한다.

국가참사원의 원장은 총리이지만, 선임법관인 부원장(vice-président)이 실질적으로 원장의 역할을 수행하며, 부장 6인, 최고행정위원,[313] 중급행정위원, 보통행정위원 등 약 230명으로 구성되고, 5개의 행정담당부와 1개의 소송담당부가 설치되어 있다.

(2) 행정상소법원(Cour administrative d'appel)

행정상소법원은 1987년 창설되었으며, 지방행정법원의 판결에 대하여 국가참사원이 제2심으로 관할하는 사건을 제외한 나머지 사건에 대한 상소심을 담당하면서, 동시에 관할지방행정청에 대한 자문역할도 수행한다.

행정상소법원장은 국가참사원 최고행정위원을 겸하며, 각 행정상소법원에는 3～4개의 부가 설치되어 있고, 재판장 및 4인의 위원이 재판부를 구성한다.[314] 프랑스에는 현재 8개의 행정상소법원이 설치되어 있다.

(3) 지방행정법원(Tribunal administratif)

지방행정법원은 종래 도지사 자문위원회에 연원을 두고 1953년 창설된 제1심 행정법원으로서, 다른 법원의 관할에 속하지 아니하는 모든 행정사건을 담당하면서, 동시에 관할 지방행정청에 대한 자문역할도 수행한다.

지방행정법원은 2～5개의 도를 묶어 관할하는데, 각 법원에는 1～17개의 재판부가 있으며, 각 부는 원칙적으로 1인의 재판장과 2인의 위원으로 구성된다. 현재 42개의 지방행정법원이 설치되어 있다.

(4) 특별행정법원(Juridictions spécialisées)

프랑스에는 일반행정법원 이외에 다양한 특별행정법원이 존재한다. 여기에는

313) 국가참사원의 행정위원은 구 국립행정학교(Ecole National de l'administration, 현재 국립공공서비스연구소(Institut national du service public, INSP)) 졸업자들로서, 국가참사원에 임용되어 정년으로 퇴직할 때까지 근무하는 것이 일반적이다. 따라서 국가참사원 행정위원들은 청년부터 노년까지 고른 연령분포를 보인다[조기열, "프랑스 사법제도 등", 해외사법자료(2012), 17쪽].

314) 이우영 외 공저, "법조일원화와 평생법관제 정착을 위한 제도적 기반 연구"[내부용역보고서], 법원행정처(2014), 62쪽.

회계감사법원(Cour des comptes), 예산재정규율법원(Cour de discipline budgétaire et financière), 은행감독위원회(Commission de contrôle des banques), 사회부조중앙위원회(Commission centrale d'aide sociale), 의사규율위원회(Conseil national de l'ordre des médicins) 등이 있다.

Ⅱ. 프랑스 법관임용제도 및 법조인양성제도

1. 프랑스 법관임용제도

프랑스의 사법권은 일반법원과 행정법원으로 나뉘는데 일반사법법원은 국립사법관학교 출신의, 행정법원은 구 국립행정학교 출신의 사법관으로 구성된다. 판사와 검사는 단일한 조직을 구성하고 판사, 검사 직역을 서로 옮길 수 있다. 일반법원의 사법관이 되는 길은 두 가지가 있는데, 국립사법관학교의 입학, 졸업을 통한 것(대부분 국립사법관학교를 거쳐 사법관이 된다)과 변호사 등의 전문경력을 바탕으로 사법관에 임용되는 것이다. 국립사법관학교를 입학하기 위해서는 대학(법과대학에 한정하지 않음)에서 4년의 교육을 받은 후 국립사법관학교 입학시험에 합격하여야 한다. 입학시험에 합격하면 사법연수생의 지위를 갖게 되고 국가로부터 월급을 받으면서 31개월간의 교육을 받게 된다. 이외에도 공무원 등을 대상으로 하는 입학시험도 있으며 학위는 요구하지 않고 직업경력만 검증되면 된다(국립사법관학교에서 20% 정도의 비율을 차지한다).

프랑스에서 사법관은 사법기관에 소속되어 국가나 법의 이름으로 정의를 구현하는 직업을 행하는 사람을 지칭한다. 프랑스에서 사법관이라 하면 일반적으로 일반사법법원의 사법관을 의미한다. 일반사법법원 사법관에는 '앉아 있는 사법관(Magistrat du siege)'으로 불리는 판사(Juge)와 '서 있는 사법관(Magistrat du parquet)'으로 불리는 검사(Procureur)가 있는데, 이들은 헌법에 따라 사법권 행사의 주체이자, 개인의 자유 수호자로서 활동하며 이를 위해서 신분의 독립성을 보장받는다.

(1) 선발방식의 종류

일반사법법원 사법관 선발방식에는 '국립사법관학교(École Nationale de la Magistrature, ENM)를 통한 선발'과 '우회선발(Recrutement latéral)'이 있다.

국립사법관학교를 통한 선발에는 입학시험을 거쳐 국립사법관학교에 입학하는 '시험선발(Recrutement sur concours)'과 입학시험 없이 일정한 자격과 심사를 통하여 국립사법관학교에 입학하는 '자격선발(Recrutement sur titres)'이 있다.

우회선발은 국립사법관학교를 통하지 않고 사법관을 충원하는 방식인데, 국립사법관학교에서의 힘든 과정을 거친 사법관시보들의 자리를 잠식하는 것으로 인식되어 법원 내부에서 크게 환영받지 못하다가, 사법관 결원이 발생한 경우 결원을 탄력적으로 충원할 수 있다는 장점 때문에 다시 주목받기 시작하였다. 우회선발에는 '정규직 사법관 편입(Intégration à titre définitif)'과 '임시직 사법관 편입(Intégration à titre temporaire)'이 있다.

(2) 국립사법관학교를 통한 선발

1) 입학조건

국립사법관학교의 입학조건은 사법관의 지위에 관한 조직법률[315)]의 내용을 가지는 1958.12.22. 법률명령[316)](Ordonnance n° 58-1270 du 1958.12.22. portant loi organique relative au statut de la magistrature, 이하 '1958.12.22. 법률명령'이라 한다) 제16조에서 규정하고 있는 사법관이 되기 위한 조건[317)]과 동일하다.

315) '조직법률(Loi organique)'은 의회가 제정하는 법률 중 헌법에서 특히 조직법률로 규정하도록 요구하는 사항(대개의 경우 공권력의 조직이나 기능에 관한 사항)을 규율한다. 조직법률은 헌법과 보통법률(Loi ordinaire)의 사이에 위치하는 규범력을 가진다[전학선, "프랑스의 법령체계 및 법치주의에 관한 연구", 공법학연구 제12권 제1호(2011), 211쪽].

316) '오르도낭스 또는 법률명령(Ordonnance)'은 법률과 행정입법의 중간에 위치하는 법규범으로서, 의회의 입법영역에 속하는 사항을 정부가 의회의 위임에 의거하여 제정하는 명령이다[전학선, "프랑스의 법령체계 및 법치주의에 관한 연구", 공법학연구 제12권 제1호(2011), 211쪽].

317) 구체적으로는, ① 바깔로레아(baccalauréat)에 합격하여 4년제 대학 학위(반드시 법학 관련 전공일 필요는 없다) 또는 이와 동등한 학위를 소지하고 있을 것(제1호), ② 프랑스 국민일 것(제2호), ③ 시민으로서의 권리에 제한이 있어서는 안 되며 선량한 도덕성을 갖춘 자일 것(제3호), ④ 사법관의 업무수행에 적합한 신체적 조건을 갖추고 있어야 하며, 장기간의 요양을 요하는 어떠한 증상도 없을 것(제5호) 등이다.

국립사법관학교의 선발방식은 앞서 설명한 바와 같이 시험선발 및 일정한 자격과 심사에 의한 자격선발이 있다. 2015년에 임용된 총 263명의 사법관 중 국립사법관학교 졸업자가 204명, 우회선발 방식에 의한 임용자가 59명으로서, 사법관 임용은 대부분 국립사법관학교를 통하여 이루어진다.

2) 시험선발

국립사법관학교 입학시험은 3종류가 있고, 3종류의 시험 모두 해마다 시행되는데 누구든지 3회까지만 응시할 수 있다. 국립사법관학교에 관한 1972.5.4. 명령(Décret n° 72-355 du 4 mai 1972 relatif à l'Ecole nationale de la magistrature)은 각 시험의 연령제한을 정하고 있다.

a) 제1시험(학생용)

제1시험은 학생들을 대상으로 하는 시험이다. 일반 학생들은 대학에서 4년의 교육과정을 이수한 후 입학시험을 거쳐 국립사법관학교에 입학할 수 있다. 제1시험은 국립사법관학교 입학자들 가운데 가장 많은 수의 입학생을 선발하는 시험으로서 시험실시 연도 1월 1일을 기준으로 연령제한은 31세 이하이다(1972.5.4. 명령 제17조).[318]

b) 제2시험(공무원용)

제2시험은 공무원들을 대상으로 하는 시험이다. 시험실시 연도 1월 1일을 기준으로 국가・지방자치단체・공공기관 등에서 4년 이상 근무한 경력을 가진 자가 응시할 수 있다. 연령제한은 40세 이하이다(1972.5.4. 명령 제21조, 제22조).

c) 제3시험

제3시험은 전문직에 종사하였거나 지방의회 또는 비직업법관으로 근무한 자가 응시할 수 있다. 근무경력은 합산하여 8년 이상이어야 하며, 연령제한은 40세 이하이다. 국립사법관학교 입학시험 가운데 가장 적은 수의 합격자를 선발하는 시험으로서 매년 10명 내외를 선발하고 있다(1972.5.4. 명령 제32-1조, 제32-2조).

---

318) ENM, “Devenir Magistrat”, http://www.enm.justice.fr/?q=devenir-magistrat-etudiants; https://www.legifrance.gouv.fr/affichTexte.do?cidTexte=LEGITEXT000006061934&dateTexte=20110622

(3) 자격선발

자격선발은 입학시험 없이 승진심사위원회(La commission d'avancement)의 심사를 통하여 국립사법관학교에 입학할 수 있도록 하는 제도이다.

프랑스는 사법관 승진의 공정성을 기하기 위하여 승진심사위원회를 두고 있다. 승진심사위원회는 파기원 제1재판장(le premier president de la Cour de cassation)을 위원장으로 하여, 검찰총장(le procureur general de la Cour de cassation), 법무부 사법감찰실장(L'inspecteur general des services judiciaires), 법무부 사법국장(le directeur charge des services judiciaires), 파기원 고위사법관(Magistrat hors hierarchie de la Cour de cassation) 2명, 항소법원장 2명, 검사장 2명, 1급 사법관 7명, 2급 사법관 3명 등으로 구성된다. 이들의 임기는 3년으로 연임은 불가능하다. 승진심사위원회 소속의 사법관은 승진심사위원회에 관여하는 기간 동안 승진이 불가능하며 고위사법관으로의 승진도 불가능하다.[319]

1958.12.22. 법률명령 제18조-1에 규정된 자격선발의 구체적 자격요건은 ① 사법적 기능을 수행할 수 있는 자질이 인정되는 법률·경제·인문학·사회과학 분야에서 4년간 활동한 경력이 있는 자로서 법률관련 학과에서 최소 4년간 교육을 받았음을 증명하는 학위 또는 국사원령(décret en Conseil d'État)에 의하여 이와 동등한 학위로 인정되는 학위를 소지한 자, ② 법학박사이면서 다른 분야의 고등학위(diplôme d'études supérieures)를 소지한 자, ③ 법학박사이거나 대학시험 합격 이후 5년 이상의 법학전공 및 2년간의 실무경험을 갖춘 자(juriste assistant)로서 3년 이상 실무에 종사한 자, ④ 변호사로서 3년 이상 실무에 종사한 자로서 법률관련 학과에서 최소 5년간 교육을 받았음을 증명하는 학위 또는 국사원령에 의하여 이와 동등한 학위로 인정되는 학위를 소지한 자, ⑤ 고등교육기관(établissement public d'enseignement supérieur)에서 3년 이상 교육 또는 연구 업무에 종사한 자로서 법률관련 학과에서 최소 5년간 교육을 받았음을 증명하는 학위 또는 국사원령에 의하여 이와 동등한 학위로 인정되는 학위를 소지한 자 등이다.[320] 모든 지원자는 전형이 실시되는 연도의 1월 1일을 기준으로 27세 이상

---

319) 전학선, "프랑스의 사법관 선발의 다양성과 지위", 세계헌법연구 제15권 제3호(2009), 406쪽.
320) Ministère de la Justice, "Le recrutement hors concours des magistrats", http://www.

40세 이하이어야 한다.

자격선발방식에 의한 선발인원은 2007.3.5. 사법관의 선발, 교육, 책임에 관한 조직법률(Loi organique n° 2007-287 du 5 mars 2007 relative au recrutement, à la formation et à la responsabilite des magistats)에 따라 시험선발 인원의 1/3을 초과할 수 없다.

2. 법조인양성제도-변호사

프랑스의 법조인양성제도의 특징은 사법관양성제도와 변호사양성제도를 완전히 분리하여 운영한다는 것이다.

프랑스에서 변호사가 되기 위해서는 법학교육 4년차 학위 또는 법에 의해 동등학위로 인정되는 학위 소지자가 변호사연수원 입학시험에 응시하여 1차 필기시험과 2차 구술시험을 통과하여야 한다. 변호사연수원은 각 상소법원 단위로 설치되며 변호사협회에서 관리하고 있다. 연수생은 국가로부터 급여를 받지 않고 오히려 등록금을 부담하며 준공무원적 지위는 없다. 법학박사의 경우에는 변호사연수원 입학시험이 면제되며, 사법관 자격을 가진 사람 같은 전문가 그룹은 입학시험과 졸업시험까지 면제되어 지방변호사회의 승인을 받아 변호사등록을 할 수 있다.

연수과정은 1년 6개월 동안 이루어지는데 기본공통연수 6개월, 개별연수 6개월, 실무연수 6개월이다. 기본공통연수는 변호사윤리, 서면 작성 등 이론연수로 이루어져 있고, 개별연수는 연수생이 개별적으로 자신의 연수 장소를 찾아야 하며 그 개별연수내용은 연수원의 승인을 받아야 한다. 실무연수는 변호사사무실에서의 실습을 의미하며 지도변호사의 참여하에 의뢰인 면담, 변론기일 참석, 서면 작성 등 실무를 배우게 된다.

연수과정을 마친 후 연수원 졸업시험에 해당하는 변호사 자격시험에 응시한다. 선발시험이 아닌 검증시험으로 대부분 연수생이 합격한다. 시험은 필기시험과 구술시험으로 구성되며 불합격하는 경우 18개월의 연수를 다시 받고 시험에 응시하여야 한다.

---

metiers.justice.gouv.fr/magistrat-12581/postuler-sinscrire-aux-concours-12586/le-recrutement-horsconcours-des-magistrats-26261.html

변호사 자격시험에 합격하면 변호사로 등록할 수 있으며 등록할 지방변호사회는 임의로 선택할 수 있다.

Ⅲ. 프랑스 민사 1심 운영형태 및 상소심의 특징

프랑스의 민사 1심과 2심은 모두 사실심으로서 특별한 차이가 존재하지 않는다. 1심과 2심 모두 변론 전 변론준비절차를 거치게 되고 이 변론준비절차에서 쟁점의 정리, 증거의 교환 등 대부분의 소송절차가 이루어지게 된다. 변론은 형식적으로 이루어지며 실질적 의미의 구두변론이 이루어진다고 보기는 어렵다. 프랑스의 1심과 2심은 모두 재판의 효율적 진행에 초점이 맞추어져 있으며, 앞서 본 미국, 영국, 독일의 2심처럼 법령해석의 통일을 기하거나 중요한 법률적 의미가 있는 경우에 이루어진다거나 하는 특징을 갖고 있지는 아니하다. 이러한 점에서는 3심도 비슷하다고 할 수 있다.

1. 민사 1심 운영형태

(1) 1975년 신 민사소송법(nouveau code de procédure civile)의 특색

1806년 제정되어 시행되었던 구 민사소송법은 당사자주의의 특색이 강하여 실무상 구술 위주로 소송이 진행되었다. 이러한 구술주의는 소송절차의 장기화를 초래하였고, 이에 따라 소송비용을 과다하게 지출하는 폐단이 나타나게 되었다.

이러한 문제점을 극복하기 위하여 1975년 신 민사소송법을 제정하였고, 신법은 과거 민사소송법의 당사자주의적 요소를 완화하고 구술주의를 벗어나 서면절차를 도입하였다. 즉, 변론에 앞서 변론준비절차를 두었고 변론준비절차에서 증거조사 등의 권한을 전적으로 부여 받은 변론준비판사(juge de la mise en état) 제도를 신설하였다.[321]

변론준비절차를 통하여 당사자와 법관의 의견 교환을 활성화하고 법원과 당사자의 적극적 협력에 의한 절차의 진행을 도모하였다. 소송절차를 변론준비절차와 변론절차로 준별하여 증거조사와 절차상 다툼은 변론준비법관에게 맡기고,

---

321) 법원행정처, 외국사법제도연구(8), 363쪽.

실체에 관한 판단은 그 사건을 배당받은 재판부가 변론절차를 거쳐 처리하도록 하였다. 그렇다고 하여 모든 사건이 변론준비절차를 반드시 거쳐야 하는 것은 아니고 사건에 따라 바로 변론절차에 회부할 수도 있도록 하였다.

(2) 재판부 구성

사법조직법 L. 311－6에 따라 지방법원은 3명의 법관으로 구성된 합의체로 재판한다. 3명의 법관은 다수결의 원칙에 따라 합의한 후 결정한다.

어떤 사건이 재판장의 결정으로 단독사건으로 되었다 하더라도, 당사자의 신청이 있으면 합의부로 이송하게 되며 단독판사가 직권으로 이송 결정을 할 수도 있다. 그러나 합의제 원칙이 거의 예외적으로 적용될 뿐이며 모든 사건에 관하여 법원장의 결정에 의하여 단독판사가 재판할 수도 있고, 일정한 사건에 관하여 법률이 정한 바에 따라 단독판사가 재판할 수 있다.

(3) 소의 제기

프랑스에서는 일반적으로 소환장(une assignation, 프랑스 민사소송법 제55조)의 송달과 법원에의 소송계류(la saisine du tribunal)라는 두 단계를 걸쳐 소의 제기가 이루어진다. 즉 먼저 원고(le demandeur)는 피고(le defendeur)가 될 사람을 지목하여 그에게 청구가 제기되어지는 법원(동법 제56조 제1항 제1호), 이유가 설시된 청구의 목적(동법 제56조 제1항 제2호, l'objet de la demande), 원고의 변호사 선임(la constitution de l'avocat de demandeur)에 관한 사항(법 제752조 제1호), 출정기간(le delai dans lequel le defendeur est tenu de constituer avocat)의 적시(법 제752조 제2호)와 불출정(non－comparution)에 대한 제재에 관한 내용(법 제56조 제1항 제3호) 등을 반드시 기재하여야 하고 이 소환장은 집행관을 통하여 피고에게 송달된다. 원고는 15일 내에 변호사를 선임하여 법원에 출두하여야 하고, 4개월 내에 사건목록에 등재(la mise au rôle)하여야 하는데, 사건목록 등재 시로부터 소송진행상태가 된다. 피고도 소환장을 받은 날로부터 15일 내에 변호사를 선임하여야 하고, 이러한 내용을 사건목록에 등재하도록 할 수 있다. 이러한 상태가 되면 법원장은 재판부에 사건을 배당하고 변론기일을 지정한다(동법 제758조).

(4) 협의기일(l'audience d'appel des causes) 운영

사건이 목록에 등재되면, 법원장은 협의기일(conférence du président)을 지정하고, 협의기일에 재판장은 출석한 변호사와 함께 사건처리 방향에 관하여 협의하고, 소송서류가 전달된다(동법 제759조). 협의기일에서 향후 소송의 향방을 정한다. 즉 피고가 출석하지 않은 경우에는 다시 기일을 통지하거나, 사전절차의 종결을 선언하고 사건의 성격과 난이도에 따라 변론절차(l'audience)에 바로 회부할 것인지, 아니면 준비절차(la mise en état)에 회부할 것인지 정해진다. 이 협의야 말로 앞으로 어떤 절차에 의하여 당해 민사소송을 처리할 것인가를 정하는 것으로 매우 중요하며 그 결과에 따라서 사건은 직접 변론에 회부하거나(une simple revoi a l'audience, 실무가들은 이 경우를 단기순환 circuit court이라고 한다) 통상적으로 인정되는 방법 즉 변론준비절차를 진행하는 판사 즉 변론준비법관(le juge de la mise en etat)의 통제 하에서 변론준비절차가 진행되는(실무가들은 이 경우를 장기순환 circuit long이라고 한다) 것이다.[322)]

(5) 소송절차: 단기순환(le circuit "court")과 장기순환(le circuit "long")

1) 단기순환

사건이 실체 판단이 가능할 정도로 성숙된 경우 협의기일에서 최종적 준비서면과 증거의 교환을 거치도록 하거나, 바로 (경우에 따라 같은 날) 변론기일을 지정한다.[323)]

2) 장기순환: 변론준비절차

변론준비절차는 모든 민사소송을 판결이 선고될 수 있는 상태로 두기 위하여 각종 소송행위나 형식적 절차들이 점진적으로 이행되는 기간을 의미한다. 제1심법원과 상소법원에만 특유한 제도로서, 재판부 구성원 중 1명이 변론준비절차를 명 받은 법관(이하 '변론준비법관'이라 함, 대심법원에서는 juge de la mise en état, 상소법원에서는 conseiller de la mise en état라고 부름)으로 지정되어 절차를 진행한다.

---

322) 윤홍근, 프랑스 민사소송에 있어서의 준비절차에 대하여, 재판자료 66집, 1994.
323) 법원행정처, 외국사법제도연구(12), 365쪽.

준비판사는 준비서면과 증거의 제출기간 준수 여부를 감독하거나 소송대리인과 연락하여 필요한 사항의 명령, 사건목록 등재 철회 명령, 준비절차일정 지정, 합의사항의 승인, 출석명령, 당사자에게 이해관계인의 소송참가신청을 하도록 명령, 증거의 전달, 취득, 제출 명령, 특히 소송절차에 관한 이의신청, 이송신청, 소송절차를 종료시키는 신청에 관한 결정(그 신청사유가 사후에 발생하지 않는 한 추후에 신청을 할 수 없음), 집행보전을 위한 압류·담보권설정을 제외한 임시적 보전처분 등 소송절차에 관한 신청에 관하여 결정하고, 취하, 화해 등 소송의 실효, 종료확인 등의 권한을 가지는 등 사건진행에 있어 광범위한 권한을 가진다(동법 제785조, 제788조, 제789조 참조).

기판력이 없는 결정으로 재판하며(단, 소송절차상 이의에 관한 결정이나 소송절차를 종료시키는 신청에 관한 결정은 예외) 변론준비판사의 결정은 별도로 불복할 수 없으며, 변론을 거친 후 내려진 판결과 함께 상소로 불복할 수 있을 뿐이다. 단, 소송절차를 종료시키는 결정에 대해서는 바로 불복할 수 있다.

변론준비절차가 종결되면 더 이상 공격방어방법을 제출할 수 없고, 변론준비절차 종결결정은 중대한 사유가 있을 때에 한하여 직권으로 또는 당사자의 신청에 의하여 취소하고 변론준비절차를 재개할 수 있다. 단지 변호사가 선임되었다는 이유만으로는 재개사유가 되지 아니한다(동법 제802조 제1항). 변론기일이 진행된 후에는 재판부의 결정으로 변론준비절차를 재개할 수 있다.

(6) 변 론

재판장이 지명한 법관에 의하여 분쟁의 해결에 관한 의견을 담지 않은 서면보고서가 변론 전에 현출되고, 그 다음에 변론은 간단한 의견 제시의 형태로 전개된다. 그 후 재판장이 지명한 법관은 당사자가 이의하지 않는 한 혼자서 변론기일을 진행할 수 있다.

실무상 구술변론 시간이 점차 감소하고 있으며, 준비절차 종결 후에는 공격방어방법 제출이 차단되어 준비절차 중요성이 커지고 있다.

(7) 특정기일절차(la procédure à jour fixe)

긴급함이 소명되면, 법원장은 특정기일에 판결을 하기 위하여 당사자를 소환하는 것을 허가할 수 있는데, 특정기일절차 신청 시 긴급한 이유를 밝히고, 증거를 제시하여야 한다.

2. 프랑스 항소제도의 특징

(1) 개 설

원칙적으로 제1심 재판에 대한 항소사건은 모두 상소법원이 관할한다. 민사사건에서는 소송물 가액이 4,000유로를 초과하는 경우에 항소할 수 있으며, 형사사건 중 경죄사건에 대하여는 모두 항소가 가능하나 위경죄의 경우 제4급 위경죄 이상의 벌금이 부과되는 사건에 대해서만 항소할 수 있다.

상소법원의 재판부(chambre)는 민사부 · 형사부 · 상사부 · 사회부로 구성되며, 사법법원의 민사재판에 대한 항소사건은 민사부에서, 경죄법원과 경찰법원의 형사재판에 대한 항소사건은 형사부에서, 상사법원의 재판에 대한 항소사건은 상사부에서, 노사조정법원 · 농촌임대차조정법원 · 사회보장법원의 재판에 대한 항소사건은 사회부에서 각각 처리한다.

한편, 중죄(crime. 10년을 초과하는 징역형 또는 무기징역형으로 처벌할 수 있는 범죄) 사건을 처리하는 중죄법원은 상소법원장이 회기를 정하여 개정하며 그 재판장은 상소법원의 부장판사 또는 판사가 맡게 되는데, 그 중죄법원의 판결에 대한 상소는 파기원 형사부가 지정한 다른 중죄법원에서 관할한다(단, 배심원은 6명에서 9명으로 증가).

상소법원에서는 법정에서 사실심리를 하고 판결(arrêt)을 선고한다. 법률에서 특별히 규정하고 있는 경우 또는 중요한 사건을 처리할 경우, 예컨대 파기원에서 파기환송된 사건을 처리할 경우에는 상소법원장의 주재 하에 2개의 부가 연합하여 개정한다(audience solenelle).

(2) 항소방법

당사자는, 반대규정이 있는 경우를 제외하고, 소송대리인을 선임해야 한다(민사소송법 제899조). 항소는 상소법원 서기과에 일방적 신고서 또는 공동신청서(declaration ou requête conjointe)를 제출함으로써 이루어진다(동법 제901조, 제

926조).

(3) 변론준비절차에서의 사건 심리

1) 변론준비법관의 지정

소송대리가 의무적인 사건에서, 긴급하여 짧은 기간이 정해지거나(민사소송법 제905조), 위급하여 특정 날짜가 지정되는 경우(민사소송법 제917조2 이하)를 제외하고, 변론준비법관(conseiller de la mise en état)에 의한 심리가 이루어진다. 변론준비법관은 상소사건이 배당된 재판부에 소속되어 있는데, 변론준비법관의 역할은 1명 또는 여러 명의 판사에 의해 수행될 수 있다(사법의 조직과 운영에 관한 법률 R.312-6조 제1항). 동일한 재판부에 여러 명의 변론준비법관이 있을 경우 재판장이 변론준비법관들에게 사건을 배당한다. 변론준비법관은 항소인 또는 상대방에게 준비서면 또는 증거방법 교환을 위해 주어진 기간이 만료된 때로부터 15일 이내에 기록을 검토한다(민사소송법 제912조).

2) 항소이유서 및 부대상소, 준비서면의 제출

항소가 제기되면, 서기는 상대방에게 소송대리인을 선임하라는 통지서를 송달한다. 통지서가 반송되거나, 상대방이 통지서를 수령한 때부터 1달 이내에 소송대리인을 선임하지 않을 경우, 서기는 항소인의 소송대리인에게 항소이유서(signification de la déclartion d'appel) 제출을 통해 절차를 진행하라고 통지한다. 항소인은 항소제기일로부터 3개월 내에 항소이유서를 제출하여야 한다(동법 제908조).

상대방이 소송대리인을 선임한 경우, 상대방의 소송대리인은 항소인의 소송대리인에게 통지하고, 서기에게 소송위임장 사본 1부를 제출한다(동법 제903조). 항소이유서는 서기에게 제출되어야 하는 기간 내에 상대방의 소송대리인에게 송달되어야 한다.

피상소인은 항소이유서를 송달받은 때로부터 2달 이내에 준비서면 또는 필요한 경우 부대항소(appel incident)를 제기할 수 있다(동법 제909조). 피항소인은 제1심의 소송자료를 포함하여 모든 증거자료를 준비서면과 함께 송달해야 한다.

3) 변론준비법관에 의한 사건 검토

a) 준비서면의 새로운 교환을 필요로 하지 않는 사건

변론준비법관은 변론준비절차의 종결일자 및 변론기일을 지정한다(동법 제912조 제2항). 변론준비법관은 준비서면의 새로운 교환이 필요 없다고 판단할 경우 변론준비절차의 종결을 선언할 수 있다(동법 제912조).

b) 준비서면의 새로운 교환을 필요로 하는 사건

변론준비법관은 준비서면의 새로운 교환이 필요한 사건이라고 판단할 경우 변론기일 지정을 위해 쌍방 대리인의 의견을 들어야 하고 그 후 변론기일을 지정한다.

4) 변론준비법관의 재판

변론준비법관의 지정은 항소심 법원장의 재판 권한을 종료시킨다. 다만 제1심 판결에 기한 가집행 정지 결정, 집행 판사에 의해 이루어진 재판의 집행 정지 결정 등에 관하여는 항소심 법원장만이 재판 권한을 가진다.

그러나 변론준비법관은 어떤 경우에도 심급제도를 위반할 수 없다. 제1심 판결을 취소 또는 변경하는 권한은 항소심 법원만이 가진다.

변론준비법관은 변론준비절차의 종결에 대하여 배타적 권한을 가진다(동법 제907조, 제771조 제1항).

5) 변론준비법관의 결정에 대한 불복

변론준비법관의 결정에 대하여는 사건에 대한 최종 실체 판결 전에 독립하여 불복할 수 없다(동법 제916조 제1항). 그러나 변론준비법관의 결정이 소송을 종결시키는 효과를 가지는 경우 항소의 부적법성 또는 항소의 실효를 선언하는 경우, 민사소송법 제909조, 제910조의 적용에 의하여 준비서면을 받아들일 수 없다고 선언하는 경우 등에는 변론준비법관의 결정에 대하여 불복할 수 있다(동법 제916조 제2항). 불복기간은 수명법관의 결정이 송달된 때로부터 15일 이내이다. 상소심 법원은 먼저 변론준비법관의 결정에 대한 불복에 대해 재판하고, 향후 변론을 거쳐 그 사건의 판결을 한다.

6) 증거자료의 교환

대심의 원칙상 상대방에게 사건과 관련된 주장 및 증거를 알려주어야 한다.

증거자료의 교환은 종결 전에, 상대방이 인식하기에 충분한 유예기간 내에 이루어져야 한다. 민사소송법 제906조는 증거자료는 준비서면의 송달과 동시에 교환될 것을 요한다. 2009년 12월 9일 décret 이전에는 항소심에서 새로이 제출된 증거방법만이 교환되었다. 제1심 변론 과정에서 이미 제출된 증거방법을 다시 교환할 것은 요구되지 않았고, 다만 모든 당사자는 그것을 요구할 수 있었으나, 이 규정은 2009.12.9. décret에 의해서 폐지되었다. 변론주의 원칙을 존중한다는 취지하에, 제1심에서 이미 교환되었는지, 아니면 항소심에서 새로이 수집되었는지 여부를 불문하고, 모든 증거방법은 자발적으로 교환되어야 한다.

7) 변론준비절차 종결 결정의 선언

변론준비절차 종결 결정은 변론준비법관에 의해 서명된다. 변론준비절차 종결 결정은 이유를 기재하지 않고 불복의 대상도 아니다. 변론준비절차 종결 결정 사본을 소송대리인에게 송달한다. 변론준비절차 종결 결정은 당사자 일방이 부여된 기간 내에 의무를 이행하지 않을 경우에 대한 제재로서 이루어지기도 한다.

8) 변론준비절차 종결 결정의 효과

변론준비절차 종결 결정은 사건을 변론으로 돌려보낸다. 변론준비절차 종결 결정 이후에는 어떠한 준비서면도 제출될 수 없고 어떠한 증거방법도 변론에 현출될 수 없다.

9) 변론준비절차 종결 결정의 취소

변론준비절차 종결 결정은 그 후 중대한 사유가 발생한 경우 취소될 수 있다. 구체적으로는, 변론준비절차 종결 결정 이후에 일어나거나, 당사자에게 알려진 사건에 관한 것이다. 변론준비법관은 변론준비절차 종결 결정의 취소를 정당화시키는 중대한 이유의 존부에 관해 판단한다. 민사소송법 제784조는 변론준비절차 종결 결정의 취소 결정에는 이유를 명시해야 한다고 규정한다. 예를 들어, 변론준비절차 종결 결정의 취소 이유를 구성하는 것은 새로운 서류의 작성(la production de documents nouveaux), 준비서면 내의 기본적인 오류, 새로운 법률의 즉각적인 시행, 법률 조력 서비스의 부재 등이다.

(4) 변론의 진행

1) 변론의 개시

항소심 사건은 수명법관에 의해 지정된 기일에 변론에 상정된다. 전통적으로, 변론은 재판장의 선언에 의해 개시된다. 변론이 개시됨으로써 수명법관의 지정은 종료된다. 변론은 공개되어야 한다.

2) 구술쟁점정리(le rapport oral)

재판장 또는 재판장에 의해 지정된 판사(주로 변론준비법관)는 항소취지, 당사자의 주장, 소송에서 제기된 법적, 사실적 문제를 명시하고, 변론에서 밝혀야 할 고유한 요소들을 언급해야 한다.

3) 당사자의 변론

당사자는 구술 변론 권리를 가지지만, 구술 변론 권리는 순전히 상징적이다. 재판장은 재판부가 충분히 사건을 파악했다고 판단할 경우 변론 또는 당사자의 주장을 중단시킬 수 있다(민사소송법 제440조 제3항). 이러한 재판장의 재량권 행사에 대해서는 어떠한 불복도 허용되지 않는다.

Ⅳ. 프랑스의 상고제도 개선

프랑스의 상고심 제도 개선은 미국, 영국, 독일 등과는 다른 모습을 보이고 있다. 미국과 영국은 사법제도의 변천사를 볼 때 처음부터 최고법원에의 상고를 폭넓게 인정하지 않았다. 사실심이 배심재판으로 이루어짐으로 인하여 배심재판의 특성상 사실심을 한 번 더 하기는 어려웠다. 결국 상소심은 1심에서 인정한 사실을 기초로 하여 법률심 위주로 이루어질 수밖에 없었다. 한편 독일은 처음에는 최고법원에 대한 상소에 특별한 제한이 없었다. 그러나 최고법원에 대한 상소사건이 폭주함에 따라 최고법원의 법령해석 통일의 기능을 회복하기 위하여 최고법원에 대한 상소에 제한을 가할 수밖에 없었고, 이러한 개혁방향은 2심에 대하여도 마찬가지였다. 즉, 미국, 영국, 독일 등 나라들은 정도의 차이가 있지만 모두 상고되는 사건을 제한함으로써 최고법원의 사건부담을 경감하고 있다. 그러나 프랑스는 이와는 달리 재판부의 구성이나 심리방식, 판결방식을 효율적으로 변화시킴으로써 상고사건을 처리하고자 하였다. 이러한 차이로 인하여 프랑스에 대하여는 상고제한 제도를 논하기보다는 최고법원의 구성과 운영방식의 개선에 대하여 살펴보는 것이 더 적절해 보인다.

1. 최고법원의 성격과 연혁

최고법원의 가장 중요한 임무는 법 해석의 통일성을 확보하는 것이고, 최고법원의 심리 대상은 민사소송법 제604조 및 형사소송법 제567조에 의하여 엄격하게 제한된다.[324] 즉 최고법원은 상고 대상 판결의 사실 인정 부분은 전혀 검토하지 않으며 그 재판 절차나 판결 이유에 대한 적법성만을 검토한다. '법원의 법원', 또는 '당사자의 법률 위반은 사실심 법원의 관할, 판사의 법률 위반은 법률심(최고법원)의 관할'이라는 등의 표현은 최고법원의 이러한 성격을 잘 보여 준다고 하겠다.[325]

이러한 최고법원의 강한 법률심적 성격은 그 연혁에서 유래된 것이다. 최고법원은 당초 프랑스혁명 전 구시대에 존재하던 법률위원회(le Conseil des parties)에서 유래하는 것인데, 법률위원회는 왕의 자문회의(le Conseil du Roi)의 한 부(une section)로서 당시의 최고법원(Parlement) 판결에 대한 불복심사권을 가지고 있었다. 법률위원회는 프랑스 혁명으로 폐지되었다가 1790년 11월 27일자 및 12월

324) Nouveau Code de procédure civile(민사소송법) 제604조
Le pourvoi en cassation tend à faire censurer par la Cour de cassation la non conformité du jugement qu'il attaque aux règles de droit.
Code de procédure pénal(형사소송법) 제567조
Les arrêts de la chambre de l'instruction et les arrêts des jugements rendus en dernier resort en matière criminelle, correctionnelle ou de police peuvent être annulés en cas de violation de la loi sur pourvoi formé par le ministère public ou par la partie à laquelle il est fait grief, suivant les distinctions qui vont être établies.

325) 법원행정처, 외국사법제도연구(8), 326쪽.

1일자 법률에 의하여 파기법원(le Tribunal de cassation)이라는 명칭으로 부활되었다. 당시 혁명에 의하여 주권이 국민에게 이양되었으므로 국민의 대표인 입법부의 감독을 받아야 한다고 생각하였고 이에 따라 입법부에 부설되어 일반 법원 판결의 법률 적용을 감독하고 법률 위반의 판결인 경우에는 원심법원으로 환송하여 다시 재판하도록 하는 역할을 하였다. 당시 원심법원은 파기법원의 결정에 기속되지 아니하였고, 따라서 당초의 결정을 그대로 고집하는 것이 가능하였다. 그러나 원심이 파기법원의 결정을 따르지 않아 원심의 파기가 무제한 반복된다면 문제가 영구히 해결되지 아니할 것이므로 원심법원이 3회에 걸쳐 원심결정을 고집할 경우 사건은 의무적으로 입법부에 송부되어 최종적으로 입법부의 해석에 따르도록 하였다. 이후 1804년 5월 28일 제1제국 상원결의에 의하여 파기법원은 파기원(la Cour de cassation)이라는 명칭으로 개칭되었으며, 1836년 입법부에 대한 송부절차가 폐지되고, 동일한 이유로 2회 파기된 경우에는 원심법원이 파기원(최고법원)의 결정에 기속되게 되면서 파기원은 비로소 최고법원으로서 적극적인 역할을 수행할 수 있게 되었다.[326]

2. 최고법원의 구성방식

(1) 각 부 및 구성원들[327]

최고법원에는 총 6개의 재판국(Chambre)이 설치되어 있는바, 그중 5개 재판국은 민사사건(3개 민사, 1개 상사 · 경제, 1개 사회)을 담당하고, 1개 재판국은 형사사건을 담당한다. 각 재판국에는 1명의 재판국장(président de chambre)[328]과 1명의 선임 최고법원 판사(Doyen de la chambre),[329] 1～3명의 섹션[330] 선임판사(Doyens de section), 최고법원 판사(Conseillers),[331] 재판연구관(Conseillers référendaires),[332]

---

326) 법원행정처, 외국사법제도연구(8), 327쪽.

327) https://www.courdecassation.fr/institution_1/presentation_2845/membres_cour_cassation_30991.html, 사법조직법(Code de l'organisation judiciaire) 제R421-3조.

328) 재판국장은 최고사법관 회의의 제청을 받아 대통령이 임명하며, 주로 파기원 판사 또는 파기원 검사 중에서 선발된다고 한다. 재판국장이라 하여 그 표결권에 더 우세한 것은 없고, 합의기일에도 주로 마지막에 발언하기 때문에 거의 사건의 결론이 난 다음인 경우가 많다고 한다.

329) 동급 판사들 사이의 서열은 철저하게 파기원에 임명된 순서에 따른다.

330) 한 개의 재판국에 1～3개의 섹션이 존재한다.

331) 파기원 판사 역시 최고사법관회의의 제청에 의하여 대통령이 임명한다. 원래 100명 내외였으나

심의관(auditeur),[333] 검사장(Premier avocat general), 최고법원 검사(Avocats généraux), 서기(greffier)가 배치되어 있다.

(2) 합의체의 구성

1) 통상 재판부

각 재판국의 장은 재판국으로 배당된 사건의 배당규칙을 결정하며, 해당 재판국에 소속된 최고법원 판사의 숫자 및 사건 수 등을 고려하여 재판국을 몇 개의 section으로 나눈다. 통상은 각 section이 하나의 부로서 사건을 처리하며, 각 부의 재판은 재판국장 또는 해당 section에서 가장 선임인 최고법원 판사가 진행한다. 특별히 중요한 사건의 경우에는 해당 재판국 소속 판사 전부가 참여하는 합의부(formation plénière)를 구성하여 심리한다.

통상 재판부의 경우 변론 및 합의기일에 참석하는 법관의 숫자는 최소한 5명 이상이어야 하며, 만약 어떠한 사유로 인하여 참여할 최고법원 판사의 숫자가 모자라는 경우에는 재판 연구관(conseillers référendaires)이 선임 순서에 따라 2명까지 참석할 수 있다.

2) 사건심사부(formation restreinte)

사건심사부는 사법조직법 제L431-1조에 근거하며, 3인의 판사로 구성되어 배당된 사건을 심사한 뒤 해당 사건이 적법한 상고 대상이 아니거나 그 비슷한 사유로 수리할 수 없는 경우나 명백히 근거 없는 상고(les pourvois irrécevables ou manifestement in-fondés)인 경우 수리불가능(non-admission)을 선고하는 판결을 한다. 최고법원장 또는 해당 재판국장은 배당된 사건이 사건심사부를 거치지 아니하고 바로 통상 절차에 따라 처리되도록 결정할 수 있으며, 재판국에 따라

최근 인원이 갑자기 늘어 현재 200명 조금 넘는 판사들이 있다. (https://www.courdecassation.fr/la-cour/lorganisation-de-la-cour-de-cassation/les-magistrats-du-siege)

332) 재판연구관은 파기원 판사로 임명될 정도의 경력이 되지 아니하는 판사들 중에서 선발되며, 10년의 임기를 가진다. 현재 70명 조금 넘게 있다. 통상은 소속된 재판국 사건에 대한 연구 업무를 수행할 뿐 표결권이 없지만, 주심판사(rapporteur)로서 참여한 사건에 한하여는 합의에 참여하여 표결권을 행사한다(사법조직법 제L431-3조).

333) 주로 연구 업무와 판결 정리, 편찬 등 행정적 업무에 종사하며, 충원합의부가 열릴 경우에는 해당 주심법관을 도와 보고서 작성의 보조 업무 등을 수행하며, 1급 또는 2급에 해당한다.

실무상 다소의 차이가 있다. 사건을 사건심사부를 통하여 처리할 것인지 일반 재판부를 통하여 처리할 것인지를 결정하는 결정적인 역할을 하는 것은 사실상 주심판사이며, 사건심사부 기일에서 주심판사는 구두로 보고를 마칠 수 있으나 실무상 이 경우에도 상소의 개요와 보고 요지를 적은 보고서를 작성하며 당사자가 이를 열람할 수 있도록 하고 있다고 한다.[334)]

3) **연합부**(la chambre mixte)

상고사건의 쟁점이 여러 개 재판국의 업무에 연관되어 있는 경우, 또는 이러한 문제를 그대로 각 부마다 판결할 경우 판결내용에 상호모순이 생길 우려가 있는 경우에는 사건을 연합부에 회부한다. 연합부의 판결에 권위를 부여하고, 2개 재판국 사이에 의견이 대립되어 결론을 내리지 못하는 것을 방지하기 위하여 연합부 구성에는 적어도 3개의 부가 참여하여야 한다. 따라서 연합부에는 최고법원장, 해당 재판국장(3명), 해당 재판국의 최선임 최고법원 판사(3명), 최고법원장의 명령에 의하여 각 재판국에서 지명한 각 2명의 판사(6명)가 참여하므로, 최소한의 구성원은 13명이 된다.[335)] 연합부의 재판은 최고법원장 또는 최선임 재판국장이 이를 지휘하며, 최고법원 검사장은 그 자신이 직접 하거나 최고법원 차장검사 또는 최고법원 검사를 통하여 연합부의 법정에서 의견진술(parole)을 한다.[336)]

4) **전원합의부**(l'Assemblee plénière)

최고법원이 1차로 파기이송한 사건에 대하여 제1차 파기이송법원이 최고법원의 파기이유와 반대의 결론을 냄으로써 1차 상고이유와 동일한 이유로 2차 상고가 제기된 경우 또는 어떤 사건에 중대한 원칙적인 문제점을 내포하고 있기 때문에 그로 인하여 사실심 법원들 사이에 혹은 사실심 법원과 최고법원 사이에 판결내용에 관하여 상호모순이 생길 우려가 있는 경우에는 이 사건을 전원합의부로 이송할 수 있다. 전원합의부에는 최고법원장, 전체 재판국장(6명), 각 재판국 최선임 최고법원 판사(6명), 최고법원장의 명령에 의하여 각 재판국에서 지명

---

334) 법원행정처, 외국사법제도연구(8), 329~330쪽.

335) 사법조직법 L421-4조.

336) 법원행정처, 외국사법제도연구(8), 330쪽.

한 2명의 최고법원 판사(12명) 등 합계 25명이 참석하며, 위 구성원들에게 유고가 있을 경우에는 최고법원장에 의하여 지명된 다른 최고법원 판사가 대신하며, 최고법원장에게 유고가 있으면 그를 대리하는 재판국장이 대신한다.

최고법원장(또는 최선임 재판국장)이 재판을 주재하며, 전원합의부의 구성원 중 제1차 상고사건을 파기한 재판국에 속하지 아니한 최고법원 판사가 최고법원장에 의해 주심법관으로 지명되어 변론기일에 보고(rapport)를 한다. 최고법원 검사장은 그 자신이 직접 하거나 최고법원 차장검사 또는 최고법원 검사를 통하여 법정에서 의견진술(parole)을 한다.

전원합의부의 판결은 파기이송법원에 대하여 당해사건의 쟁점에 관하여 기속력을 가지며, 이 점에서 연합부를 포함한 다른 모든 판결과 구별된다.

3. 최고법원의 사건 진행 절차[337)]

(1) 상고의 제기

상고를 제기하고자 하는 자는 불복할 판결을 송달받은 뒤 2달 내에 최고법원 서기국에 상고장(déclaration)을 제출하여야 한다. 당사자들은 법률에 특별한 규정이 있는 경우를 제외하고는 반드시 파기원 전속변호사(avocat à la Cour de cassation)를 선임하여야 한다.

(2) 사전 준비절차

최고법원의 서기는 지체 없이 상고장 부본을 피상고인에게 발송하는데, 이때 피상고인이 응소하기 위하여는 최고법원 독점변호사를 선임하여야 한다는 안내문을 함께 발송한다. 상고인은 상고일로부터 4개월 이내에 상고이유서(mémoire)를 최고법원 서기국에 제출하고 그 기간 내에 피상고인 혹은 그의 변호사에게 송달하여야 하며, 상고인이 위 기간을 도과한 때에는 최고법원장 또는 그 대리인이 명령(ordonnance)에 의하여 상고권을 실효시킨다. 상고인은 위 기간 내에 원판결 등본을 최고법원 서기에게 제출하여야 하며, 위 기간이 도과하면 직권으로 그 상고를 받아들이지 아니한다. 피상고인은 상고인의 상고이유서를 송달받

337) 법원행정처, 외국사법제도연구(8), 331~333쪽.

은 날로부터 2개월 내에 국가참사원 및 최고법원 독점변호사가 서명한 답변서(mémoire en réponse)를 최고법원 서기국에 제출하고, 상고인의 변호사에게 송달하여야 한다.

(3) 재판국에의 배당

상고사건은 상고인이 상고이유서를 제출한 경우 또는 늦어도 상고이유서 제출기간이 만료될 때까지 해당 재판국에 배당된다. 상고사건을 배당받은 재판국의 재판국장은 그 사건의 주심판사(juge rapporteur)가 될 최고법원 판사 또는 재판연구관을 지명하는데, 간단한 사건인 경우에는 배당 후 6주 정도에 보고서(rapport)가 완성된다고 한다.

(4) 사건심사부 심리

주심판사는 사건을 검토한 뒤 수리 불가능하거나 명백히 상당성이 없는 상소라고 판단한 사건에 대하여는 즉시 최고법원 검사에게 보내어 의견을 받고, 사건을 3인의 법관으로 구성된 사건심사부 기일(audience d'admissibilité)에 회부한다. 사건심사부는 기일을 열어 주심법관의 구두보고를 들은 뒤 그 사건이 수리할 수 없는 상고이거나 명백히 근거 없는 상고인 경우에는 즉시 수리 불가 판결을 선고한다.

(5) 사건 심리

통상 재판부의 심리는 두 기일로 진행되는바, 변론(l'audience publique)과 합의(délibéré)가 그것이다.

최고법원의 변론은 원칙적으로 모두 공개된다. 다만 이를 공개할 경우 개인의 사생활이 침해되는 경우, 모든 당사자들이 비공개를 요청하는 경우, 법정의 평온을 해칠 우려가 있는 경우에는 합의실에서 변론기일을 진행할 것을 결정할 수 있다. 변론기일에는 먼저 주심법관이 그 소송기록을 검토한 결과를 구두로 보고하고, 이어서 당사자들의 변호사가 구두로 그들의 서면 주장을 보충할 수 있으며, 사건을 검토한 최고법원 검사가 그의 의견을 진술한다. 당사자는 참석할 수 있으나 발언은 할 수 없고 다만 참고서면(note en délibéré)을 재판장에게 제출하여 의견을 제시할 수 있을 뿐이다. 재판장은 변론을 종료하면서 보통 4~6주 뒤로 합의기일을 지정한다.

합의기일은 비공개이며, 변론기일에 참여한 판사들이 참여하여 합의한 뒤 그 자리에서 결론을 도출한다. 제일 먼저 주심법관이 진술하고 그 다음에는 임관 순서에 따라 최선임판사로부터 진술하며, 재판장이 제일 나중에 의견을 진술한 뒤 다수결로 결론을 내고, 판결을 선고한다. 당사자는 자신이 선임한 변호사 또는 최고법원 서기국을 통하여 판결 결과를 알게 되고, 이후 판결문 사본을 송달받는다.

(6) 판 결

최고법원의 판결문에는 재판국장과 해당 주심법관, 서기가 각 서명한다. 판결의 종류는 아래에서 보는 수리 불가(non-admission) 외에 기각판결(arrêt de rejét)과 파기판결(arrêt de cassation)이 있으며, 파기판결이 나는 경우 대부분의 사건은 원심법원과 동급의 다른 법원으로 환송되어 다시 판결을 받게 되지만, 최고법원에서 직접 다시 판단하는 경우도 있다.

4. 상고사건 처리의 효율성 제고를 위한 제도[338)]

(1) 상고사건의 지속적 증가

최고법원은 1790년 설립 당시에는 형사사건을 처리하는 형사국(la chambre des criminelle)과 민사 상고 허용 여부를 판결하는 민사심사부(la chambre des requêtes), 그리고 민사사건을 담당하는 민사국(la chambre des civile) 등 3개의 재판국만으로 구성되어 있었다.

그런데 사회의 발전에 따라 소송사건이 점차 증가하면서 상고사건이 폭발적으로 증가하였고, 최고법원의 제한된 물적, 인적 자원으로는 적시에 처리할 수 없었고 상고사건처리가 계속 지체되어 최고법원 판결을 얻는 데 보통 수년씩 걸리는 상황이 되었다.

338) 법원행정처, 외국사법제도연구(8), 334~338쪽 참조.

(2) 인원 및 조직의 확장

이러한 문제를 해결하기 위하여 최초에는 사건의 증가에 맞추어 인원 및 조직을 확장하는 내용의 개혁이 이루어졌다. 이러한 내용의 최초 개혁은 1938년 11월 12일자 명령(décretloi)인데, 이 명령에 의하여 최고법원에 사회국(la chambre sociale)이 추가로 설치되어 사회보장사건 등에 대한 상고 사건을 담당하게 되었다. 2차 세계대전 이후 독일로부터 해방되면서 점령 시에 공포되었던 수많은 법률들과 관련하여 엄청난 수의 상고가 제기되었고, 최고법원의 기존 조직과 인원으로는 폭주하는 사건을 도저히 소화할 수 없을 지경이 되었다. 이에 1947년 7월 23일자 명령은 최고법원에 상사국을 추가로 설치하고, 그동안 상고 허용 여부를 심사하는 과정에서 허용 여부를 넘어서 사건의 당부까지 심사하여 최고법원의 다른 재판부에 영향을 미치고 있다는 비판을 받았던 민사심사부를 폐지한 뒤 그 인원을 상사국에 배치하였다.

그러나 위 1947년의 개혁 역시 큰 효과는 없었고, 미제사건은 계속 크게 증가하였다. 1947년 최고법원의 미제사건은 5,646건이었으나, 1950년에는 9,576건, 1952년에는 12,000건으로 급속히 증가하였고, 이에 1952년 7월 21일자 명령, 1976년 7월 3일자 명령으로 민사국을 1개씩 더 증설하여 민사국을 총 3개로 늘리고(이로써 최고법원은 현재와 같이 3개의 민사부, 1개의 형사부, 1개의 상사부, 1개의 사회부 등 총 6개의 재판국으로 구성되었다) 최고법원 판사를 증원하여 폭주하는 사건을 처리하려고 하였으나 늘어나는 사건을 감당하기에는 역부족이었다(1976년의 미제 사건은 민사 12,101건, 형사 9,920건이었는데, 1980년에는 민사 17,146건, 형사 13,884건이었고, 10년 만인 1986년에는 민사 31,308건, 형사 27,384건으로 3배 가까이 폭증하였다).

(3) 운영방법의 개선 노력

이상에서 본 바와 같이 최고법원의 사건부담을 경감하는 방법으로서 오랫동안 입법자들이 생각하고 있던 것은 사건증가에 따라 조직과 인원을 증가시키는 것이었다. 그러나 이러한 방식은 인적·물적 시설을 확장함에 따라 예산이 계속 투입되어야 하는 문제가 있을 뿐만 아니라 조직의 규모가 비대해짐으로써 조직의 통일성이 떨어지는 등 많은 문제점을 드러냈다. 그럼으로써 최고법원의 각 재판국 판결 사이에서 상호 모순이나 불일치하는 부분이 나타나면서 최고법원의 본래 임무인 법 해석의 통일성을 저해하고, 이것 자체가 오히려 상고 사건 증가의 한 원인이 되는 악순환에 빠지게 되었다.

이에 최고법원이 최고법원으로서의 임무를 제대로 수행하기 위하여서는 그 조직이 일정한 범위를 넘어서 안 된다는 결론에 이르렀고, 이후 프랑스에서는 단순한 조직과 인원의 확대 대신 다른 각도에서 최고법원의 사건부담을 경감하려는 노력이 행하여졌다.

(4) 구체적인 제도

1) 재판연구관 제도 및 심의관 제도의 신설

재판연구관(les conseillers réfèrendairs) 제도는 1967년 7월 3일자 법률(Loi n°67-523 du 3 juillet 1967)로 도입되었는데, 이는 최고법원 판사가 될 정도의 경력(최고법원 판사는 오랜 경력과 함께 법원장 등 고위직을 거친 법관들로서 고위직(Hors hiérarchie)이어야 하며 50세 이상이 되어야 임용받을 수 있다)이 되지 아니 한 젊은 판사들로 하여금 최고법원 판사들의 업무를 보조하도록 하기 위한 것이었다.

(프랑스 사법관의 직급은 고위직(Hors hiérarchie), 1급(Premier Grade) 및 2급(Deuxième Grade)으로 구분된다. 고위사법관은 보다 중요하고 특별한 역할을 행하는 사법관인데, 여기에는 대법관, 상소법원장, 고등검사장, 일정 규모 이상의 지방법원장 또는 검사장 등이 속한다. 2급 사법관은 초임부터 일정한 경력이 있는 사법관들까지 그 범위가 다양하며 다시 5단계로 구분된다. 2급 사법관 중 일정한 경력과 훈련을 거친 후에는 1급 사법관으로 승진할 수 있고, 1급 사법관은 다시 8단계로 구분된다.[339])

재판연구관들은 최초에 판결 전 조사·연구 업무 또는 행정적인 업무 등을 맡았고, 이후 그 효율성을 인정받아 1978년 7월 12일자 법률로 권한이 확대되어 단순한 재판 보조 업무뿐만 아니라 주심판사로서 독자적인 보고서(rapport)를 작성하고 합의에 참여할 수도 있게 되었다.

이에 기존에 재판연구관들이 하던 연구·행정 업무 등을 담당하게 하기 위하여 1984년 2월 20일자 명령(Décret n°84-134 du 20 février 1984)으로 심의관

339) 장동혁, "프랑스의 법관 양성 및 선발제도", 해외사법자료(2015), 31, 34쪽.

(auditeur) 제도가 도입되었고, 이로써 사실상 최고법원 판사의 정원을 늘리지 않으면서도 그 실질적인 업무부담이 경감되는 효과를 거두었다.

2) 합의체 구성원 수의 실질적 축소

기존에는 최고법원장과 각 부의 재판국장 및 최고법원 판사 전원이 참여하던 최고법원 전원합의체(toutes chambres réunies)에서 2차 상고사건을 처리하였으나, 전원합의체의 권위를 잃지 않으면서도 각 최고법원 판사의 업무 부담을 줄이고 사건들을 검토할 수 있는 시간을 보다 많이 확보하도록 하기 위하여 1979년 1월 3일자 법률(Loi n°79-9 du 3 janvier 1979) 및 1981년 8월 6일자 법률(Loi n°81-759 du 6 août 1981)에 의하여 기존의 전원합의체의 구성원 수를 대폭 축소한 전원합의부(l'Assemblee plénière)를 설치하여 기존의 전원합의체 대신 2차 상고사건을 처리하도록 하였다.

또한 1981년 8월 6일자 법률은 기존 통상재판부의 변론 및 합의에 반드시 7명 이상의 최고법원 판사가 참여하도록 하였던 것을 5명 이상으로 축소하였으며, 그중 2명은 재판연구관이 대신 참여할 수도 있도록 하였다.

3) 사건심사부의 설치 및 활성화[340)]

위 1981년 8월 6일자 법률은 또한 심사부(formation restreinte)를 도입하였다. 심사부 도입 초기에는 최고법원장이나 각 부 재판국장이 명백히 수리 불가능해 보이는 사건을 3인의 법관으로 구성된 약식 합의체에 회부하여 처리할 수 있도록 하는 정도에 불과하였고, 이 경우에도 당사자의 요청이 있는 경우에는 다시 통상 재판부로 이송하여야 하였다. 따라서 각 재판국별로 그 활용되는 정도가 많이 달랐고, 사회국 같은 경우에는 상당기간 제도에 반대하여 그 구성 자체를 하지 않기도 하였다.

그런데 2001년 사법조직법이 개정되면서 최고법원장이나 각 부 재판장이 별도의 결정을 하는 경우를 제외하고 원칙적으로 모든 사건을 사건심사부에서 검토하도록 하였고, 위 조항에 대한 헌법위원회 결정(2001년 6월 19일자 N° 2001-445 결정)은 이를 합헌으로 선언하였다. 또한 유럽인권법원 결정 역시 이

340) 법원행정처, 외국사법제도연구(8), 337쪽.

러한 제도가 유럽협약 제6조가 정하는 사법에의 접근권을 침해하는 것이 아니고, 덧붙여 사법권의 적정한 행사를 담보하기 위한 목적에서 각 체약국이 상고사건을 선별하는 제도를 마련하는 것은 유럽협약 제6조의 취지에 반하는 것이 아니라고 설시하였다.

이에 2001년 이후 사건심사부의 운영이 대폭 활성화되었고, 실무상 특히 사건이 폭주하는 민사국 같은 경우에는 사건을 체계적으로 검토하는 목록을 두고 주심판사가 사건을 조기에 선별하여 한꺼번에 최고법원 검사에게 넘겨 의견을 받은 뒤 사건심사부 심리절차에 넣어 검토하였으며, 이 절차에서 논쟁의 여지가 있는 사건은 다른 사건관리부로 넘기거나 통상의 재판부로 이송하여 다시 검토한 뒤 처리하는 방식을 취하였다.

반면 형사국의 경우에는 상대적으로 심사부의 운영을 신중하게 하였고, 기간도과 또는 상고이유서 미제출 등 불수리 사유가 명백한 경우에만 사건심사부를 통해 처리할 뿐이었고, 특히 구속사건의 경우에는 사건심사부에서 처리하는 일이 거의 없다고 한다.

4) non－admission 판결

상고의 대상이 되지 않아 수리 불가능하거나 그 이유에 상당성이 없는 상고의 경우에는 non－admission 판결의 대상이 되는데, non－admission 판결의 가장 큰 장점은 판결이유를 기재할 의무가 없다는 것이다.[341)]

non－admission 판결과 사건심사부 제도가 효과적으로 결합된 2001년도 이후에는 선고된 non－admission 판결의 70% 이상이 사건심사부에서 간이하고도 신속하게 처리되었는바, 통계적으로 보더라도 위 제도들의 도입 당시 의도하였던 바대로 무의미하거나 잘못된 상고사건을 빠른 시간 내에 효율적으로 처리하는 효과를 거두었던 것으로 평가되었다. 또한 당초에 주심판사가 non－admission 의견을 제시하였던 사건들 중 약 10%는 사건심사부의 절차에서 검토하여 다시 통상재판부로 회부되었고 이후 이유를 달아 기각 또는 파기 판결을 하였는바,

---

341) 유럽인권법원은 특히 최고법원이 잘못되었거나 상당성이 없는 상소를 기각하기 위하여 반드시 그 이유를 자세히 써야 하는 것은 아니며, 이는 특별한 법률적 재량조치에 근거한 것으로서 유럽인권선언에 반하는 것이 아니라고 판단하였다(9 mars 1999, Société Immeuble Groupe Kosser c/ France).

사건심사부의 심리 역시 충실하게 이루어지고 있다는 평가를 받았다.

5) 벌 금

상고심에서 상고기각 판결이나 non-admission 판결이 선고되면 상고인은 소송비용을 부담하여야 하며, 민사사건의 경우 소권 남용으로 인정되면 1만유로[342)]의 벌금을 내야 하고 상대방에게 같은 액수의 손해배상을 하여야 한다. 그러나 이러한 방법이 남상고를 막는 효과는 별로 없다고 하며, 오히려 당사자 간의 균형을 잃게 할 염려가 있다는 비판도 있다.

(5) 가시적 성과

위와 같이 여러 가지 다양한 노력을 기울인 결과 최고법원의 미제 사건은 2001년 35,085건으로 정점을 찍은 이래로 지속적으로 감소 추세에 있다. 특히 2001년 사건심사부 제도가 도입된 직후에는 처리건수가 상당히 증가하였다. 다만, 그 이후 다시 처리건수가 줄어들었으나 접수건수가 꾸준히 줄어듦에 따라 미제건수가 감소하고 있다. 처리기간도 평균 550일을 넘기다가 2007년 이후에는 400일 전후로 유지되고 있다.[343)]

---

342) 민사소송법 628조
Le demandeur en cassation qui succombe dans son pourvoi ou dont le pourvoi n'est pas admis peut, en cas de recours jugé abusif, être condamné à une amende civile dont le montant ne peut excéder 10,000 euros et, dans les mêmes limites, au paiement d'une indemnité envers le défendeur.

343) https://www.justice.gouv.fr/documentation/etudes-et-statistiques/references-statistiques-justice-2024;

〈파기원에 접수되는 상고사건의 접수, 처리 건수(민사사건)〉344)

연도	접수건수	처리건수	연도	접수건수	처리건수
1998	21928	19815	2011	21860	21865
1999	20090	19758	2012	21798	21360
2000	21294	20787	2013	19658	20561
2001	22869	20673	2014	21295	20072
2002	22324	23482	2015	20412	18304
2003	21638	23474	2016	20398	21777
2004	21965	23539	2017	22890	20667
2005	18830	24776	2018	17458	21865
2006	19034	22461	2019	17071	17813
2007	18232	20354	2020	13814	14340
2008	19339	18977	2021	16421	15209
2009	20310	20746	2022	15479	15168
2010	21537	20249	2023	14408	14553

〈파기원에 접수되는 상고사건의 접수, 처리 건수(형사사건)〉

연도	접수건수	처리건수	연도	접수건수	처리건수
1998	8180	7335	2011	8759	7926
1999	8157	9313	2012	8367	8711
2000	8320	8650	2013	8639	8158
2001	8892	9637	2014	8411	8612
2002	8310	8814	2015	7820	7600
2003	8043	7985	2016	7649	7828
2004	7823	8129	2017	7497	7799
2005	7765	7826	2018	7283	7587
2006	9205	9047	2019	8040	7470
2007	7963	8468	2020	7199	7547
2008	8348	8149	2021	7345	7320
2009	8408	8192	2022	7481	7599
2010	8029	8083	2023	7228	7604

344) https://www.courdecassation.fr/publications?date_du=&date_au=&field_type%5B0%5D=14&items_per_page=10&sort_bef_combine=created_DESC

제5절 일 본

Ⅰ. 일본 법원의 구조 및 심급제도

1. 심급제도의 연혁

일본은 메이지유신에 의하여 근대의 서구적인 사법제도를 받아들였다. 재판제도의 근대적인 개혁은 1872년 8월 3일 태정관달(太政官達) '사법성직무정제(司法省職務定制)'의 공포로 시작되어 법원의 종류나 심급에 관한 여러 가지 사항이 정해졌다. 그러나 명실상부한 심급제도가 갖추어진 근대적 사법제도가 시작된 것은 1875년 입법권, 행정권으로부터 독립한 순수 사법기관으로서 대심원(大審院)이 설치되면서부터이다. 이때부터 행정기관인 사법성(司法省)에 속해 있던 재판권이 대심원에 귀속되었고, 항소심으로서 상등재판소(上等裁判所)가 설치되고, 종래의 부현재판소(府縣裁判所)가 그 밑에 배치됨으로써 계통적이고 일관성 있는 심급제도가 갖추어지게 되었다.

그 후 1890년 재판소구성법이 제정되어 재판제도가 근대적인 법전으로 정비되었고, 법원조직은 대심원(大審院), 항소원(控訴院), 지방재판소(地方裁判所) 및 구재판소(區裁判所)의 형태가 되었다.

2차대전의 종전으로 인하여 1947년 새롭게 개정된 헌법 제76조 제1항은 "모든 사법권은 최고재판소 및 법률이 정하는 바에 따라 설치하는 하급재판소에 속한다"라고 규정하였고, 이 규정에 의하여 대심원이 최고재판소로 변경되어 최고재판소가 위헌심사권 및 행정사건의 재판권까지 갖게 되었다.[345]

2. 재판소의 구성

일본 헌법 제76조 제1항에 따라 재판소법 제2조 제1항은 하급재판소로서 고등재판소, 지방재판소, 가정재판소 및 간이재판소의 설치(재판소법 제2조 제1항) 및 각 재판소의 사물관할 등을 정하고 있다.

---

345) 법원행정처, 외국사법제도연구(8), 364쪽.

최고재판소는 헌법에 의하여 설치된 유일한 최고법원으로서 東京에 위치하고 있으며, 고등재판소는 東京, 大阪 등 전국에 8곳의 본청 및 6곳의 지부가 있고, 2005년 4월부터 東京고등재판소의 특별지부로서 지적재산권 사건을 담당하는 지적재산고등재판소가 설치되어 운영되고 있다.

지방재판소 및 가정재판소는 각각 전국 50곳에 본청이, 203곳에 지부가 설치되어 있고, 지방재판소는 다른 법원의 전속관할에 속하는 사건을 제외한 모든 제1심 사건을 관할하며, 간이재판소의 민사판결에 대한 항소심도 관할한다(재판소법 제24조).[346]

간이재판소는 전국에 438개가 설치되어 있으며, 민사사건은 소송가액이 140만 엔을 초과하지 않는 사건, 형사사건은 벌금형 이하의 형에 해당하는 죄, 선택형으로 벌금형이 정하여져 있는 죄 또는 절도죄·횡령죄 등과 같은 비교적 경한 범죄의 제1심 관할권을 가진다(재판소법 제33조 제1항).[347]

3. 심급제도 개요

일본은 원칙적으로 3심 제도를 채택하고 있다. 일본의 최종심인 상고심은 원칙적으로 최고재판소의 권한에 속한다. 최고재판소는 위헌법률심사를 포함하여(헌법 제81조) 최종심으로서 기능한다(재판소법 제7조). 다만, 민사 재판과 형사 재판의 심급 운영에 차이가 있다.

민사 재판의 경우 간이재판소가 제1심을 담당한 사건의 항소심은 지방재판소가, 그에 대한 상고심은 고등재판소가 관할하나, 지방재판소가 제1심인 사건의 항소심은 고등재판소가, 그에 대한 상고심은 최고재판소가 관할하는 이원적 구조로 되어 있는 반면 (가사사건의 경우도 항소는 고등재판소에서, 상고는 최고재판소에서 처리한다), 형사 재판의 경우 지방재판소가 담당한 제1심 판결 및 간이재판소가 담당한 제1심 판결 모두 그 판결에 대한 항소 사건은 고등재판소가 담당하고, 상고 사건은 최고재판소가 담당한다.

---

346) http://www.courts.go.jp/about/sosiki/kakyusaibansyo/index.html#katei
347) http://www.courts.go.jp/about/sosiki/kakyusaibansyo/index.html#kanni

Ⅱ. 일본 법관임용제도 및 법조인양성제도

1. 법관임용제도

(1) 법관의 임명자격

판사보, 간이재판소 판사, 검찰관, 변호사, 재판소 조사관, 사법연수소 교관, 재판소직원 총합연수소 교관, 대학의 법률학 교수 또는 준교수 중 하나 또는 둘 이상의 직에서 통산하여 10년 이상 재직한 자 중에서 임명한다(재판소법 제42조).

(2) 임명방식

실제 판사의 임명은 사법시험에 합격하여 사법수습을 종료한 자를 판사보로 임명하고, 10년간 판사보로 근무한 자를 판사로 임명하는 경우가 대부분이다. 일본의 판사 임용제도의 실제적인 운영방식은 신규 법조인을 처음부터 판사보로 임용하여 재판소 내부에서 훈련, 양성, 승진시키는 커리어 시스템이다.

최고재판소는 하급재판소 재판관 지명자문위원회에 대하여 판사 재임 희망자에 관하여 자문하면서 희망자의 인사평가서와 최고재판소 장관의 의견서 등의 심사자료를 하급재판소 재판관 지명자문위원회에 송부한다. 지명자문위원회는 전체위원회에서 전체 희망자에 대한 지명 적부를 최고재판소에 회신한다. 판사보를 판사로 임명하는 경우에는 별도 면접은 실시하지 않는다.

최고재판소는 1991.9. 일본변호사연합회와의 협의를 거쳐 종래의 '판사선고요령'을 개정하여 '판사채용선고요령'을 제정하고 경력 5년 이상, 연령 55세 미만의 변호사를 선발대상으로 하여 일본변호사연합회를 통하여 임관희망자를 모집하였다. 이러한 절차에 의하여 임관되는 변호사 수가 2002년까지 57명에 불과하여 2001.12.7. 재판관 공급의 다양화와 다원화를 도모하고 21세기 일본의 사법부를 담당할 질 높은 재판관을 안정적으로 확보하기 위하여 변호사 중 판사 임관을 확대하기로 하는 합의를 도출하였다.

변호사의 재판관 임용절차는 지원자의 소속 지방변호사회의 대한 응모, 변호사임관추천위원회에 의한 추천, 일본변호사연합회를 경유하여 최고재판소에 임관신청, 최고재판소의 심사 및 면접, 하급재판소 재판관 지명자문위원회의 심사, 최고재판소 재판관회의에서의 재판관 지명, 각의(내각회의) 결정, 내각에 의한 재판관 임명의 순서로 이루어진다.

(3) 간이재판소 판사

고등재판소 장관 또는 판사의 직에 있던 사람, 판사보, 검찰관, 변호사, 재판소 조사관, 재판소 사무관, 사법연수소 교관, 재판소직원 총합연수소 교관, 대학의 법률학 교수 또는 준교수 직에서 통산하여 3년 이상 재직한 자 중에서 임명한다.

2. 법조인양성제도

(1) 개 관

일본은 과거 한국과 같은 사법시험 제도를 운영하였다. 사법시험에 응시하기 위하여 반드시 법학부를 졸업할 필요도 없고 연령 제한도 없었다. 시험방식은 1차 시험(교양시험, 대학에서 32학점 이상 교양학점 취득 시 면제)을 거치고 2차 시험(과거 한국의 사법시험과 같이 법 과목 객관식, 논술식 시험)을 통과하면 사법연수소(1년 4개월, 전기집합수습 2개월, 실무수습 12개월, 후기집합수습 2개월) 과정을 거친 뒤에 사법연수소 수료시험을 치른 후 판사, 검찰관, 변호사 등으로 진출하였다.

그러던 중 1997년 7월 사법제도 개혁심의회가 내각 아래 구성되어 사법제도의 직접적 담당자인 법조인의 양과 질을 대폭 확충하고자 새로운 법조인 양성제도를 구축하기로 하여 미국식 로스쿨 모델을 참고하여 2004년 4월 전국 68개 대학 정원 5,590명으로 법과대학원(로스쿨)이 개원하였고, 2005년 6개 대학 정원 235명이 추가되었다.

(2) 신사법시험에 의한 법조인 선발 과정

법과대학원(로스쿨)을 수료한 자는 법무박사(전문직) 학위를 받고 신사법시험에 응시할 자격을 갖게 된다. 한편 구사법시험이 종료된 뒤인 2011년부터 법과대학원을 수료하지 아니한 자를 대상으로 하는 예비시험제도도 시행하고 있다. 예비시험에 합격한 자에게도 법과대학원 수료자와 동등한 자격이 주어져서 신사법시험에 응시할 수 있다.

1) 법과대학원 제도

모든 출원자(법학 미이수자와 법학 이수자)에 대해서 적성시험(법률지식이 아니라 판단력, 사고력, 분석력, 표현력 등의 자질을 판별하는 것)을 실시하고, 법학사로서 지원하는 자에 대해서는 법률과목시험을 실시한다.

한국과는 달리 법학사와 비법학사로 나누어 법과대학원의 수업연한을 다르게 정하였다. 학부 법학이수자에 대해서는 법과대학원에서 최대 1년간 재학한 것으로 간주할 수 있으며 최대 30학점을 취득한 것으로 간주할 수 있다. 이에 따라 법학이수자는 입학과 동시에 법학미이수자 2학년과 합류하게 되며 2년의 과정을 거치면 법과대학원을 수료하게 된다.

2) 예비시험 제도

예비시험은 1차와 2차 시험으로 이루어지는데, 1차 시험은 단답식으로 헌법, 행정법, 민법, 상법, 민사소송법, 형법, 형사소송법, 일반교양과목으로 치르며, 2차 시험은 논술식으로 앞의 8개 과목에 법률실무기초과목(민사, 형사)을 추가하여 시험과목으로 한다.

예비시험을 합격한 자는 법률실무기초과목(민사, 형사)에 관한 구술시험에 응시할 수 있으며, 이로써 최종합격자를 결정한다.

예비시험 합격자는 2012년부터 신사법시험에 응시하였다. 한국과는 달리 법과대학원 재학생도 예비시험에 응시할 수 있다.

3) 신사법시험제도

매년 5월경 4일 간 시험이 실시되고 시험 응시 횟수 제한(5년 간 5회)이 있다.

시험은 단답식과 논술식으로 구성되어 있는데, 시험과목은 공통과목 3분야(공법－헌법 및 행정법, 민사법, 형사법)와 선택과목 1분야로 한국과 유사하다.

합격률은 20%대까지 떨어졌다가 2018년부터 꾸준히 상승하여 최근 40%대를 유지하고 있으나 법과대학원 지원자 수, 정상적인 교육과정 운영 등에 악영향을 미치는 등 구사법시험 시기와 같은 문제점이 드러나고 있다는 비판이 존재한다.

4) 사법연수소

신사법시험 합격 후 1년간 사법연수소에서 연수(10개월 실무, 2개월 집합)를 받는다. 연수 후 사법수습시험에 합격하여야 변호사 자격을 취득한다.

Ⅲ. 일본 민사 1심 운영형태 및 상소제도의 특징

일본도 프랑스에서와 같이 1심과 2심 절차 사이에 특별한 차이가 존재하지 않는다. 1심과 2심 모두 집중심리를 통한 효율적이고 신속한 사건 처리를 도모하고 있고 이를 위하여 쟁점정리, 계획심리 등의 제도를 도입하였다. 실기한 공격방어방법의 각하, 즉 실권효 제도도 1심과 2심 모두 적용하고 있는데, 2심에서는 1심 준비절차 등에서 제출하지 않은 증거의 제출이 허용되지 않는다는 점에서 변론의 갱신권이 제한되고 있다. 실제 2심 재판은 변론 전 쟁점 정리 등을 통하여 1심에서의 쟁점을 위주로 판단하고 새로운 증거 제출이 제한되고 있는 등 갈수록 사후심적 요소가 강해지고 있다.

1. 민사 1심 운영형태

(1) 일본에서의 민사 1심 제도 개선 추진 배경 및 개정내용

과거 일본의 민사재판은 사건의 쟁점이 명확하지 아니한 채로 사건을 진행하다가 그때그때 사건의 추이에 따라 새로운 주장을 하거나 뒤늦게 증거 신청하는 것을 거의 무제한적으로 허용하고 있었고, 이로 인해 사건 처리가 지연되었다. 사건해결에 필요성이 없는 증인도 채택하여 조사하고, 쟁점이 정리되지 않은 상황에서의 증인신문은 비효율적으로 이루어지기 쉬웠다. 이와 같이 느린 재판에 대해서 비판이 일게 되자 그에 대한 반성으로 쟁점정리절차, 증거수집절차를 정비하여 집중증거조사를 목표로 하는 민사소송법(1996.6.18. 법률 제109호로 개정, 1998.1.1. 시행)의 개정이 이루어졌고, 그 후 계획심리의 추진, 소제기 전 증거수집절차의 확충, 전문위원제도 도입을 내용으로 하는 민사소송법 일부를 개정하는 법률

(2003년 법 제108호로 개정, 2004.4.1. 시행, 이하 같다)이 시행되었다. 그 밖에 제1심의 소송절차를 비롯하여 재판소에서 절차 전체에 대해 한층 더 신속하게 함을 도모하고, 국민의 기대에 부응하는 사법제도의 실현에 이바지함을 목적으로 하는 '재판의 신속화에 관련한 법률(2003년 법률 제107호)'이 2003년 7월에 제정되었다.

이처럼 정비된 현행 민사소송법은 조기 단계에서부터 쟁점을 정리하고, 명확해진 쟁점에 대해 집중증거조사를 실시하는 '쟁점중심심리'를 기본으로 하고 있다.

민사소송법 개정으로 인하여 집중증거조사는 대부분의 재판부에서 시행하고 있어 성공적으로 정착했다는 평가를 받고 있지만, 반면 쟁점정리절차는 형식화되고 있다는 비판이 있어 충실하고 효율적으로 절차가 이루어지고 있는지는 단정적 평가가 어려운 상황이다. 최근에는 쟁점정리 자체가 소송이 장기화되는 원인이라는 지적이 있고, 따라서 변론기일의 횟수를 제한하여야 한다는 견해도 나오고 있다. 그러나 여전히 당사자들의 주장이 중첩되고, 기일도 반복적으로 열리고 있으며, 기본적인 서증도 제출되지 아니한 채 항소되는 사건이 있는 등 개정 민사소송법이 의도한 대로 제1심에서 모든 재판부가 효율적으로 쟁점정리를 하고 있는 것은 아닌 것으로 보인다.[348)]

(2) 1심 재판의 절차

1) 소의 제기와 소장 심사

재판은 원고 또는 그 소송대리인이 재판소에 소장을 제출하여 소를 제기하며, 사건을 배당받은 재판관(합의부에서 심리되는 사건에 관해서는 재판장)은 소장을 심사하고 형식적으로 미비한 점이 없으면 구두변론기일을 지정하고 당사자를 소환한다. 소장에 미비한 점이 있으면 재판관(재판장)은 원고에 대하여 보정을 명한다.

2) 구두변론

구두변론은 공개된 법정에서 행하되 간이재판소에서는 1인의 재판관에 의하여 지방재판소에서는 1인의 재판관 또는 3인의 재판관의 합의부에 의하여, 고등재판소에서는 3인의 재판관의 합의부에 의하여 각각 열린다.

348) 법원행정처, 외국사법제도연구(12), 372~373쪽.

간이재판소는 1인의 재판관이 심리하고, 지방재판소도 1인의 재판관이 심리하되 법률에 특별한 규정이 있는 경우 3인의 재판관(합의부)이 심리할 수 있다. 다만 간이재판소의 재판에 대한 항소사건은 합의부에서 심리하여야만 한다. 사안이 복잡하고 어렵다는 등의 이유로 합의부에서 심리하도록 결정된 사건에 대해서도 합의부에서 심리한다.

구두변론 기일에 있어서는 재판장의 지휘하에 공개법정에서 절차가 행해지며, 원·피고 본인 또는 그 소송대리인이 출두하여 사전에 재판소에 제출한 준비서면에 근거하여 주장을 진술하고 주장을 뒷받침하기 위한 증거를 제출한다. 피고가 결석한 경우에는 피고가 답변서 등으로 원고의 청구를 다투는 의도를 명확하게 하고 있지 않는 한 불리한 내용의 판결을 선고받을 가능성이 있다. 재판장은 당사자의 주장이나 입증에 모순이나 불명확한 점이 있으면 질문을 하거나 다음번 기일에 그 점을 명확하게 하도록 준비할 것을 명할 수 있다.

3) 쟁점 및 증거의 정리절차

판단에 필요한 사실관계에 관하여 당사자 사이에 다툼이 있고, 쟁점 및 증거의 정리를 행할 필요가 있는 사건에 관해서는 재판소는 증인신문 등의 증거조사를 쟁점에 좁혀서 효율적이면서 집중적으로 행할 수 있도록 준비하기 위해 쟁점 및 증거의 정리절차를 실시할 수 있다.

이 절차에는 준비적 구두변론, 변론준비절차, 서면에 의한 준비절차의 3가지 종류가 있다. 재판소는 사건의 성질이나 내용에 따라 가장 적절한 절차를 선택하게 된다.

a) 준비적 구두변론(민사소송법 제164조 이하)은 공개된 법정에서 행해지고 쟁점 등의 정리에 필요한 모든 행위를 할 수 있는 점에 특색이 있다.

b) 변론준비절차(민사소송법 제168조 이하)는 법정 이외의 준비실 등에서 행해지며 반드시 공개할 필요는 없는 절차이다. 쟁점 등의 정리를 위한 증인신문이 가능하지 않다는 등의 제약이 있지만, 일방 당사자가 원격지에 거주하고 있는 경우 등에는 전화회의시스템에 의하여 절차를 진행할 수도 있다.

c) 서면에 의한 준비절차(민사소송법 제175조 이하)는 당사자가 원격지에 거주하고 있는 경우 등에 쌍방당사자의 출두 없이 준비서면의 제출 등에 의하여 쟁

점 등을 정리하는 절차이다. 필요한 경우 전화회의시스템에 의하여 쟁점 등에 관하여 협의할 수 있다.

재판소는 위 절차들을 종료함에 있어 당사자와 사이에 그 후의 증거조사에 의하여 증명해야 할 사실을 확인한다.

4) 계획심리

2003년 개정 민사소송법에서 도입한 제도로 입법취지는 다음과 같다.

소송물인 권리관계에 대하여 적정하고 신속한 판단을 하기 위해서는 재판소가 분쟁의 전체상을 파악한 후에 판단의 대상으로 하여야 할 사항을 확정하고, 그중에서 다툼이 없는 사실과 다툼이 있는 사실을 구별하여 다툼이 있는 사실에 대하여 판단에 필요한 증거의 종류 및 내용을 파악한 후에 특히 증인심문 등의 인증에 관한 입증계획을 세워서 심리를 하여야 한다. 이러한 계획적인 심리를 위해서는 재판소 및 당사자가 각각의 책무에 터잡아 소송행위를 하고 필요한 협력을 할 것이 요구된다.

재판소는 심리하여야 할 사항이 다수이고 뒤섞여 있는 등 사건이 복잡하고 기타 사정에 의하여 그 적정하고 신속한 심리를 진행하기 위하여 필요가 있다고 인정하는 때에는 당사자 쌍방과 협의를 하고, 그 결과에 기하여 심리의 계획을 세워야만 한다(민사소송법 제147조의3). 그 심리계획에는 ① 쟁점 및 증거의 정리를 하는 기간, ② 증인 및 당사자 본인을 심문(尋問)하는 기간, ③ 구두변론의 종결 및 판결 선고의 예정시기를 반드시 정하여야 하고(필요적 기재사항), ① 특정한 사항에 대한 공격・방어방법의 제출기간, ② 기타 소송절차의 계획적 진행을 위하여 필요한 사항을 정할 수 있다(임의적 기재사항).

당사자가 심리계획에서 정해진 기간 경과 후에 제출한 공격방어방법에 대해서는 심리계획에 따른 소송절차 진행에 현저한 지장이 생길 우려가 있다고 인정될 때에는 재판소는 신청에 의하여 또는 직권으로 각하 결정을 할 수 있다. 다만, 재판소는 심리의 현황 및 당사자의 소송수행의 상황, 기타 사정을 고려하여 필요하다고 인정하는 때에는 당사자 쌍방과 협의하고 그 결과에 기하여 심리계획을 변경할 수 있다.

5) 증거조사

구두변론 또는 쟁점 및 증거의 정리절차에서 당사자 사이의 쟁점이 밝혀지면 그 쟁점에 관하여 판단하기 위해 재판소는 서증조사, 증인신문, 당사자심문 등의 증거조사 절차를 행한다. 일반적으로 말해서 영미법에서 볼 수 있는 광범하고 엄격한 증거법칙은 일본의 제도에는 존재하지 않는다.

재판소는 기본적으로 직권으로 증거조사를 할 수는 없다. 직권으로 행하는 당사자심문은 그 예외이다(민사소송법 제207조). 증거능력에 관한 판단 및 증거조사의 결과로부터 사실을 인정하는 과정에서 증거의 증명력에 대한 평가는 재판소의 재량에 맡겨져 있다.

6) 당사자 조회 및 소제기 전 조회 제도

증거조사와 관련하여 미국의 증거개시(discovery) 제도를 본 떠 당사자조회 및 소제기 전 조회제도를 도입하였는데, 그 내용은 다음과 같다.

당사자조회란, 일본에서 1996.6.26. 법률 제109호로 민사소송법을 전부개정하면서 새로이 도입한 제도로서, 당사자가 소송계속 중에 주장 또는 입증을 준비하기 위하여 필요한 사항에 관해 상대방에 대하여 상당한 기간을 정하여 서면에 의하여 회답할 것을 요구할 수 있는 제도를 말한다(일본 민사소송법 제163조). 위 전부개정 당시 소송계속 중의 당사자조회 제도만 도입하였으나 2003년 민사소송법을 일부 개정하면서 소제기 전 조회 제도도 도입하였다(일본 민사소송법 제132조의2, 제132조의3). 소제기 전 조회란 원고가 되려고 하는 자 또는 피고가 될 자가 소정의 요건 하에 상대방에 대하여 주장 또는 입증을 준비하기 위하여 필요함이 명백한 사항에 관해 상당한 기간을 정하여 서면에 의하여 회답할 것을 요구할 수 있는 제도를 말한다(일본 민사소송법 제132조의2, 제132조의3).

당사자조회 및 소제기 전 조회 제도는 미국의 증거개시(discovery) 제도 중 질문서(interrogatories) 제도를 참고하여 만든 제도이기는 하나, 미국의 질문서 제도와는 달리 재판소가 일체 관여하지 않고 직접적인 제재도 없다.

원래 당사자조회 제도를 도입함에 있어서 주로 변호사들을 중심으로 하여 당사자조회의 실효성을 확보하고 남용을 방지하기 위하여는, 조회서 및 회답서의 송부는 재판소를 통해 이루어져야 하고, 회답거부와 관련하여 당사자 간에 분쟁이 발생한 경우 재판소가 회답거부의 당부를 판단하여야 한다는 의견이 있었으나, 재판소 측이, 조회서 및 회답서의 송부를 재판소의 송달 방식으로 할 경우 당사자의 오해가 초래될 수 있고, 재판관이 사건을 충분히 파악하고 있지 아니한 단계에서 회답거부의 당부를 판단하는 것은 재판소에 과중한 부담이 된다는 이유를 들어 강력히 반대하여, 결국 재판소가 일체 관여하지 않는 형태의 당사자조회 제도가 도입되었다.[349)]

일본에서는 당사자조회 및 소제기 전 조회를 실패한 제도로 보는 견해가 일반적이다. 당사자조회 제도는 증거수집 수단을 확충하려는 목적에서 도입된 것이지만 그 이용실적은 저조하다. 부당한 회답거부나 허위회답에 대한 제재가 없고, 재판소에서의 쟁점 및 증거의 정리절차 내에서 구석명(求釋明) 등을 통하여 필요한 정보가 비교적 조기에 밝혀지는 실무 현실이 그 이유인 것으로 보인다. 이에 반해 문서제출명령 제도의 개정은 큰 성과를 거두었다고 보고 있다.[350)]

7) 소송의 종료

소장의 제출에 의하여 시작된 소송절차는 다양한 사유에 기하여 종료한다.

가장 전형적인 절차의 종료 사유는 판결이다. 재판소는 증거조사를 행한 후 원고의 청구가 인정되는지 여부의 심증을 얻었을 때에는 구두변론을 종결하고 판결을 선고한다.

다만 피고가 원고가 주장하는 사실을 다투지 않는 경우 등 실질적으로 다툼이 없는 사건에 있어서는 판결서의 원본에 근거하지 않은 간이한 선고가 가능하다. 이 경우에는 판결서의 작성을 대신하여 재판소 서기관이 주문 등을 기재한 조서를 작성하게 된다(소위 조서판결, 민사소송법 제254조).

8) 판결에 대한 불복

제1심 재판소의 판결에 불복이 있는 당사자는 판결송달일로부터 2주간 이내에 상급재판소에 대하여 항소를 할 수 있고, 제2심(항소심) 재판소의 판결에 불

---

349) 門口正人 편집대표, 民事證據法大系 第5卷 各論 Ⅲ 鑑定 その他, 青林書院(2005), 236～239쪽(志知俊秀 집필); 秋山幹男 외 5인(주 101), 433～435쪽.

350) 법원행정처, 외국사법제도연구(12), 496쪽.

복이 있는 당사자는 상고를 할 수 있다. 즉 지방재판소의 제1심 판결에 대해서는 관할 고등재판소에 대하여 항소할 수 있고, 고등재판소의 제2심 판결에 대해서는 최고재판소에 상고할 수 있다. 간이재판소의 제1심 판결에 대해서는 지방재판소에 대하여 항소할 수 있고, 지방재판소의 제2심 판결에 대해서는 고등재판소에 상고할 수 있다.

고등재판소의 상고심 판결에 대해서는 예외적으로 헌법해석의 잘못이 있거나 그 밖에 헌법의 위반이 있다는 것을 이유로 할 때에만 최고재판소에 상소할 수 있다. 이 상소를 「특별상고」라고 한다.

상고심인 고등재판소의 판결이 최고재판소의 판결과 저촉되어도 헌법위반이 아닌 한 특별상고는 할 수 없다.

2. 일본 상소제도의 특징

(1) 항소심 심판대상과 구조

지방재판소, 가정재판소, 간이재판소의 1심 종국판결에 대해 제2의 사실심 재판소에 상소하는 것을 항소라 한다(일본 민사소송법 제281조 제1항 본문, 제297조).

항소제기는 1심 판결에 불복해 1심 판결의 취소·변경을 신청하는 것이다. 따라서 항소심 심판대상은 우선 위 신청의 당부를 판단하는 것이고, 둘째는 취소자판이 원칙이므로 취소자판의 경우에는 청구의 당부를 판단하는 것이다. 심판대상 논의는 상소심 심리구조 이론과 밀접히 관련되어 있고, 일본 민사소송법은 항소심에 관해서 한국과 마찬가지로 속심주의(續審主義)를 채용하고 있다. 속심주의는 복심주의와 사후심주의의 중간 형태로 1심 재판자료에 더해 항소심에서 새로운 자료를 수집해 1심 판결의 당부를 판단하고, 1심 판결 취소에 따라 필요하면 청구의 당부에 관해 항소심이 스스로 판단하는 것이다. 민사소송법 제296조 제1항에서 "구술변론은 당사자가 1심 판결의 변경을 청구하는 한도 내에서 한다"라고 규정한 것이나 제298조 제1항이 "1심의 소송행위는 항소심에서도 그 효력이 있다"라고 규정한 것이 속심주의를 규정한 것으로 해석된다.

그러나 최근 항소재판소가 제1회 구두변론기일 전에 원심기록을 충분히 검토해 원심판결의 당부를 검토하고, 원칙적으로 제1회 구두변론기일 전에 사전절차를 실시해 쟁점 및 증거조사의 필요성 등을 충분히 논의한 후 제1회 구두변론기일을 진행하는 소송운영이 바람직하다고 하면서 항소심의 사후심적 운영이 정착되고 있다. 조기에 심리를 마치거나 제1회 변론기일에서 심리를 종결하는 경향이 1990년대 일부 항소재판소에서 구체적으로 나타나기 시작하였고 1998년 민사소송법 개정 후 그 경향이 현저해지고 있다.[351]

(2) 항소이유서와 반론서

항소장에는 당사자와 법정대리인을 기재하는 이외에도 1심 판결을 표시하고 항소하는 취지를 기재한다(일본 민사소송법 제286조 제2항). 항소장에 불복범위나 이유는 임의적 기재사항이나, 공격방어방법이 기재되어 있으면 항소심에서 항소이유서를 제출하지 않아도 된다(일본 민사소송규칙 제175조). 항소장에 1심 판결의 취소 또는 변경을 구하는 사유를 구체적으로 적지 않았을 때에 항소인은 항소제기 후 50일 이내에 이러한 이유를 적은 서면을 항소재판소에 제출해야 한다(일본 민사소송법 제315조). 항소심은 속심이므로 1심에서와 같이 청구의 당부 자체가 항소심에서도 전면적으로 심리대상이 된다. 원심판결의 어느 부분 판단에 어떤 불복이 있다는 것은 청구의 당부와는 이론적으로 관계가 없으므로 상고심과 달리 항소이유서 제출은 필요한 것이 아니라고 생각되어 왔다. 그러나 항소가 1심 판결에 대한 불복신청인 이상 그 이유가 나타나 있지 않으면 항소심 심리가 이루어질 수 없고, 이전에도 심리의 능률을 위해 대부분 제출되었던 실무 관행과 이를 지지하는 학설에 따라 항소이유서의 제출이 규칙에 규정되었고,[352] 제출하지 않는 경우 항소를 각하해야 한다.

이처럼 항소이유서 제출이 강제되어 항소심 심리대상이 항소이유를 중심으로 한정된다고 할 수 있다. 이로써 속심제하에서 사후심적 운영이 법규상으로도 근거를 마련하였으므로 사후심적 운영을 전제로 항소심 심리를 행해야 한다는 의견도 가능하게 되었다. 그러나 속심주의에서 항소이유서 제출 강제는 본질적인 것이 아니라 할 것이므로 이 규정이 사후심의 근거 규정이라고 할 수는 없다.

항소이유서와 반론서를 각각 제출하게 함으로써 항소심에서 쟁점이 조기에

351) 법원행정처, 외국사법제도연구(11), 305쪽.
352) 법원행정처, 외국사법제도연구(11), 307쪽.

명확해져 충실한 심리를 실현할 수 있게 되었다.

(3) 신속한 항소심 심리

항소심과 직접 관련된 것은 아니지만, 1심은 실권효 제도를 통해 공격방어방법의 1심 집중을 유도하고 있다. 공격방어방법은 소송 진행 정도에 따라 적절한 시기에 제출하여야 하고, 당사자가 고의 또는 중대한 과실로 공격방어방법을 뒤늦게 제출하여 소송의 완결을 늦어지게 하는 것으로 인정할 때에는 재판소는 신청 또는 직권으로 각하 결정을 할 수 있다(일본 민사소송법 제156조 및 제157조 제1항).

또한, 심리계획에 따른 소송절차 진행상 필요가 있다고 인정할 때에는 재판장은 당사자의 의견을 듣고 특정사항에 관한 공격방어방법을 제출할 기간을 정할 수 있고, 이 경우 당사자가 그 기간경과 후에 제출한 공격방어방법에 대해서는 심리계획에 따른 소송절차 진행에 현저한 지장이 생길 우려가 있다고 인정될 때에는 재판소는 신청 또는 직권으로 각하 결정을 할 수 있다. 다만 당사자가 그 기간 내에 당해 공격방어방법을 제출할 수 없었던 것에 대하여 타당한 이유가 있었음을 소명한 때에는 그러하지 아니하다(일본 민사소송법 제147조의3, 제156조의2, 제157조의2). 재판장은 답변서 또는 특정한 사항에 관한 주장을 적은 준비서면을 제출하거나 특정한 사항에 관한 증거를 신청할 기간을 정할 수 있다(일본 민사소송법 제162조).

준비적 구술변론이나 변론준비절차가 종결된 뒤에 공격방어방법을 제출한 당사자는 상대방이 요구할 때에는 상대방에게 준비적 구술변론 등의 종결 전에 이를 제출할 수 없었던 이유를 설명해야 하고(일본 민사소송법 제167조, 제174조), 서면에 의한 준비절차 종결 후 공격방어방법의 제출에 대해서도 이와 유사한 제한이 따르며(일본 민사소송법 제178조 참조), 이는 준비적 구술변론, 변론준비절차, 서면에 의한 준비절차를 거친 사건의 항소심에서 공격방어방법을 제출한 당사자에 대해서도 그대로 준용된다(일본 민사소송법 제298조 제2항).

항소심에서도 실기한 공격방어방법의 각하 규정이 적용되는데다가 변론준비절차 등 쟁점 정리절차를 종결한 효과로 생기는 설명의무가 항소심에서도 지속되기 때문에 항소심에서의 새로운 공격방어방법의 제출을 간접적으로 제한하게 된다.

(4) 변론의 갱신권과 그 제한[353)]

속심주의에서 당사자는 1심에서 제출된 재판자료 이외에 항소심에서 새롭게 공격방어방법을 제출할 수 있다. 이를 "변론의 갱신권"이라고 한다. 구민사소송법에서는 갱신권에 관해 특별한 제한을 두지 않고, 단지 시기에 늦은 공격방어방법이나 준비절차 실권효 조항의 적용을 통하여 1심에서 제출되지 않은 공격방어방법의 제출이 제한되는 정도에 불과하였다. 현행법에서도 시기에 늦은 공격방어방법의 각하 규정이 적용되는 것에는 변함이 없으나, 그 외에도 앞서 본 것처럼 변론준비절차 등 쟁점 정리절차 시 발생하는 설명의무(일본 민사소송법 제167조)가 항소심에서도 존속하는 것으로 하여(일본 민사소송법 제298조), 항소심에서 새로운 공격방어방법의 제출을 간접적으로 제한하고 있다.

또한, 신민사소송법은 항소심 사건의 쟁점을 조기에 확정함으로써 심리의 충실과 촉진을 도모하기 위해 민사소송법 '항소' 편에 제301조(공격방어방법의 제출기한 등)를 신설하여 항소심에서의 새로운 공격방어방법 제출에 시간적 제약을 정하였다. 당사자가 '재판장이 정한 공격방어방법 등의 기간'이 경과한 후에 일정한 소송행위(공격・방어방법의 제출, 청구나 청구원인의 변경, 반소제기 또는 선정자에 관한 청구의 추가)를 할 때에는 재판소에 기간 내 할 수 없었던 이유를 설명해야 하는 의무를 부담시키고 있다(일본 민사소송법 제301조 제2항). 설명의무를 부과하여 간접적으로나마 지정된 기간을 준수하도록 하고, 설명내용은 재판부가 문제된 공격방어방법의 제출이 시기에 늦은 것으로 각하할 수 있는지를 판단하는 자료로 사용할 수 있다. 이것도 변론갱신권을 무제한 인정할 경우 나타나는 폐해를 막고자 하는 것이다.

Ⅳ. 일본의 상고제한 제도

1. 일본 상고제도의 특징

일본의 근대적인 사법제도는 전통적인 제도가 발전하여 확립된 것이 아니라

353) 법원행정처, 외국사법제도연구(11), 309~310쪽.

전혀 다른 문화적 토양에서 형성된 서양의 사법제도를 급하게 모방한 것이기 때문에, 부득이 상급법원이 그 재판을 통하여 새로운 제도에 미숙한 하급법원의 재판실무를 지도하기 위하여 모든 사건을 상급법원에 상소할 수 있도록 하는, 소위 상급심 지도형의 재판제도를 채택하게 되었다.

그래서 아무런 상소제한 규정도 두지 아니하고 가능한 한 폭넓게 상소를 인정한 결과 서구의 원추형(圓錐形) 상소 제도와는 다른, 소위 원통형(圓筒形) 상소 제도가 자리잡게 되었다. 그러므로 남상소(濫上訴)는 당연히 나타날 수밖에 없는 현상이었다고 할 수 있다.[354]

2. 상고제한의 필요성 제기

상소제도의 본질은 당사자의 구제를 도모하는 것에 있으나, 특히 최상급심인 최고재판소에 대한 상소에 있어서는 판례를 통한 법령해석의 통일이라는 기능 또한 중요한 본질이라 할 수 있다.

일본에서 최고재판소에 대한 상고 제한의 필요성은 두 가지 측면에서 고찰되어 왔다. 첫째는 상고사건의 증가에 따른 최고재판소의 과중한 부담을 완화하는 것이고, 둘째는 법령해석의 통일이라는 최상급재판소로서의 기능을 충실히 수행하기 위한 것이다.

일본의 상고제도 개혁의 과정은 위 두 가지 측면 및 당사자의 개별적 이익의 구제라는 상소제도 기능과의 적정한 균형을 모색하는 과정이었다고 할 수 있다.

일본의 위 원통형 상소제도는 전후 미국의 영향을 받아 최상급법원의 성격이 변화됨에 따라 변모되게 되었다. 기존 일본의 최상급법원이던 대심원은 대략 50명 내외의 재판관이 민사와 형사 사건의 상고재판을 처리하여 온 반면, 1946년 새로 제정된 헌법 아래에서의 최상급법원인 최고재판소는 미국의 연방대법원처럼 위헌심사권을 가질 뿐만 아니라 종래 행정재판소의 권한이던 행정소송 사건까지 맡게 되었다. 또한, 위헌심사권을 유효하게 행사하기 위하여 재판관의 정원도 통일적 의사의 형성이 가능한 한도까지 내려 15명으로 줄였다. 이와 같이 사무의 범위가 늘어난 반면 재판관의 수가 대폭 줄어듦에 따라, 최고재판소는 대

354) 심중선, "일본의 민사상고제한", 민사법연구(7), 368~370쪽.

심원이 하여 왔던 종래의 상고심 기능을 그대로 이어받을 수 없게 되었고, 최고재판소에의 상고의 길을 좁히지 않을 수 없게 되었다.[355] 그 대응은 민사소송과 형사소송에서 다른 방법으로 나타났다.

3. 상고심의 심리방식

(1) 최고재판소 재판부의 구성[356]

최고재판소의 재판은 최고재판소 장관과 최고재판소 재판관 14명으로 구성되는 대법정(大法廷)과 5명씩으로 구성되는 3개의 소법정(小法廷)에서 하는데, 최고재판소 장관을 포함한 전원이 각각 하나의 소법정에 소속되어 있다. 대법정의 정족수는 9명이며, 소법정의 정족수는 3명이다. 소법정의 재판장은 고정되어 있지 않고, 소법정 소속의 재판관이 돌아가면서 재판장을 맡고 있다.

일본 재판소법은 대법정 및 소법정의 사무분담을 최고재판소가 정하도록 위임하고 있고(재판소법 제10조), 대법정에서는 헌법재판사건과 판례 변경사건, 각 재판부(小法廷)의 합의 결과 가부동수인 사건 또는 대법정에서 심판하는 것이 상당하다고 인정한 사건, 법관에 대한 징계재판사건, 인사관(人事官)에 대한 탄핵재판사건 등을 심판한다.

각 재판부(소법정)에서는 반대의견이 있더라도 대법정으로 넘기지 않고 소수의견을 명시한 채 다수의견에 따라 판결을 할 수 있다. 이에 따라 4:1이나 3:2로 판결이 선고되는 경우도 종종 있다.

(2) 조사관에 의한 사건의 사전검토[357]

1) 개 요

최고재판소 사건은 예외 없이 먼저 최고재판소 조사관의 검토를 거쳐 보고서와 함께 주심 최고재판소 판사에게 보고된다. 최고재판소 조사관의 직무는 상고된 재판기록을 읽고, 그 상고사건에 관하여 상고기각 상당, 하급심 파기환송, 대

---

355) 법원행정처, 외국사법제도연구(8), 365쪽.
356) http://www.courts.go.jp/about/sosiki/saikosaibansyo/index.html
357) 법원행정처, 외국사법제도연구(8), 391쪽.

법정 회부, 소법정에의 평의에 회부할 사안 등으로 보고서를 작성하여 주심 최고재판소 판사에게 보고하는 것이다.

이와 같이 최고재판소 조사관은 최고재판소 판사의 부족을 보완하는 기능, 상고요건을 충족하지 못하는 사건을 스크린하여 신속하게 기각함으로써 최고재판소가 실질적으로 심리할 필요성이 높은 사건에 대하여 노력을 집중하도록 하는 기능을 하고 있다. 이러한 기능은 긍정적으로 평가받고 있으나, 최고재판소 판사가 아닌 조사관에 의하여 상고심 재판이 행해지고 있다는 비판도 제기되고 있다.

2) 조사관의 구성 및 조직

조사관 이외에 각 조사관실별로 조사관실부(調査官室付)가 1명씩 배치되어 있다.

조사관의 법관경력을 보면, 수석조사관이 35년 전후(고등재판소 부장판사 경력자), 상석조사관들이 26~31년(지방재판소 부장판사 경력자), 조사관들이 12~25년, 조사관실부들이 2~3년 정도이다.

(3) 최고재판소에서의 구두변론[358)]

상고심은 법률심이므로 증거조사는 행해지지 않는다. 일본 민사소송법 제319조와 형사소송법 제408조에 의하면, 서면심리의 결과 상고가 이유 없다고 인정한 때에는 구두변론을 거치지 않고서 상고를 기각할 수 있도록 규정하고 있어서 상고심에서의 구두변론은 원칙적으로 행해지지 않고 서면심리만이 행해지는 것이 보통이다. 이는 최고재판소의 부담경감을 위한 규정이라고 해석되고 있다.

그러나 위 조항들의 반대해석상 서면심리의 결과 상고가 이유 없다고 단정할 수 없는 경우에는 민사소송법 제87조 제1항, 형사소송법 제43조 제1항의 구두변론원칙으로 되돌아가 심리하게 되고, 원판결을 변경하는 경우에는 구두변론을 열 필요가 있다고 하고 있다. 이는 피상고인에게 반론의 기회를 줄 필요가 있기 때문이다. 따라서 상고심에서 구두변론이 열린다는 것은 원판결을 어떠한 형태로든 파기하거나 변경할 예정임을 암시하는 셈이 된다. 이 경우에도 구두변론 결과 상고이유가 없는 것으로 판명되면 상고가 기각되는 것은 당연하다.

상고기각판결을 선고할 때에는 중요사건을 제외하고는 변론을 열지 않는 것

---

358) 법원행정처, 외국사법제도연구(8), 393~394쪽.

이 관행이다. 구두변론을 열지 않은 채 당사자에게 선고기일 통지서를 보내게 되면 상고기각 주문을 사전에 알려주는 결과가 되기 때문에 이를 피하기 위하여 이 경우에는 선고기일통지도 하지 않고 바로 선고하는 방식을 취하고 있다.

4. 민사재판에서의 상고제한

(1) 개 설[359)]

민사소송의 경우 최고재판소의 사건부담을 줄이기 위하여 상고심을 이원화하였다. 즉, 1947년 '헌법의 시행에 따른 민사소송법의 응급조치에 관한 법률'이 제정되어 간이재판소 사건의 상고는 고등재판소가 처리하도록 하였는바, 그 내용이 1948년의 민사소송법 개정 시 반영되어 현재에 이르고 있다.

1948년 형사소송법 전면 개정으로 형사소송에서는 최고재판소에 대한 상고사유로 헌법위반과 판례저촉만을 인정하되(권리상고), 그 이외의 법령위반의 문제에 관하여는 법령의 해석에 관한 중요한 사항을 포함하는 것으로 인정된 것에 한하여 최고재판소의 재량으로 사건을 수리할 수 있는 상고수리제도를 두는 등 상고제한 제도가 도입되었다.

이러한 형사소송법 개정 당시 민사소송 분야에서도 민사소송법에 위 형사소송과 같은 방향의 상고제한 제도를 도입하려는 시도가 있었는데, 재야 변호사단체의 반발 등으로 입법화되지 못하였다. 다만, 1950년에 '최고재판소에 있어서의 민사상고사건의 심판의 특례에 관한 법률'이라는 임시법이 제정되어 시행되었다.

위 임시법에 따라 최고재판소에 대한 상고사유로 헌법위반과 판례저촉만을 인정하되(권리상고), 그 이외의 법령위반의 문제에 관하여는 법령의 해석에 관한 중요한 사항을 포함하는 것으로 인정된 것에 한하여 최고재판소의 재량으로 사건을 수리할 수 있는 상고수리제도를 두었고, 법령위반이나 사실오인 등으로 인해 현저히 정의에 반하는 경우에는 직권조사에 의해 원판결을 파기할 수 있도록 하고 있다.

여기에 뒤이어, 1954년 민사소송법의 일부가 개정되어 다음과 같이 상고를 제

359) 법원행정처, 외국사법제도연구(8), 366~367쪽.

한하는 조치가 제한적으로 취해졌다.

1) 상고이유의 제한

원심판결의 법령위반 일반을 넓게 상고이유로 하고 있던 종전의 규정을 '판결에 영향을 미치는 것이 명백한 법령위반'을 상고이유로 하는 것으로 개정하여 상고이유의 범위를 제한하였다.

2) 상고 적법 요건에 대한 원심재판소 심사제도의 신설

상고 적법 요건을 원심재판소에서 심사하게 하고 심사 결과 상고가 부적법하고 그 흠을 보정할 수 없는 경우 등에는 원심재판소로 하여금 각하하게 함으로써 상고를 간접적으로 제한하였다.

3) 상고권 남용에 대한 제재

상고재판소는 상고를 기각할 경우 상고인이 소송의 완결을 지연하게 할 목적으로 상고를 제기하였다고 인정될 때에는 상고인에게 상고제기 수수료의 10배 이하의 돈을 납부하도록 명할 수 있다고 함으로써, 남상소에 대한 제재 조항을 두었다.

그러나 이러한 규정들만으로는 상고법원인 최고재판소의 부담을 줄이기에는 역부족이었고, 오히려, 헌법판단 및 법령해석의 통일이라는 최고재판소 본래의 책무를 달성하기 곤란할 정도로 민사 상고사건이 크게 증가하였다. 게다가 상고사건에는 '상고'라는 이름을 빌려 원심의 사실인정을 다투려는 사건의 비중이 많았다. 한편, 결정 절차에 대하여는 헌법위반의 경우를 제외하고는 최고재판소에 대한 상소가 허용되지 않았기 때문에 고등재판소 단계에서 판단이 구구하게 갈리고 최고재판소에 의한 판례통일의 기회가 없다는 점도 문제점으로 지적되어 왔다.

이러한 상고제도의 문제는 오랜 기간 일본 민사소송 분야의 현안으로 인식되었으나 좀처럼 개정에 이르지 못하고 있었다. 그러던 중, 1990년대 민사소송법 전면개정의 움직임에 맞추어 개정작업에 착수하게 되었고, 상고수리제도, 허가항고제도를 신설하는 내용이 포함된 신민사소송법이 1996년 6월 제정되어 1998년

1월 1일부터 시행되기에 이르렀다. 신민사소송법에서는, 최고재판소에 대한 상고의 이유를 ① 헌법위반, ② 법령위반 중 중대한 절차법위반에 한정하고(이를 '권리상고'라고도 한다), 상고이유가 명백히 위 사유들에 해당하지 않는 경우에는 결정으로 상고를 기각할 수 있도록 하였다.

한편, 일반 법령위반에 대하여는, 최고재판소가 법령의 해석에 관한 중요한 사항을 포함한다고 인정되는 사건에 대하여 당사자의 신청에 의해 이를 상고심으로서 수리할 수 있는 상고수리 제도, 즉, "재량상고제도"가 신설되었다.

(2) 상고이유의 제한(권리상고)

1) 비판 및 평가

최고재판소에 대한 상고이유는 ① 헌법위반, ② 법령위반 중 중대한 절차법위반에 한정된다. 상고제한 입법 논의 당시에는, 법령위반이 절대적 상고이유에서 제외되는 만큼 당사자들의 개별적 권리구제가 후퇴하게 된다는 변호사회의 비판이 있었으나, 최고재판소에의 상고를 제한한 현행 민사소송법은 현재 당초의 기대에 부응하는 성과를 올리고 있다고 평가받고 있다.[360)]

다만, 제312조 제2항의 절대적 상고이유 규정 중 제1호 내지 5호는 그 열거된 사유가 해석상 한정적이지만, 제6호의 '판결의 이유를 밝히지 아니하거나 이유에 모순이 있는 때'라는 사유를 둠으로써 당사자들이 실제로는 원심의 사실인정을 비난하거나 원심의 법령위반을 주장하는 것임에도 위 조항을 통해 넓은 범위로 상고가 이루어지는 것이 아니냐는 우려가 제기되었으며,[361)] 실제로도 현행법하에서 상고이유로서는 민사소송법 제312조 제1항 소정의 헌법위반이나 동조 제2항 제6호 소정의 이유불비·이유모순이 대부분을 차지하고 있으며, 실질적으로는 원심의 사실인정에 대한 불복에 지나지 않는 것이 대부분이며, 이러한 상고사건의 대부분은 그 상고이유가 민사소송법 제312조 제1항, 제2항에 해당하지 않는다는 이유로 결정으로 기각되고 있다.

또한 고등재판소에 대한 상고사건, 즉 소가가 낮은 간이재판소 관할사건에 대하여는 상고이유의 제한 없이 상고가 가능하도록 하고, 최고재판소에 대한 상고

---

360) 법원행정처, 외국사법제도연구(8), 376쪽.

361) 竹下守夫, 研究會 民事訴訟法, 有斐閣(1999), 406쪽.

사건, 즉 소가가 높아 경제적으로 더 중요한 사건에 대하여는 상고에 제한을 가하는 셈이 되어 양자간 균형을 잃은 것이 아니냐는 비판도 있지만, 상고제도의 개혁이 법령해석의 통일이라는 최고재판소 본래의 역할을 충분히 발휘할 수 있도록 하는 것이 주안점이었다는 점에서, 위와 같이 최고재판소에 대한 상고이유와 고등재판소에 대한 상고이유를 달리 규정하였다고 하여 이를 불합리하다거나 균형을 잃은 것이라고 할 수 없다는 견해가 우세하다.[362]

> **일본 민사소송법 제312条(상고이유)** ① 상고는 판결에 헌법해석의 잘못이 있거나 그 밖에 헌법위반이 있다는 것을 이유로 하는 때에 할 수 있다.
> ② 상고는 다음 각 호 가운데 어느 하나의 사유가 있는 때에도 할 수 있다.
> 1. 법률에 따라 판결재판소를 구성하지 아니한 때
> 2. 법률에 따라 판결에 관여할 수 없는 재판관이 판결에 관여한 때
> 3. 전속관할에 관한 규정에 어긋난 때
> 4. 법정대리권·소송대리권 또는 대리인의 소송행위에 대한 특별한 권한의 수여에 흠이 있는 때
> 5. 구술변론의 공개 규정에 어긋난 때
> 6. 판결의 이유를 밝히지 아니하거나 이유에 모순이 있는 때
>
> ③ 고등재판소에 하는 상고는 판결에 영향을 미친 명백한 법령의 위반이 있는 것을 이유로 하는 때에도 할 수 있다

2) 결정에 의한 상고기각

상고재판소인 최고재판소는 상고이유가 제312조 제1항과 제2항의 사유에 명백히 해당되지 아니한 경우에는 결정으로 상고를 기각할 수 있다(일본 민사소송법 제317조 제2항).

위 조항은 당사자가 주장한 상고이유가 그 해당 사유에 해당하지 않음이 명백한 경우에는 최고재판소로 하여금 결정으로 간이하게 상고를 기각할 수 있도록 함으로써, 최고재판소의 부담을 경감시키는 데 큰 도움이 되고 있다.

위 조항은 최고재판소의 재판에만 적용되고, 고등재판소에의 상고는 상고가 이유 없는 경우에도 결정으로 기각할 수 없고 예전처럼 판결로 기각할 수밖에 없다.

---

362) 竹下守夫, 앞의 책, 408쪽.

3) 제325조 제2항에 의한 원심 파기사유의 확장

민사소송법 제325조 제2항은, 상고재판소인 최고재판소는 제312조 제1항 또는 제2항의 사유가 없는 경우에도 판결에 영향을 미친 것이 명백한 법령위반이 있는 때에는 원심판결을 파기할 수 있다고 규정하고 있다.

앞서 본 바와 같이 구민사소송법 하에서는 '판결에 영향을 미치는 것이 명백한 법령위배'가 상고이유로 규정되어 있어 상고이유와 그 파기사유가 일관되어 있었다. 그러나 신법 하에서는 위 법령위배 사유가 상고이유에서 제외되었음에도 그 법령위배를 이유로 원심을 파기할 수 있다고 정하고 있어 일응 모순이 있는 것으로 보일 수도 있다.

그러나 위 조항은 제한된 상고이유에 따라 최고재판소가 심리를 한 결과 그 상고이유와 직접 관련은 없지만 판결에 영향을 미친 것이 명백한 법령위반이 있는 것을 발견한 경우에도 원심을 파기할 수 없게 된다면, 결국 법령해석에 대한 최종적인 판단권을 갖고 있는 최고재판소로서 그 책무를 다할 수 없게 될 우려가 있다는 점을 고려하여 만들어진 규정이다.

(3) 상고수리제도(재량상고)

최고재판소는 법령의 해석에 관한 중요한 사항을 포함한다고 인정되는 사건에 대하여 당사자의 신청에 의해 이를 상고심으로서 수리할 수 있다.

> **일본 민사소송법 제318조(상고수리신청)** ① 상고할 재판소가 최고재판소인 경우에 최고재판소는 원심판결에 최고재판소의 판례(이것이 없는 경우에는 대심원이나 상고재판소 또는 항소재판소인 고등재판소의 판례)와 상반된 판단이 있는 사건이거나 그 밖의 법령의 해석에 대한 중요한 사항을 포함하고 있다고 인정된 사건을 신청에 따라 결정으로 상고심으로서 수리할 수 있다.
> ② 제1항의 신청에 대하여는 제312조 제1항과 제2항의 사유를 이유로 할 수 없다.
> ③ 제1항의 경우에 최고재판소는 상고수리신청의 이유 가운데 중요하지 아니하다고 인정하는 것이 있는 때에는 이를 배제할 수 있다.
> ④ 제1항의 결정이 있는 경우에는 상고가 있는 것으로 본다.
>
> **일본 민사소송규칙 제197조(상고재판소에의 사건송부)** ① 원심재판소는 상고장각하의 명령 또는 상고각하결정이 있는 경우를 제외하고는 사건을 상고재판소에 송부하여야

한다. 이 경우에 원심재판소는 상고인이 상고이유 중에 제시한 소송절차에 관한 사실의 유무에 관하여 의견을 붙일 수 있다.

1) 상고수리신청사건의 적법성 심사

상고수리신청 사건의 적법성 심사는 원심재판소가 행하지만, 상고수리신청사건이 민사소송법 제318조 제1항에 해당하는지 여부는 최고재판소가 판단해야 할 사항이기 때문에 원심재판소가 상고수리신청 사유 중에 법령의 해석에 관한 중요한 사항이 포함되어 있지 않다고 판단하여 그 신청을 각하할 수는 없다.

민사소송법 제318조 제1항에서 규정하는 '법령의 해석에 관한 중요한 사항'이란 최고재판소가 법령의 해석에 대하여 실질적인 판단을 나타낼 필요가 있는 사항을 말하고, 심리미진・경험칙・채증법칙을 포함한다.

따라서, 위와 같은 법령위반 주장이 상고수리신청서나 기간 내에 제출된 상고수리신청이유서에 기재되어 있으면, 원심재판소는 일응 '법령의 해석에 관한 중요한 사항'의 주장이 있는 것으로 보아 사건을 최고재판소에 송부하여야 한다.

2) 상고수리, 불수리의 판단

위 조항의 내용 및 입법경위에 비추어 볼 때, '법령의 해석에 관한 중요한 사항'에 해당하는 것으로서 사건을 수리할지 여부의 판단은 최고재판소의 재량에 맡겨진 것으로 해석된다.

현행법은 '판결에 영향을 미치는 것이 명백한 법령위반'을 최고재판소에 대한 상고이유에서 제외하였기 때문에, 최고재판소는 판결에 영향을 미치는 것이 명백한 법령위반이 있다고 해서 반드시 이를 수리해야 하는 것은 아니다.

수리, 불수리의 판단은 구체적으로는 ① 하급심에 동종의 법률문제를 포함하는 사건이 다수 계속 중인가, ② 당해 법률문제에 대한 논의가 성숙되어 있는가, ③ 당해 법률문제가 개별사건을 넘어 일반적인 의의를 가지는 것인가, ④ 법령해석의 잘못이 원판결의 결론에 어느 정도의 영향을 미치는가, ⑤ 당해 법률문제가 원판결의 결론을 도출하는 데 불가결하게 관련된 부분인가 등의 제반 사정에 대한 종합적 고려하에 이루어진다.[363)]

363) 宮坂昌利, "最高裁判所における上告受理と許可抗告", ジュリスト増刊 民事訴訟法の争点, 有斐

3) 불수리결정의 효력

수리, 불수리 결정은 위와 같이 종합적인 판단에 의한 것이기 때문에, 불수리 결정이 내려졌다 해서 이를 최고재판소가 원심 판결의 판단을 인정하는 뜻을 나타낸 것이라 볼 수 없으며 위 불수리결정에 판례로서의 의의나 효력이 있다고 볼 수도 없다.

〈최고재판소의 민사행정사건 접수, 처리 건수〉[364)]

연도	총수	소송사건 (접수)[365)]	소송사건 (처리)	연도	총수	소송사건 (접수)	소송사건 (처리)
2000	6476	4557	4273	2012	8169	6052	6213
2001	6447	4670	4419	2013	8131	6110	6251
2002	6816	4691	4872	2014	7626	5564	5888
2003	6854	4852	4774	2015	7223	5268	5769
2004	7119	5056	5454	2016	7096	5203	5543
2005	7267	5263	5345	2017	7086	5049	5122
2006	7180	5066	5407	2018	6830	4750	4716
2007	6651	4688	4851	2019	6894	4634	4595
2008	6804	4937	4660	2020	6191	4068	4262
2009	6927	5186	5179	2021	6502	4457	4257
2010	7410	5577	5107	2022	7149	5019	4951
2011	7627	5775	4890	2023	7736	5419	5132

閣(2009), 262쪽.

364) https://www.courts.go.jp/app/sihotokei_jp/search

365) 상고수리, 특별상고를 포함한 수치이다.

〈최고재판소의 형사사건 접수, 처리 건수〉

연도	총수	소송사건 (접수)	소송사건 (처리)	연도	총수	소송사건 (접수)	소송사건 (처리)
2000	2901	1929	1941	2012	4142	2251	2375
2001	3248	2190	1998	2013	3820	1968	2020
2002	3657	2440	2499	2014	3693	1906	1990
2003	4263	2764	2788	2015	3606	1912	1895
2004	4437	2873	2969	2016	3746	1984	1958
2005	4484	2748	28.33	2017	4083	2169	2107
2006	4381	2742	2781	2018	3848	1955	1993
2007	4502	2554	2545	2019	4056	2061	2092
2008	4050	2497	2500	2020	4295	1849	1882
2009	3856	2227	2313	2021	4200	1816	1852
2010	4024	2445	2403	2022	3863	1670	1685
2011	3976	2301	2210	2023	3773	1606	1614

제 2 장

한국의 심급·상소제도 및 상소제도의 변천

제1절 한국의 심급·상소 제도

Ⅰ. 한국 심급제도와 재판기관

1. 개 요

헌법 제101조 제1항은 “사법권은 법관으로 구성된 법원에 속한다”라고 규정하여 사법권을 법원에 맡기고 있다. 법원은 최고법원인 대법원과 각급 법원으로 조직되는데, 법원조직법은 법원을 크게 대법원, 고등법원, 특허법원, 지방법원, 가정법원, 행정법원, 회생법원으로 구분하고 있다. 또한 지방법원 및 가정법원의 사무의 일부를 처리하게 하기 위하여 그 관할구역 안에 지원과 가정지원, 시·군법원 및 등기소를 둘 수 있으며, 지방법원과 가정법원의 지원은 2개를 합하여 1개의 지원으로 할 수 있도록 하고 있다.

2. 각급 법원 및 등기소의 수

현재 전국에 설치된 각급 법원 및 지원(支院)과 가정지원, 시·군법원 및 등기소의 수는 아래와 같다.

종류	대법원	고등법원	특허법원	지방법원		가정법원	행정법원	회생법원
개수	1	6	1	18		8	1	3
소속 지원 등				지원	42			
				시·군법원	101			
				등기소	205			

3. 각급 법원의 재판

(1) 대법원

대법원은 대법원장을 포함하여 대법관 14인으로 구성되어 있다. 대법관 중 1인은 법원행정처장을 겸하며 재판에는 관여하지 않는다. 대법원의 재판은 대법관 전원의 3분의 2 이상의 합의체에서 행하도록 되어 있는데, 이 경우 대법원장이 재판장이 된다. 다만, 대법관 3인 이상으로 구성된 부(部)에서 먼저 사건을 심리한 결과 관여 법관의 의견이 일치된 경우에는 그 부에서 재판할 수도 있다. 그러나 ① 명령 또는 규칙이 헌법에 위반함을 인정하는 경우, ② 명령 또는 규칙이 법률에 위반함을 인정하는 경우, ③ 종전에 대법원에서 판시한 헌법·법률·명령 또는 규칙의 해석 적용에 관한 의견을 변경할 필요가 있는 경우, ④ 부에서 재판함이 적당하지 아니하다고 인정되는 경우에는 위 합의체에서 재판하여야 한다.

대법원은 고등법원, 지방법원 및 가정법원의 항소부 판결에 대한 상고심(3심)이다. 상고 이유는 원칙적으로 원판결에 법령 위반이 있는 경우이나, 사형, 무기징역 또는 10년 이상의 자유형이 선고된 형사사건의 경우 사실오인이나 양형부당 또한 상고 이유가 된다. 그 밖에 대통령 및 국회의원 선거의 유효성에 관한 사건에 대해서는 전속적인 1심 법원으로서 재판한다.

(2) 고등법원

고등법원의 재판은 판사 3인으로 구성된 합의부에서 행한다. 고등법원은 원칙적으로 지방법원 및 가정법원의 합의부, 행정법원에서 재판한 사건의 항소심(2심)을 담당하게 되나, 예외적으로 대법원규칙으로 정하는 사건의 경우에는 지방법원 및 가정법원의 단독판사가 심리한 사건의 항소심 재판을 하기도 한다(다만 형사사건은 제외한다).

(3) 특허법원

특허법원의 재판은 판사 3인으로 구성된 합의부에서 행한다. 특허법원은 특허, 실용신안, 디자인, 상표 관련 사건에 관한 전문법원으로서 특허권 등의 성립이나 효력을 다투는 분쟁을 심리한다. 또한 특허법원은 고등법원급의 법원으로 특허법원의 판결에 대하여 불복이 있는 경우에는 곧바로 대법원에 상고할 수 있다. 따라서 특허소송은 특허법원→대법원으로 이어지는 2심제로 운영되고 있다. 현재 특허법원은 대전에 설치되어 있다.

(4) 지방법원 및 지원

지방법원 및 지원의 재판은 원칙적으로 단독판사가 행하나, 합의 재판을 해야 할 경우에는 판사 3인으로 구성된 합의부에서 이를 행한다. 단독판사가 재판할 사건과 합의부가 재판할 사건은 민사사건의 경우 대체로 소송 가액에 따라 정해지고, 형사사건의 경우 법정형에 따라 정해진다. 지방법원 및 지원은 통상 1심 재판을 담당하나 지방법원 항소부는 지방법원 단독판사의 재판에 대한 항소심(2심)을 담당한다. 지원은 항소부가 없는 점에서 지방법원과 구별되나 예외적으로 춘천지방법원 강릉지원에는 항소부가 설치되어 있다.

(5) 가정법원

가정법원의 재판은 원칙적으로 단독판사가 행하나, 합의 재판을 해야 할 경우에는 판사 3인으로 구성된 합의부에서 행한다. 가정법원은 통상 가사 및 소년관계 사건의 1심 재판을 담당하나 가정법원 항소부는 가정법원 단독판사의 재판에 대한 항소심(2심)을 담당한다. 현재 가정법원은 서울, 인천, 대전, 대구, 부산, 광주, 수원, 울산에 설치되어 있으며 그 외의 지역에서는 지방법원 또는 지방법원 가정지원이 그 역할을 수행하고 있다.

(6) 행정법원

행정법원의 재판은 판사 3인으로 구성된 합의부에서 행하나, 행정법원 합의부가 단독판사가 재판하도록 결정한 사건은 단독판사가 행한다. 행정법원은 행정소송법에서 정한 행정사건과 다른 법률에 의하여 행정법원의 권한에 속하는 사건의 1심 재판을 담당한다. 현재 행정법원은 서울에만 설치되어 있으며 그 외의 지역에서는 지방법원이 그 역할을 수행하고 있다.

(7) 회생법원

회생법원은 파산사건과 회생사건을 담당하고 있는데, 개인파산과 개인회생 사건은 단독판사가 담당하며, 개인이 아닌 채무자의 파산 및 회생사건은 합의부가 담당한다. 현재 회생법원은 서울, 수원, 부산에만 설치되어 있으며 그 외의 지역에서는 지방법원이 그 역할을 수행하고 있다.

(8) 시 · 군법원

시 · 군법원의 재판은 단독판사가 이를 행한다. 시 · 군법원은 소액의 민사사건이나 벌금에 처할 형사사건, 협의 이혼 사건 등 경미한 민사 · 형사 · 가사 사건의 1심 재판을 담당한다.

4. 심급관할

(1) 관할의 의의

관할이란 법원 사이의 재판권 행사의 분담을 정하는 것을 말한다. 이것을 각 법원의 입장에서 보면, 각자가 행사할 수 있는 재판권의 범위를 의미하므로 이를 관할권이라고도 부른다. 또한 관할을 특정 사건의 입장에서 보면, 그 사건을 재판할 수 있는 법원은 어느 법원인가를 정한 것이며, 그 사건을 재판할 수 있는 법원을 관할법원이라 한다. 아래에서는 관할 중 심급관할과 사물관할에 관하여만 살펴본다.

(2) 심급관할

제1심		제2심		제3심
합의부 (지방법원 및 지원)	→	고등법원	→	대 법 원
단독판사 (지방법원 및 지원)	→	지방법원 본원 합의부	→	대 법 원

심급관할이란 판결절차 안에서 법원이 어느 심급으로서 활동하는 것을 정한 것을 말한다. 한국은 제1심 위에 상소심으로서 항소심과 상고심의 두 단계를 두어 3심제를 채택하고 있다. 제1심은 지방법원 합의부나 지방법원 단독판사가 담당을 하고, 지방법원 단독판사의 제1심 재판에 대한 항소심은 원칙적으로 지방

법원 본원 합의부가 관할한다. 소송목적의 값이 5억 원 이하인 사건 등은 지방법원 단독판사 사건인데, 단독판사 사건이라도 소송목적의 값이 소의 제기 당시 또는 청구취지 확장 당시 2억 원을 초과하는 사건은 항소심이 고등법원이다. 그런데 항소심이 지방법원 합의부이든 고등법원이든 상고심은 모두 대법원이다.

(3) 사물관할

사물관할이란 같은 지역을 관할하는 제1심의 지방법원(또는 지원) 단독판사와 합의부 사이에 관할의 분담을 정한 것을 말한다. 법원조직법은 지방법원 및 그 지원의 심판권을 원칙적으로 단독판사가 행사하도록 하면서, 예외적으로 제32조 제1항 각 호에서 정한 사건에 대하여는 합의부가 심판하도록 규정하고 있다. 지방법원 및 그 지원의 합의부는 다음 사건을 제1심으로 심판한다. ① 소송목적의 값이 5억 원을 초과하는 민사사건(다만, 민사 및 가사소송의 사물관할에 관한 규칙 제2조 단서에 의하여 수표금·약속어음금 청구사건 등 일정한 사건의 경우 예외적으로 단독판사가 심판함), ② 재산권상의 소로서 그 소송목적의 값을 산출할 수 없는 것과 비재산권을 목적으로 하는 소, ③ 지방법원판사에 대한 제척, 기피 사건, ④ 그 밖의 법률에 의한 지방법원 합의부의 관할에 속하는 사건.

다만, 합의부 심판범위에서 제외되는 사건이라도 합의부에서 심판할 것으로 합의부(裁定決定部)가 결정한 사건은 합의사건이 되고, 소송목적의 값이 5억 원을 초과하는 민사사건이라도 단독판사가 심판할 것으로 합의부가 결정한 사건은 단독사건이 된다.

Ⅱ. 한국 민사소송 제1심의 운영형태

우리나라는 2002년 민사소송법이 개정되기 전까지는 사건의 접수순서에 따라 사건이 처리되는 병행심리방식으로 사건관리가 진행되었으나, 2002년 개정된 민사소송법에 의하여 집중심리방식을 도입하였다. 현행 민사소송법에 의한 구체적인 심리방식은 ① 차별화된 사건관리, ② 서면절차와 구술절차의 명확한 구분, ③ 서면공방의 선행 및 재판기일의 최소화, ④ 주장·입증의 적시제출, ⑤ 당사자 본인의 절차참여 확대, ⑥ 증거조사의 효율화, ⑦ 판결 이유 구성의 다양화,

⑧ 화해·조정에 의한 분쟁해결의 확대를 그 특징적인 모습으로 하고 있다. 민사소송법에 의한 사건관리방식을 시간적인 순서에 따라 소개하면 다음과 같다.

1. 답변서 제출 의무

소송은 원고의 소제기에 의하여 시작되는데, 피고가 원고의 청구를 다투는 경우로서 공시송달 이외의 방법에 따라 소장의 부본을 송달받은 경우에는 송달받은 날부터 30일 이내에 답변서를 제출하여야 하고, 위 기간 내에 피고가 답변을 하지 아니하거나 청구원인을 모두 자백하고 따로 항변을 하지 아니하는 때에는 변론 없이 판결을 선고할 수 있어, 다투는 사건과 다투지 아니하는 사건의 차별화를 꾀하고 있다.

2. 재판장의 신속한 기록 분류

재판장은 실질적인 답변서가 제출되면 바로 사건을 분류하여야 하는데, 사건은 변론준비절차를 거칠 필요가 있는 사건과 변론준비절차를 거칠 필요가 없이 바로 변론기일을 지정하는 사건으로 분류할 수 있다.

3. 변론준비절차

변론준비절차에 회부하는 사건은 비교적 쟁점이 복잡하여 변론을 효율적으로 실시하기 위하여 주장과 증거를 정리할 필요가 있는 사건, 자유로운 분위기에서 화해적 해결이 필요한 사건 등이 주요 대상이다. 변론준비절차에서는 변론의 준비를 위하여 필요하다고 인정하는 경우에는 증거결정을 할 수 있으며, 필요한 범위 내에서 증거조사를 실시할 수 있으나 증인신문은 직접주의, 공개주의 요청상 원칙적으로 허용되지 아니한다. 변론준비기일은 주장과 증거를 정리하여 준비의 목적이 달성된 경우, 당사자의 결석으로 변론준비기일의 목적 달성을 기대할 수 없는 경우 등에 종결된다.

4. 변론준비절차를 거친 경우의 변론기일

변론준비절차를 거친 경우, 변론기일에서는 변론준비절차를 통하여 정리된 쟁점에 집중하여 변론을 진행하게 된다. 특히, 변론준비기일을 거친 경우에는 변론준비기일에 제출하지 아니한 공격방어방법은 원칙적으로 그 뒤의 변론에서 주장하지 못하는 실권적 효력이 발생하도록 하여 변론의 집중을 꾀하고 있다.

또한, 변론준비기일을 거친 경우의 변론기일에서는 변론준비기일에서 정리된 쟁점과 증거조사 결과의 요지를 당사자가 진술하거나 법원이 확인하는 방식으로 변론에 상정하는 절차가 필요하다.

5. 조기 변론기일 지정의 경우

재판장은 답변서가 제출되면 바로 사건을 분류하여 사건의 특성상 신속한 처리가 요청되는 경우 또는 이미 쟁점이 정리되었거나 쟁점의 정리가 쉬운 경우 등 변론준비절차를 거칠 필요가 없는 때에는 바로 변론기일을 지정하여야 한다. 물론 처음부터 변론기일을 지정한 경우에도 진행과정에서 쟁점이 복잡하다고 판단하면 재판 진행 중간이라도 변론준비절차에 회부할 수 있다.

6. 판결의 선고

판결은 변론이 종결된 날부터 2주 이내에 선고하여야 하며, 복잡한 사건이나 그 밖의 특별한 사정이 있는 때에도 변론이 종결된 날부터 4주를 넘겨서는 아니되는 것으로 정하고 있는데,[1] 소액사건의 경우 변론종결 후 즉시 판결을 선고할 수 있는 예외가 있다. 판결의 선고는 재판장이 미리 작성한 판결원본에 의하여 주문을 읽는 방식으로 하므로, 판결 선고 전에 판결원본을 작성하여야 한다.

판결서에는 법이 정한 사항을 적어야 하는데 그중 판결의 이유에서는 주문이 정당하다는 것을 인정할 수 있을 정도로 당사자의 주장, 그 밖의 공격·방어방법에 관한 판단을 표시하여야 하며, 판결한 법관이 서명날인하는 방식으로 작성한다(민사소송법 제208조).

7. 소송대리인 – 변호사 강제주의 여부

우리나라는 변호사강제주의를 채택하지 아니하므로, 당사자 본인이 직접 소송

1) 이러한 법규정은 훈시조항일 뿐이어서 반드시 따라야 하는 것은 아니다.

수행을 할 수 있다. 제1심뿐만 아니라 항소심, 상고심의 경우에도 마찬가지다. 다만 소송위임에 의하여 소송대리인은 변호사가 아니면 안 되는데, 이를 변호사 대리의 원칙이라고 한다. 이 조항의 취지는 법률지식이 없는 당사자의 이익을 보호하고 소송브로커의 발생을 억제하여 소송절차의 원활·확실을 꾀하기 위한 것이다.

8. 배심재판 여부

한국 민사재판에서는 배심제가 도입된 적이 없다. 따라서 직업법관에 의하여 재판절차가 진행된다는 특징이 있다. 배심재판은 영미 소송법의 가장 특징적인 모습의 하나로서 12세기 영국에서 그 틀이 갖추어진 것으로 common law 법정의 기본원칙인데 비하여 우리나라 민사재판은 기본적으로 대륙법계의 특성을 가지고 있기 때문이다. 다만 향후 민사 배심제 도입이 적극적으로 논의될 것으로 보인다.

Ⅲ. 한국 민사소송 제2심(항소심)의 운영형태

1. 상소제도

상소는 자기에게 불이익한 재판을 받은 당사자가 재판의 확정 전에 상급법원에 그 재판의 취소, 변경을 구하는 불복신청을 말한다. 상소는 재판의 형식, 재판기관에 따라서 제1심 판결에 대하여는 항소(抗訴), 제2심 판결에 대하여는 상고(上告), 결정·명령에 대하여는 항고(抗告)의 3종으로 구분된다. 다음에서 제2심인 항소와 제3심(최종심)인 상고에 대하여 살펴보기로 한다.

2. 항 소

(1) 항소의 제기

항소는 지방법원의 제1심 종국판결에 대한 불복신청으로, 항소장을 제1심 법원에 제출함으로써 하며, 항소는 판결서가 송달된 날부터 2주 이내에 제기하여야 하며 판결서 송달 전에도 항소할 수 있다. 위 2주의 기간은 불변기간(不變期間)[2)]이다.

(2) 항소심의 구조 – 속심주의(續審主義)

항소심에서 제1심의 소송자료 외에 새로운 주장과 증거를 제출할 수 있는 권리, 즉 갱신권이 인정되는가에 따라서 항소심의 구조는 복심, 속심, 사후심으로 구분된다. 항소심이 제1심과 전혀 관계없이 새로이 심리를 하여 판단을 내리는 것을 복심주의(覆審主義)라 말하고, 제1심에서 수집한 자료를 기초로 하여 항소심에서 새로이 수집한 자료를 더하여 원심판결의 당부를 판단하는 방식을 속심주의(續審主義)라고 하며, 항소심에서 새로운 자료의 수집을 허용하지 않고 제1심에서 제출된 자료만을 기초로 하여 제1심 판결의 당부를 판단하는 것을 사후심주의(事後審主義)라고 한다.

한국 민사소송법은 제1심에서 한 소송행위는 당연히 항소심에서 그 효력이 있고, 당사자는 제1심에서 제출하지 아니한 공격·방어방법을 제출할 수 있는 등, 항소심에서 변론의 갱신권을 인정하고 있으므로 속심구조라고 말할 수 있다. 다만 공격방어방법의 적시제출주의(適時提出主義)를 채택하고, 제1심에서 변론준비기일을 마친 경우에는 강력한 실권적(失權的) 효력을 부여하고, 그 효력은 항소심에도 유지된다. 항소이유서는 항소기록접수통지를 받은 때로부터 40일 이내 제출하여야 한다. 항소인이 정당한 사유 없이 위 제출기간을 넘겨 항소이유서에 기재되지 않은 새로운 주장을 제출한 때에는 항소법원은 그 주장을 각하할 수 있다. 한국 항소심은 불복가액에 따른 항소제한을 두고 있지 아니하다.

3. 항소심의 처리 방식 및 문제 제기

(1) 대등재판부의 도입

1993년의 사법제도발전위원회, 1997년의 법원인사제도개편위원회, 2003년 법

---

2) 신축(伸縮)할 수 없는 일수(日數)가 법률로 정해져 있는 기간. 민·형사소송법상의 항소기간·상고기간·즉시항고기간, 행정소송법상의 출소기간(出訴期間) 등이 이에 속한다. 법원에서 신축할 수 없는 것이 원칙이나, 다만 당사자의 책임으로 돌릴 수 없는 사유로 기간을 도과(徒過)한 경우에는 예외적으로 추완(追完)이 인정된다.

관인사제도개선위원회, 2005년 사법개혁위원회 등에서 법원 인사 이원화[3] 문제가 직접적으로 또는 간접적으로 꾸준히 논의되어 왔었다.

특히 2004년 11월 사법개혁위원회 제24차 회의에서 '하급심 강화'의 일환으로 '항소심의 동등경력자 구성방안'을 본격적으로 논의하였으며, "장기적으로는 심급별로 자격이 구분되는 법관으로 제1심 법원과 항소심 법원을 구성하는 제도를 지향하여 제1심 법관의 자격보다 더 많은 법조경력을 가진 사람 중에서 항소심 법관을 선발하고, 궁극적으로 항소심은 사후심의 기능을 담당하도록 할 필요가 있다. 제1심의 단독재판부 비율을 높여 나가면서 항소심 재판부는 대등 경력의 법관으로 구성하는 방향으로 나아가고, 항소심 재판부에서는 주요 쟁점에 한하여 판결문에 소수의견을 기재할 수 있도록 하자"는 내용의 건의문을 채택하였다.[4]

2010년 3월 26일 대법원의 제2차 사법제도 개선안에 "법조일원화의 전면적 실시와 동시에 법관 임용 시부터 고등법원 판사와 지방법원 판사를 구별, 고등법원 부장판사 제도 폐지, 고등법원 재판부는 이원화 시행 시 자연스럽게 대등 경력의 법관으로 구성된다"는 부분이 포함되었으며, 2010년 12월 16일 법관인사 규칙의 제정을 통해 법관 인사 이원화 제도가 도입되어 2011년 2월부터 최소 10년 임기의 고등법원 판사가 처음으로 임용되었다.

이러한 법관 인사 이원화의 정책 목표는 2012년 11월의 법원인사제도개선위원회 제12차 회의에서 나타났듯이 고등법원 부장판사 제도의 문제점 해소, 중견 법관의 중도 사직 방지, 전면적 법조일원화[5] 대비 및 고등법원 법관 전문화 등이다.

앞서 보았듯이 지방법원 부장판사까지는 경력에 따라 승진을 하게 되지만 고

---

3) 지방법원과 고등법원 판사의 인사를 분리하여 서로간 인사이동이 없게 하고 지방법원 판사는 지방법원 내에서만, 고등법원 판사는 고등법원 내에서만 인사이동을 하는 인사원칙을 말한다.

4) 서울고등법원, 대등재판부 운영 자료집, 사법발전재단, 2014, 13~14쪽.

5) 법조일원화는 현재 한국에서 여러 가지 의미로 사용되고 있다. 법원의 입장에서는 기존 법관 임용 방식, 즉 사법연수원을 수료한 사람을 바로 법관으로 임용하여 퇴직할 때까지 법관으로 근무하게 하는 방식을 탈피하여 경력 있는 변호사를 법관으로 임용하는 제도를 말한다. 그러나 본래의 의미는 영미법계와 같이 처음에는 변호사로 법조인의 경력을 시작하고, 자신의 지원에 따라 판사나 검사로 임용되어 근무하다가 임기를 마치거나 다른 이유로 다시 변호사를 하다가 다시 판사 등으로 임용되는 등 판사, 검사, 변호사의 한 직역에만 한정되는 것이 아니라 여러 직역을 넘나들면서 법조인으로서 활동하는 것을 말한다. 그렇게 함으로써 다양한 경험을 가진 법조인이 판사나 검사를 함으로써 좀 더 훌륭하게 자신의 업무를 수행하게 할 수 있고, 국민으로서도 훌륭한 법률 서비스를 받을 수 있게 된다.

등법원 부장판사는 지방법원 부장판사 중 일부만 승진하게 됨으로써 승진을 하지 못한 상당수의 부장판사들이 여러 가지 이유로 퇴직하였다. 이러한 점들은 여러 가지 문제를 야기하였는데, 법원 경력이 20년이 넘고 40대 후반의 한참 일할 나이의 법관들이 법원을 퇴직함으로써 경험 많은 판사들이 부족하게 된다는 점, 이와 같이 퇴직한 법관들이 사회적으로 논란이 되고 있는 전관예우(前官禮遇) 비판[6]의 원인이 된다는 점 등이 그것이다. 이에 따라 고등법원 부장판사 제도는 2021년 2월 폐지되었다.

또한 한국은 2009년 법학전문대학원, 즉 로스쿨(Law School)이 도입되었고, 2011년 사법연수원 수료자들을 즉시 법관으로 임용하는 법관임용제도를 폐지하고 변호사 경력이 있는 사람을 법관으로 임용하는 경력법관제를 채택하였는데, 이는 모두 법조일원화의 방향에서 추진된 것이다. 이와 같은 법조일원화는 기존 법관의 승진, 인사 제도와는 맞지 않는 것으로 법조일원화를 위하여서도 법관의 승진, 인사 제도의 개혁이 필요하며, 그 첫 단추가 "고등법원 부장판사 승진제도의 폐지"라고 할 수 있다.

(2) 대등재판부의 운영방식

기존 고등법원 재판의 형태는 지방법원 합의부의 재판형태와 다르지 않았다. 1개의 고등법원 재판부에 배당된 사건을 1/2씩 나누어 배석판사 두 명의 주심으로 지정하고 합의는 부장판사와 주심판사 2명이 주도하여 하고 주심판사가 판결문을 작성하는 방식이었다. 그러나 대등재판부는 이와 같은 방식을 탈피하여 재판장도 일부 사건의 주심판사로 지정하되 배석판사와는 달리 전체 재판을 진행하는 부담이 있으므로 배당비율을 낮춰서 주심으로 지정하고 재판장과 재판장 이외의 판사들이 상하 관계없이 3명 모두 합의에 참여하여 결론을 도출하고 각자 자신의 주심사건의 판결문을 작성하는 방식으로 운영된다.

---

6) 판사나 검사로 재직하다가 변호사로 갓 개업한 사람이 맡은 소송에 대해 유리한 판결을 내리는 특혜를 말한다. 법원은 지금까지 전관예우를 부정하였으나, 국민 다수가 전관예우가 있는 것으로 인식하고 있고, 이에 대하여 비판하고 있다.

(3) 대등재판부 제도의 문제점

대등재판부 도입 때는 재판부를 구성하는 3인이 부장판사와 배석판사의 관계가 아닌 대등한 지위에서 합의를 하기 때문에 좀 더 충실한 합의가 이루어질 수 있을 것이라는 기대가 있었다. 그러나 실제 운영에 있어서는 사건에 대한 부담이 적지 아니하여 주심을 맡고 있는 고등법원 판사 주도로 합의가 진행되어 실질적 3인 합의를 이루기가 쉽지 않고, 다수의 사건에서 재판연구원이 판결문 초고를 작성함에 따라 법관 경력 10년 이상의 배석판사가 판결문을 작성할 때에 비하여 판결문의 수준도 떨어진다는 비판이 가해지고 있다.

Ⅳ. 한국 민사소송 제3심(상고심)의 운영형태

1. 상고의 제기

상고란 원칙적으로 항소시의 종국판결에 대하여 대법원에 하는 상소로서 원심판결에서 적법하게 확정된 사실을 전제로 하여 법률적인 측면에서 원심판결의 당부에 관한 판단을 구하는 것이다. 상고장은 판결이 송달된 날부터 2주 내에 원심법원에 제출하여야 한다. 또한 상고사건을 신속하게 처리하기 위하여 상고인이 상고장에 상고이유를 기재하지 아니한 때에는 상고이유서를 제출하여야 하는데 상고인이 상고이유서를 소송기록 접수통지를 받은 날부터 20일 이내에 제출하지 아니하면 대법원은 변론 없이 판결로 상고를 기각하도록 하고 있어, 상고이유서 강제주의를 취하고 있다.

2. 상고이유

민사소송법상 상고이유는 일반적 상고이유와 절대적 상고이유로 구분된다. 일반적 상고이유는 '판결에 영향을 미친 헌법·법률·명령 또는 규칙의 위반이 있는 경우'를 말하는 것으로서 단순한 사실인정의 과오는 상고이유가 되지 아니한다. 또한 이러한 법령위반은 그것이 '판결에 영향을 미쳐야' 상고이유가 된다. 이에 반하여 절대적 상고이유는 중대한 절차상의 과오가 있는 경우로서 이 경우에는 원심판결에 영향을 미쳤는지 여부에 관계없이 상고이유가 되는데, 그 사유는 ① 법률에 따라 판결법원을 구성하지 아니한 때, ② 법률에 따라 판결에 관여할 수 없는 판사가 판결에 관여한 때, ③ 전속관할에 관한 규정에 어긋난 때, ④ 법정대리권 · 소송대리권 또는 대리인의 소송행위에 대한 특별한 권한의 수여에 흠이 있는 때, ⑤ 변론을 공개하는 규정에 어긋난 때, ⑥ 판결의 이유를 밝히지 아니하거나 이유에 모순이 있는 때를 말한다.

이와 같이 한국의 상고심은 ① 상고를 하려면 원심판결에 불복이 있는 것만으로는 부족하고 판결에 영향을 미친 법령위반을 상고이유로 주장하여야 하고, ② 원심판결에서 적법하게 확정한 사실은 상고법원을 기속한다는 점에서 법률심(法律審)이라고 할 수 있다.

3. 상고이유의 제한

한국에서는 모든 사건의 상고법원이 일원화되어 있어 대법원의 업무부담이 과중한 편인데, 이러한 상고제를 집중형(集中形) 상고제(上告制)라고 한다. 따라서 상고심이 법률심으로서의 기능을 다하게 하기 위하여, 대법원은 상고이유에 관한 주장이 일정한 사유를 포함하지 아니하는 경우에는 더 나아가 심리를 하지 아니하고 상고를 기각할 수 있는 심리불속행 제도를 두고 있다(상고심 절차에 관한 특례법 제4조). 심리불속행에서 제외되는 구체적인 사유는 ① 원심판결이 헌법에 위반하거나 헌법을 부당하게 해석한 때, ② 원심판결이 명령 · 규칙 또는 처분의 법률위반 여부에 대하여 부당하게 판단한 때, ③ 원심판결이 법률 · 명령 · 규칙 또는 처분에 대하여 대법원판례와 상반되게 해석한 때, ④ 법률 · 명령 · 규칙 또는 처분에 대한 해석에 관하여 대법원판례가 없거나 대법원판례를 변경할 필요가 있는 때 등이다.

또한 소송목적의 값이 3천만 원 이하인 소액사건에 관한 재판에 대하여는 항소심판결에 대하여 ① 법률 · 명령 · 규칙 또는 처분의 헌법위반 여부와 명령 · 규칙 또는 처분의 법률위반 여부에 대한 판단이 부당한 때와 ② 대법원의 판례에 상반되는 판단을 한 때에 한하여 상고를 제기할 수 있다.

4. 대법원에서의 상고사건 처리 방식[7] 및 문제 제기

(1) 대법원의 구성

법원조직법은 대법원에 대법원장을 두도록 하고 있고(제13조), 대법관으로 구성된 대법관회의의 의장이 되도록 하고 있다(제16조 제1항). 대법관회의는 대법관 전원의 3분의 2 이상의 출석과 출석인원 과반수의 찬성으로 의결한다(제16조 제2항). 현재 대법관회의는 대법원장 1인, 대법관 13인으로 구성되어 있다.

그 외 대법원에는 재판연구관을 두며, 재판연구관은 대법원장의 명을 받아 대법원에서 사건의 심리 및 재판에 관한 조사·연구 업무를 담당한다(법원조직법 제24조 제1항, 제2항). 재판연구관은 판사로 보하거나 판사 아닌 사람 중에서 3년 이내의 기간을 정하여 임명할 수 있다(위 법 제24조 제3항).

대법원 재판연구관은 전속연구관과 공동연구관으로 나뉘는데, 전속연구관은 13명의 대법관실에 소속되어 소속된 대법관의 주심 사건만을 검토하는 연구관이며 공동연구관은 개개 대법관실에 전속되지 않고 모든 대법관이 공동으로 이용하는 연구관인데, 전문분야의 법률지식이나 사건처리 경험을 가진 법관으로 민사조, 상사조, 근로조, 형사조, 헌법행정조, 조세조, 지적재산권조 등의 전문조로 구성되어 있다. 최근 재판연구관 수는 130명 내외이다.

(2) 대법원의 사건 처리 과정

1) 사건의 접수와 배당

항소심 재판에 대하여 상고장이 제출되면 항소심 법원은 소송기록을 정리하여 대법원에 송부하며, 기록을 송부받은 대법원은 사건번호를 부여하여 사건을 배당한다. 사건 배당은 소부(小部)[8] 배당만을 먼저 하고 주심 대법관 배당은 나

---

7) 이 부분에 관하여는 박시환(朴時煥) 전 대법관의 논문인 "대법원 상고사건 처리의 실제 모습과 문제점(민주법학 제62호, 2016년 11월호)"을 참조하여 작성하였다.

8) 법원조직법 제7조 제1항에 의하면 대법원의 심판권은 대법관 전원의 3분의 2 이상의 합의체(전원합의체)에서 행하는 것을 원칙으로 하되, 다만 명령·규칙의 헌법·법률 위반, 판례 변경, 기타 부에서 재판함이 적당하지 않은 경우를 제외하고 대법관 3인 이상으로 구성된 소부(小部)에서 의견이 일치한 때에 한하여 재판할 수 있다. 지금 대법원의 소부는 4인의 대법관으로 구성되어 3개의 소부가 운영되고 있다.

중에 한다.

2) 재판연구관(신건조 연구관)의 신건 검토

상고이유서와 답변서가 제출되면 모든 사건은 일단 대법원 재판연구관 중 신건 검토만을 전담하는 신건조(新件組) 연구관에게 배정되어 1차 검토를 하게 된다. 신건 검토는 사건의 심층적인 검토까지 나아가지 않고 상고이유를 1차적으로 검토하는 단계로서, 심리불속행 사유에 해당하는지, 형사사건의 경우 원심의 양형 또는 사실인정을 다투는 것에 불과하여 상고이유에 해당하지 않는 것인지 등을 검토하여 주심대법관에게 보고한다.

신건 검토는 상고사건 처리의 큰 방향 결정을 보조하는 기능을 하는데, 신건 검토만으로 ① 심리불속행 판결 또는 간략하게 이유를 적어 상고기각 판결을 할 것인지, 아니면 ② 전속연구관의 본격적인 검토를 거쳐서 처리할 것인지, 또는 ③ 공동연구관의 전문적 연구를 거쳐 처리하거나 경우에 따라서 ④ 전원합의체(全員合議體)에서 처리할 것인지 등 사건 처리의 큰 방향 결정에 관하여 검토해서 보고한다. 그 외에 신건조에서는 동일한 쟁점에 대한 관련 사건, 동일한 분쟁에서 파생된 민사사건, 형사사건, 신청사건 등 관련 사건, 그 밖에 사건 처리에서 함께 고려할 사정이 있는 관련 사건을 파악하여 표시해 준다.

3) 신건 검토보고와 주심 대법관의 사건 처리 방향 결정

신건조 연구관의 신건 검토가 끝나면 검토보고서를 작성하여 기록과 함께 주심 대법관에게 올리는데, 그 보고서 표지에 사건 처리 방향에 관하여 심리불속행, 상고기각(간략하게 이유를 붙인 상고기각), 전속연구관 검토, 공동연구관 검토, 전원합의체 회부 등으로 기재하여 올린다.

주심 대법관은 신건 검토보고서를 읽어보고 간략하게 보충할 사항이 있거나 의문이 있는 경우에는 검토 연구관을 불러 보충을 지시하거나 의문점을 해결한 뒤 검토보고서를 기초로 기록을 검토하여 사건의 처리 방향을 결정한다. 사건 처리 방향은 검토 연구관의 의견대로 처리하는 경우가 대부분이지만, 심리불속행 또는 간략한 이유를 붙인 상고기각 의견으로 보고한 사건을 전속연구관에게 더 검토시키거나 전속연구관 검토의견으로 보고한 사건을 공동연구관에게 검토시키는 경우도 가끔 있다.

4) 소부 합의 회부 또는 재판연구관 검토 회부

신건 검토보고서를 받은 주심 대법관은 사건을 전속연구관 또는 공동연구관의 추가 검토 없이 심리불속행 또는 바로 상고기각하기로 결정하는 경우에는 바로 다음의 소부 합의기일에 합의 회부된다. 그 합의에서 소부 대법관 전원의 의견이 일치되면 심리불속행으로 합의된 사건은 바로 심리불속행 판결을 작성하여 서명날인을 받아 당사자에게 송달하고, 상고기각으로 합의된 사건은 판결문[9]을 작성하여 바로 다음 선고기일에 판결을 선고한다.

신건조 연구관의 검토 결과 전속연구관이나 공동연구관의 본격적인 검토에 회부하기로 한 사건은 전속연구관이나 공동연구관에게 검토를 지시한다. 그 검토지시를 할 때에 구체적인 검토 항목을 지정해 주는 경우도 있지만 대부분 구체적인 지정 없이 사건 전체를 검토하라고 지시한다. 전원합의체에 회부할 것으로 결정한 사건 역시 전원합의체에서의 합의 준비를 위하여 공동연구관에게 검토를 지시한다. 전원합의체에 회부할 사건은 통상 전원합의체의 합의가 필요한 쟁점이 있는 경우이므로 그 쟁점을 중심으로 사건 전체를 검토할 것을 지시한다.

5) 재판연구관 검토 보고와 합의 회부

전속연구관이나 공동연구관에게 검토를 지시하여 검토보고서가 제출되면 주심 대법관이 검토보고서와 사건 기록을 검토하고 추가로 검토할 사항이나 의문이 있는 사항에 대하여는 확인하여 이를 해소하는 과정 등 사건 검토를 마친 후 소부 합의기일의 합의에 사건을 회부한다.

합의 과정에서 다른 대법관들의 이견이 있거나 추가로 검토할 사항이 드러난 경우에는 그 사건에 대하여 검토를 했던 연구관에게 추가적인 검토를 지시하고 다시 합의에 회부한다.

---

9) 신건조 연구관의 검토만으로 상고기각 판결을 하는 사건은 쟁점이 간단하므로 판결이유도 간단하고 추상적 · 정형적인 문구로 기재하는 경우가 많다.

6) 소부 합의 및 판결 선고

합의에서 소부 대법관 전원의 의견이 일치되면 그 합의 결과에 따라 주심 대법관이 판결문을 작성하여 소부 대법관들의 서명날인을 받아 대법원의 다음 선고기일에 판결을 선고하게 된다.

7) 전원합의체 회부

소부 합의에서 대법관 전원의 의견이 일치되지 않으면 추가적 검토와 보완을 거쳐 대법원들의 의견이 일치될 때까지 재차, 삼차 소부 합의를 하고 합의가 성립되면 그에 따라 판결문을 완성하여 소부에서 판결을 선고하지만, 마지막까지 의견 일치가 되지 않으면 전원합의체에 사건을 회부한다. 이때 재판연구관의 검토를 거쳐 검토보고서가 작성된 사건이라 하더라도 그 사건이 전원합의체에 회부된 때에는 공동연구관이 다시 전원합의용 검토보고서를 만들어 주심 대법관에게 올린다. 신건 검토 단계에서 처음부터 전원합의체 회부로 방향이 결정된 사건은 소부 합의를 거치지 않고 바로 전원합의용 검토보고서를 준비시키게 된다.

8) 전원합의체 합의

전원합의에 회부되어 합의기일이 정해진 사건에 대해서는 재판장인 대법원장과 13명의 대법관 전원에게 전원합의용 검토보고서가 올려지고, 대법원장과 각 대법관들은 그 검토보고서를 통하여 사건 내용을 파악한 뒤 전원합의체에 참석하여 합의를 하게 된다.

전원합의체의 합의는 한 차례에 결론이 나는 경우도 있지만 통상 추가 검토를 하는 등 보완해가면서 3～4회의 합의를 거쳐서 최종 합의를 하게 된다.

9) 전원합의체 판결 선고

전원합의 기일에 최종 합의가 이루어지면 그에 따라 다수의견과 소수의견의 작성・수정 등 과정을 거쳐 최종 판결문을 완성하여 전원합의체 판결 선고기일에 판결을 선고한다.

제2절 한국 상소제도의 변천

상고심 제도의 문제점과 개선 필요성을 좀 더 분명히 하기 위해서 우리 상고심 법원(민사소송법 등에서는 상고법원으로 표현하고 있으나 후술하듯이 상고심 개선 방안으로 추진되었던 '상고법원'안과 구별하기 위하여 이하 '상고심법원'으로 표현한다)의 구성 및 상고제한제도의 변천 과정을 살펴본다.

Ⅰ. 근대 이전의 상소제도

1. 상소의 구조

자신에게 내려진 판결에 불복할 경우 상급기관에 호소하여 그 시정을 구할 수 있도록 하는 상소제도는 조선시대에도 갖추어져 있었다. 행정조직의 상하체계는 민사소송에 있어서도 심급처럼 작용할 수 있었다. 지방의 경우 관찰사(觀察使)[10]에게 항소할 수 있었고, 형조(刑曹)는 지방에서 올라온 소송에 대하여 스스로 판결하기도 하였으며, 노비에 관한 사건이면 장예원(掌隸院)으로, 전답(田畓)에 관한 사건이면 한성부(漢城府)[11]로 보내 심리하도록 하였다. 사헌부(司憲府)는 억울함을 호소하는 경우, 곧 이른바 '신원억(伸寃抑)'에 대한 상급심 역할을 했다. 그리고 최후에는 임금에게까지 호소할 수 있는 길을 열어 놓았다. 이는 형사소송에서와는 좀 다른 모습이다. 형사재판에서는 사안의 경중에 따라 최종 판결할 수 있는 심급이 정해져 있다. 곧, 수령급은 태형(笞刑)[12] 이하를 결단하였고, 형조나 관찰사 등은 유형(流刑) 이하를 결단할 수 있었으며, 사형은 국왕이 결단하였다. 이처럼 사안이 중대할수록 상급의 기관이 심리, 결정하는 모습은 심급제보다는 민사소송법의 사물관할(事物管轄)과 같은 측면이 있다. 결국 민사소송이 형사소송

10) 조선시대 각 도에 파견되어 지방 통치의 책임을 맡았던 최고의 지방 장관.
11) 조선왕조의 수도였던 서울(漢城)을 관할하는 관청의 명칭임.
12) 조선시대 형벌은 笞刑, 杖刑, 徒刑, 流刑, 死刑의 5가지 종류가 있었다. 태형은 회초리로 엉덩이나 넓적다리를 때리는 것, 장형은 곤장으로 때리는 것, 도형은 강제노역을 시키는 것, 유형은 유배를 보내는 것이고 사형은 교형, 참형 등의 방법으로 행해졌다.

보다 훨씬 더 심급제다운 면모를 갖추고 있었다고 할 수 있다.[13)]

하지만 현재의 심급제도처럼 운영되었던 것은 아니었는데, 항소심이라 할 수 있는 재판이 같은 기관 또는 같은 심급에서 이루어졌다. 중앙에서는 판결에 불복할 경우, 원칙적으로 판결한 당상관(堂上官)이나 방장(房掌)이 교체된 뒤 2년 안에 다시 제소하도록 하고 있다. 지방에서는 수령이 바뀌면 다시 제소하였다. 관찰사나 경차관(敬差官)[14)]에게 의송(議送)을 할 수도 있었는데, 이 경우 대개 자판보다는 원심으로 파기환송하거나, 다른 고을의 수령에게 심리하게 하였다. 그 뒤에 다시 이루어진 재판에서도 만족을 이루지 못하면 또다시 관찰사나 경차관에게 상소하였고, 이 과정은 여러 번 반복될 수 있었다. 관찰사는 원·피고를 불러 심리하지 않고 판결의 지침만을 제시할 뿐이었다. 이 때문에 사실심은 수령의 단계에서 이루어진다고 볼 수 있다. 조선후기 소송에서는 이 때문에 관찰사의 지시에 대하여 수령이 따르지 않거나 정면으로 거부하는 경우도 상당히 많았던 것으로 연구되고 있다. 이 과정에서도 만족을 얻지 못하면, 중앙에 상소할 수도 있었다. 그리고 최후의 수단으로 신문고(申聞鼓)[15)]를 치거나, 임금이 지나가는 길목에서 상언(上言) 또는 격쟁(擊錚)하기도 하였다.[16)]

2. 소송의 반복과 상소

남아있는 판결문 자료로는 한 심급의 소송에서의 자세한 진행과정을 알 수 있지만, 여러 번의 소송을 야기하는 사건 자체에 대하여는 알기 어려운 단점이 있다. 여러 번에 걸친 소송 과정을 비교적 자세히 파악할 수 있는 사례는 유희춘의 『미암일기』에서 찾아볼 수 있다. 『미암일기』에는 1568년(선조 원년) 3월 20일부터 허관손(許寬孫)의 제소 때문에 마음 상하는 모습이 보이기 시작한다. 허관손이 임금께 상언하여 장예원에서 이 사건을 조사할 것을 지시하였다는 소식을 장

13) 임상혁, 조선전기 민사소송과 소송이론의 전개, 서울대학교박사학위논문, 2000, 145쪽.

14) 조선시대 중앙 정부의 필요에 따라 특수 임무를 띠고 지방에 파견된 관직을 말함.

15) 조선 초기에 상소나 고발 제도가 법제화되어 있었으나, 최후의 상소나 직접 고발 시설의 하나로 신문고를 설치하여, 임금의 직속인 의금부당직청(義禁府當直廳)에서 이를 주관, 북이 울리는 소리를 임금이 직접 듣고 북을 친 자의 억울한 사연을 접수 처리하도록 하였다. 즉, 억울함을 호소하려는 자는 서울에서는 주장관(主掌官), 지방에서는 관찰사에게 신고하여 사헌부(司憲府)에서 이를 해결하도록 하였는데, 이 기관에서 해결이 안 되는 경우에는 신문고를 직접 울리게 하였다.

16) 임상혁, 위 논문, 146쪽.

예원 관리로부터 듣게 되는 것이다. 하지만 이 사건은 매우 오래전부터 시작된 것임이 이어지는 일기를 통해 나타난다. 유희춘의 일기를 종합해 보면, 그의 먼 친척의 천첩자(賤妾子)인 보남(寶南)의 딸을 1532년에 유희춘의 어머니 최씨가 자신의 상속노비라고 장예원에 제소한 데서 발단한다. 그녀와 결혼한 허관손은 자기 자식들이 노비로 전락할 위기에 처하자 사력을 다해 맞서게 되었다. 1544년에 최씨가 승소하게 되자, 허관손은 여러 번 제소하였고, 1551년에는 승소판결을 받아낸다. 유희춘의 모 최씨가 죽자 1564년에는 유희춘의 누나가 제소하여 1565년에 승소하였다. 허관손은 다음해에 사헌부에 제소하였으나 받아들여지지 않자, 1568년 3월에 임금에게 상언하기에 이르는 것이다. 이에 임금은 사건을 장예원에 내려 다시 심리토록 하였다. 이때 장예원에서도 보남의 고향에 확인하여 3월 27일에 허관손의 호소가 이유 없음을 확인하였다. 그러자 허관손은 8월 18일에 다시 사헌부에 호소하지만 결국 다시 패소하게 된다.[17)]

위 사례에서 보는 바와 같이 당시에는 상소에 제한 없이 계속하여 소송을 제기할 수 있었던 것으로 보인다.

3. 삼도득신법의 제정

(1) 고려의 오결종삼도(五結終三度), 삼결종이도(三結終二度)

다섯 번 판결이 있었으면 세 번 승소한 적이 있는 이가, 세 번 판결이 있었으면 두 번 승소한 적이 있는 이가 승소하도록 하는 오결종삼도, 삼결종이도 원칙은 고려 말 제정된 것으로 보인다. 고려 말에는 통상의 재판기관 외에도 소송에 관한 특별기관이 정치상황의 변화에 따라 개폐되는 등의 혼란한 상황으로 인하여 같은 사안에 대하여 잦은 판결이 이루어질 수 있었던 것으로 보이는데, 오결종삼도, 삼결종이도와 같은 원칙은 이러한 현실을 정리하기 위한 규정이라 할 수 있다. 이 조치는 『경국대전』에 수록된 삼도득신(三度得伸) 규정의 싹이 되고, 판결의 확정에 대한 의식을 일깨우는 데 일조를 했을 것이다.[18)]

---

17) 임상혁, 위 논문, 147쪽.
18) 임상혁, 위 논문, 148~149쪽.

(2) 단송도감(斷訟都監)과 단심제(單審制)

조선왕조가 들어서면서 오결종삼도, 삼결종이도의 모습은 보이지 않는다. 성종(成宗)은 1414년 이후부터는 설치된 적이 없는 소송 특별기관을 설치하여, 단심으로 확정지으려 했던 것이다. 성종은 1481년 1월에 단송도감을 설치하고 단송의 의지를 강하게 독려하였다. 그리고 소송업무를 하지 않도록 되어 있는(停訟) 기간에도 심리를 속행하여 소송적체를 하루빨리 해결하려 했다. 그러나 이에 대하여는 초기부터 여러 신하들의 반발이 있었다. 성종의 단송(斷訟)에 대한 의지는 굳었지만 가뭄이 들고 우박까지 내리자, 성종의 마음도 흔들리기 시작했다. 몇 개월 후 성종은 "내가 생각해 보건대, 단송도감의 일은 한 번 판결하면 다시 제소할 수 없게 하였으니, 어찌 백성의 억울함이 없겠는가", "다른 소송은 삼도득신하여야 다시 청리(聽理)하지 않는데, 여기서만 한 번에 그치니 한결 같은 예일 수가 없다" 하면서, 판결을 다시 검토하도록 지시하기에 이르렀다. 결국 단심제의 추진과 실패는 삼도득신법의 정당성과 보장적 기능을 환기시키는 결과를 낳게 되었다.[19]

(3) 삼도득신법(三度得伸法)

조선시대 기본 법전인 『經國大典』 형전(刑典) 사천조(私賤條)에 "세 번에 승소한 경우 수리하지 말며, 모든 소송에서 마찬가지다"(三度得伸勿更聽理, 凡爭訟同)라는 조문이 그것이다. 이 때 세 번 승소한 경우의 의미는 세 번 판결이 있는 경우 두 번 승소한 경우를 가리키는 것이다.

조선 초기의 단송(斷訟) 정책은 밀린 소송을 일거에 결정해 주고 마무리 짓기를 바랐다. 단송도감(斷訟都監)에서 한 번 판결을 받으면 다시 소송을 못하게 하는 방법을 시도하였으나 이러한 정책이 뜻대로 효과를 거두지 못하는 상황하에, 새로운 모색으로서 과한법(過限法)[20]과 함께 삼도득신법의 형태로 『경국대전』에 채택된 것으로 보인다.

삼도득신법은 기본적으로 소송을 제한하기 위한 것이었지만, 소송의 권리를

19) 임상혁, 위 논문, 150쪽.
20) 사유가 발생한 지 일정한 기간이 지나면 소송을 금지시키는 방안이었다.

확보해 주는 측면도 있었다. 기록에 남는 소송 사례들은 대개 많은 노비와 토지를 소유한 경우의 쟁송이기 때문에 지칠 줄 모르고 다투는 모습으로 나타나기도 하지만, 궁벽한 곳에 사는 소민들은 관서가 멀고 토지 임료를 내기 어려운 데다, 토호의 횡포로 한 번의 소송도 제대로 하기 어려운 것이 현실이다. 이들에게는 세 번까지 억울함을 호소할 수 있는 기회가 주어져 있다는 의식을 심어주어 권리의식을 신장시키는 역할도 하였다. 결국 성종은 임금에게 상언하려 백성들이 밀려드는 것을 걱정하면서도, 노비, 전택에 관한 소송은 한 번 잘못 판결이 나더라도 세 번 재판하여 억울함을 펼 수 있는 법이 『경국대전』에 실려 있는 까닭에 담당관서나 자신에게 억울함을 호소하여 그것을 푸는 경우가 많이 있다고 평가하였다.[21]

Ⅱ. 과도정부 법원조직법과 고등법원 상고부

일제 치하에서는 총독부 법무국(法務局), 미군정 아래서는 행정부처인 사법부(司法部)에 소속되어 있던 법원이 삼권분립의 원리에 따라 사법부(司法府)로 독립한 것은 과도정부 법원조직법의 시행에 따른 것이었다.[22] 과도정부 법원조직법은 1948년 5월 4일 군정법령 제192호로 공포되어 같은 해 6월 1일 시행되었다(제120조). 이 법에서는 각급법원을 대법원, 고등법원, 지방법원, 간이법원의 4종으로 나누었고(제3조), 대법원에는 민사부, 형사부, 특별부를 두었으며(제21조), 11인 이내의 대법관을 두는 것으로 정하였다(제6조). 상소제도에 관하여는 제1심 단독사건과 제1심 합의사건 사이에 상소의 경로를 달리하여 지방법원 단독판사 및 간이법원 판사의 재판에 대한 항소심은 지방법원 합의부(제31조), 상고심은 고등법원으로 하고(제26조 제1항), 지방법원 제1심 합의사건의 항소심은 고등법원(제26조 제2항), 상고심은 대법원으로 하였다(제17조 제2항).

1947년 2월 대법원 내에 설치된 “사법제도에 관한 법규편제위원회”는 1947년 7월 28일 법원조직법 1차 초안을 완성하였고, 이를 기초로 1947년 10월 10일 전

21) 임상혁, 위 논문, 151~152쪽.

22) 윤남근, 우리나라 상고제도의 개선 방안-상고법원안과 대법관 증원론을 중심으로, 인권과 정의 2016년 2월호, 대한변호사협회, 52쪽.

국의 법원 대표와 변호사단체 대표가 참석한 회의에서 각각의 조문에 따라 토론과 수정을 거쳐 표결로 법원조직법안을 의결하였다. 법원조직법안에서는 대법관 수를 11인 이내로 하고, 상소제도에 관하여는 제1심을 지방법원 및 간이법원, 제2심을 고등법원, 최종심을 대법원으로 일원화하였다. 법원조직법안에 대하여 대법원장과 검찰이 이의를 제기하고, 김병로 사법부장이 별개의 법원조직법안을 제출하는 등 의견일치를 보지 못하게 되자 군정청이 법원조직법안을 수정하여 조정안을 만들었는데, 이 조정안이 과도정부법원조직법이 되었다.[23)]

Ⅲ. 1949년 법원조직법(상고심의 일원화)

1949년 9월 제정된 「법원조직법」은 간이법원을 폐지하여 각급법원을 대법원, 고등법원, 지방법원 및 그 지원의 3종으로 나누고(제3조), 대법원에는 민사부, 형사부, 특별부를 두었으며(제16조), 9인 이내의 대법관을 두는 것으로 정하였다(제5조). 이때부터 1959년 1월까지 대법원은 9인 이내의 대법관으로 구성하였는데, 5인 이상으로 구성된 소부 및 전원연합부를 구성하였고, 대법원이 모든 상고사건을 담당하여 상고심 법원을 일원화하였다. 대법원은 처음에는 5인의 대법관으로 출발하였고, 1954년 9월 20일 이후에는 대체로 9인의 대법관을 유지하였다.

Ⅳ. 1959년 법원조직법(이원적 구성, 대법원판사제) 및 민사소송법 제정

민의원(民議院)[24)] 법제사법위원회는 1958년 7월 상고사건의 폭증에 대응하여 대법원에 대법관 외에 대법원판사 11인을 두는 법원조직법 개정안을 논의하였

---

23) 윤남근, 위 논문, 52쪽.

24) 일반적으로 양원제 국회의 하원을 말하며 상원인 참의원(參議院)에 대응되는 것이다. 대한민국 제헌국회에서는 단원제를 채택했으나 1952년 7월 4일 대통령직선제와 양원제를 골자로 하는 개헌안이 통과됨으로써 국회는 참의원과 민의원의 양원제로 되었다. 그러나 당시 자유당 정권은 여러 가지 이유를 들어 참의원 구성을 지연시키고 민의원만으로 입법기관을 대신해왔다. 민의원은 233명(제헌국회는 200명)의 의원으로 조직되며, 의장 1인, 부의장 2인과 14개의 위원회를 두고, 예산안 심의, 법률안 심의, 국무위원 불신임권, 자율권 등의 권한을 가졌다. 4월 혁명 후 양원제가 성립되어 제5대 민의원을 구성했으나, 5·16군사쿠데타와 함께 해산되었다.

다. 대법원은 처음에는 개정안에 반대하였으나, 같은 해 8월 적극적으로 대법원판사제를 도입하는 입법안을 제출하기로 방침을 바꾸었다. 대법원 안(案)에 의하면, 대법원에 대법관 외에 11명의 대법원판사를 두고 소부를 대법관부(통상법정)와 혼성부(혼성법정)로 나누되, 대법관부는 종래와 같이 대법관 5명으로 구성하여 ① 사형, 무기징역, 무기금고에 해당하는 형사사건, ② 5백만 환 이상의 민사사건, ③ 법령, 규칙의 위헌성 여부, ④ 선거소송사건 등 중요사건을 심리하게 하고, 혼성부는 대법관 1명과 대법원판사 4명으로 구성하여 대법관부에서 처리하지 않는 나머지 사건을 심리하도록 한다는 것이다. 당시 대법관 9명만으로는 상고사건을 적절하게 심리할 수 없다는 데 이론이 없었다.[25)]

민의원 법제사법위원회는 대법원판사직을 신설하는 정부안을 검토하면서 대법관을 증원하는 안과 대법관직무대리를 임명하는 안도 함께 논의하였는데, 대법원판사제는 헌법 정신에 위배될 소지가 있다는 이유로 1958년 11월 20일 대법관 6명을 증원하여 15명으로 하는 안을 가결하였다. 그러나 대법원은 같은 날 오후 긴급대법관회의를 열고 대법관 증원안에 대하여 반대하기로 결정하는 한편 같은 달 22일 다시 대법관회의를 열어 대법원판사제를 고수하기로 했다. 대법관 증원안에 반대하는 구체적 이유는, ① 현재 상고사건이 격증하고 있는 것은 일시적인 현상에 불과하며 한국 인구의 4~5배가 되는 일본에서도 최고재판소재판관을 14명으로 제한하여 최고법원의 권위를 유지하고 있다는 점, ② 대법원판사는 법관정원법의 한도 내에서 임명하는 만큼 예산에 영향이 없지만 대법관을 6명 더 늘인다는 것은 기구간소화와 감원을 실시하고 있는 정책에 역행하여 예산을 낭비하게 된다는 점, ③ 우리나라 대법원은 법률문제 심사뿐만 아니라 선거관계소송에서와 같은 사실 심리까지 해야 하니 이런 경우에는 대법관이 아닌 법관으로 하여금 심리케 하는 것이 적절하다는 점, ④ 우리나라의 현실 하에서 대법관을 6명이나 증원하게 되면 의견의 대립이 생겨 의사통일을 기하기 어렵다는 점, ⑤ 6명 정도의 대법관을 증원하는 것만으로는 폭주하는 상고사건을 처리하기 어렵다는 점 등이었다. 여당인 자유당 정책위원회는 1958년 11월 24일 회의를 열고 대법원판사제를 추진하기로 의결하였다. 대법관을 대폭 증원하는 것은 대법

---

25) 윤남근, 위 논문, 52~53쪽.

원의 권위에 부정적 영향을 미칠 수 있다는 것이 그 이유 중의 하나였다.[26]

이리하여 1959년 1월 13일 대법원판사제를 도입하는 개정 법원조직법이 공포되었으며 이로써 대법원을 이원적으로 구성하였다. 즉, 대법원에 대법관과 대법원판사를 두고 재판은 대법관 1인 이상을 포함한 법관 5인으로 구성된 합의부에서 하고, 중요한 사건은 대법관만으로 구성된 합의부에서 하도록 하였다. 중요한 사건이란 민사소송에서는 소송물 가액이 500만환을 초과하는 민사사건과 인사(人事)에 관한 소송사건을 말하였다(당시 법원조직법 제7조). 이때에도 연합심판 사건은 대법관 전원과 그 사건에 관여한 판사 전원으로 구성된 연합부에서 재판하였다.

이 시기 대법원장 외 대법관의 실제 인원수는 7인이었고, 대법원 판사는 지법원장급으로 11인이 임명되었으며, 민사합의부는 대법관 1인과 대법원판사 4인으로 구성하였다.[27]

1960년 4월 민사소송법 최초 제정 시에는 판결이 법령에 위반된 것을 이유로 하는 때에 한하여 상고할 수 있도록 하였고(당시 민사소송법 제393조[28]), 구체적으로는 법률에 의하여 판결법원을 구성하지 아니한 때, 법률에 의하여 판결에 관여할 수 없는 판사가 판결에 관여한 때 등 6가지 경우에 판결이 법령에 위배된 것으로 간주하였다(동법 제394조[29]). 1961년 9월 민사소송법 개정 시에 상고는 판결에 헌법해석의 착오 기타 헌법위반이 있는 때 또는 판결에 영향을 미침이 명백한 법령위반이 있음을 이유로 하는 때에 한하여 할 수 있다고 하였다. 그 뒤 1963년 12월 민사소송법 개정 시에는 판결에 영향을 미친 헌법, 법률, 명령 또는 규칙의 위반이 있음을 이유로 하는 때에 한하여 상고할 수 있도록 하였다(동법

26) 윤남근, 위 논문, 53쪽.

27) 이호원·정선주·전병서·김희균, 위 논문, 300쪽.

28) 1960년 민사소송법 제393조(상고이유) 상고는 판결이 법령에 위반된 것을 이유로 하는 때에 한하여 할 수 있다.

29) 1960년 민사소송법 제394조(절대적 상고이유) ① 판결은 다음 경우에는 법령에 위배된 것으로 간주한다.
 1. 법률에 의하여 판결법원을 구성하지 아니한 때
 2. 법률에 의하여 판결에 관여할 수 없는 판사가 판결에 관여한 때
 3. 전속관할에 관한 규정에 위배한 때
 4. 법정대리권, 소송대리권 또는 대리인이 소송행위에 특별수권의 흠결이 있는 때
 5. 변론공개의 규정에 위배한 때
 6. 판결에 이유를 명시하지 아니하거나 이유에 모순이 있는 때

제393조, 제394조).[30)]

Ⅴ. 1961년 법원조직법(고등법원 상고부)

1960년 4·19 혁명에 의하여 자유당 정권이 붕괴되고 같은 해 6월 15일 전면적 의원내각제를 내용으로 하는 개정 헌법이 공포되었다. 새로운 헌법은 대법원장과 대법관을 법관의 자격이 있는 자로써 조직되는 선거인단이 선출하도록 규정하였다(당시 헌법 제78조). 이에 따라 대법원의 인적 구성에 관한 법원조직법의 개정이 필요하게 되었고 대법원은 1960년 6월 9일 대법원판사제를 폐지하고 대법관 수를 13명으로 하는 내용의 법원조직법 개정안을 국회에 제출하였다. 그리고 3명의 대법관으로 구성된 부(소법정)를 운영하기로 하였다. 대한변호사협회는 대법원판사제를 폐지하는 데는 대법원과 의견을 같이 하였으나 대법관을 20명으로 증원할 것을 주장했다.[31)]

1961년 법원조직법 개정안이 국회에서 심의되고 있는 중에 5·16 군사정변이 발발하였다. 비상통치기구인 국가재건최고회의가 3권을 행사하고, 같은 해 6월 6일 국가재건비상조치법을 공포하여 대법관직을 폐직(해임)하고 대법원에 대법관 대신 대법원판사를 두기로 하였으며(국가재건비상조치법 제18조 제1항), 법관 전원의 신분보장을 정지하였다(동법 부칙 제4항). 국가재건비상조치법에 맞추기 위하여 법원조직법 개정작업이 새로이 진행됨으로 인하여 기존의 법원조직법 개정 논의는 모두 수포로 돌아가는 결과가 되었다.

국가재건최고회의 법제사법위원회는 1961년 8월 4일 이러한 틀 속에서 법원조직법 개정안을 마련하기 위하여 대법원 관계자, 법학자, 변호사단체 대표 등으

---

30) 1963년 민사소송법 제393조(상고이유) 상고는 판결에 영향을 미친 헌법·법률·명령 또는 규칙의 위반이 있음을 이유로 하는 때에 한하여 이를 할 수 있다.
제394조(절대적 상고이유) ① 판결은 다음 경우에는 상고이유 있는 것으로 한다.
1. 법률에 의하여 판결법원을 구성하지 아니한 때
2. 법률에 의하여 판결에 관여할 수 없는 판사가 판결에 관여한 때
3. 전속관할에 관한 규정에 위배한 때
4. 법정대리권, 소송대리권 또는 대리인이 소송행위에 특별수권의 흠결이 있는 때
5. 변론공개의 규정에 위배한 때
6. 판결에 이유를 명시하지 아니하거나 이유에 모순이 있는 때

31) 윤남근, 위 논문, 53~54쪽.

로부터 의견을 들었다. 서울 제1변호사회는 그 이전인 7월 18일 대법관 수를 대법원장 외 15인으로 하고, 고등법원 상고부 제도를 도입하는 내용의 법원조직법 개정의견을 국가재건최고회의, 법제사법위원회, 대법원, 법무부 등에 제출하였다.[32] 1961년 8월 12일 공포된 개정 법원조직법에 의하면, 대법원에 대법원장을 포함하여 9인의 대법원판사를 두되(당시 법원조직법 제5조), 대법원의 재판은 대법원판사 전원의 2/3 이상의 합의체에서 하는 것으로 되어 있다(동법 제7조). 대법관의 명칭을 대법원판사로 격하하고, 민사부, 형사부, 특별부 등의 부를 없애고 대법원의 모든 재판을 전원합의체로 운영하도록 하였다. 상소제도에 관하여는 지방법원 합의부가 제1심인 사건에 관하여는 고등법원이 제2심, 대법원이 상고심이 되도록 하고, 지방법원 단독판사가 제1심으로 재판한 사건은 지방법원 합의부가 제2심, 고등법원 상고부(고등법원 상고부는 당시 전국 4개 고등법원 모두에 설치되었다)가 상고심이 되도록 했다(동법 제17조, 제25조). 이와 같이 고등법원 상고부를 설치한 것은 대법원에 제기되는 상고사건을 줄여 대법원이 본연의 기능을 발휘하도록 하기 위한 것이었다.

1961년 9월 1일에 민사소송법을 개정하여 특별상고제도를 신설하여 위 제도를 보완하였다. 그 내용은, 고등법원이 상고심으로 선고한 종국판결에 대하여는 ① 헌법해석의 착오 기타 헌법 위반이 있는 경우, ② 대법원의 판례에 상반한 판단을 하여 판결에 영향을 미침이 명백한 법령 위반이 있는 경우, ③ 대법원의 판례가 없는 경우에 고등법원의 상고심 판례에 상반한 판단을 하여 판결에 영향을 미침이 명백한 법령 위반이 있음을 이유로 하는 때에 한하여 특별상고를 할 수 있으며, 그 절차에는 상고에 관한 규정을 준용하도록 하였다(당시 민사소송법 제408조의 2).

Ⅵ. 1963년 및 1969년 법원조직법(상고심의 일원화와 대법원판사 증원)

1963년 12월 13일 「법원조직법」의 개정으로 다시 상고사건을 대법원에서 모

32) 윤남근, 위 논문, 54쪽.

두 다루도록 하였다. 당시 헌법은 대법원 판사의 수를 16인 이하로 정하고 있었는데(당시 헌법 제97조 제2항), 위 법원조직법 개정에 의하여 대법원 판사의 수는 대법원장 외 12인으로 변경되었고, 3인 이상의 대법원 판사로 구성된 소부와 전원합의부를 두었으며, 고등법원 상고부는 폐지되었다. 이에 따라 대법원의 심판권을 다시 대법원판사 전원의 3분의 2 이상의 합의체에서 행사하도록 하되, 규범통제에 해당하는 일정한 경우와 판례 변경을 제외하고는 대법원판사 3인 이상으로 구성된 부에서 먼저 사건을 심리하여 의견이 일치하면 그 부에서 재판하도록 하였고(당시 법원조직법 제7조), 이는 현재에도 동일하다.

이후에도 「법원조직법」은 여러 차례 개정되었으나, 모든 상고사건을 대법원이 관할한다는 점에는 변화가 없었다.

1968년 대법원의 업무량은 1959년에 비하여 3배 정도 증가하였다. 국회 법제사법위원회는 1968년 12월 20일 민복기(閔復基) 신임 대법원장과 서울변호사회의 요청을 받아들여 여야 만장일치로 대법원 판사를 헌법상의 상한선인 대법원장 외 15인으로 증원하는 내용의 개정안을 의결하였고, 개정법은 1969년 1월 20일 공포되었다. 개정 법원조직법은 대법원판사를 증원하는 데 그치고 심급제도에 관하여는 종전의 규정을 그대로 유지하였다. 그 후 대체로 대법원장 외 15인의 대법원판사가 유지되었다.

다만, 폭증하는 상고사건의 처리를 위하여 1973년 2월 제정된 소액사건심판법 제3조에서 소액사건에 관하여는 지방법원 본원 합의부의 제2심 판결에 대한 상고는 '법률, 명령, 규칙, 처분의 헌법위반 여부와 명령, 규칙, 처분의 법률위반 여부에 대한 판단이 부당한 때 또는 대법원의 판례에 상반되는 판단을 한 때'에만 할 수 있도록 상고사유에 제한을 가하여 소액사건심판법에 의하여 재판을 받은 경우에는 사실상 대부분의 상고가 심리 없이 기각되었다.

Ⅶ. 1981년 법원조직법 및 상고허가제 실시

전두환 등이 이끄는 군부가 1979년 12월 12일 군사정변을 일으키고 1980년 5월 31일 행정기구인 국가보위비상대책위원회를 설치하여 내각을 무력화한 다음 군부 중심의 개헌안을 추진하였다. 또한 국가보위입법회의를 설치하여 국회의 기능을 대신하도록 했다. 국가보위입법회의는 1980년 9월 9일 헌법개정안을 마련하고 같은 해 10월 22일 계엄하에서 국민투표를 실시하여 개헌안을 확정하였으며, 같은 달 27일 개정 헌법(제5공화국 헌법)이 공포되었다. 개정 헌법은 대법원에 대법원판사를 둔다고 규정할 뿐 그 정원을 정하지 않았다. 또한 부(部)와 행정·조세·노동·군사 등을 전담하는 부를 둘 수 있다고 규정하였다(제103조). 국가보위입법회의에 의하여 입법된 개정 법원조직법은 대법원판사 수를 대법원장 외 12명으로 하고(제5조), 종전과 같이 지방법원의 1심 합의부 사건의 항소심은 고등법원에서 처리하고, 1심 단독 사건의 항소심은 지방법원 항소부에서 처리하도록 하여 지방법원 합의부 사건과 단독 사건 사이에 항소심을 달리 하지만 상고는 대법원으로 귀일시켰다. 국가보위입법회의는 소송촉진등에관한특례법(1981.1.29. 공포)을 제정하여 상고이유를 대폭 제한하고 상고허가제를 실시함으로써 상고사건의 폭증에 따른 문제를 해결하려 했다.[33] 그리하여 상고이유는, ① 헌법에 위반하거나 헌법의 해석이 부당한 때, ② 명령·규칙 또는 처분의 법률위반 여부에 대한 판단이 부당한 때, ③ 법률·명령·규칙 또는 처분에 대한 해석이 대법원판례와 상반된 때로 한정하였다(당시 소송촉진등에관한특례법 제11조).[34] 다만 대법원은 상고 이유가 없는 경우에도 법령의 해석에 관한 중요한 사항을 포함하는 것으로 인정되는 사건에 한하여 상고를 허가할 수 있도록 했다(동법 제12조).

그 밖의 경우에는 법령의 해석에 관한 중요한 사항을 포함하는 것으로 인정되는 사건에 관하여 당사자가 대법원에 상고허가신청을 하여 허가를 받은 경우에만 상고를 제기할 수 있도록 제한하였다(당시 소송촉진등에관한특례법 제12조 제1항).[35] 결국 당시의 민사소송법의 상고제한 규정인 제393조와 제394조는 적용이

33) 윤남근, 위 논문, 55쪽.

34) 1981년 소송촉진등에관한특례법 제11조(상고이유의 제한) ① 민사소송법 제393조 및 제394조의 규정에 불구하고 상고는 판결에 영향을 미친 다음 각호의 1에 해당하는 사유가 있음을 이유로 하는 때에 한하여 이를 할 수 있다.
1. 헌법에 위반하거나 헌법의 해석이 부당한 때
2. 명령·규칙 또는 처분의 법률위반여부에 대한 판단이 부당한 때
3. 법률·명령·규칙 또는 처분에 대한 해석이 대법원판례와 상반된 때
② 제1항 제3호에 규정된 사유가 있는 경우에 대법원이 종전의 대법원판례를 변경하여 원심판결을 유지함이 상당하다고 인정할 때에는 상고를 기각하여야 한다.

35) 소송촉진등에관한특례법 제12조(허가에 의한 상고) ① 대법원은 제11조에 규정된 상고이유가 없

배제되는 결과가 되었다.

그런데 상고허가신청사건에 대하여도 사건기록 전체를 대법원에 송부하도록 하여 기록전체를 검토하고 허가 여부를 판단하였다. 이는 미국의 상고허가제에서 상고허가신청서, 답변서 및 원심판결만을 검토하여 상고허가 여부를 결정하고 있는 것과 상당히 다른 실무였다.

상고허가제 시행기간 동안에 상고사건은 점진적으로 증가되어 상고심 민사본안사건 수가 1981년에는 2,398건이었지만, 1989년에는 4,277건으로 늘어났다. 그러나 상고허가비율은 약 10% 정도에 해당하여 실질적으로는 대법원이 심리하여야 할 사건 수가 예전에 비해 많이 줄었다. 특히 90% 가까운 불허가의 경우에 판결이유를 쓸 필요가 없어서 대법원의 업무부담은 더욱 줄어들었다. 일단 상고가 허가된 사건은 거의 인용되어 원판결이 파기되었는데, 이 10%의 비율은 종전의 상고인용 비율과 비슷하였다. 소송촉진등에관한특례법 제11조에 의한 권리상고사건은 거의 찾아볼 수가 없었고, 대부분의 사건이 동법 제12조에 의한 허가상고사건이었다.[36)]

상고허가제는 대법원의 사건부담을 덜어주기 위한 제도였지만 패소한 당사자가 단순히 판결의 확정을 지연시킬 목적으로 상고허가신청을 하는 경우도 많았다. 당사자들로부터는 오랜 기간이 경과한 끝에 상고허가신청 기각 결정이 내려지면서도 그 이유의 기재가 없는 데 대한 불만이 높았다. 이에 대법원은 1983년 12월 12일 상고허가신청을 기각하는 사건 중 '제2심 판결이 정당하지만 그 이유설시가 미비한 경우', '제2심 판결의 뜻을 재확인해 줄 필요가 있는 경우', '허가신청 이유가 법적 요건을 갖추지는 못했어도 상당한 설득력이 있는 경우'에는 기각 이유를 기재하기로 결정하였다. 그러나 이러한 조치는 대법원판사의 업무부담을 가중시켜 상고허가제의 취지를 약화시키는 결과를 초래하였다. 대한변호사협회는 1985년 3월 30일 사법제도개선심의위원회를 발족하고 상고허가 제도의

는 경우에도 법령의 해석에 관한 중요한 사항을 포함하는 것으로 인정되는 사건에 관하여는 그 판결확정 전에 당사자의 신청이 있는 때에 한하여 대법원 규칙이 정하는 바에 따라 상고를 허가할 수 있다.

② 제1항의 규정에 의하여 상고가 허가된 경우에 대법원은 원심판결을 파기하지 아니하면 현저히 정의와 형평에 반한다고 인정할만한 중대한 법령위반이 있을 때에는 원심판결을 파기하여야 한다.

36) 이호원·정선주·전병서·김희균, 위 논문, 307쪽.

철폐를 추진하기로 하여 1985년 11월 7일 상고허가제가 "세 번 재판을 받을 권리"를 침해하는 위헌적인 제도라는 취지의 진정서를 전국 변호사 천여 명의 서명을 받아 국회에 제출하기도 하였다. 대법원은 1987년 1월 5일부터 상고허가신청부를 개설하여 운영하였다. 상고허가신청부는 대법원판사 3인으로 구성하되, 대법원판사 12명이 교대로 1년간씩 맡기로 하였다. 상고허가신청부에 소속된 대법원판사는 상고허가신청사건 이외의 민사사건은 맡지 않고 형사사건과 특별 사건만 종전과 같이 처리하는 것으로 하였다. 대법원은 이와 함께 종래 대법원판사 4인으로 구성된 소부를 3인으로 줄여 부를 1개 늘렸다. 당시 약 20% 정도인 상고허가율이 너무 낮다는 비판에 직면하여 그 비율을 높이기 위한 조치였다. 그러나 1989년 상고허가신청 사건 3,544건 중 378건에 대하여 상고가 허가되고, 1990년 전반기에는 1,583건의 상고허가신청 중 145건이 허가됨으로써 상고허가율은 10% 내외로 안정되었다.[37)]

Ⅷ. 1987년 법원조직법

제5공화국의 기본권 제한과 대통령 간접선거제에 반대하는 시위가 끊이지 않고 1985년 총선에서 야당이 승리하게 되자 1987년 6월 노태우 민주정의당 대표위원은 소위 "6 · 29 선언"을 통하여 기본권 신장과 대통령 직접선거제를 채택하기 위한 개헌을 약속하였다. 1987년 10월 12일 여야 공동으로 마련한 헌법개정안이 국회를 통과하고 같은 달 27일 국민투표로 확정되었으며 같은 달 29일 공포되었다(현행 헌법). 개정 헌법은 대법원에 대법관과 부를 둘 수 있다고 규정하였으나(헌법 제102조) 대법관의 수와 부의 성격에 관하여는 규정하지 않았다. 사법부는 이 개정 헌법으로 5 · 16 군사정변에 의하여 상실한 대법관 칭호를 회복할 수 있게 되었다. 정부와 민정당은 1987년 10월 23일 당정협의회를 열고 대법관의 수를 14명(대법원장, 법원행정처장 포함)으로 확정하였고, 이러한 정책결정을 반영한 개정 법원조직법이 1987년 12월 4일 공포되었다.[38)] 개정법은 지방법원 1심 합의부 사건과 단독 사건 사이에 상소의 경로를 달리하지만 상고심은 대법

37) 윤남근, 위 논문, 56쪽.
38) 윤남근, 위 논문, 56쪽.

원으로 귀일시킨 종전의 규정을 그대로 유지하였다.

Ⅸ. 상고허가제의 폐지 및 그 부활에 대한 논란

거센 비판 여론에도 불구하고 허가상고제가 상고제한제도로 자리잡자 1990년 민사소송법 개정 시에 법무부는 상고허가제도를 특별법에 둘 것이 아니라, 본법인 「민사소송법」에 정착시키려는 개정안을 마련하였다. 즉, 「소송촉진등에관한특례법」에 규정된 허가상고제도 조항을 삭제하고, 이를 「민사소송법」 '상고'부분에 규정하고자 하였다. 그러나 의도한 바와 달리 이 민사소송법 개정안이 국회의 심의를 거치는 동안 개정안에 대한 반대여론이 받아들여져 수정된 개정안에서는 허가상고 부분이 삭제되었고, 국회 법제사법위원회 법안심사소위원회는 1989년 12월 7일 상고허가제를 폐지하는 내용의 소송촉진등에관한특례법 개정안을 통과시켰고 1990년 9월 1일 개정 소송촉진등에관한특례법(1990.1.13. 공포)이 발효됨으로써 폐지되었다. 이렇게 하여 상고제한제도는 허가상고 제도 실시 이전으로 다시 되돌아갔고, 법령위반을 이유로 한다면 제한 없이 상고를 할 수 있게 되었다.

그러나 대법원은 상고허가제의 존치를 주장했다. 상고허가제에 대한 대법원의 평가는, 한정된 인원과 기구로 민사 상고사건을 신속히 처리하고 중요한 사건들에 심리를 집중함으로써 깊이 있는 판결을 가능하게 했다는 것이다. 이에 반하여 변호사단체는 상고허가제가 국민의 재판을 받을 권리를 근본적으로 제한해 왔다고 주장했다. 결국 상고허가제는 1990년 9월 1일 개정 소송촉진등에관한특례법(1990.1.13. 공포)이 발효됨으로써 폐지되었다.

그리하여 소액사건에 관하여는 항소심의 판결이 ① 법률·명령·규칙 또는 처분의 헌법위반 여부와 명령·규칙 또는 처분의 법률위반 여부에 대한 판단이 부당한 때 및 ② 대법원의 판례에 상반되는 판단을 한 때에 한하여 상고할 수 있도록 제한하고 있을 뿐이고(소액사건심판법 제3조), 그 밖의 민사사건에 관하여는 상고이유에 관한 특별한 제한 규정을 두고 있지 않게 되었다. 절차면에서도 상고가 제기된 모든 사건을 동등하게 취급하였으며 최종적으로는 정식의 이유가 기재된 판결을 선고함으로써 절차를 마무리하였다. 이로써 상고사건이 폭주하여 사건의 처리가 지연되는 결과를 초래하였고, 또한 패소 당사자가 재판 확정을 지연시킬 목적으로 상고제도를 남용하는 경우에 적절히 대처하지 못하는 결과를 낳았다.

구체적으로 사건수를 살펴보면, 1992년도에 대법원에 접수된 본안사건 수는 12,390건, 대법원에서 처리한 본안사건 수는 11,565건으로 실제 재판업무를 담당하는 대법관 1인당 대략 연간 963건을 처리하였으며, 그 후에는 그 정도가 심해져 1993년도 대법원에 접수된 본안사건 수는 13,706건, 대법원에서 처리한 본안사건 수는 13,377건으로서 대법관 1인당 연간 1,114건을 처리하였다(상고사건은 지속적으로 증가하여 2017년도 기준 대법관 1인당 본안사건 부담건수는 3,570건으로 더욱 증가함).

그러나 그 많은 상고건수 중에서 실제로 1992년에 대법원에서 파기된 본안사건수의 비율을 살펴보면 민사사건은 8.6%, 가사사건은 2.3%, 행정사건은 15.2%, 형사공판사건은 3.9%에 불과하였다. 또한 대법원의 민사본안사건 처리기간을 살펴보면, 법정기간인 3개월 내에 처리된 사건은 합의사건의 34.7%, 단독사건의 44.7%에 불과하여 대부분의 사건이 법정기간을 경과한 후에 처리되고 있었다. 즉, 결과적으로 패소 당사자가 제기한 다수의 무익한 상고사건을 처리하기 위하여 일일이 상고기록 전부를 검토하느라 대법관의 업무 부담이 가중되었고, 이는 중요한 법률문제에 대한 심도 있는 심리나 정당한 상고사건의 신속한 처리에 중대한 장애요인이 되었다. 뿐만 아니라, 무익한 상고사건의 상대방으로서는 재판확정이 지연되어 조속히 권리를 실현하거나 법률관계를 확정하지 못하는 부당한 결과에 직면하게 되었다.[39)]

따라서, 대법원이 위와 같은 상황에서 벗어나 법률과 관련된 중요한 정책을 결정하는 법률심으로서 기능을 충실히 담당하도록 하는 한편, 정당한 권리자의 신속한 권리실현을 보장하기 위해서는 무익한 상고 등 남상고를 적절히 여과할 수 있는 장치를 마련하여야 한다는 결론에 이르게 되었다.

이에 대하여는 대안으로 대한변호사협회에서는 ① 당시의 상고제도를 그대로 유지하는 대신, 대법원의 업무 부담을 줄이는 방안으로 대법관의 수를 증원하는 방안 또는 ② 대법관수의 증원에 대한 대안으로 대법원의 2원적 구성안을 주장

39) 이호원·정선주·전병서·김희균, 위 논문, 309~310쪽.

하는 견해가 있었다. 그 밖에 ③ 과거에 시행된 상고허가제를 다시 도입하여 남상고를 확실하게 제한하는 효과를 기할 수 있다는 견해도 있었다.[40]

그러나 ① 주장에 대하여는 "일본 대법관의 업무량을 기준으로 하여 대법관의 수를 증원한다면 (당시) 대법관의 3.6배가 되어야 하므로 30명 이상 증원이 이루어져야 하고, 미국 연방대법관의 업무량을 기준으로 하여 대법관의 수를 증원한다면 (당시) 대법관의 46.9배로 되어야 하므로 600명 이상의 증원이 이루어져야 하는데, 한국 법원조직의 인적 구성에 비추어 볼 때 이와 같은 대규모의 대법관 증원은 사실상 불가능할 것임은 자명하고, 또한 대법관의 수를 대폭 늘린다면 그만큼 제1, 2심을 담당하고 있던 경력과 경험이 풍부한 법관의 수가 줄어드는 결과를 낳게 되어 오히려 제1, 2심을 약화시킬 뿐 아니라 나아가 이로 인한 불신으로 말미암아 상고가 더욱 증가하는 악순환을 초래하게 된다. 뿐만 아니라, 대법원의 가장 이상적인 재판방식은 전원합의체로 운영되는 것인데, 대법관의 수가 너무 늘어나면 사실상 대법관들 사이에 실질적인 합의가 이루어질 수 없게 되므로 전원합의체에 의한 운영은 포기할 수밖에 없고, 이상적인 대법원의 운영에 역행하는 부당한 결과를 초래하게 된다. 따라서 몇 명의 대법관수의 증가만으로는 이를 대처하기에 부족하다 할 것이다. 따라서 우선적으로 상고제도를 개선하여 운영을 해 보다가 도저히 불가피하다고 인정되는 경우에 한하여 고려할 수 있을 뿐이다"라는 비판[41]이 있었다.

또한 ② 주장에 대하여는 "이는 (당시) 대법원에 대법관 1인마다 2인의 재판연구관이 전속되어 있고, 그 밖에 고등법원 부장판사를 포함하여 25명의 재판연구관이 공동으로 대법관을 보조하고 있어, 대법관의 보조인력이 49명이나 되고 있는 현실에 비추어 생각할 점이 있다. 만약, 대법원의 재판부를 2원적으로 구성한다면, 결국 재판연구관의 수에 해당하는 인력이 배석판사로 근무하게 될 터인데, 법원에 직급제를 도입하는 결과가 되어 적절하지 아니할 뿐 아니라, 대법원의 심리가 대법관들로 구성되는 재판부가 아니라 대법관 1인 및 배석판사로 구성되는 재판부에 의하여 진행되는 결과가 되어 재판의 질이 떨어지는 결과가 된다. 그리고 대법원을 2원적으로 구성한다고 하여도 상고제도의 개선이 없는 한

40) 이호원·정선주·전병서·김희균, 위 논문, 310~311쪽.
41) 김용덕, "남상고 여과를 위한 심리불속행제도", 고시계(1994.10), 137~138쪽.

결국 대법관 1인이 처리하여야 하는 상고사건의 수에는 전혀 변동이 없게 되므로, 대법관 1인이 부담하는 업무량을 경감하려는 제도개선의 본지를 전혀 살릴 수 없다. 오히려 업무의 경감을 위하여 대법관 업무를 사실상 배석판사가 담당하게 됨으로써 재판의 신뢰도를 지금보다 저하시키는 결과가 되므로 부당하다. 현재 법원 전체의 인적 구성에 비추어 볼 때에 고등법원 부장판사의 경력을 가진 판사를 50명 가량이나 대법원에 배치시키고 나면 고등법원의 재판을 담당하는 인력이 크게 약화되어 사실심이 제대로 이루어지지 못하고 상고가 증가하는 역효과를 불러일으킬 것이다. 이는 과거에 1959년부터 1961년까지 대법원의 2원적 구성이 이루어졌다가 5·16 이후에 폐지된 예를 보아도 적당하지 않다고 본다"라는 비판이 있었다.[42] 그리고 ③ 주장에 대하여는 당시 거센 비판 여론에 의하여 상고허가제를 폐지한지 몇 년 되지도 않았는데 다시 과거 제도를 도입할 수는 없다는 비판이 있었다.[43]

X. 상고심리불속행제도의 실시(1994년 이후부터 현재까지)

1. 사법제도발전위원회의 구성 및 남상고 여과 절차 논의

1993년 11월 10일 사법제도를 개선하기 위한 범국민적인 기구로서 사법제도발전위원회가 구성되었다. 사법제도발전위원회는 사법제도 전반에 걸쳐 중요한 사항별로 문제점을 정리하고 이를 개선하는 방안을 검토하였는바, 그 한 주제로서 상고제도의 개선방안에 관하여도 다루었다.[44]

그 결과, 사법제도발전위원회에서는 당시 민사소송법에 규정된 상고절차만으로는 무익한 상고나 제도를 남용하는 상고에 대처할 수 없으므로, 남상고를 여과할 수 있는 절차를 마련하기로 의결하여(1994년 2월 16일 제3차 전체위원회에서 의결) 대법원장에게 건의하였다.[45]

---

42) 김용덕, 위 논문, 139면.
43) 이호원·정선주·전병서·김희균, 위 논문, 311쪽.
44) 법원행정처, 사법제도발전방안에 관한 공청회 결과보고서, 1994 참조.
45) 법원행정처, 위 보고서, 97쪽 이하 참조.

2. 심리불속행 제도 시행

사법제도발전위원회의 연구실에서는 사법제도발전위원회의 건의내용을 구체화하여 남상고를 효과적으로 여과할 수 있는 방안을 검토한 끝에 하나의 시안으로서 가칭 심리불개시제도(審理不開始制度)를 마련하였다.

그 후 대법원에서는 사법제도발전위원회의 건의 내용과 위 시안을 기초로 하여 심리불속행제도(審理不續行制度)를 성안하였고, 사법개혁법률의 일환으로 상고심절차에 관한 특례법안을 국회에 제출하였다.

국회 법제사법위원회는 사법제도개혁관련법률안 기초소위원회를 구성하여 위 특례법안을 비롯한 사법제도개혁관련 법률안을 심의하였다.

그 결과 위 소위원회에서 최종적으로 성안한 법안이 1994년 7월 12일 법제사법위원회에서 의결된 후 국회 본회의에서 여·야 만장일치로 통과됨으로써 같은 달 27일 법률 제4769호로 「상고심절차에관한특례법」이 공포되었고, 같은 해 9월 1일부터 시행되었다.

3. 상고심절차에관한특례법의 기본취지[46]

상고심절차에관한특례법은 심리불속행제도를 채택하였는데, 이는 대법원이 법률심으로서 법령해석의 통일을 통하여 법률문화를 창달하고, 국가의 사법정책을 결정하는 최고법원으로서 기능을 담당하도록 하고자 한 것이다. 민사소송법은 판결에 영향을 미친 법령위반의 사유가 있는 경우에 한하여 상고할 수 있도록 규정하고 있음에도 불구하고, 그동안 상고인들은 무익한 상고 내지 상대방에게 불이익을 주기 위한 남상고를 제기하는 경우가 많았다. 이는 대법원이 국가정책적으로나 법률적으로 중요한 사건에 관하여 심리를 집중하지 못하고, 소송당사자의 법률관계도 신속히 확정되지 못하는 비효율적인 결과를 초래하였다.

그리하여 상고심리불속행제도는 당사자에 의하여 주장된 상고이유에 중대한 법령위반에 관한 사항 등 상고심을 법률심으로 순화시키기에 알맞은 사유가 포함되어 있지 않은 무익한 상고나 남상고를 본안심리에 앞서서 사전에 걸러 법률

---

46) 이호원·정선주·전병서·김희균, 위 논문, 313~314쪽.

심으로서 대법원의 운영을 효율적으로 하기 위한 것이었다.

4. 심리불속행제도 내용

1) 상고이유에 중대한 법령위반에 관한 사항이 포함되어 있지 아니한 때에는 심리를 속행하지 아니하고 (심리불속행)판결로 상고를 기각하도록 하되, 예측가능성 및 법적 안정성을 도모하기 위하여 심리불속행의 사유를 구체적으로 열거하였다(상고심절차에관한특례법 제4조 제1항).

2) 상고이유에 관한 주장이 제4조 제1항 각호의 사유(중대한 법령위반 등)에 관한 사항이 포함되어 있는 경우에도, 상고이유가 그 자체로 보아 이유가 없는 때 또는 원심판결과 관계가 없거나 원심 판결에 영향을 미치지 아니하는 때에는 심리를 속행하지 아니하도록 하였다(동법 제4조 제3항).

3) 심리불속행의 사유로 인한 상고기각판결 및 상고이유서부제출로 인한 상고기각판결에는 이유를 기재하지 아니할 수 있도록 하고, 이러한 판결은 선고를 요하지 아니하고 상고인에게 송달됨으로써 효력이 생기도록 하였다(동법 제5조).

4) 심리불속행의 사유로 인한 상고기각판결은 대법원전원합의체가 아닌, 대법관 3인 이상으로 구성된 재판부에서 재판하는 경우에만 할 수 있도록 하였다(동법 제6조 제1항).

5) 심리불속행의 사유로 인한 상고기각판결을 할 수 있는 기한을 상고기록을 송부 받은 날부터 4월 이내로 제한하였다(동법 제6조 제2항).

6) 민사소송 · 가사소송 및 행정소송의 재항고 및 특별항고사건에 관하여도 제3조, 제4조 제2항 · 제3항, 제5조 제1항 · 제3항 및 제6조의 규정을 준용하였다(동법 제7조).

제3장

한국 민사소송 상소제도 및 적용 중의 문제

제1절 한국 민사소송 상소제도의 주요 내용

Ⅰ. 제2심(항소심)

한국 민사소송법은, 제1심에서 행한 소송행위는 항소심에서 당연히 유효하고(민사소송법 제409호), 항소심의 소송절차에는 특별한 규정이 없으면 제1심의 규정을 준용하므로 당사자는 제1심에서 제출하지 않은 공격방어방법도 제출할 수 있다(동법 제408조). 이와 같이 항소심에서 변론의 갱신권을 인정하고 있기 때문에 우리나라 항소심을 "속심구조"라고 할 수 있다. 그러나 한국은 공격방어방법의 적시제출주의(민사소송법 제146조, 소송의 진행에 따라 공격 또는 방어방법을 적시에 제출해야 한다)를 채택하고 있으며, 제1심 변론준비기간이 종료된 시점을 실권효가 발생하는 시점으로 정하고 있고(동법 제147조 제1항), 고의 또는 중대한 과실로 공격 또는 방어방법을 늦게 제출하여 소송종결을 지연시키는 경우, 법원은 직권 또는 상대방의 신청에 따라 각하할 수 있다(동법 제149조 제1항). 이 효력은 항소심에서도 여전히 존재한다. 또한, 변론준비절차에 대해서도 동일한 규정을 두고 있으며, 위 변론준비절차에서 제출할 수 있었음에도 제출하지 않은 경우, 제출을 제한하고 있다(동법 제285조 제1항[1]).

Ⅱ. 제3심(상고심)

한국은 모든 사건의 상고심법원이 대법원으로 일원화되어 있어, 대법원의 업무 부담이 상당하다.

민사소송법상의 상고이유는 일반적 상고이유와 절대적 상고이유로 나뉜다. 일반적 상고이유는 "판결에 영향을 미치는 헌법, 법률, 명령 또는 규칙 위반의 경

1) 변론준비기일에 제출하지 아니한 공격방어방법은 다음 각호 가운데 어느 하나에 해당하여야만 변론에서 제출할 수 있다.
1. 그 제출로 인하여 소송을 현저히 지연시키지 아니하는 때
2. 중대한 과실 없이 변론준비절차에서 제출하지 못하였다는 것을 소명한 때
3. 법원이 직권으로 조사할 사항인 때

우”이며(동법 제423조), 단순한 사실인정의 오류는 상고이유가 되지 않는다. 또한, 이러한 법령 위반은 “판결에 영향을 미치는 경우”에만 상고이유가 된다. 이에 반해, 절대적 상고이유는 중대한 절차상 오류가 있는 경우로, 원판결에 영향을 미쳤는지 여부와 관계없이 상고이유가 된다(동법 제424조). 그 상고이유는 ① 법률에 따라 판결법원을 구성하지 아니한 때; ② 법률에 따라 판결에 관여할 수 없는 판사가 판결에 관여한 때; ③ 전속관할에 관한 규정에 어긋난 때; ④ 법정대리권 · 소송대리권 또는 대리인의 소송행위에 대한 특별한 권한의 수여에 흠이 있는 때; ⑤ 변론을 공개하는 규정에 어긋난 때; ⑥ 판결의 이유를 밝히지 아니하거나 이유에 모순이 있는 때이다.

이처럼, 한국의 상고심은 ① 상고를 하려면 단순히 원심 판결에 불복하는 것만으로는 부족하고, 법령 위반 및 판결에 영향을 미치는 사유가 상고이유이어야 하며, ② 원심 판결에서 합법적으로 확정된 사실에 대해서는 상고심법원이 다시 심리하지 않는다는 점에서 “법률심”이라고 할 수 있다.

상고심이 법률심으로서의 기능을 충분히 발휘하기 위해, 대법원은 상고이유의 주장에 일정 사유가 포함되지 않은 경우, 더 이상 심리하지 않고 상고를 기각하는 심리불속행 제도(상고심절차에 관한 특례법 제4조)를 두고 있다. 심리불속행에서 제외되는 구체적 사유는 ① 원심판결이 헌법을 위반하거나 헌법을 부당하게 해석한 경우; ② 원심판결이 명령 · 규칙 또는 처분의 법률위반 여부에 대하여 부당하게 판단한 경우; ③ 원심 판결이 법률 · 명령 · 규칙 또는 처분에 대하여 대법원 판례와 상반되게 해석한 경우; ④ 법률 · 명령 · 규칙 또는 처분에 관한 해석에 관하여 대법원 판례가 없거나 대법원 판례를 변경할 필요가 있는 경우이다.

제2절 한국 민사소송 제2심(항소심)제도의 문제점

Ⅰ. 개 설

현재 한국에서 상소심 제도에 대한 문제는 제3심(상고심) 제도에 대한 문제에 집중되어 있다. 상고심에서 대법관의 수에 비하여 너무 많은 상고사건이 접수됨으로 인하여 상고사건이 정상적으로 처리되지 못하고 있다. 이러한 현상은 20년 이상 지속적으로 문제 제기되고 있지만 여러 가지 개선 방안만 난무한 채 아직까지 개선 시도가 성공적으로 진행되고 있지 못하다. 그러나 상소심 개혁의 문제는 상고심에만 한정되는 문제는 아니다. 즉 상고심 사건의 폭발적 증가는 단지 상고심 제도만의 문제라고 할 수는 없다. 필연적으로 1심과 2심이 제대로 역할을 못하고 있다는 비판에 연결되고 있으며, 이러한 비판에 따라 1심과 2심 제도 개선에 대한 논의도 지속적으로 이루어지고 있지만 2002년 일부 민사소송법 개정이 있었을 뿐 전면적인 개정은 이루어지지 않고 있으며, 2002년도 민사소송법 개정도 많은 반대의견들이 존재하여 개정안에 훨씬 못 미치는 개정이 이루어짐으로 인하여 법 개정의 효과가 나타나지 않고 있다. 이 부분에서는 지금까지 나타난 2심(항소심)에 대한 비판 내용을 소개하고 2002년도 민사소송법 개정 논의 및 그 경과에 대하여 서술하고자 한다.

현행 항소심 제도의 문제점에 대해서는 다양한 지적이 있어 왔는데, 대략적으로 국민의 입장에서는 헌법상 재판받을 권리가 현실에서 구체적으로 실현되지 못하고 있는데 항소심 제도의 개정안은 이러한 문제를 더 심화시키게 될 것이라는 비판이 제기되고 있고, 또 다른 측면에서는 한국의 심급제도를 3심 제도로 구성하면서 원래 의도하였던 취지를 왜곡하여 항소가 남용되고 소송이 지연된다는 비판이 있다. 헌법 제27조가 규정하는 재판받을 권리는 국민이 재판청구권을 가지며, 모든 국민은 독립한 법관에 의한 재판을 받을 권리를 가진다는 것을 의미하는 것으로, 무제한적인 판결이나 유리한 재판을 구할 권리 내지 재판에 대해 반드시 상소할 권리를 보장한다는 것은 아니라는 주장이 있다.[2)] 한편으로 2심(항소심)의 부담의 경감과

---

2) 헌법재판소 1992.6.26. 90헌바25 결정도 이와 같은 취지에서 판시하였다.

소송의 적정 · 신속한 처리를 위한 대책을 강구하여야 한다는 논의도 있다. 항소심 소송지연의 원인으로 지적된 것으로는, ① 제1회 변론기일까지 대기기간이 몇 개월 되지만 그 기간이 거의 활용되고 있지 못하고 있는 점, ② 항소이유서의 제출이 강제적이 아니기 때문에 항소인이 원판결에 불복하는 이유 등의 항소심 심리의 쟁점을 미리 파악하기가 어려운 점, ③ 항소심에서 새로운 공격방어방법이 제출되고 있으나 그 실권적 효과를 적용하는 경우가 거의 없다는 점 등이 지적되고 있다.

Ⅱ. 항소사건의 현황

한국 민사소송에서 1심 판결에 대한 항소율 및 2심 판결에 대한 상고율 모두 40% 정도 된다. 2002년도에 일부 민사소송법 개정이 있었으나 2002년 전후로 1심 판결에 대한 상소율과 파기율에서 큰 차이가 없는 것으로 보아 민사소송법 개정의 영향은 미미했던 것으로 보인다.

〈1심 판결(합의사건)에 대한 상소율, 1심 판결 파기율, 2심 판결에 대한 상소율〉[3)]

연도	1심 판결항소율	항소심의 1심 파기율	2심 판결상고율	상고심의 2심 파기율	연도	1심 판결항소율	항소심의 1심 파기율	2심 판결상고율	상고심의 2심 파기율
2000	34.3	28.6	40.9	9.2	2012	43.0	29.0	44.1	
2001	41.8	28.7	45.5	10.3	2013	42.3	29.9	45.4	11.0
2002	39.5	26.7	41.9	10.7	2014	42.1	30.8	44.7	11.0
2003	35.6	25.9	33.4	9.4	2015	44.3	31.9	41.0	10.5
2004	35.1	22.2	37.6	9.7	2016	46.1	30.6	39.4	7.8
2005	37.8	23.4	43.3	8.1	2017	40.5	25.9	32.0	6.4
2006	40.5	24.6	39.8	7.3	2018	40.0	27.3	34.0	11.2
2007	40.6	22.0	41.4	8.7	2019	34.5	23.5	27.6	22.7
2008	41.3	20.1	42.3	9.7	2020	32.5	19.9	22.6	5.5
2009	41.6	22.1	42.3	10.4	2021	41.7	24.0	25.0	5.3
2010	42.3	23.9	42.1	8.3	2022	45.3	27.9	31.3	3.5
2011	44.0	25.7	42.6	8.7	2023	48.5	32.7	35.7	6.1

3) 사법연감 참조. 통계는 모두 민사합의 사건을 기준으로 한다. 사법연감에 있는 민사단독 사건 통계는 소액사건을 포함하고 있는데, 소액사건은 금융회사가 연체 채무자에게 전형적인 판결문을

1심 판결에 대한 파기율이 20~30% 정도 되는데 1심 파기율이 결코 낮다고 할 수 없다. 즉, 1심 판결 중 상당수가 파기되기 때문에 1심 판결에 대한 상소를 제한하는 것이 현재 상황에서는 설득력을 얻기 쉽지 않다. 실제 재판에서도 1심 판결이 사실 인정이나 법리 판단에서 미흡한 경우가 적지 않으며, 2심에서 1심 판결의 오류가 상당 부분 수정되고 있다.

그리고 2심 판결에 대한 상고율도 1심 판결에 대한 항소율에 비하여 결코 낮지 않다.

Ⅲ. 한국 민사소송의 항소심 운영에 있어 문제점

1. 심급제도의 왜곡 문제

법원조직법 제28조 및 제32조 제2항의 규정에 따라 현재 2심은 고등법원과 함께 지방법원 합의부가 담당하고 있다. 즉, 고등법원 이외에도 지방법원에서 항소심 재판이 열리고 있는 것이다. 여기서 문제로 되는 것은 지방법원에서 제1심으로 재판한 사건을 동일 지방법원에서 다시 항소심 재판을 하는 것이다. 3심제를 원칙으로 하고 있는 사법제도 하에서 재판을 복수의 심급으로 하는 경우, 원칙적으로 조직을 달리하는 법원에 의한 복수의 심급을 의미하는 것으로 보아야 할 것이다. 현재와 같이 동일한 지방법원 내에서 제1심과 제2심을 모두 담당하고 있다는 것은 재판을 받는 국민들의 입장에서 과연 1심에서 2심으로 심급이 변동되었다고 느낄 수 있을지 모르겠다. 재판을 받은 소송당사자가 재판결과에 불복하여 상소를 할 때는 그 재판이 위법하거나 적절하지 못하므로 상급법원의 경험 많은 판사가 다시 사건 기록을 살펴보고 판단하여 줄 것을 기대할 것이다. 즉, 이러한 문제는 항소심 사건을 제1심 법원과 전혀 다른 조직에 맡겨서 예단형성(豫斷形成)의 여지를 없애야 한다거나, 상소의 본질상 제1심 법원과 상소심 법원은 서로 다른 법원인 것이 자연적 정의라고 하는 주장으로 연결된다.[4)]

향후 고등법원과 지방법원의 법관 이원화제도가 정착되면, 현재와는 달리 고

구하기 위하여 소송을 제기하고 피고가 다투지 않아 항소되지 않는 사건이 많으므로 통계에서 제외하기로 한다.

4) 서울대학교 산학협력단, 항소심 구조 개편에 대한 사법정책 연구, 법원행정처, 2011, 14쪽.

등법원 판사와 지방법원 판사가 순환하는 것이 아니라 확연히 구분되게 되는데, 이러한 경우 현재와 같이 지방법원에서 항소사건을 재판하게 된다면 이러한 문제가 더욱 심각해질 것으로 보인다.

2. 항소심의 전문화 내지 효율성의 문제

항소심을 담당하는 법원이 고등법원, 고등법원 원외재판부, 지방법원 본원 항소부, 지방법원 지원 항소부로 다원화되어 있고 일부 지역의 경우 항소부가 소수의 재판부로 구성되어 있으므로 항소심의 전문화에 장애가 되고 있다는 지적도 있다.[5] 아무래도 항소심 법원도 전문화를 꾀하기 위해서는 다수의 재판부가 필요하다. 재판부의 숫자가 적은 경우에는 전문재판부를 지정하는 것이 아무런 의미가 없다. 어차피 적은 수의 재판부에서 여러 가지 종류의 사건을 다 할 수밖에 없기 때문이며 여러 종류의 사건을 처리하다 보면 일정한 부분에 대한 전문성이 쌓일 여지도 없게 된다.

항소심을 전문화하기 위해서는 어느 정도 적정 규모를 가지지 않으면 안 되는 것은 당연하다. 서울고등법원은 민사부가 30여 개로, 노동, 건설, 지적재산권, 환경, 언론, 의료, 상사/기업, 국제거래 등의 전문재판부가 지정되어 있고, 형사부는 총 14개로 부패, 선거, 성폭력, 외국인 등의 전문재판부가 지정되어 있다. 그러나 서울고등법원 이외 다른 고등법원의 규모가 크지 않아 민사부가 3～4개 이하에 불과하여 전문재판부 지정이 별로 의미가 없는 실정이다.

그런데 위 주장과는 반대로 현재의 우리나라 법원은 지나치게 대형화되어 있어서 재판에 효율성이 떨어진다는 지적도 있다.[6] 광주, 부산, 대전에 소재하고 있는 고등법원들은 광역행정단위를 전혀 달리 하는 지역인 전북, 경남, 충북 지역의 주민들을 항소심 재판에 불러들이는 구조를 취하고 있는 만큼 서둘러 시정해야 한다는 주장이다.

여기서 말하는 효율성이 어떤 것인지 정확히 이해하기는 어려우나, 재판받는 당사자 차원에서 근거리 법원에서 재판받는 것이 반드시 효율적이라고 할 수 있을지는 알 수 없다. 고등법원에서 상소를 할 사건 정도라면 변호사를 선임할 가

5) 서울대학교 산학협력단, 항소심 구조 개편에 대한 사법정책 연구, 15쪽.
6) 백윤기 외, 수원고등법원 설치의 타당성 연구, 아주법학 제1권 2호(2010.5), 7쪽.

능성이 높은데, 소송에는 변호사가 출석하면 되고 당사자가 반드시 출석하여야 할 필요가 없기 때문에 굳이 근거리 법원에서 재판을 받는 것이 효율성이 높다고 단언하기는 어렵다. 오히려 법원이 대형화된다면 업무 분장이 세부적으로 이루어지기 때문에 더 효율적인 재판이 가능하게 된다. 아무래도 같은 종류의 사건을 많이 다루다 보면 그런 종류의 사건에 대한 이해도도 높아지고 심도 있는 재판을 할 수 있는 방법도 다양하게 강구할 수 있다는 장점도 있기 때문이다.

3. 항소심의 기능 정립 문제

한국은 제1심에 불복하여 항소를 제기하는 비율이 상당히 높고, 제2심에서의 원심파기율도 상당히 높은 실정이며 대법원에의 상고율도 높다. 2023년도 민사 합의부 사건의 항소율은 48.5%, 파기율 32.7%, 상고율 35.7% 민사 단독 사건(소액사건 포함)의 항소율은 9.5%,[7] 파기율은 23.8%, 상고율 25.6%이다. 2013년도 민사 합의부 사건의 항소율은 42.3%, 파기율 29.9%, 상고율 45.4%, 11.0%, 민사 단독 사건(소액사건 포함)의 항소율 5.2%, 파기율 20.6%, 상고율 33.0%, 2003년도 민사 합의부 사건의 항소율 35.6%, 파기율 25.9%, 상고율 33.4%, 민사 단독 사건(소액사건 포함)의 항소율 3.9%, 파기율 23.8%, 상고율 31.9%이다.[8] 이와 같이 1심 판결에 대한 항소율이 높은 것은 여러 가지의 이유가 있겠으나, 항소심의 기능과도 관련된 문제라고 할 수 있다. 즉 항소심이 속심 형태로 운영됨에 따라 제1심에서는 항소심에서의 추가 심리 가능성을 고려하여 재판을 적정 수준에서 종결하는 소위 항소심으로의 도피현상이 나타나기 때문이다. 이러한 점에서 1심의 재판은 제한적이 될 수밖에 없으므로 항소심에서의 파기율도 높아지게 된다.

앞서 본 바와 같이 사후심제로 항소심을 운영하고 있는 영미법계의 국가들에서는 남상소(濫上訴)를 찾아보기 어려운데 비하여, 전통적으로 속심구조를 유지하고 있는 프랑스의 경우에는 매년 10만 건 이상의 항소사건이 심리되고 있는 것을 볼 때, 남항소와 항소심의 심리구조가 밀접한 관련이 있다고 할 수 있다.

---

7) 민사 단독사건에는 소액사건 수가 포함되어 있는데, 소액사건의 경우 금융기관이 전형적으로 하는 소송이 많아서 항소율이 높지 않다. 소액사건 항소율을 제외한다면 단독사건의 항소율도 상당히 높을 것으로 예상된다.

8) 사법연감 참조.

형사 항소심의 경우에는 형사소송법 개정으로 종전의 복심적 구조에서 속심으로 전환함과 아울러 사후심적인 요소를 대폭 도입하였다고 할 수 있는데, 항소이유의 법정(法定), 항소이유서 제출의 의무화, 항소이유서에 포함된 사항으로 항소법원의 심판대상 제한 등은 사후심적 요소라고 할 수 있다. 그러면서도 항소법원은 판결에 영향을 미친 사유에 관해서는 항소이유에 포함되지 아니한 경우에도 직권으로 심판할 수 있고, 제1심 법원에서 증거로 할 수 있던 증거는 항소법원에서도 증거로 할 수 있을 뿐 아니라 항소심이 기초로 할 증거는 그에 국한되지 아니하고 항소심의 사실심리나 증거조사 등에 법조문상 하등 제한이 없이 제1심의 공판절차가 준용되는 점 등을 종합하여 보면 실체적 진실을 추구하는 면에 있어서는 사실심의 종심(終審)으로서 항소법원의 속심적 기능이 강조되고 있다고 할 수 있다.[9)]

4. 법관의 독립성 침해

지방법원의 항소심 재판부는 부장판사인 재판장과 경력이 짧은 배석판사로 구성되어 있는 곳이 많다. 최근 항소심 재판부의 경우 단독판사의 경험이 있는 경력이 많은 판사를 배석판사로서 배치하는 곳이 늘고 있기는 하지만, 여전히 항소심 재판부의 배석판사의 경력보다 1심 재판장의 경력이 많은 경우가 많다. 이러한 경우 지방법원의 단독 판사가 재판한 제1심 판결을 같은 지방법원의 항소부가 2심 재판을 담당하면, 같은 법원에 소속된 판사들 간에 원심과 상소심의 재판이 연결되게 되어, 항소심 재판이 영향을 받을 우려도 존재한다. 비록 법에서는 법관의 독립을 명시하고 있지만, 실제로 법관 사이에 선후배 간의 위계질서가 존재하는 현실에서 동일법원 내에서 1심과 2심을 모두 담당하는 것은 법관의 독립성을 침해할 가능성이 없다고 단정할 수 없다. 다만 항소심의 재판장은 원심인 단독판사보다는 서열이 높기 때문에 항소법원이 반드시 원심법원의 눈치를 보게 된다고 볼 수는 없고 또 실제 지방법원 항소부의 1심 단독재판부 판결에 대한 취소율이 23.8%에 이른다는 점에서 볼 때 그다지 심각하게 고려해야 할 사항으로 보이지는 않을 수도 있지만 외부에서 바라볼 때는 2심이 1심 재판부와

9) 서울대학교 산학협력단, 항소심 구조 개편에 대한 사법정책 연구, 16쪽.

완전히 독립하여 재판하지 않는다는 인상을 받을 수도 있다는 점을 고려하여야 할 것이다.

5. 국민의 사법 접근성의 문제

현재 고등법원은 서울, 수원, 대전, 대구, 광주, 부산 6곳밖에 설치되지 않아 고등법원이 없는 지역 주민은 항소심 재판을 받기 위해 장거리를 이동해야 하고 이로 인해 많은 국민이 불편을 호소하고 심지어 항소를 포기하는 경우가 발생하고 있다는 지적[10]이 있다. 헌법상 재판받을 권리를 충실히 보장하기 위해서는 국민의 거주지에 상관없이 재판청구권을 원활하게 행사할 수 있도록 법원의 적정한 분배가 필요한 것은 사실이지만 지금의 고등법원 체계에서는 일부 지역에는 고등법원이 설치되어 있지 않아 국민들의 사법접근성이 떨어져 국민들이 큰 불편을 받고 있다는 것이다.

사건의 실체를 잘 파악하고 있고, 선임비용이 저렴하다는 등의 이유로 지방법원 제1심 재판에서 소송대리를 담당했던 변호사가 항소심에서도 소송을 수행하는 것이 소송당사자에게 유리하다. 하지만 접근성이 떨어지는 타 지역 고등법원에서 항소심을 받을 경우 그 지역의 새로운 변호사를 선임하고, 선임된 변호사는 사건을 처음부터 다시 파악해야 하는 등 소송비용과 국민의 법적권리 보호와 더불어 지역 법률시장의 위축이라는 문제를 가져올 가능성이 있다고도 한다.

이러한 주장들을 반영하여 경남지역에는 창원지역에 부산고등법원 창원재판부가 생겼고, 전주지역에는 광주고등법원 전주재판부가 생겼으며, 춘천지역에는 서울고등법원 춘천재판부가 생겼다. 또한 2019년에는 수원고등법원이 설치되었으며, 인천지역에 서울고등법원 인천재판부가 생겼다.

6. 공정한 재판받을 권리의 확보

항소심 담당법원이 2원화 되어 있는 현행 구조 하에서는 국민의 의지가 아닌, 사법적 판단에 의해 항소심을 지방법원과 고등법원에 나누어 배정하고 있다. 하지만 재판을 하는 법원이 보기에는 소가(訴價)가 소액이거나 법정형(法定刑)이 가

---

10) 항소법원 설치 시 개선하여야 할 관련 법률의 축조 연구, 국회법제사법위원회(2010).

벼운 사건일지라도 없는 자와 억울한 자에게는 결코 가벼울 수 없다. 사건의 경중을 법원의 시각으로 분류하여 차별적으로 처리하지 말고 모든 항소사건을 하나의 항소법원에서 하나의 잣대로 재판해야 한다는 관점에서 볼 때 현행 제도는 공정한 재판받을 권리를 침해할 가능성이 있다는 지적도 있다.[11]

11) 항소법원 설치 시 개선하여야 할 관련 법률의 축조 연구, 국회법제사법위원회(2010).

제3절 한국 민사소송 제3심(상고심)제도의 문제점

Ⅰ. 상고사건의 현황

1. 상고사건의 급증

1990년 상고허가제가 폐지된 이래 대법원에 접수되는 상고사건의 수는 급속도로 증가해왔다. 1993년에는 13,740건이 접수되어 실제 재판업무를 담당하는 대법관[12] 1인당 1,145건이 접수되었고, 매년 상고 사건으로 접수되는 사건수가 급증하여 10년이 지난 2003년에는 19,295건이 접수되어 실제 재판업무를 담당하는 대법관 1인당 1,607건이 접수되었다. 전체 접수사건수로는 10년 전에 비하여 40% 이상 증가하였다. 그런데, 그 후로 대법원 접수사건이 더욱 가파르게 증가하였고 다시 10년이 지난 2013년에는 36,110건이 접수되어 1993년에 비하여는 거의 3배 가까이 증가하였고, 2003년에 비하여 87% 이상 증가하였다. 더군다나 2018년에는 47,979건이 접수되어 2013년에 비하여 10,000건 이상 접수건수가 증가하는 등 가파른 증가세를 보이고 있으며, 실제 재판업무를 담당하는 대법관 1인당 3,690건이 접수되어 1993년에 비하여 대법관 1인당 사건접수건수가 3배 이상 증가하였다.

〈대법원 상고사건의 접수사건수 및 처리사건수(본안사건 기준)〉[13]

연도	1993	2003	2004	2005	2006	2007	2008	2009
접수사건수	13,740	19,295	20,432	22,587	22,946	26,392	28,040	32,361
처리사건수	13,411	18,888	20,073	20,623	23,003	27,017	28,281	30,102
연도	2010	2011	2012	2013	2014	2015	2016	2017
접수사건수	36,418	37,266	35,776	36,110	37,652	41,850	43,694	46,412
처리사건수	35,168	35,926	36,238	35,167	38,193	41,871	43,129	44,232
연도	2018	2019	2020	2021	2022	2023		
접수사건수	47,979	44,328	46,231	40,489	52,480	37,669		
처리사건수	48,105	42,263	38,809	43,980	48,460	39,662		

12) 대법관 중 1명은 법원행정처장으로 임명되어 대법원의 재판 업무를 수행하지 않는다.
13) 법원행정처에서 발간하는 사법연감을 참조하였다.

그러나 한국의 전체 법원에 접수되는 본안사건의 수는 1993년 683,816건에서 2003년 1,545,934건으로 2배 이상 증가하였으나, 2008년 1,753,088건을 정점으로 하여 그 후에는 조금씩 감소하여 2013년 1,605,623건, 2018년 1,462,714건, 2023년 1,266,734건을 나타내고 있다. 이와 같이 전체 접수사건수가 감소하고 있음에도 상고사건수는 급증하고 있는 것이다.

아직 상고사건수 급증의 원인에 대하여 분석한 것은 없지만, 인구수는 완만하게 증가하고 있을 뿐이고, 1심 접수사건수가 감소하는 추세임에도 상고사건수가 급증하고 있는 것을 보아 통계를 통하여 그 원인을 파악하기는 쉽지 않을 것으로 보인다. 오히려 그러한 통계 수치보다는 사회적 환경에서 그 원인을 찾아보는 것이 나을 것으로 보인다. 한국 경제는 과거 60년 동안 세계 어디에서도 보기 힘들 만큼 급성장하였으나, 최근 10여 년간 성장세가 주춤하고 있고 부의 재분배와 관련된 사회적 갈등이 증가하고 있다. 그러나 한국 경제의 규모는 여전히 성장세에 있고 세계 각국과의 무역량은 계속 증가세에 있으며 대기업들은 엄청난 이윤을 창출하고 있다. 하지만 이러한 사회적 부가 사회에 골고루 분배되고 있지 않으며 개인의 소득은 10여 년 전과 비교해서 오히려 상대적으로 감소하고 있다는 느낌마저 주고 있다. 이러한 상황으로 인하여 최근 한국 사회는 빈부격차의 심화로 인한 양극화 문제가 심각하게 대두되고 있고, 갈등도 커지고 있다.

또한 한국이 정치, 경제, 문화 등 여러 방면에서 선진국 대열에 올라섬과 동시에 국민들의 시민의식도 상당히 성장하였고, 권리의식도 함께 강해지고 있다. 하지만 한국의 정치, 사회 제도는 여전히 구태를 못 벗어나고 있는 부분이 많은데, 국민들이 자신의 권리를 보호받아야 한다는 의식은 강하여졌으나 권리가 침해되었을 때 또는 타인과 갈등이 발생하였을 때 이를 원만하게 해결할 수 있는 시스템은 아직 잘 정비가 되어 있지 않다. 행정기관이나 여러 조직에서 조정이나 화해 등의 제도를 마련하고 있으나 이러한 제도의 이용이 아직 미비하고, 중재제도의 이용도 다른 나라에 비하여 활성화되어 있지 않다. 그리하여 한국 국민들은 법원에 소송을 제기하는 것으로 자신의 권리를 구제받고자 하는 경향이 다른 나라에 비하여 강한 것으로 보이고 이에는 다른 나라에 비하여 저렴한 소송비용으로 소송을 제기하고 구제받을 수 있다는 점도 한몫하고 있는 것으로 보인다.

2. 상고사건의 심리불속행 기각 등 통계

〈전원합의체에서의 사건 처리건수〉14)

연도	2002	2003	2004	2005	2006	2007	2008	2009	2010	2011	2012
사건수	10	7	13	7	13	18	13	16	11	17	28
연도	2013	2014	2015	2016	2017	2018	2019	2020	2021	2022	2023
사건수	22	14	25	13	16	21	21	21	24	16	9

〈대법원에서 심리불속행 기각된 사건 비율〉15)

연도	2002	2003	2004	2005	2006	2007	2008	2009	2010	2011	2012
사건수	44%	45%	54%	59%	59%	64%	65%	67%	66%	66%	52%
연도	2013	2014	2015	2016	2017	2018	2019	2020	2021	2022	2023
사건수	54%	56%	62%	70%	77%	75%	70%	70%	73%	69%	70%

Ⅱ. 대법원의 상고사건 처리 과정에서의 문제점16)

1. 사건 배당과 주심 제도의 문제점

한국 대법원은 사실심(1심 및 2심)과 마찬가지로 주심(主審)제도를 시행하여 모든 상고사건에 대하여 주심대법관을 지정하고 있다. 주심대법관은 그에게 배당된 사건에 관하여 기록 검토와 쟁점 연구, 합의 진행, 판결문 작성 등 업무를 주관하고, 전반적인 사건 관리로서 재판 도중에 제기되는 여러 부수적 문제의 처리를 맡는다. 그리고 한국 대법원은 전문 분야를 담당하는 여러 부로 나누어서 전문 분야의 사건을 배당하고 있는 독일이나 프랑스와는 달리 영국이나 미국과 같이 전원합의체에서 모든 사건을 재판하는 것을 원칙으로 하는 One Bench System을 취하고 있어 모든 대법관이 모든 사건을 다루는 것을 전제로 하므로 사건의 내용이나 분야에 따라 구분하여 배당하지 않고 모든 대법관에게 모든 사

14) https://portal.scourt.go.kr/pgp/index.on 사법정보공개포털에서 검색 가능함.

15) https://theminjoo.kr/main/sub/news/view.php?brd=17&post=1206580

16) 이 부분에 관하여 자세히 언급하고 있는 논문은 앞서 인용한 박시환 전 대법관의 "대법원 상고사건 처리의 실제 모습과 문제점"이라는 논문밖에 없어 이 논문의 내용을 주로 인용하여 소개한다.

건을 무작위로 균등하게 배당하고 있다.

주심제도는 재판부 구성원 중 한 명이 자신이 주심으로 맡게 된 사건에 관하여 검토, 판결문 작성 등 재판업무의 핵심 부분을 책임감을 가지고 집중적으로 수행함으로써 심도 있는 심리를 가능하게 하고 구성원 전원이 동일한 업무에 중첩적으로 들이는 시간과 노력을 절약하여 재판업무의 효율성을 높일 수 있다는 장점이 있다. 반면에 재판부 구성원들이 주심의 검토 내용에 기초하여 사건을 검토하게 됨으로써 주심의 관점에서 설정된 전체적 틀 안에서 사건이 검토되는 한계가 있고, 각 대법관들의 독자적 시각에 따른 다양한 법리 검토의 가능성이 훨씬 줄어들게 되며, 사건에 대한 책임감이나 관심이 다소 흐려지게 되는 단점이 있다.

우리 대법원의 소부 합의에서는 주심이 아닌 대법관은 합의 자리에 앉을 때까지는 다른 대법관이 어떤 사건을 주심으로 배당 받아 가지고 있는지, 어떤 사건을 합의에 회부하는지를 전혀 모르는 상태에 있다. 그러므로 합의기일 이전에는 사건 검토의 내용, 사건 처리의 진행상황, 합의 회부 시기, 전원합의 회부 여부, 판결이유 구성 등 사건 처리와 관련된 일체의 사항에 개입할 여지가 없고 그 모든 것이 주심대법관에게 일임되어 있다. 이와 같이 우리 대법원의 사건 처리에서는 주심대법관의 영향력이 압도적이고 상대적으로 다른 대법관들의 영향력은 합의 자리에서 토론하고 의견을 말하는 것을 제외하고는 아주 낮을 수밖에 없어 대법원의 재판이 진정한 합의제로 운영되는 데 심각한 장애가 되고 있다. 이런 문제점을 해결하기 위해서는 우리 대법원도 제한된 소수의 중요사건만을 처리하면서 그 전부를 전원합의체로 심리하되 주심이 없이 모든 대법관이 동등한 입장에서 사건을 심도 있게 검토하여 합의에 임하는 방식으로 바뀌어야 할 것이다.[17]

2. 신건조(新件組) 재판연구관의 신건 검토의 문제점

대법원에 상고사건의 소송기록이 접수되면 그 기록이 일단 대법관에게 인계되었다가 신건조 재판연구관에게 검토 회부되는 것이 아니라 바로 신건조 재판연구관에게 기록이 인계되어 신건 검토에 들어간다. 다시 말하면 신건조 재판연

17) 박시환, 위 논문, 298~299쪽.

구관은 대법관의 사건 내용 파악이 전혀 되지 않은 상태에서 아무런 지침이나 방향 제시 없이 백지 상태에서 신건 검토에 들어가는 것이다.

이러한 방식은 재판연구관이 아무런 제한을 받지 않고 그 사건에 포함된 모든 쟁점에 대하여 빠짐없이 검토·보고하게 된다는 장점이 있는 반면에 그 사건의 초기 검토가 재판연구관의 시각이나 문제의식에 크게 영향 받게 된다는 점에 문제가 있다. 신건 검토보고를 받은 주심대법관이 기록과 관련 자료들을 자세히 살펴볼 수 있다면 재판연구관이 빠뜨리거나 방향을 잘못 잡은 쟁점에 대하여 수정·보완할 기회가 있을 것이지만, 실제로는 한 번에 수십 건씩 올라오는 신건 기록을 자세히 살펴볼 시간 여유가 없다. 주심대법관은 신건 검토보고서를 위주로 기록을 살펴볼 수밖에 없고 결국 신건조 재판연구관이 검토한 틀의 범주를 벗어나서 사건을 검토하는 것이 쉽지 않은 실정이다. 가끔 특정 대법관이 판례도 확립되어 있고 다른 대법관들은 별 의문을 품지 않는 쟁점에 대하여 다른 시각으로 새로운 법리를 제시하여 판례를 바꾸고자 하는 생각을 품고 그런 사건을 기다리고 있는 경우가 있는데 재판연구관들은 새로운 법리를 전개할 입장이 되지 못하고 기존 판례나 법리의 틀 안에서 사건을 검토하는 것이 본연의 임무이므로 신건 검토 단계에서 그런 사건이 걸러지기는 어려운 실정이다. 따라서 이러한 방식은 우리 대법원이 기존의 법질서를 유지·보전하는 데에 그치지 않고 시대의 변화에 따라 새로운 법리를 제시하고 법질서를 창조해 나가는 정책법원의 기능을 발휘하는 데에 큰 걸림돌이 된다.[18)]

다른 측면에서, 이와 같은 처리 방식은 신건조마다 심리불속행 처리, 간단한 이유를 붙인 상고기각 처리 등에 관하여 일정한 기준을 마련해두고 모든 사건에 통일적 기준을 적용해서 검토·보고함으로써 대법관마다 처리 기준에 차이가 나는 것을 방지하는 장점이 있고 신건조 재판연구관들의 긴밀한 협조에 의해 관련 사건을 찾아내고 저촉되거나 모순되는 내용으로 사건이 처리되는 것을 막는 장점도 있다.[19)]

---

18) 박시환, 위 논문, 300쪽.
19) 박시환, 위 논문, 300~301쪽.

3. 소부 합의에서의 문제점

신건 검토보고 이후 추가 검토 없이 바로 소부 합의에 회부하는 사건의 경우 바로 다음에 하게 되는 합의기일에 올리는 것이 일반적이지만, 실제로 개개 사건을 언제 합의에 올리느냐 하는 것은 전적으로 주심대법관의 마음에 달려 있다. 소부에 소속된 4명의 대법관 모두 그 소부에 배당된 사건에 대한 재판권이 있고 그 사건의 처리 과정에 관여할 권한이 있기는 하지만 다른 대법관의 주심 사건에 대해서는 전혀 알지 못하는 상태이므로 그 처리 과정에 관여하기가 어렵다. 그리하여 주심대법관의 합의 회부시기에 대하여 사실상 통제가 되지 않고 있다.[20]

소부 합의는 매월 두 번씩 열리며 소부 합의에 회부되는 사건 수는 매 합의기일마다 주심별로 100건 가까이 된다. 각 대법관실에서는 소속 직원이 합의기일 전날 퇴근시간 무렵에 다음 날 합의할 사건 목록을 작성하여 주심대법관에게 올려주고, 다른 대법관들에게는 합의 당일 아침에 합의가 진행될 대법관실 책상 위에 4부를 작성하여 올려놓는다. 주심이 아닌 다른 대법관들은 그날 합의할 사건 목록을 합의하러 주심대법관실로 들어가 자리에 앉는 순간에 비로소 보게 되고, 그 전에는 그날 다른 대법관 주심사건은 어느 사건이 합의에 회부되는지 전혀 알지 못한 상태에서 합의에 임하게 된다. 오전 9시 30분부터 소부 합의가 시작되고 원칙적으로 각 대법관마다 돌아가며 2시간씩 하루 종일 합의를 진행한다. 1회의 합의기일에 각 주심대법관별로 2시간에서 3시간의 시간이 주어지는데 그 시간 동안 100건의 사건을 합의하려면 1건의 합의에 허용되는 평균 시간은 기껏해야 1분 30초 정도를 넘지 못한다. 물론 아주 간단히 설명하고 지나가는 사건(예를 들면 민사사건 중 소액사건심판법 제3조에 규정된 상고이유에 해당하는 아주 예외적인 경우를 제외한 소액사건, 형사사건의 경우 10년 미만의 형이 선고된 사건에서 양형부당만을 주장하거나 단순히 원심의 사실인정만을 다투는 등 상고이유에 해당하지 않는 사건)이 꽤나 있어 실제 내용을 설명하는 사건 수는 100건보다는 상당히 적어진다. 그렇다 하더라도 내용을 설명하는 사건의 평균 설명시간이 3~4분을 넘어가기 힘들다. 주심이 아닌 다른 대법관은 합의할 사건의 내용을 전혀 모르는

20) 박시환, 위 논문, 302쪽.

상태에서 합의에 임하게 되므로, 그 3~4분 안에 사건내용과 쟁점, 각 쟁점에 대한 가능한 법해석의 입장과 그 이론적 근거 및 사건처리의 결론을 모두 설명하여 이해시키는 것은 너무나 벅찬 일이다. 자연히 사건내용과 쟁점 등의 설명은 아주 간략하게 핵심만을 언급하게 되고 주심대법관이 제시하는 결론에 대한 근거 설명도 간략하게 될 수밖에 없다.[21)]

4. 심리불속행 사건 합의에서의 문제점

심리불속행으로 처리할 것인지 여부의 기준을 정하는 것은 쉽지 않다. '상고심절차에 관한 특례법' 제4조 제1항에 규정된 심리속행 사유 중에서도 특히 제5호의 '중대한 법령위반에 관한 사항'은 그 의미가 추상적이어서 획일적인 기준을 정하기 어렵기 때문에 주심대법관의 판단과 소부 구성 대법관들의 의사에 따라 심리불속행 여부가 좌우될 수 있는 여지가 많다. 그리고 심리속행 사유에 해당하는지 여부는 상고이유 자체만으로 명확한 경우도 있지만, 대부분의 경우 상고이유에서 주장한 쟁점에 관하여 본격적인 검토를 해 본 뒤가 아니면 확실하게 알기 어렵다. 따라서 대법원 실무의 경우 상고이유나 직권 검토의 쟁점이 드러난 단계에서 바로 심리불속행 여부를 결정하는 것이 아니고 그 쟁점에 대한 검토를 마친 후의 단계에서야 심리불속행 기각판결을 할지 여부를 결정하고 있다. 주심대법관 역시 재판연구관의 검토보고서를 받아본 다음에 심리불속행 여부를 결정하는데, 재판연구관의 의견대로 처리하는 것이 대부분이다. 소부 합의기일에서는 심리불속행으로 처리할 사건은 합의목록에 미리 표시를 해 두기 때문에 다른 대법관들은 합의목록만을 보고 심리불속행 처리의견임을 바로 알 수 있다. 그러나 합의의 모습은 일반 사건과 마찬가지로 사건 내용과 쟁점검토 내용을 다 설명한 뒤 중요 쟁점이 아니므로 심리불속행으로 처리하겠다고 첨언하는 방식으로 처리한다. 다른 대법관들은 쟁점의 결론에 관하여 관심과 의견을 표명할 뿐 심리불속행 처리 여부에 관하여 의견을 말하는 경우는 극히 드물다. 다시 말하면 심리불속행으로 처리하는 사건이라 하여 사건 검토나 합의가 다른 사건에 비하여 약식으로 이루어지지는 않고 별다른 차이가 없다. 다만 심리불속행으로 처

21) 박시환, 위 논문, 306~307쪽.

리할 것인지 여부가 재판연구관과 주심대법관의 의사에 전적으로 맡겨져 있다고 보아도 과언이 아니라는 점에서 약간의 차이가 있을 뿐이다.[22]

5. 전원합의체 합의에서의 문제점

대법원의 전원합의기일은 매월 1회 열린다. 합의는 따로 마련된 전원합의실에서 원탁으로 된 자리에 둘러앉아 진행되는데 전원합의 자리에는 재판장인 대법원장과 대법관들만 참석하고 재판연구관 등 다른 사람은 일체 참석하지 못한다. 한 번의 기일에 통상 8, 9건 정도 합의를 진행하는데, 한 번의 합의로 종결을 짓는 경우는 많지 않고 대부분 3, 4회 정도 합의가 속행된다.

그런데 전원합의체에 회부되어 합의를 거치다가 여러 사정으로 전원합의체 판결로 처리하지 않고 다시 소부로 넘어가서 소부 판결로 처리하는 경우가 전체 전원합의체 사건의 절반 정도 되므로, 실제로 전원합의 사건으로 합의를 거치는 사건은 그 2배 정도 될 것이다. 전원합의체에 회부되는 모든 사건에 대하여 재판연구관의 전원합의용 검토보고서가 작성되어 상고이유서, 답변서 등과 함께 대법원장과 대법관 전원에게 배부되므로 대법원장과 대법관들은 이를 읽어서 사건의 내용과 쟁점 및 검토 내용을 미리 파악해 온다. 합의 맨 처음에 주심대법관이 검토보고서 내용을 요약해서 설명하고 이어서 대법원장과 대법관들의 질문과 토론으로 이어진다. 하루에 진행되는 합의사건의 수가 8, 9건 되므로 대략 1건당 1시간 정도를 넘어가기는 어렵다. 그런데 그 1시간 중 주심대법관의 설명시간을 빼고 나면 순수하게 토론에 소요되는 시간은 30～40분에 불과하다. 그 정도의 시간으로 13명의 전원합의체 구성원들이 그 사건의 전체 쟁점에 대하여 충분히 토론하고 의견을 교환하기에는 시간이 많이 부족하다. 한 합의기일에 진행되는 사건 수도 10건 가까이 되고 전원합의에 회부되는 사건의 쟁점은 가벼운 것이 아니므로 합의를 주재하는 대법원장과 주심대법관을 제외한 다른 대법관들은 매 사건마다 깊이 있는 연구와 검토를 거쳐서 합의에 임하기는 어렵다. 따라서 전원합의의 토론 역시 주심대법관과 재판연구관이 검토한 전체의 틀을 크게 벗어나기는 어렵다.[23]

---

22) 박시환, 위 논문, 309～310쪽.
23) 박시환, 위 논문, 315～317쪽.

제4장

한국 상소제도 개선 논의 및 그 평가

제1절 2002년 민사소송법 개정 당시 상소제도 개선 논의

Ⅰ. 대법원의 1998년 민사소송법 개정안

대법원은 『민사소송법개정위원회』를 구성하여 1996년 9월부터 1998년 1월까지 여러 차례의 회의를 거쳐 『민사소송법 소송절차편 개정안』을 심의하고, 이를 1998년 9월 대법관회의에 보고하였다. 관련 내용은 다음과 같다.[1]

(1) 갱신권의 제한(위 개정안 11항)

항소심에서의 새로운 공격 방어 방법의 제출에 관하여, ① 제1심에서 변론준비기일을 거친 사건에서는 쟁점 정리로 인하여 발생한 실권적 효과가 그대로 유지되고, ② 제1심에서 변론준비기일을 거치지 않은 사건에서는 제1심의 변론종결시를 기준으로 같은 내용의 실권적 효과가 발생하며, ③ 다만, 제1심에서 변론을 거치지 아니한 사건의 경우에는 실권적 효과가 발생하지 아니한다.

(2) 항소이유서와 심판범위(위 개정안 12항)

1) 항소인이 항소장에 원판결의 취소 또는 변경을 구하는 사유를 구체적으로 기재하지 아니한 경우에는 소송 기록 접수의 통지를 받은 날로부터 20일 안에 이를 명시한 항소이유서를 내야하고, 이를 내지 않으면 결정으로 항소를 기각하며, 이 결정에 대하여는 즉시항고를 할 수 있고, 상고심에서도 상고이유서를 제출하지 않은 경우에 상고 기각 결정을 하도록 한다.

2) 항소이유서에 포함되지 아니한 공격 방어 방법(증거는 제외)은 변론에서 주장하지 못하지만, 중대한 과실 없이 항소이유서에 기재하지 못하였음을 소명한 때에는 그러하지 아니하도록 한다.

3) 무변론 판결에 대한 항소, 소액사건 판결에 대한 항소, 청구를 특정함에 필요한 사항과 상계항변의 판단에 관한 사항을 제외한 판결이유를 생략한 판결에 대한 항소 등의 경우에 항소이유서 제도는 적용하되 실권효의 적용은 제외한다.

---

1) 법원행정처, 민사소송법 개정안(1998), 25쪽 이하.

4) 항소심의 심판은 변경을 구하는 한도와 항소이유의 범위 내에서 하고, 다만 직권조사사항은 예외이다.

Ⅱ. 대법원 개정안에 대한 각계의 의견

1. 법무부

공청회에서의 항소심과 관련된 내용에 대한 법무부의 검토의견은 다음과 같다.[2)]

(1) 갱신권의 제한에 대하여

변호사강제주의를 채택하지 않고 있는 상황에서 당사자에게 예상치 못한 손해를 가할 우려가 있고 실체적 진실의 발견을 저해할 우려가 있으므로 신중한 검토가 필요하다. 예컨대, 제1심에서 승소를 예상하고 미처 주장하지 아니한 사실이 있었는데 의외로 패소한 경우에는 항소심에서 제1심 판결과 관련된 주장 및 입증을 자유롭게 할 수 있는 기회가 부여되어야 한다.

재판의 발전적 성격을 무시한 것으로 제1심 판결을 선고받은 후 새로운 공격방어방법이 생각난 경우 등에 대한 배려가 필요하다. 또한 항소심이 제1심의 속심으로 되어 있는 현행 민사소송법 규정에 반하여 사실상 사후심으로 운영하는 결과를 초래할 우려가 있다.

(2) 항소이유서와 그 심판범위에 대하여

항소이유서 제출의무와 미제출시 항소기각결정에 대하여는 원칙적으로 찬성한다. 다만, 항소이유에 명시하지 아니한 새로운 주장에 대한 실권효 주장은 항소심에서 전면적으로 변호사강제주의를 도입하지 않은 이상, 제1심의 실권효와 동일한 수준으로 맞추는 것이 타당하지 않은가 판단된다.

---

2) 1998년 11월 민사소송법 개정안 공청회 자료, 100쪽.

2. 반대의견[3)]

(1) 갱신권의 제한

개정안은 현행 항소심의 성격인 속심을 기본으로 하면서 사후심적인 요소를 가미하여 갱신권을 제한하려는 것으로서, 이는 제1심 절차를 집중시키려는 데에 그 의의가 있다고 할 수 있다. 그러나 개정안은 소송의 동태적, 발전적 성격을 지나치게 경시하고 있다. 더구나 변호사강제주의가 극히 제한적으로만 채택되어 있는 개정안의 체계에서 갱신권을 지나치게 제한하는 것은 현실적으로 무리한 제도로서 그 실효를 거두기가 어려울 것으로 예상된다.

(2) 항소이유서 제출강제와 항소심의 심판범위

1) 위 개정안은 신속한 재판을 강조한 나머지 소송의 동태적, 발전적 성격을 무시하고 있어 실체적 진실발견을 저해하는 요인으로 작용할 것이다.

2) 상고제도는 사실심의 충실과 강화가 뒷받침되지 아니하고는 소기의 이념을 구현할 수 없다 할 것인데, 위 개정안은 사실심의 충실이라는 요청과는 거리가 멀다고 볼 수밖에 없다.

3) 더구나 이러한 제도들은 변호사강제주의가 전제되어야 그 실효를 거둘 수 있다 할 것인데, 극히 제한적으로만 변호사강제주의를 채택하고 있는 개정안의 체제에서는 그 실효성이 의심스럽다.

4) 다만, 항소이유서 제출제도는 실권효가 따르지 아니한다면 반대할 이유가 없다.

Ⅲ. 1999년 2월 대법원 개정안 최종안 및 반대의견

위와 같은 논의를 토대로 대법원은 다시 개정안을 보완, 정리한 뒤 항소이유서와 관련된 조문은 삭제하고, 갱신권의 제한에 관한 규정은 그대로 존치한 다

---

3) 김광년, “민사소송법개정안 중 항소심의 구조에 대한 의견”, 인권과 정의 제271호(1999.3), 47쪽 이하.

음과 같은 개정안을 1999년 2월 최종 확정하였다.

1. 항소심의 갱신권 제한

항소심에서의 새로운 공격방어방법의 제출에 관하여, ① 제1심에서 변론준비기일을 거친 사건에서는 변론준비기일의 종료에 따라 발생한 실권적 효과가 그대로 유지되고, ② 제1심에서 변론준비기일을 거치지 않은 사건에서는 제1심의 변론종결시를 기준으로 같은 내용의 실권적 효과가 발생하며, ③ 다만, 제1심에서 변론을 거치지 아니한 사건의 경우에는 실권적 효과가 발생하지 아니한다.

2. 반대의견

(1) 이에 대하여 변호사 측에서는 다음과 같은 반대의견을 제시하였다.

1) 대한변호사협회

제1심 결과에 따라 항소심에서 새로운 공격방어방법을 제출할 필요가 생기는 경우가 많고 이러한 경우 그 공격방어방법의 제출의 길을 봉쇄하는 것은 재판의 적정을 위해 바람직하지 않으며, 항소심이 사후심이 아니라 속심인 소송구조에도 맞지 않다. 그리고 항소심의 갱신권 제한은 사실상 법률적 사실주장을 제1심에서 하도록 하고, 더 이상의 주장을 하지 못하도록 하는 효과가 있는 바, 제1심 재판절차가 수년씩 걸리고 사전에 증거개시절차를 거치는 미국식 제도에서는 어느 정도 충분한 사실조사의 기회가 주어지고 사실조사가 이루어졌다고 생각될 수 있으나, 제1심의 사실조사가 조속히 이루어지는 우리나라의 경우에는 충분한 사실조사가 이루어졌다고 보기 어렵다. 또한 소송대리인의 능력에 따라서도 새로운 사실의 발견 여부가 좌우되고 그로 인한 주장내용이 달라질 수 있으며, 제1심 재판 결과에 따라 미흡하다고 판정된 점에 대하여 새로이 입증할 필요가 있게 되는데 제2심에서 새로운 주장과 입증을 금하는 것은 3심제의 의미를 거의 상실하고 1심 단심제로 운영하는 것과 같은 효과가 있다.

2) 서울지방변호사회

전면적으로 삭제되어야 하고, 설령 존치시킨다 하더라도 항소심에서 청구취지나 원인을 변경하면서 또는 상대방의 변경된 청구취지나 원인에 대응하면서 그에 대한 공격방어방법을 제출하는 경우는 허용되어야 한다.

(2) 학자 가운데에서도 다음과 같이 반대하는 입장이 있었다.4) 즉 위 개정안은 거의 파격에 가까울 정도로 실권효를 강화하여 당사자의 항소심에서의 변론의 갱신권을 제한하고 있는데, 형식상으로는 항소심의 속심구조를 유지하고 있지만 실제로는 사후심이나 다를 바 없는 입법태도이다. 그런데 다른 국가의 제도를 도입할 때는 제도의 전제가 되는 다른 제도 및 사회현실을 고려하여야 함은 두말 할 나위도 없다. 본인소송주의를 취하고 있는 우리 민사소송의 현실에서 위와 같은 강력한 실권효를 인정할 수 있는지 의문이다. 급작스럽게 실권효를 지나치게 강조하여 항소심에서의 변론의 갱신권을 원칙적으로 봉쇄하는 것은 무리가 아닌가 하는 의견을 피력하였다.

Ⅳ. 2000년 10월 정부안의 확정 및 최종 개정 결과

1999년 2월 대법원은 민사소송법 개정 법률안을 법무부에 송부하여 입법을 의뢰하였고, 법무부에는 민사소송법개정실무위원회를 구성하여 국회에 법안을 제출함에 앞서 이를 최종적으로 검토하였다.

법무부는 2000년 6월 이 법안을 법무부안으로 확정하여 법제처에 송부하였고, 법제처의 법안심사를 거친 뒤 확정된 정부안을 2000년 10월 국회에 제출하였다. 그런데 항소심에서의 갱신권 제한에 관한 규정의 신설은 정부 개정안 발의단계에서 반론에 밀려 실현되지 못 하였다. 그리하여 항소제도에 대한 전면적 개선은 이루어지지 못하였다.

결국, 2002년 민사소송법 개정에서 항소와 관련하여서는, 가집행선고에 대한 독립한 상소 금지(민사소송법 제391조, 제406조)와 항소심에서 반소는 상대방이 동

---

4) 유병현, "민사항소심에서 변론의 갱신권의 제한", 법조 제518호(1999.11), 138~139면.

의한 경우뿐만 아니라 상대방의 심급의 이익을 해할 우려가 없는 경우에도 제기할 수 있도록 하는 규정(민사소송법 제412조)에 관한 개정이 있었고, 상고심에서는 참고인 진술(민사소송법 제430조)을 명시하는 내용에 그쳤다.

제2절 최근 한국에서의 상고제도, 상고심 심리방법 개선을 위한 논의

Ⅰ. 개선 논의의 배경

심리불속행제도는 판결 이유도 없이 기각되어 기각 이유조차 알 수 없다는 변호사들의 불만의 소리가 높다. 상고심 제도 개선에 관하여 지속적으로 논의가 행해지게 된 배경은 대법원이 폭주하는 상고사건으로 인한 과중한 업무 부담으로 충실하게 사건을 심리하는 것이 사실상 불가능하게 됨으로써 법률적 · 사회적으로 중요한 사건에 대하여 전원합의체에 의한 심도 있는 심리를 거치지 못하고 있고, 이에 따라 대법원의 법령 해석 통일 및 정책법원 기능이 약화되어 있다는 것이다. 그뿐 아니라 사회적으로는 중요하지 않다고 하더라도 분쟁이 계속되고 있는 당사자들 사이의 법률관계를 확정하고 정당한 권리를 보호하는 기능 역시 과중한 업무 부담으로 인해 신속하고 적정하게 처리되지 못하고 있어 사건 당사자의 권리구제 기능 역시 제대로 수행되고 있지 못하다. 이하, 구체적으로 살펴본다.

1. 심리불속행 사건에 대한 비판 및 불만

당사자에 의하여 주장된 상고이유가 상고심절차에관한특례법상의 일정한 사유에 해당되지 아니한다고 판단될 때에는 상고심법원이 더 나아가 심리를 진행하지 아니하고 이유를 붙이지 아니한 채 상고기각판결을 한다. 그런데 심리불속행제도의 가장 큰 문제점으로 상고인이 심리불속행 기각사유를 알 수 없다는 점이 지적된다. 변호사들은 심리불속행사유에 대한 기준이 판례로 외부에 공포되지도 않았으며 이러한 심리불속행 상고기각은 국민의 정당한 재판받을 권리와 예측 가능성을 크게 제한하는 것이라고 비판한다. 심지어 상고심에서 심리불속행으로 상고기각되는 경우에는 사건당사자들이 변호사들에게 사건 수임료의 반환을 요구하기도 한다. 또한 선고절차를 생략한 심리불속행은 공개법정에서 판결을 선고하도록 한 헌법정신에도 반할 뿐 아니라 어차피 상고심 법관이 기록을 검토한 후 심리불속행 여부를 결정하도록 하고 있어 대법관의 업무부담을 경감하는 당초 목적을 달성하지도 못한다고 비판한다.

2. 대법원의 과중한 업무 부담

2017년 사법통계에 따르면, 2017년에 대법원에 본안사건 기준으로 46,412건이 접수되어, 실제 재판업무를 담당하는 대법관 1인당 3,570건이 접수되었다. 2017년에 서울고등법원에 접수된 사건이 24,292건으로 서울고등법원 판사 1인당 본안사건 접수건수는 130건이었는데, 대법관 1인당 사건접수건수가 서울고등법원 판사 1인당 사건접수건수의 27배를 넘는다. 이처럼 사건 수로만 보더라도 대법관들의 업무량이 하급심 법관들의 업무량보다 훨씬 더 많다. 이는 외국에서도 유례를 찾기 어려운 비정상적인 현상이다. 더욱이 사건의 난이도와 기록의 분량 등을 감안한다면 대법관의 업무부담은 더욱 커진다. 대법관의 이러한 사건 부담은 대법원의 법령 해석 통일 및 정책법원으로서의 기능을 제약하는 커다란 걸림돌이 되고 있다. 그럼에도 대법원의 사건 부담은 지속적으로 증가하고 있으므로 현행 상고제도 하에서 이러한 문제가 사건의 자연 감소를 통하여 해결될 가능성은 거의 기대하기 어렵다.

3. 소부 판결의 일반화

우리 대법관의 수는 대법원장을 포함하여 14인이다(법원조직법 제4조 제2항). 이렇게 우리나라 대법원은 구조면에서는 영미식으로 비교적 소규모로 구성되어 있다. 그럼에도 불구하고, 실제 운용 면에서는 유럽 대륙식 형태를 취하고 있다. 대법원 판결 중 전원합의체를 통하여 처리되는 사건은 1% 미만이며, 99% 이상의 거의 대부분의 사건이 대법관 4인으로 구성된 부(部)에서 처리되고 있다. 이는 대법원의 구조와 운영에 있어서 불균형을 나타내는 것이다. 대법원이 소부 위주로 운영되는 결과 법률해석의 통일이라는 상고심 법원으로서 기능이 약화되고 있다.

이와 같은 상고제도 개혁 필요성에 대한 공감대 하에 다음과 같은 다양한 상고제도 개혁 방안이 나오고 있다.

Ⅱ. 고등법원 상고부 또는 상고심사부를 설치하자는 주장

대법원의 자문기구인 사법개혁위원회는 2004년 상고 사건이 대법관의 적정 업무량을 월등히 초과하고 있는 데 대한 대책으로, ① 상고허가제 등 상고제한 제도를 도입하는 방안, ② 고등법원에 상고부를 설치하여 지방법원 단독판사가 한 재판에 대한 상고 사건을 처리하도록 하는 방안, ③ 대법원에 대법관이 아닌 판사를 두는 방안, ④ 대법관 수를 대폭 증원하는 방안을 검토하였다. 여기서 대법원은 고등법원 상고부 제도를 선호하였고 변호사단체는 대법관을 20명 이상으로 증원할 것을 주장하였다. 사법개혁위원회는 2004년 12월 13일 고등법원 상고부 설치안을 가결하였다. 그러나 이 안에 대하여는 학계, 시민단체까지 가세하여 반대하였다.

사법개혁위원회의 사법개혁안을 추진할 사법제도개혁추진위원회가 2004년 12월 15일 대통령령으로 대통령 산하에 설치되었다. 이는 사법개혁위원회의 권고에 따른 것으로 활동기간은 2년으로 되어 있었다. 사법제도개혁추진위원회는 2005년 7월 19일 전체회의를 열고 전국 5개 고등법원에 상고부를 설치하는 안을 확정하였다. 이 안에 의하면, 대법원이 심판하는 사건은 ① 민사·조세사건 가운데 소가(訴價)가 5억 원 이상인 사건, ② 형사사건 가운데 징역 3년 이상이 선고된 사건, ③ 대통령, 국회의원, 광역자치단체장의 선거범죄 사건 및 당선무효소송 사건, ④ 특허사건 등이다. 그 외에 고등법원 상고부에서 대법원이 심판하는 것이 옳다고 인정한 사건, 당사자가 대법원 심리를 요청한 사건 가운데 대법원이 받아들인 사건, 고등법원 상고부가 헌법이나 법률에 위반된 판결을 내리거나 대법원 판례에 배치되는 판결을 내린 경우의 특별상고 사건 등도 대법원이 심리하도록 했다. 정부는 이러한 내용을 담은 법원조직법 개정안을 국회에 제출하였으나 여당과 야당의 정쟁으로 국회에서 논의되지도 못한 채 폐기되었다. 그러나 고등법원 상고부를 설치하자는 논의는 법조계 내외에서 계속되었다.

대법원의 자문기구인 사법정책자문위원회가 2009년 7월 출범하여 상고제도 개선안을 심의하였다. 한편 대한변호사협회는 2009년 7월 27일 고등법원 상고부 도입을 전제로 의원입법안으로 제출된 형사소송법개정안에 대하여 원칙적으로 반대한다는 입장을 발표하였다. 상고사건의 과다로 인한 대법관의 업무과중의 문제는 하급심의 충실화와 대법관의 증원으로 해결해야 한다는 것이었다. 사법정책자문위원회는 2009년 12월 2일 고등법원 상고부 설치안 대신 심리불속행제를 보완하고 대법관을 소수 증원하는 방안을 의결하였다. 고등법원 상고부는 “재판의 통일성을 저해하고, 지역적 연고주의 폐단의 우려가 있으며, 최고법원의 재판을 받고자 하는 국민 요구 등에 비추어 적절하지 않다”는 것이 그 이유였다. 이에 대하여 전국의 지방변호사회는 비난성명을 발표하는 등 반발하였다.

이런 와중에 대법원은 2010년 3월 25일과 26일 고등법원 상고심사부 설치를 골자로 하는 사법제도 개선방안을 발표하였다. 상고심사부는 서울고등법원에 4개 부, 지방의 고등법원에 각 1개 부를 설치하여 해당 고등법원의 재판에 대한 상고사건의 적격 여부만을 심사하도록 한다는 것이다. 상고요건을 갖추지 못한 상고사건에 대하여는 상고심사부가 불수리 결정을 하고 이 결정에 대하여는 대법원에 재항고할 수 있도록 되어 있다. 상고심사부 제도는 독일의 상고허가제와 유사하다. 대법원은 2010년 6월 23일 상고심사부 설치를 위한 「상고심절차에 관한 특례법」 개정안을 대법원장의 입법의견 형식으로 국회에 제출하였다. 상고심사부 설치안에 대하여는 변호사단체와 여당인 한나라당이 반대하였다. 국회에서는 2011년 3월 10일 대법관을 20인으로 증원하는 내용의 법조개혁 방안을 발표하였다. 상고심사부 설치를 주장해온 대법원은 대법관 증원안에 대하여 반대하였다. 결국 한나라당, 국회, 대법원이 각각 추진한 사법제도개선안은 어느 것도 입법화되지 못하였다.

Ⅲ. 대법관을 증원하자는 주장

1. 대한변협의 대법관 증원 주장

대한변호사협회는 지금까지 지속적으로 대법관 증원을 통해 상고제도를 개선해야 한다는 목소리를 내왔다. 2014년 개최된 변호사대회에서도 전국 14개 지방변호사회장협의회의 의결을 거쳐 “사법부와 국회는, ‘헌법이 보장하는 국민의 재판 받을 권리’를 실질적으로 보장할 수 있도록 대법관을 증원하고 대법관 구성을 다양화하는 등 적극적으로 상고심 재판제도 개혁에 나서라"는 내용의 결의문을 채택하여 발표하였다.[5] 2013년의 제22회 변호사 대회 결의문에서는 대법관수를 대폭 늘려 '대법원을 민사 · 형사 · 상사 · 행정 · 특허 등의 전문부로 개편'할 것을 요구하였다.[6] 또한 2010년, 2009년에도 대법관수를 50명으로 증원하여 전문부로 개편할 것을 요구하는 결의문을 채택하기도 하였다.[7]

2. 대법관 증원으로 인한 대법원의 구성과 운영

장주영 변호사는 논문을 통해 다음과 같이 주장하고 있다.[8]

> "대법관을 몇 명 증원하는 것이 적정한가는 대법원의 업무부담이나 사건수 증감 추이, 증원의 실질적 효과, 예산 부담 등을 종합적으로 고려하여 결정할 일이다. 대한변협에서는 대법관을 50명으로 증원할 것을 요구하였으나, 앞으로 인구 감소와 하급심강화의 효과 등으로 상고사건이 정체 또는 줄어드는 것을 전제로 현단계에서 12명을 증원하는 것이 적정하다고 본다. 대법관 증원에 따라 심리불속행제도는 물론 폐지하여야 한다. 지금보다 대법관을 12명 증원하면 상고사건을 처리하지 않는 대법원장과 법원행정처장을 제외하고 모두 24명의 대법관이 4명 1조로 부를 구성하여 4개부는 민사부(4인×4개부=16인), 2개부는 형사부(4인×2개부=8인)로 구성하고 특별부는 민사부와 형사부 대법관으로 부를 구성한다. 대법관 24명이 상고사건을 처리할 경우 2013년 기준으로 대법관 1인당 사건수가 약 3,000건(약 36,000÷12인)에서 평균적으로 1,500여건(약 36,000÷24인)으로 대폭 줄어들게 된다. 전원합의체 사건으로 심판한다면 민사사건은 대법원장과 민사부 대법관 16인을 포함한 17인으로 구성하고, 형사사건은 대법원장과 형사부 대법관 8인을 포함한 9인으로 구성하여 처리한다. 만약 민사부 대법관과 형사부 대법관 사이에 의견이 다르거나 대법관 전원의 의견이 필요한 사건이 있다면 대법원장과 대법관 전원으로 구성된 25인의 연합부가 처리할 수 있다. 소수의 대법관이 제한된 상고사건만을 처리하는 영

---

5) 대한변호사협회, 제23회 법의 지배를 위한 변호사 대회 결의문(2014.8.25).

6) 대한변호사협회, 제22회 법의 지배를 위한 변호사 대회 결의문(2013.8.26).

7) 대한변호사협회, 제20회 법의 지배를 위한 변호사 대회 결의문(2010.8.30); 대한변호사협회, 제22회 법의 지배를 위한 변호사 대회 결의문(2009.8.31).

8) 장주영, 대법관 증원을 통한 상고심 개편 방향, 인권과 정의 제447호, 2015, 86~87쪽.

미법계의 국가들과 달리 대륙법계 국가들은 다수의 대법관으로 전문부를 구성하여 최고법원을 운영하는 것이 일반적이다. 우리 대법원도 대법관을 증원하여 독일이나 프랑스처럼 전문부를 구성하고 심판하도록 한다. 이와 같이 대법관을 증원해도 예상과 달리 상고사건이 줄어들지 않거나 사건부담이 여전히 크다면 그 때 가서 대법관 수를 더 증원할 수 있다. 일단 상고제도의 개편방향이 대법관 증원으로 정해진다면 업무 부담에 따라 대법관 수를 단계적으로 증원하는 것이 상대적으로 쉬운 방안이고, 처음부터 대법관 수를 대폭 증원했다가 나중에 대법관수를 줄이는 것은 더 어렵다는 현실론을 반영한 것이다."

Ⅳ. 상고제한제를 실시하자는 주장

2009년 한국민사소송법학회는 상소심 개선방안에 대한 사법정책연구 결과의 하나로, 상고제한 방안으로 상고허가제를 검토한 바 있다. 그 내용은 다음과 같다.[9]

1. 상고는 당사자의 신청에 의해 원심법원이 허가한 때 허용된다.
2. 당사자는 항소심 판결 송달 후 2주 내에 원심법원에 서면 또는 구술로 상고허가를 신청할 수 있다.
3. 당사자는 상고허가신청 후 1월 이내에 신청이유서를 제출하여야 한다.
4. 원심법원은 법률문제가 법적용해석의 통일과 판례통일 또는 법의 형성발전에 필요하다고 인정되는 경우 상고를 허가한다.
5. 상고가 허가되면 상고장과 상고이유서는 상고허가신청서와 신청이유서로 대체된다.
6. 상고허가결정에 대해서는 불복할 수 없으며, 상고불허가결정에 대하여는 항고를 할 수 있다.
7. 항소법원의 상고허가는 상고법원을 구속한다.

호문혁 서울대 명예교수는 조선일보 사설에서 다음과 같이 상고법원 설치 주장과 대법관 증원 주장에 대하여 반박하면서 상고제한제 재도입을 주장하고 있다.[10]

---

9) 한국민사소송법학회, 상소심개선방안에 대한 사법정책연구, 2009, 209~210쪽.
10) 조선일보 2014.7.10.자 기고.

"심리불속행 제도가 시행되고 있으나 근본적인 문제 해결에 미흡하다 하여 이를 개선하기 위한 여러 안이 속출하고 있는데, 최근 사법정책자문위원회가 건의한 상고법원안과 일부 변호사들이 주장하는 대법관 증원안이 논의되고 있다. 상고법원안과 대법관 증원안이 모두 국민은 상고심까지 재판을 받을 기본권을 갖고 있다는 인식을 바탕으로 하고 있는 듯하다. 상고법원안은 누구나 원하면 상고는 받아주되 중요하지 않은 사건은 상고법원에서 처리하도록 하자는 것이고, 대법관 증원안은 대법관을 대폭 증원하여 웬만한 상고를 다 받아주도록 하자는 것이다. 대법관 증원안은 변호사들 주장이니까 그렇다 치더라도 법원에서 마련한 상고법원안조차도 상고는 누구나 할 수 있다는 잘못된 인식에 떠밀리고 있다는 인상을 지울 수 없다.

상소제도의 목적은 법령 해석·적용의 통일과 권리 구제이고, 그중 상고제도의 주목적은 법령 해석·적용의 통일이라는 점은 누구나 수긍한다. 권리구제는 항소의 주된 목적이고 상고에서는 부차적 목적이다. 국민의 재판받을 권리는 모든 사건에서 상고심 재판을 받을 권리까지 포함하는 것이 아니다. 법과 사법제도가 정비된 문명국가 중 재판받을 권리가 상고심에서 재판받을 권리까지 포함한다고 보는 나라는 없다. 한 나라의 최고법원은 모름지기 그 나라 법령의 해석·적용의 통일을 기하고, 입법의 흠결을 메우거나 추상적 법규정의 구체적 해석을 통해 새로 법을 형성해 가는 임무 수행에 그 에너지를 집중해야 한다. 우리 대법원처럼 1년에 3만 건이 넘는 사건에 파묻혀 있으면 제 기능을 할 수가 없다. 과감하게 상고를 제한하는 조치가 필요하다. 상고제한 필요성은 오래전부터 논의되었지만 항상 걸림돌은 하급심 재판을 믿을 수 있느냐 하는 의구심이었다. 그 때문에 대법원이라도 개별 사건에서 권리를 구제해줘야 한다는 주장이 힘을 받았다. 그러나 지금은 사정이 많이 달라졌고 앞으로 더 달라질 것이다. 특히 주목할 부분이 배석 판사의 경력을 높여 재판장과 실질적으로 대등하도록 구성한 하급심 대등재판부와 경력 법관 채용 제도의 도입이다. 이로써 하급심 재판에 대한 신뢰가 두터워질 것을 기대할 수 있다. 그러나 그것으로는 충분하지 않다. 하급심 법관을 대폭 증원해, 엄청난 사건 부담에 시달리는 개별 법관에게 수퍼맨이 될 것을 요구하는 관행부터 없애야 한다. 또 모든 사건을 변호사가 대리하도록 하는 필수적 변호사 대리 제도를 실현해 하급심에서도 변론이 주로 법리 논쟁으로 이뤄지도록 해야 심리도 충실해질 것이다. 법관 숫자를 늘려서 부담을 줄이고 재판의 질을 높일 곳은 상고심이 아니라 하급심이다. 그리고 대법원이 대법원답게 법령의 해석·적용 기준을 제시할 중대한 사안만 다루도록 제도를 획기적으로 개선해야 할 것이다. 이것이 우리의 법치주의를 확립할 지름길이다."

Ⅴ. 대법원을 이원적으로 구성하자는 주장

2003년 10월 28일 대법원 산하에 설치되어 2004년 12월 31일까지 활동하였던 사법개혁위원회에서 대법원은 상고허가제의 도입을 주장하였으나 대부분의 위원들이 국민정서에 부합하지 않고 입법화되기 어렵다는 이유로 반대하였는데, 다음으로 대법원은 「대법원의 이원적 구성방안」을 주장하였다.

그 구체적인 방안으로는 ① 2원적 구성부와 대법관부, 전원합의부를 두는 방안, ② 2원적 구성부와 전원합의부만을 두는 방안, ③ 대법원 판사 구성부와 대법관부, 전원합의부를 두는 방안, ④ 대법원판사 구성부와 전원합의부를 두는 방안 등을 예로 들었다. 이에 대해서, 대법관과 대법관이 아닌 판사 사이에 실질적인 합의가 이루어질 것인지 의문이 있고, 대법관 임명은 헌법상 엄격한 과정을 거쳐야 하는데, 대법원 판사는 그러한 장치가 없음에도 동등한 합의를 한다면, 위헌의 소지가 있다는 점, 대법원 판사를 대법원장이 임명할 것이므로, 법원의 관료화 현상이 심화될 것이라는 점 등을 이유로 사법개혁위원회 위원들 상당수가 반대하였다.[11)]

Ⅵ. 상고법원을 설치하자는 주장

국회의원 168인은 2014년 12월 19일 상고법원을 설치하기 위하여 관련 법률인 법원조직법 등 개정안과 「상고심절차에 관한 특례법」 폐지법률안 등 6개의 법안을 발의하였다. 대법원은 2014년 9월 24일 상고제도 개선에 관한 공청회에서 상고법원의 설치 및 그 운영방법에 관하여 구체적인 안을 제시하였고, 위 개정법률안은 이를 반영하여 입안된 것이다.

11) 이호원·정선주·전병서·김희균, 위 논문, 325쪽.

상고법원의 설치를 위한 법원조직법 개정안의 주요 내용은 다음과 같다.

○ 대법원 이외의 상고심 법원으로 상고법원을 신설함
○ 상고법원은 판사 3명 이상으로 구성된 부에서 전원일치 의견으로 심판권을 행사함
○ 대법원은 대법관 3명 이상으로 구성된 부에서 상고·재항고사건을 심사하여 법령 해석의 통일에 관련되거나 공적 이익에 중대한 영향을 미치는지를 기준으로 대법원이 심판할 사건과 상고법원이 심판할 사건을 정함
○ 사형, 무기징역 또는 무기금고가 선고된 사건, 대통령이나 국회의원 등의 선거에 관하여 당선무효형이 선고될 수 있는 공직선거법 제263조부터 제265조까지에서 정한 사건 및 선거소송이나 당선소송의 상고사건은 대법원이 필수적으로 심판하는 사건으로 정함
○ 상고법원은 대법원이 사건심사를 하여 상고법원에서 심판하기로 정한 상고·재항고사건을 종심(終審)으로 심판함
○ 상고법원판사는 대법관회의의 의결을 거쳐 보임하고, 판사 3명 이상으로 구성된 부를 두며, 전문재판부를 설치하여 특정사건을 전담하게 할 수 있음
○ 상고법원에 조사·연구업무를 담당하는 재판연구관을 둠
○ 상고법원장과 상고법원판사가 되려면 15년 이상의 법조경력이 있어야 함

한승(韓勝) 당시 고등법원 부장판사는 상고허가제, 대법원의 이원적 구성, 고등법원 상고부, 대법관 증원 모두 문제점을 안고 있으며, 상고법원 설치안이 현실적으로 가장 타당한 안이라고 하면서 다음과 같이 주장하였다.[12)]

■ 상고허가제에 대한 비판

가장 이상적인 방안이나 우리나라에서는 10년간 시행 후 1991년 폐지되었다.

대법원 사건 수를 제한함으로써 법령해석 통일이나 정책법원 기능과 관련 있는 사건만 대법원이 심판하므로 최고법원의 역할을 가장 충실하게 수행할 수 있고, 대부분의 사건이 2심으로 끝나므로 신속한 분쟁 해결을 통해 한정된 사법자원을 가장 효율적으로 사용하는 방안이다.

---

12) 한승, 상고법원 도입방안, 2014년 9월 24일 상고제도 개선 공청회 발표문.

미국, 영국, 독일, 일본 등 각국에서 공통적으로 시행되고 있는 이상적인 제도이지만, 우리나라에서는 국민의 상고심 심판을 받을 기회를 과도하게 제한한다는 비판으로 폐지되었다.

■ 대법원의 이원적 구성에 대한 비판

대법관과 대법원의 일반 법관 사이 동등한 합의가 어렵다. 대법원에 대법관이 아닌 일반 법관을 두어 대법관과 함께 재판부를 구성하는 방안으로 예를 들면, 대법관이 재판장이 되고 일반 법관 2~4명이 배석하는 재판부를 상정할 수 있다. 대법관과 일반 법관은 임명절차에 차이가 있고 이에 따라 헌법상 지위가 다르므로 재판부 내에서 동등한 합의가 이루어지기 어렵다. 특히 현재 고등법원에서도 대등한 경력의 법관으로 합의부를 구성해 나가고 있는 상황에 비추어 보면 바람직한 합의부 구성이 아니라는 견해가 지배적이다.

업무의 감소가 없기 때문에 전원합의체를 구성하기 어렵고, 재판부의 숫자도 많아져서 대법원 판결의 통일성을 확보하기 어렵다.

■ 고등법원 상고부에 대한 비판

2심 법원에서 상고심 심판을 하는 데 대하여 불만이 제기될 수 있고, 최종심 법원의 역할인 법령해석·적용 통일을 이루기 어렵다.

1961년 시행된 고등법원 상고부는 1심 단독사건의 상고심을 담당하였고, 2005년 사법제도개혁추진위원회에서 채택하여 소가 5억 원 이상 또는 사형·무기 및 실형 3년 이상인 사건은 대법원이, 나머지는 고등법원 상고부가 담당하는 방안으로 법률안이 제출되었으나 임기만료로 폐기되었다.

■ 대법관 증원론에 대한 비판

대법관의 증원은 소수의 증원이든 다수의 증원이든 현재 대법원의 문제를 개선하는 효과를 내기 어렵다.

① 전원합의체가 불가능하여 다양한 의견을 반영하기 어렵고, 소부 판결이 모순될 우려가 있다

대법관을 15명 이상으로 증원하는 경우 토론과 설득이 불가능하므로 다수결 투표로 결론을 낼 수밖에 없고, 소수자 등 사회의 다양한 의견을 판결에 반영하

기 어려워진다.

소부의 대표자들로 전원합의체를 구성하자는 의견이 있으나, 동일한 절차로 임명된 대법관 사이에 권한 차이를 두는 것, 즉 전원합의체에 참석하여 판례 변경을 할 수 있는 대법관과 그렇지 못한 대법관으로 구분되는 것은 헌법이 허용하고 있는 방안이라고 보기 어렵다. 또, 민사부와 형사부로 나누어 별개의 전원합의체를 두자는 주장도 있으나, 같은 법률 쟁점에 관해 민사전원합의체와 형사전원합의체에서 모순된 결론을 내릴 가능성이 있고, 이 경우 두 합의체를 통합하더라도 하나의 합치된 의견을 내기는 어렵다. 실제로 독일 연방일반법원은 각 재판부에서 1～2명을 뽑아 민사대합의부와 형사대합의부 및 연합합의부를 구성하도록 되어 있으나 대합의부 결정은 거의 없다.

② 청문회와 국회동의 절차에 드는 기간과 사회적 비용이 막대하다

대법관을 36명으로 증원하여 순차 임명한다고 하면 2달에 1명꼴로 임명절차를 거쳐야 한다. 대법원 구성에 드는 사회적 비용이 막대하고 임명절차가 원활하게 이루어지지 않는 경우에는 업무 공백으로 국민의 재판받을 권리 보장이 더 소홀해질 수 있다.

③ 다수의 소부가 난립하여 판결 사이 모순이 생길 수 있음

대법관이 증원되면 소부가 다수 구성되므로 소부 사이에 판결이 모순될 가능성이 높아진다. 판결의 통일성을 확보하기 어렵고 이는 하급심에까지 영향을 미칠 수 있다.

④ 사건 수가 증가한다고 대법관을 계속 증원할 수 없음

대법관 1인당 사건 수를 독일 연방일반법원에 맞추려면 500명 이상이 되어야 한다. 독일은 전체 법관 수도 우리의 10배나 된다. 그럼에도 독일은 민사사건에서 상고허가제를 도입하여 증원 방식으로 문제를 해결하는 데 한계가 있음을 보여주고 있다.

⑤ 대법관의 소수 증원은 제도 개선 효과 없어 미봉책에 불과함

10명을 증원해도 대법관 1인당 연간 2,000건 이상을 처리해야 하므로 소수 증원은 대법관의 업무 부담만 약간 덜어줄 뿐 상고심 재판의 충실 · 신속으로까지 연결되는 근본적인 해결책이 되기는 어렵다.

■ 상고법원 도입의 필요성과 정당성

상고심의 역할에 있어서는 법령해석 통일과 정책법원 기능이 권리구제 기능에 우선한다는 것이 지배적인 견해이다. 최고법원이 상고심 역할을 다하기 위해 가장 이상적이라고 인정되는 제도는 각국이 공통적으로 채택하고 있는 상고허가제이다. 그런데 우리나라에서 상고허가제는 상고심 재판을 받을 기회를 과도하게 제한한다는 비판을 받고 있고, 이미 역사적으로도 제도가 시행되었다가 폐지되는 경험을 하였으므로 이를 다시 도입하기는 현실적으로 어렵다는 의견이 많다.

1년에 40,000건에 달하는 상고사건을 제한하지 않고 전부 대법원 한 곳에서 처리하면서 법령해석통일과 권리구제를 동시에 달성하는 것은 불가능하고, 전 세계적으로도 그런 사례는 찾아보기 어렵다. 이와 같이 많은 사건을 처리하면서 두 역할을 동시에 충실하게 수행하기 위해서는 각 역할을 전담하는 별개의 상고심 법원을 두는 방법밖에 없다. 대법원은 사회적·법률적으로 의미 있는 사건에 집중하여 전원합의체를 통한 법령해석통일 및 정책법원 기능을 담당하고, 상고법원은 개별 사건에서 권리구제 기능을 집중한다면 상고심의 두 가지 기능을 모두 충실하게 수행할 수 있다.

제5장

실현 가능한 상소심 개혁방안의 모색

제1절 1심 개혁과 상소심 개혁의 관계

한국에서는 제1심 개혁 논의와 항소심, 상고심 개혁 논의가 별도로 이루어져 왔다. 최근 논문들에서는 제1심 개혁과 상소심 개혁이 함께 이루어져야 함을 주장하는 내용이 나타나고 있다. 앞에서 미국, 영국, 독일, 프랑스, 일본 등의 제1심의 운영형태와 상소심 특징을 살펴보았는데, 제1심과 상소심 구조는 아주 밀접한 관련이 있음을 알 수 있다. 한 나라의 사법제도는 하늘에서 갑자기 뚝 떨어진 것이 아니다. 그 나라의 오랜 사법 전통 속에서 서서히 시행착오를 수정해 가면서 형성되어 온 것이다. 그러므로 이러한 사법제도의 선진국에서부터 사법제도를 본 떠 올 때에는 사법제도 전체를 고찰하여 어떤 유기적 특징이 있는지 살펴보아야 한다.

먼저 영미법계부터 살펴본다. 영국은 1854년 이전에는 모든 보통법 소송에서 배심재판을 운영하였다. 그 후 배심재판에 너무 많은 시간과 비용이 소요된다는 비판으로 배심재판이 갈수록 감소하게 되었으나 영국에서 민사 1심 재판은 전통적으로 배심이 사실인정을 하였던 것이다. 이와 같이 배심이 사실인정을 하는 사법시스템에서는 상소는 상당히 제한적으로 인정된다. 영국에서의 상소는 엄격한 요건하에서 허가를 받아야 가능하다. 영국에서는 종래 항소법원 민사부로의 상소에 대하여만 상소허가를 요구하였으나 사건이 폭주함에 따라 The Access to Justice Act 1999의 시행으로 원칙적으로 모든 상소단계에서 상소허가제를 도입하고, 항소법원으로의 2차 항소의 경우에는 반드시 항소법원의 허가를 받아야 하고 항소법원은 당해 항소사건이 중요한 법률적 쟁점을 포함하고 있는 경우에만 항소허가를 하는 등 항소허가제를 더욱 강화하였다.

영국 대법원에의 상소도 이와 비슷하다. 판결이나 결정에 대하여 대법원에 상소하기 위하여는 항소법원이나 대법원의 상고허가가 필요하며 대법원에의 상소를 원하는 사람은 우선 항소법원에 상소허가신청을 하여야 하고 항소법원에서 상소를 불허하는 경우 대법원에 다시 상고허가 신청을 할 수 있다.

미국은 연방 헌법상 배심에 의한 재판을 받을 권리가 보장되고 있으며, 미국의 1심 재판은 기본적으로 배심제를 예정하고 있다. 배심은 그 성격상 일단 소집된 이상 다시 소환하기 어려워 변론이 일정한 시간 동안 계속적으로 이어질 수밖에 없고 변론의 준비를 위하여 변론 전 절차에서 당사자들의 주장과 쟁점이 정리되어 있어야 하며 증거도 모두 사전에 확보되어 있어야 하는데, 이 과정은 대부분 당사자들이 주도가 되어 진행하고 있다. 배심제는 기본적으로 법관이 사실인정을 하는 것이 아니고 배심이 당사자들의 주도하에 수집한 증거자료를 기초로 사실인정을 하는 시스템이다. 이러한 1심의 사실인정을 법관들로만 구성된 상소심 재판부에서 손쉽게 뒤집게 되면 배심재판을 보장하고 있는 헌법에 정면으로 반하게 된다. 결국 상소심은 배심의 판단을 최대한 존중하여야 하고 배심이 인정한 사실관계를 기초로 하여 법률적 판단에 관하여만 재심사를 하여 다시 판단하게 되는 것이다. 상소심의 권한이 법률적 판단에 제한된다는 전제하에서 연방최고법원은 중요한 연방 문제에 대하여 연방상소법원의 판단이 주최고법원의 판단과 상충하거나 주최고법원의 판단 사이에 충돌이 있거나 주법원이나 연방상소법원의 판단이 연방최고법원의 판례와 상충하거나 판례가 없는 경우 상소를 허가하여 최종적 판단을 하게 된다.

독일과 프랑스, 일본 같은 대륙법계는 영미법계와 달리 사법제도가 형성되어 왔다. 먼저 프랑스 심급제도를 살펴본다. 프랑스의 민사 1심과 2심은 모두 사실심으로서 큰 차이가 존재하지 않는다. 1심과 2심 모두 법관의 주도하에 변론준비절차를 거치게 되고 그 절차에서 쟁점의 정리, 증거의 교환 등 대부분의 소송절차가 이루어진다. 1심과 2심의 차이는 재판을 담당하는 법관의 경력의 차이라고 할 수 있을 뿐 본질적 차이가 존재하지 않는다. 그러나 프랑스 최고법원은 1심과 2심 법원과는 다른 역할을 하고 있다. 최고법원의 가장 중요한 역할은 법해석의 통일성을 확보하는 것이고 최고법원의 심리대상은 1심과 2심의 사실인정 부분을 포함하지 않으며 단지 재판절차나 판결 이유의 적법성에 국한된다. 이는 왕의 자문위원회라는 최고법원의 연혁에 유래한 것이기도 하다. 다만, 그 역사적 특징으로 인하여 최고법원은 원심 판결을 파기하여 원심으로 돌려보낼 수 있을 뿐 자신이 직접 판단할 수는 없다. 프랑스 최고법원의 이러한 연혁적 특징으로 인하여 상고사건이 폭주함에도 상고제한으로 이를 해결하려고 하기보다는 최고법원의 재판부를 증설하거나 최고법원 판사를 보조할 수 있는 인력을 보강하고 운영방법을 개선함으로써 해결하려고 하였다.

독일은 프랑스와는 다소 다른 양상을 보인다. 독일은 근대적 사법제도가 형성되면서부터 3심의 불복제도를 운영하였는데, 2심과 3심은 다른 의미를 가졌다. 2002년 민사소송법 개정으로 1심, 2심, 3심 제도를 전반적으로 수정하였는데, 상고심은 가액상고제에서 상고허가제로 변화되었고, 2심에서는 항소이유와 항소심의 심판범위를 제한하고 새로운 공격방어방법 제한을 강화하였다. 그러나 그와 함께 1심에서 법관의 실체적 소송지휘와 지적의무, 당사자들의 증거 제출의무, 증거조사 결과 토론 등의 제도 등 충실한 1심 심리를 위한 제도를 많이 도입하였다. 이러한 독일 민사소송법 개정은 비교적 성공적이라는 평가를 받고 있으며, 현재까지 잘 운영되고 있다. 즉, 2심 또는 3심의 상소제한의 강화는 반드시 1심의 충실과 연결되어야 하는데, 독일 민사소송법 개정은 그런 모습을 잘 보여주고 있다.

제2절 한국 사법환경의 변화

Ⅰ. 형사재판의 국민참여재판 도입 및 민사 배심제 도입 가능성

1. 국민참여재판제도의 도입 경과

2003년 10월 대법원에 사법개혁위원회가 설치되어 국민참여재판제도 도입 문제가 논의되기 시작하여 이후 사법제도개혁추진위원회에서 「국민의 형사재판참여에 관한 법률안」을 마련하여 2007.4.30. 국회 본회의를 통과하여 공포되었고, 2008.1.1.부터 시행되었다. 국민의 형사재판참여에 관한 법률은 2010년 4월 및 2012년 1월 두 차례 개정을 거쳐 2012년 7월 1일부터 대상사건의 범위가 전체 형사합의사건으로 확대되었다.

2. 한국 국민참여재판의 특징: 배심제와 참심제의 혼합

배심원은 원칙적으로 법관의 관여 없이 평의를 진행한 후 만장일치로 평결에 이르러야 하는데 이러한 점은 배심제적 요소라고 할 수 있다. 다만, 만약 만장일치의 평결에 이르지 못한 경우 법관의 의견을 들은 후 다수결로 평결을 할 수 있는데, 이는 참심제적 요소이며, 법관이 배심원에게 의견을 진술한 경우에도 평결에는 참여할 수 없다는 점에서 참심제를 수정하였다고 볼 수 있다.

배심원은 심리에 관여한 판사와 함께 양형에 관하여 토의를 하면서도(참심제적 요소) 표결을 통하여 양형결정에 참여하는 것이 아니라 단지 양형에 관한 의견만을 개진할 수 있다(배심제적 요소).

배심제의 경우 배심원의 평결은 법원을 기속하여야 하지만 이렇게 할 경우 헌법에서 규정하고 있는 법관에 의한 재판을 받을 권리를 침해할 수 있다는 주장에 따라 배심원의 평결이 법원을 기속하지 않고 권고적 효력만을 가지도록 입법하였다.

형사배심제도는 이와 같이 국민참여재판의 형태로 도입되었고, 국회에 개정안이 상정되었었는데, 그 내용은 판사가 직권으로 국민참여재판에 회부하거나 또는 검사가 국민참여재판 회부 신청을 할 수 있고, 유무죄에 대한 배심원 평결을 존중하여 배심원의 4분의 3 이상의 찬성에 의해 평결하고, 배심원 전원일치 무죄 평결하고 법원이 무죄를 선고한 사건에 있어서는 배심원의 사실인정에 대하여 검사가 항소를 할 수 없도록 하는 것이다.

3. 민사 배심제도 도입 논의

우리 민사재판제도는 신속하고 효율적이라는 대외적 평가를 받고 있음에도 이에 대한 국민의 신뢰도는 낮다. 세계은행(World Bank) '기업환경평가'의 '계약집행(enforcing contracts)'부분에서 우리나라 사법부는 신속한 소송절차와 저렴한 소송비용 항목에서 우수한 평가를 받고 있다. 각국의 1심 법원에 특정한 계약분쟁 사건이 제소된 경우를 가정하여 분쟁의 종국적 해결에 걸리는 소송기간, 비용, 사법절차의 질 등 3가지 요소를 평가할 때 한국은 재판기간이 290일로, 일본 360일, 미국 420일, 영국 437일, 중국 496일보다 신속하게 진행되며, 소송가액 대비 소송비용도 한국이 12.7%로 저렴하다.[1)] 세계 사법정의 프로젝트(World Justice Project)의 조사에서도, 신속성과 효율성 측면에서 긍정적 평가를 받고 있는데 2023년도 조사대상 142개국 중 민사 정의 지수(Civil Justice)는 0.75로 13위, 형사 정의 지수(Criminal Justice)는 0.71로 16위를 기록하였다.[2)]

그러나 2015년 사법정책연구원에서 실시한 설문조사에서 법원에 대한 국민 신뢰점수는 5점 만점에 3.04점으로 나오는 등 신뢰도가 낮게 조사되고 있다. 이 조사에서는 일반국민의 24.3%가 법원을 신뢰하지 않는 편이라고 답한 반면, 재판을 경험한 국민의 10%만이 법원을 신뢰하지 않는다고 답하여, 구체적인 재판 경험이 법원의 신뢰도를 높이는 역할을 한 것으로 평가되었다. 재판의 공정성과 관련하여, 일반 국민의 29.74%가 재판이 공정하지 않은 편이라고 답한 반면에, 재판을 경험한 국민은 8.3%만이 재판이 공정하지 않은 편이라고 답하여, 일반 국민의 막연한 재판의 공정성에 관한 우려가 심각한 것으로 나타났다.[3)]

---

1) http://www.doingbusiness.org/en/data/exploreeconomies/korea#enforcing-contracts
2) https://worldjusticeproject.org/rule-of-law-index/global/2023/Korea%2C%20Rep./
3) 사법정책연구원 연구총서 2015-13, 국민의 사법절차에 대한 이해도 및 재판에 관한 인식 조사 결과의 분석, https://jpri.scourt.go.kr/fileDownLoad.do?seq=187

즉, 우리 법원의 민사재판 절차진행은 신속하고 효율적인 것으로 높은 평가를 받고 있는 반면, 일반 국민들의 재판 공정성에 대한 우려가 상당히 존재하는 것으로 나타나고 있어 재판의 신속성과 효율성을 유지하면서 일반국민의 사법신뢰도를 높이는 방안을 탐색할 필요성이 있다. 최근 사법에 대한 민주적 정당성을 확보하고, 사법절차와 결과에 국민 일반의 건전한 법상식, 정의관념을 반영하며, 사법권력의 남용 가능성에 대한 국민적 통제와 사법기능에 대한 국민의 직접적 감시를 할 필요성이 있다는 측면에서 대법원 사법발전위원회는 "국민참여재판제도는 사법의 민주적 정당성을 강화하고 법정 중심의 투명한 재판을 활성화함으로써 사법부에 대한 국민의 이해와 신뢰를 증진시키는 데 기여하고 있고, 이러한 제도적 장점은 민사재판절차에서도 기대할 수 있으므로, 민사 국민참여재판 제도를 집단적 분쟁 등 제한된 영역에서 도입할 필요가 있다"고 결의하기도 하였다.

Ⅱ. 로스쿨 제도의 도입으로 인한 법조인양성 시스템의 근본적 변화

1. 로스쿨 설립 배경

과거 사법시험을 통한 법조인양성 시스템은 대학의 법학교육과 변호사자격 취득이 서로 단절되어 있는 시스템이었다. 한국은 처음 법조인양성 시스템을 도입할 때부터 프랑스와 독일의 법조인양성 시스템을 본뜬 일본의 영향을 받았다. 판사, 검사, 변호사 등 법조인이 되기 위한 조건은 단지 사법시험(사법시험 이전에는 1947년부터 1949년까지는 "조선변호사시험", 1950년부터 1963년까지는 고등고시 사법과가 실시되었다. 1963년부터 시행된 사법시험 합격자는 1971년 사법연수원이 생기기 전까지 서울대 사법대학원에서 연수를 받았으나 그 후에는 대법원 산하에 사법연수원이 설치되어 그곳에서 2년간 연수를 받았다. 1970년대까지는 고정된 합격자 수를 보장하지 않고 평균 60점 이상을 획득해야 제2차 시험에 합격할 수 있어 한 자리 수의 합격자만을 내는 경우도 있었고, 합격자 전원이 판사, 검사로 임용될 수 있었으나, 1981년 제23회 사법시험 때부터 300명으로 합격 정원이 증원되었고, 제38회 사법시험에서는 500명을 선발한 이후 매년 100명씩 증원되어 제43회 이후부터는 1,000명 내외를 선발하다가 법학전문대학원이 도입되면서 합격인원을 줄였고, 제59회 사법시험을 마지막으로 사법시험을 폐지하였다)에만 합격하면 되었으며 변호사자격을 위해 대학에서 법학교육을 받을 것을 요구하지 않았다(35학점 정도 법학과목을 이수하면 사법시험 응시가 가능하며 이는 독학사나 학점은행 등으로 이수가 가능하였다).

법과대학의 서열은 사법시험의 합격자 숫자에 의해 결정되었고 이로 인해 법과대학의 고시학원화가 심화되었고 학교 수업에 지장을 초래하였다. 또한 사법시험의 합격을 위해 방대한 양의 모범답안 암기가 요구되어 사회의 복잡다기한 법적 문제 해결능력을 배양하지 못하고 획일적이고 관료화, 엘리트화된 법조인들을 양성한다는 비판도 제기되었다. 기존 사법시험과 사법연수원 제도는 판사, 검사 양성을 목표로 설계되었고 사법연수원 교육과정도 판결문 작성과 공소장, 불기소장 등 검찰서류작성 방법에 집중되어 있으며 일반 변호사업무는 중요하게 다루어지지 않았다. 또한 2000년대 들어 대부분의 사법연수원 수료생이 변호사로 진출하고 있는데도 불구하고 과거 판사, 검사를 양성할 때와 마찬가지로 2년의 사법연수원 교육과정 동안 월 150만원 정도의 보수를 지급하는 것이 세금 낭비라는 지적도 있었다.

2. 로스쿨 제도의 도입과 사법시험의 폐지

1995년 문민정부시절 세계화추진위원회에 의해 법조인양성제도의 개혁안으로 처음 거론되었고 12년 만인 2007년에 관련 법안이 통과되었다. 설립 취지는 국제화 다원화 시대에 맞는 다양하고 전문화된 법조 인력을 양성하여 법률 서비스의 질을 향상시키는 것이었다. 기존의 사법시험과 사법연수원 체계로는 이런 세계화 시대에 부응하는 법조인을 양성할 수 없다는 비판이 꾸준히 제기되어 왔다. 그 밖에 일본의 로스쿨 제도 도입도 한국에 영향을 주었다. 사법시스템 형성에 있어 큰 영향을 받은 일본에서는 1994년경부터 일본 경제계와 정계의 사법개혁 요구 속에 2003년 5,590명의 입학정원으로 68개의 대학이 인가를 받았다. 2004년 4월에 법과대학원이 첫 출범하였고 2011년 한국의 사법시험에 해당하는 일본 구사법시험은 완전 폐지되었고 변호사시험(신사법시험이라고 불린다)으로 완전 대체되었다.

한국에서는 2004년 12월 대법원장의 자문기구인 사법개혁위원회에서 법학전문대학원 도입이 건의되어 2005년 1월 대통령 자문기구로 사법제도개혁추진위원회가 발족하여 로스쿨 법률안을 국회에 제출하였다. 2007년 7월 3일 국회에서 사법시험 폐지 및 로스쿨을 설치하는 대학에서의 법학부를 폐지하는 내용의 법률안이 의결되었다.

2009년 3월 2,000명의 입학정원으로 전국 25개 대학에서 법학전문대학원을 개원하여 수업을 시작하였고, 변호사시험은 로스쿨 졸업 후 5년 내 5회만 응시할 수 있는 것으로 응시제한 규정이 변호사시험법에 규정되었으며, 로스쿨을 유치한 대학은 법대 신입생을 받지 않았다. 2010년 12월 입학정원의 75% 이상으로 합격자를 정하는 방법이 결정되었고, 2012년 1월 제1회 변호사시험이 실시되었다.

2012년 실시된 1회 변호사시험 때는 1기 입학자 2,000명 중 휴학자 등을 제외한 1,665명이 응시, 87.15%(1,451명)가 합격했다. 하지만 전년도 불합격자가 다시 응시함으로써 매년 응시자 수가 증가하였고, 합격률은 2회 75.17%, 3회 67.63%, 4회 61.11%, 5회 55.2%, 6회 51.45%, 7회 49.35%로 하락했다. 2025년 치러진 14회 변호사시험 합격률은 52.28%로 8회 이후 계속 50% 초반대를 유지하고 있다.

〈변호사시험의 응시자, 합격자, 합격률 통계〉[4]

구분	응시자	합격자	합격률	구분	응시자	합격자	합격률
1회	1,665	1,451	87.25%	8회	3,320	1,691	50.78%
2회	2,046	1,538	75.17%	9회	3,316	1,768	53.32%
3회	2,292	1,550	67.63%	10회	3,156	1,707	54.08%
4회	2,561	1,565	61.11%	11회	3,255	1,712	53.55%
5회	2,864	1,581	55.20%	12회	3,290	1,725	52.99%
6회	3,110	1,600	51.45%	13회	3,290	1,745	53.04%
7회	3,240	1,599	49.35%	14회	3,336	1,744	52.28%
				합계		22,976	

4) https://www.lec.co.kr/news/articleView.html?idxno=748528

3. 로스쿨 도입의 효과

(1) 대한변호사협회에서 로스쿨 출신 변호사의 비율 증가

2025.6.18. 기준으로 전국 변호사수는 37,354명이며,[5] 그 때 기준 변호사시험 합격자수는 22,976명이므로 판사와 검사로 임관한 숫자를 제외하더라도 로스쿨 출신 변호사가 전체 변호사의 60%를 초과하였으며, 대한변협의 전체 대의원 숫자의 73%를 차지하였다.[6] 이와 같은 변화는 한국의 법조계가 점차 사법시험 출신 변호사에서 로스쿨 출신 변호사들로 대체되고 있음을 보여주고 있다.

(2) 경력 변호사의 법관 임용

대법원은 로스쿨 도입 직후인 2010년 3월경 사법연수원 수료자 중에서 법관을 즉시 임용하는 제도를 폐지하고 향후 변호사 경력자 중에서만 법관을 선발하겠다는 내용의 발표를 하였고, 이 발표에 따라 2011년 법원조직법 개정으로 2013년부터 2017년까지는 3년 이상 법조경력자 중에서 법관을 선발하고, 2018년부터 2021년까지는 5년 이상, 2022년부터 2025년까지는 7년 이상, 그 이후에는 10년 이상 법조경력자를 법관으로 임용하게 되었다가 2024년 법관 수급 문제 등 현실적 이유로 법조경력 요건이 5년으로 완화되었다.

(3) 신규 법조인들의 인식 변화 및 법조계 문화의 변화 가능성

과거 사법시험 제도는 그 합격자가 사법연수원에서 2년 동안 연수를 받고 법조인이 되었다. 즉, 모든 법조인이 사법연수원 과정을 거친 것이다. 사법연수원은 판사와 검사 교수들이 지도교수가 되어 사법연수생들을 지도한다. 교과목도 주로 판결서 작성실무나 검찰의 공소장, 불기소장 작성실무로서 판사와 검사를 양성하기 위한 교육이었다. 이와 같이 획일화된 판사, 검사 양성 교육을 하는 사법연수원 시스템에서는 사법연수생들은 당연히 판사와 검사 위주로 사고를 하기 마련이며, 사법연수원 수료자 중 성적 우수자는 대부분 판사나 검사로 선발되어 직업 판사, 직업 검사의 길로 가게 된다. 이와 같은 판사, 검사 임용 및 법조인

---

5) http://www.koreanbar.or.kr/pages/introduce/stat.asp

6) https://www.lawtimes.co.kr/news/205247

양성 시스템은 프랑스나 독일과 유사한 대륙법계 시스템이라고 할 수 있다.

그러나 2009년 도입된 로스쿨 시스템이나 2011년 도입된 경력 변호사의 법관임용 시스템은 미국의 법조인양성 및 판사임용 시스템과 유사하며, 영미법계 시스템이라고 할 수 있다. 로스쿨 출신 변호사들은 사법연수원이라는 1개의 기관에서 집체 교육을 받는 것이 아니라 전국 25개 대학에서 다양한 교수와 교과과정을 거치고 법조인이 되었다. 이들은 사법시험 출신자와는 달리 사법연수원이라는 공무원양성 기관을 거치지 않았기 때문에 그들과는 달리 변호사 위주의 사고를 하고 있다. 사법시험 출신자들은 성적 우수자들이 판사와 검사가 되었기 때문에 법조계의 중심은 법원과 검찰이고 변호사는 그보다 낮은 직역이라고 생각하기 쉽다. 그러나 로스쿨 출신 변호사들은 이와 달리 성적 우수자 중 일부만 법원 재판연구원 또는 검사로 임용될 뿐 다수의 학생들은 곧바로 변호사로 활동하게 된다. 이들은 변호사 업무가 법조인의 기본 업무라는 사고방식을 갖추고 있다. 이는 기존 법조인과 근본적으로 다른 사고방식이라고 할 수 있고, 이러한 법조인양성 시스템의 변화는 향후 관(官) 위주의 법조계 문화에서 변호사협회 위주의 법조계 문화로의 변화를 초래할 것으로 예상된다.

Ⅲ. 경력변호사의 법관임용

과거 사법시험을 합격한 후 사법연수원을 수료한 사법연수생 중에서 성적우수자를 선발하여 법관으로 임용하였는데, 2006년부터 단계적 법조일원화 계획에 따라 5년 이상의 법조경력자를 법관으로 일부 임용하여 왔다. 2011년 법원조직법 개정으로 2013년부터는 법조일원화가 전면적으로 시행되면서 5년 이상 법조경력자 법관임용절차와 함께 일반 법조경력자 법관임용절차를 새로 시행하였다.

이러한 법조일원화 논의는 1960년대의 문헌에서도 발견되고 있듯이 상당히 오랜 연원을 갖고 있으며, 1990년대 초 법원행정처 사법정책연구심의관실이 발행한 사법정책연구자료집에서도 장기적으로 판사임용자격을 10년으로 격상하고, 변호사나 검사로부터 법관임용비율을 높이는 내용으로 보고서가 작성되었고,[7] 2004년에는 대법원 산하 사법개혁위원회 건의문에서 "사회에 대한 폭넓은 이해

7) 송오섭, 법관임용방안에 관한 소고, 우리법연구회 논문집 6집, 2010, 80쪽.

와 다양한 경험을 갖춘 법관으로부터 재판받기를 원하는 국민의 요구에 부응하고, 나아가 서열화된 인사구조가 초래할 수 있는 문제점을 극복하기 위하여 상당한 법조경력을 가진 사람 중에서 법관을 선발하는 제도인 법조일원화를 실시하는 것이 필요하다"고 전제하고 5년 이상 변호사, 검사, 기타 영역에서 법률사무에 종사한 경험이 있는 사람의 법관임용을 점진적으로 확대하여 2012년까지 적어도 신규 임용법관의 50%를 변호사 등에서 선발하는 방안이 마련되어야 한다고 건의하였다.[8)]

구체적으로 법조일원화가 법제화된 것은 2011.7.18. 법률 제10861호로 법원조직법 제42조가 개정되면서부터이다. 이 개정으로 2011년 9월 1일 이후 판사를 임용하는 경우에는 10년 이상 판사·검사·변호사의 직에 있던 자, 변호사의 자격을 보유하고 국가기관, 지방자치단체, 국·공영기업체, 정부투자기관 기타 법인에서 10년 이상 법률에 관한 사무에 종사한 자, 또는 10년 이상 공인된 대학의 법률학 조교수 이상의 직에 있던 자 중에서 임용하도록 변경되었다(법 제42조 제2항). 다만 부칙에서 10년의 경력기간에 관한 경과규정을 두어 2013년 1월 1일부터 2017년 12월 31일까지 판사를 임용하는 경우에는 3년 이상, 2018년 1월 1일부터 2021년 12월 31일까지 판사를 임용하는 경우에는 5년 이상, 2022년 1월 1일부터 2025년 12월 31일까지 판사를 임용하는 경우에는 7년 이상의 경력이 있는 자 중에서 임용할 수 있도록 하였다가, 법관 수급 문제 등 현실적 이유로 2024년 법개정으로 법조경력 요건이 5년으로 완화되었다.

2015년 7월 1일에는 이 방식에 따라 처음으로 법학전문대학원 출신 법조인 37명이 법관으로 임명되었다. 이 선발 절차는 서류심사, 법률서면 작성 평가, 법관인사위원회 중간 임용 심사, 실무 능력 평가 면접, 인성검사, 법조윤리 면접, 인성역량 평가 면접, 최종면접, 법관인사위원회 최종 임용 심사, 대법관회의임명동의 순으로 이루어졌다. 일련의 선발 과정을 통해 대법원은 법률지식 및 법적 사고능력, 공정성, 청렴성, 전문성, 의사소통 능력, 품성, 적성, 공익성 등 지원자의 다양한 측면을 고려하여 법관의 직무수행에 적합하다고 판단되는 사람을 최종적으로 선발하였다.

8) 정미화, 한국의 사법개혁의 동향, 법조춘추 153호, 2005.

Ⅳ. 사법행정권남용 의혹 사건의 발생

몇 년 전 법원은 이른바 사법행정권남용, 재판 거래 등 의혹 문제로 역사상 유례 없는 위기를 겪었고 아직도 그 위기가 완전히 극복되었다고 보기는 어렵다. 양승태 전 대법원장은 자신의 재임 시기 한국 법원의 오랜 숙원사업이었던 상고제도 개혁을 시도하면서 그동안 제시되었던 여러 방안 중에 상고법원 제도 도입을 강하게 추진하였다.

2014년 12월 19일 국회의원 168명이 복잡하고 다양한 법률과 관련된 갈등 및 분쟁이 급증하는 등 변화하는 사법 환경에 맞춰 보다 신속하고 충실한 상고심 심판으로 국민의 재판청구권을 보장한다는 목적으로 상고법원 도입에 관한 법률 개정안을 발의하였다. 이 개정안의 주된 내용은 모든 상고사건은 대법원에 접수된 후 법률에서 대법원이 필수적으로 심판하도록 정한 사건 이외에는 대법원이 사건 심사를 하여 심판할 법원을 정하고 법령 해석의 통일 또는 공적 이익과 관련 있는 사건은 대법원이 담당하고, 그러한 관련성이 인정되지 않는 사건은 상고법원이 담당한다는 것이다. 상고법원은 만장일치로 결론을 내리고, 만장일치가 되지 않으면 대법원이 심판하며, 상고법원의 판결에 대해서는 더 이상 불복할 수 없고, 헌법위반, 판례위반의 예외적 경우에만 다시 대법원의 최종적 판단을 받을 수 있도록 하였다.

법원행정처는 위 법률개정안이 국회를 통과할 수 있도록 2014년부터 2015년까지 모든 행정력을 동원하여 추진하면서 상고법원 도입 필요성에 대한 대국민, 대국회 설득작업을 하였고, 상고법원 도입을 지지하는 논문을 작성하고 공청회 등을 개최하였으며, 상고법원 도입에 있어 결정적인 영향력을 끼칠 수 있는 청와대 설득작업에도 온 힘을 다하였다. 이 와중에 법원 내 국제인권법학회의 활동과 관련하여 사법행정권의 남용이 있었다는 의혹이 제기되어 이에 대한 진상조사가 이루어지게 되었다. 당시 정권교체와 맞물려 법원은 사법행정권남용 의혹 사건으로 큰 혼란에 빠지게 되었고, 일부 법관들은 재판을 받는 실정에까지 이르게 되었으며 지금까지도 그 재판들이 모두 종결되지는 않고 있다.

이러한 사법행정권남용 의혹 사태는 사회와 법조환경의 변화와 시대의 흐름을 읽지 못하였던 것이 원인이 된 것으로 보인다. 한국은 일제시대 일본으로부터 받은 영향으로 사법체제는 일본과 상당히 유사하다. 그러나 일본도 태평양전쟁 패전 이후 미군정의 영향을 받으면서 미국식 사법제도가 일부 도입되었듯이 한국도 일본과 같이 미국식 사법제도가 일부 도입되었다. 즉, 최고법원의 지위를 격상하여 입법부와 행정부를 견제할 수 있는 지위를 부여한 것이다. 최고법원이 그와 같은 위상을 가지기 위해서 최고법원에 위헌심사를 할 수 있는 역할을 부여하였고, 최고법원 내에서 실질적인 합의를 하여 결론을 도출할 수 있고 그 결론에 권위도 부여할 수 있도록 대법관 숫자를 10명 내외로 정하였다.

그러나 1심과 2심 심급의 운영방식은 여전히 과거의 방식을 답습하였고, 미국식배심제 등은 도입되지 아니하였다. 법관의 선발방식도 미국과 같이 변호사 중에서 선발하는 것이 아니라 독일이나 프랑스와 같이 사법시험과 같은 별도의 임용시험을 합격한 사람이 사법연수원과 같은 특별한 국가기관에서 판사 교수와 검사 교수의 교육을 받은 후 법관으로 임용되도록 하였다. 법관의 인사이동, 승진제도도 대륙법계 사법시스템처럼 관료주의적으로 운영하였다.

이에 반하여 대법원의 구성과 운영방식은 미국식에 유사하였고, 대법원은 공공연히 미국식 사법시스템의 최고법원인 것처럼 3권 분립의 한 축으로서의 역할과 정책법원으로서의 역할을 하고자 하였다.

이와 같이 서로 모순되는 대륙법계 하급심 시스템과 미국식 최고법원의 지위를 조화시키기는 상당히 어려움이 많았으나 양승태 전 대법원장은 이 두 가지를 모두 취할 수 있는 상고심 개선안인 상고법원 도입안을 강력하게 추진하다가 법원 내외의 강력한 반발을 받게 된 것이다.

이러한 사태 이후 대법원과 법원행정처는 사법발전위원회를 구성하여 양승태 전 대법원장의 관료주의적 법원 운영을 반성하고 새로운 발전 방향을 모색하였다. 사법발전위원회는 여러 가지 재판 제도의 발전을 위한 법원행정처 폐지방안, 국민참여재판 확대 방안, 법관의 승진제도를 사실상 폐지하는 법관인사의 이원화 제도, 판결문 공개의 확대 방안 등 여러 제도 개혁방안을 논의하였고, 그에 대한 의견을 도출하여 대법원에 전달하였다.

제3절 1심 강화를 위한 제도 개선 방안

국민의 재판청구권을 침해한다는 비난을 받지 않으면서 항소심의 구조를 바꾸고 상고를 제한하기 위해서는 무엇보다도 제1심이 강화되어야 한다. 제1심 재판이 충실하게 이루어지지 않는다면 패소 당사자의 입장에서는 어떤 경우에라도 상급법원의 심판을 받고 싶어 할 것이다. 제1심 재판이 충분히 충실하게 완성되었다는 확신을 줄 때에만 제2심은 사후통제심으로서 본래의 기능을 다할 수 있게 되며, 제3심은 법과 판례의 통일, 법의 형성발전이라는 목표에 집중할 수 있게 될 것이다.

과거 독일에서 행한 한 조사에 의하면 항소심에서 제1심 판결이 취소되는 비율이 간이법원은 25%, 지방법원은 50%에 달하였는데, 독일에서는 이를 제1심 사건의 폭주로 제1심 재판이 충실하게 이루어지지 않았기 때문이라고 분석하였다고 한다.[9] 여기에서 알 수 있듯이 제1심 재판의 충실화는 상소심 개선의 필수조건인 것이다. 한국도 1심 민사합의 사건의 판결에 대한 항소율이 40%가 넘고 항소심의 1심 판결 취소율도 25% 정도나 되기 때문에 독일과 비슷한 상황이라고 볼 수 있다.

이와 관련하여 서울대학교 산학협력단에서 진행한 설문조사 결과[10]를 소개한다. 이 설문조사는 소규모 조사이기는 하지만 항소심 분야에 관련한 직접적인 전문성이 있다고 생각되는 교수, 판사, 검사, 변호사, 시민단체 등의 의견을 조사한 것이므로 상당히 신뢰도가 높다고 할 수 있다.

만약 1심 재판이 강화된다면 항소심은 실질적으로 어떠한 기능을 수행하여야 한다고 생각하느냐는 질문에, 59.5%는 사후심, 30.9%는 속심이라고 답변하여 사후심이라고 답변한 사람이 더 많았다. 또한, 법조일원화를 통하여 법조경력 10년 이상의 자격을 갖춘 이들, 즉 주로 경력변호사들이 법관으로 신규임용된다면, 이는 곧 1심 재판의 질을 높이게 되고, 결국 1심 판결에 대한 신뢰를 높이는 데 기여할 수 있다는 주장이 적절한가라는 질문에는 적절하다는 답변이 64.2%로 적절

9) 한국민사소송법학회, 위 논문, 225쪽.
10) 서울대학교 산학협력단, 항소심 구조 개편에 대한 사법정책 연구, 2011.

하지 않다는 답변 19%보다 훨씬 많았다. 즉, 법원의 경력변호사의 법관임용 정책이 1심 재판의 질을 향상시킬 수 있다는 기대가 크다고 할 것인데, 이는 변호사 업무를 경험한 재판의 경험이 많은 판사들이 재판 진행이나 당사자들과의 소통, 재판의 결론 도출에서 더 나을 것이라는 기대 때문이라고 생각된다. 경력 변호사 출신 법관이 사법연수원 수료 후 곧바로 법관으로 임용되어 수년간 판결문을 작성해온 법관보다 판결문 작성 능력이 떨어질 것은 분명해 보인다. 그러나 재판을 잘 한다는 것은 판결문을 잘 작성한다는 것과 같은 말은 아니다. 판결문 작성 능력보다는 앞에서 언급한 재판 진행, 결론 도출 능력이 훨씬 더 중요하다고 할 것이다.

이런 점에서 1심 재판 강화는 1심 재판을 잘 진행하고 적절한 결론을 도출할 수는 방법을 강구하는 것이라고 할 것이다.

제1심의 강화를 위해서 여러 가지 방안이 논의되었는데, 그중 증거개시제도의 도입, ADR의 활성화, 석명권 강화에 대하여 살펴본다.

Ⅰ. 민사국민참여재판 및 증거개시제도 도입 방안

1. 민사국민참여재판 및 증거개시제도의 도입 논의

제1심 사실심리와 관련하여 미국 법체계에서는 양 당사자는 요건사실에 대하여 법률상의 주장을 제시하고 법관은 단지 그 법률상의 주장 가운데 취사선택한다.[11] 반면에 한국 민사소송법 체계에서는 제1심 법관은 당사자가 요건사실에 대하여 주장을 하고 있는 이상 그에 대한 당사자의 법률상 주장이 무엇이든지 간에 그 주장에 구속되지 않고 요건사실에 대하여 법률적 판단을 하는 것이 원칙이다.

미국식의 당사자대립주의(adversary system)에서는 당사자가 소송절차의 개시 및 진행을 주도한다.[12] 그러나 한국은 당사자가 소송절차의 개시 여부를 통제할 수 있으나 법원이 소송지휘권을 통하여 증거 채부나 증거 조사 등 소송절차의 진행에 대한 주도권을 가진다.

그리고 미국 연방민사소송규칙에 따르면 제1심 절차는 변론 전 단계(pretrial

11) Hazard and Taruffo, Introduction, 124쪽.
12) Hazard and Taruffo, Introduction, 124~125쪽.

stage)와 변론 단계(trial stage)로 나뉘고 변론 전 단계는 증거개시절차가 그 핵심을 이루고 있으며 변론 단계는 단기간의 집중기일로 이루어진다.[13] 그러나 한국 민사소송법에서 사실심리절차는 변론준비절차와 변론절차로 나뉘어 있고 변론준비절차에서 쟁점을 정리하고 증거신청을 하지만 증거개시절차가 인정되지는 않는다.

변론 전 단계에서 양 당사자 측 소송대리인이 행사하는 통제권은 약화되고 있다. 왜냐하면 양측 소송대리인이 서로 엇갈린 행동을 하여 상호간 노력을 무력화하기 때문이다. 그로 인한 교착상태는 법원에 알리게 되어 있으며, 그 경우 법원은 대륙법계 국가와 다름없는 소송지휘권을 행사할 수 있다.[14]

요컨대, 한국과 미국 모두 제1심은 사실문제와 법률문제를 모두 다룰 수 있다. 하지만 미국 연방법원의 제1심 절차에 있어서는 제1심 법원 판사와 배심의 역할이, 판사는 법률문제를, 배심은 사실문제를 다루는 것으로 구분되어 있다. 또한 한국 민사소송은 직권진행주의를 기본 틀로 하고 있으나(한국에서 당사자주의적 요소를 도입하였다고 하더라도 기본적으로 재판진행의 주도권은 당사자들보다는 재판장에게 있다고 볼 수 있으므로 직권주의를 기본 틀로 하고 있다고 보아야 할 것이다), 미국 민사소송은 당사자진행주의를 그 기본 틀로 하고 있다. 그리고 미국의 제1심 절차는 변론 전 단계와 변론 단계로 나누어지는데, 사실심리 전 단계가 매우 중요하며, 이 단계에서 상당수의 민사사건은 화해로 해결된다. 최근에 연방지방법원 판사의 권한을 확대하고 있지만, 그렇다고 하여 미국 연방법원이 당사자진행주의의 기본 틀을 버린 것은 아니다. 당사자진행주의의 기본 틀을 주축으로 하고 사실심리(변론) 전 단계에서 증거개시와 사실심리 전 회합이 충분히 이루어지고 단기일의 사실심리 단계를 거치는 미국 연방법원의 1심 민사소송절차는 법률심을 기본 틀로 하는 연방상소법원의 2심 재판과 잘 어울린다.

한국의 민사소송법은 직권진행주의를 기본 틀로 하면서 변론절차 이전에 변론준비절차를 선행적 절차로 인정하고 있다. 하지만 변론준비절차를 거친다고 하여 미국식의 증거개시절차와 동일한 성과를 거두기란 쉽지 않다. 미국 연방지방법원의 절차에 있어 사실심리 전 단계를 종료하는 데 드는 기간은 한국 제1심 절차가 종료되는 기간에 비해 평균적으로 길다.[15] 이와 같이 미국식 증거개시제

13) Hazard and Taruffo, Introduction, 125쪽.
14) Hazard and Taruffo, Introduction, 125쪽.

도를 도입할 경우 제1심을 강화한다는 명목하에 제1심 절차의 장기화를 초래할 가능성이 적지 않다.

제1심 강화라는 목적은 훌륭하지만 이를 위한 증거개시제도 도입시도는 제1심 법원 법관 및 제1심 절차에 대한 일반국민의 신뢰가 담보되지 않는 한 한국 현실에 맞지 않는 제도라는 비판을 받아 좌절될 수 있다.

그렇기 때문에 증거개시제도 도입은 민사배심제도 도입과 함께 논의될 필요가 있다. 배심에 의한 재판은 변론기간에 제한이 있기 때문에 변론 전에 거의 모든 증거들이 개시되고, 변론은 증인신문 위주로만 이루어져야 한다. 이러한 이유로 증거개시제도 도입 없이는 배심제가 성공하기 어렵고 두 제도는 함께 도입될 필요가 있다. 그러나 증거개시제도의 장점이 상당하므로 증거개시에 상당한 강제성을 부여한다면 민사배심제가 도입되지 않더라도 단독으로 도입할 필요성도 있다.

일본도 집중증거조사를 위하여 미국의 디스커버리 제도에서 본 떠 당사자조회제도를 도입하였으나 이를 강제할 방법이 없을 뿐만 아니라 이를 대체할 다른 유효적절한 증거조사방법이 있어 성공하지 못하였다. 배심제가 도입되지 않는다면 굳이 이러한 증거개시절차를 도입할 필요가 없게 된다.

2. 민사재판 배심제에 대한 비교법적 분석

(1) 대륙법계

형사사건에서 참심제 또는 배심제를 채택하고 있는 독일, 프랑스, 오스트리아 등도 민사사건의 경우에는 법관에 의한 재판을 하고 있다. 일본도 형사사건에서 재판원 제도를 도입하였으나, 민사사건에는 채택하지 아니하였다. 일본에서 논의된 민사배심제에 대한 부정론의 근거는 주로 사실인정에 있어서의 오판가능성이 배심의 경우에 높다는 점, 형사소송절차와는 달리 민사에서는 국민의 사법참여의 길이 이미 만들어져 있다는 점, 형사배심보다 더 장기간의 심리가 필요하게 되어 비용이 월등하게 증가될 수 있다는 점 등이다. 일부 학자와 변호사 등이 민사배심의 도입을 주장하였지만 일부의 논의에 그쳤고 다수의 찬성을 받지 못하였다. 그 이유는 결국 민사배심의 이점이 거의 없는 상태에서 굳이 기존 민사소

---

15) 한국민사소송법학회, 상소심 개선방안에 대한 사법정책 연구, 232쪽.

송절차의 틀을 바꾸면서까지 그것을 도입할 필요는 없다는 점과 형사절차와 민사절차의 차이를 고려하지 않을 수 없다는 점이었다.

결과적으로 일본에서는 2000년대의 사법개혁에서 민사배심에 대해서는 크게 논의되지 않았고, 장래의 과제로 남아 있게 되었는데, 현재까지 민사배심에 대한 일본 내 논의는 거의 찾기 어려운 실정이다.

(2) 영미법계

배심제도는 영국의 보통법 법정(common law courts)에서 활용되어 오던 제도로서, 민사사건에서는 원고와 피고 중 누가 승소하는 것인지를 판단하는 역할을 한다. 이러한 영국의 배심제도가 미국, 캐나다, 호주, 뉴질랜드 등 영미법계 국가로 전파되었다.

1) 미 국

a) 미국 배심제 검토의 필요성

미국의 경우, 연방수정헌법 제7조에서 소송목적의 값이 20달러를 초과하는 경우의 보통법(common law) 민사재판에서 배심원에 의하여 재판 받을 권리를 규정하고 있다. 미국은 다른 나라와 비교하여 민사재판에서의 배심재판제도를 강하게 보호하고 있는 점, 한국이 해방 이후 미군정의 영향을 받아 건국 초기 헌법 제정에 있어 미국의 영향을 받았고, 그 후 형사소송절차 등에 있어서도 일부 미국법의 영향을 받아온 점, 2009년에는 미국식 로스쿨 제도를 도입하였고, 법관 임용방식도 영미식 방법을 따르게 되는 점 등을 고려할 때 배심제도의 도입을 논의함에 있어서는 미국 배심제도가 가장 큰 도움이 될 수 있으므로 미국 배심제도를 면밀히 검토할 필요가 있다.

b) 배심제에 대한 비판 의견

미국 연방수정헌법 제7조의 명문규정에 근거, 법관은 소집된 배심원들에게 사실인정을 위한 설명(instruction)을 하고, 배심원은 사실의 발견자(fact-finder)로서의 권한을 가지므로, 원칙적으로 배심원 평결은 사실인정에 있어서 당사자를 구속한다.

배심원 평결은 구속력이 있으므로, 배심재판을 하는 경우 평결의 공정성을 담보하기 위하여 배심원 선정부터 재판 전 변론준비, 증거개시 등 일련의 엄격한 절차를 진행하게 되고 이로 인하여 소송비용이 증가하게 된다. 그러나 배심원들의 평결이 비합리적이거나 예측불가능하다는 하는 비판이 제기되면서, 배심제도에 대한 회의론도 적지 않다.

배심원은 불법행위사건에서 손해배상액을 결정할 권한이 있으나 연방대법원은 배심원들이 과도한 손해배상액을 인정하는 것은 적법절차의 위반이라고 판단하여 배심원의 권한을 일부 제한하고 있을 뿐만 아니라, 미국 의회도 손해배상액의 한도를 정한 입법을 하고 있다. 이런 점에서는 배심원의 손해배상액 인정 권한은 상당부분 약화되었다고 할 수 있다.

뿐만 아니라 현재 미국 민사재판에서 배심재판제도의 이용은 활발하지 않다. 연방법원의 경우, 2024.4.1.부터 2025.3.31.까지 1년간 연방지방법원에 민사사건으로 접수된 사건 중 민사 변론(civil trial)이 이루어진 사건은 3,156건이며, 배심재판이 아닌 경우는 2,064건이고 배심재판인 경우 1,092건에 불과하다.[16]

재판의 효율성과 신속성이 강조되면서, 민사배심에 대한 부정적인 인식이 연방법원 내부에서도 관찰이 되고 있다. 2001년 설문조사 결과, 설문에 응한 연방판사 및 텍사스 주법원 판사의 24.3%는 민사배심의 역할이 축소되거나 제한되어야 한다고 응답하였고,[17] 일반적으로 사건관리, 재판의 효율성과 경제성을 중시할수록, 그리고 주법원보다는 연방법원 법관일수록 민사배심에 부정적인 의견을 보이고 있다. 이들은 민사배심재판에 많은 시간이 소요되고, 배심재판을 위한 특별한 절차법을 준수하여야 하고, 소송당사자에게 외부적인 비용을 발생하게 하고, 예측가능성이 없다는 생각을 갖고 있다.

미국 내에서 민사배심의 미래에 대해서는 견해가 나뉘고 있는데, 민사배심은 여전히 미국의 사법제도에서 중요한 존재이며 향후 그 중요성에 대한 인식은 계속되어야 하고, 결국 과거의 영광스러운 자리를 되찾을 것이라는 희망적인 견해가 있는 반면, 다른 한편에는 지난 30년 동안 미국에서 민사배심재판은 꾸준히

16) U.S. District Courts-Civil and Criminal Trials Completed by District, During the 12 Month Period Ending March 31, 2025 https://www.uscourts.gov/data-table-topics/trials

17) Victoria A. Farrar-Myers and Jason B. Myers, Echoes of the Founding: the Jury in Civil Cases as Conferrer of Legitimacy, 54 SMU L. Rev. 1857, 1873 (2001).

그 수가 감소했음을 근거로, 이러한 경향이 계속된다면 가까운 미래에 민사배심은 사라질지도 모른다는 견해가 있다.

c) 미국 민사배심제의 시사점

미국 민사배심제도는 단순한 재판절차에의 국민의 참여라는 의미를 넘어서, 미국 민주주의의 근간을 이루는 핵심적인 정치적 권리에서 출발하였고 민사배심제도의 고비용 구조와 비효율성은 배심제도를 극찬한 Tocqueville도 인정한 점이다. 민사배심제도의 비효율성에도 불구하고, 배심제도는 정치적으로 중요한 의미가 있는 제도로서 도입이 되었고, 소수의 법률 엘리트들의 법적 판단에 배심원들이 참여함으로써 민주적 정당성을 부여하게 되었다.

배심재판은 일반국민이 공권력 행사 절차에 참여하여 공동체 의견을 반영하는 순기능을 하고 있으나 배심재판 이용률은 점차 낮아지고 있는 실정이다.

또한 배심재판의 전제조건인 변론준비절차와 증거개시절차는 역설적으로 소송당사자들이 배심재판을 할 필요성을 감소시키고 있다.

변론준비절차나 증거개시절차를 거치면서 소송비용은 급격히 증가하지만, 반면에 쟁점과 증거가 정리되어 어느 정도의 진실추구가 이루어지고 있다. 따라서 변론을 통한 사실발견의 필요성이 줄어들게 되고, 화해(settlement)를 하게 될 요인이 많아지게 되었다. 소송절차의 발달로 배심제 도입 당시 없었던 소송상 기술이 연방민사소송규칙에 등장하였는데, 당사자 각하 신청, 약식재판 신청, 증거개시절차, 변론준비절차, 화해를 촉진하는 환경 등이다.

그 외 실체법의 법리도 복잡해지면서 배심재판의 한계가 드러나고 있고, 국가권력기관에 대한 배심원의 통제 권한이 다른 부서나 기관으로 넘어간 것이 많으며, 배심원 평결이 합리적이지 않은 경우 사법부가 일부 배심원 평결 결과를 취소함으로써 배심제도에 일정한 통제를 하고 불법행위에 대한 손해배상액을 인정함에 있어서 입법부가 일정한 금액을 설정함으로써 배심원의 권한을 제한하고 있다.

2) 영 국

a) 역사적 개관

19세기 중반까지만 해도 영국의 보통법 법원에서는 배심재판이 유일한 재판형태였으며, 20세기 초반까지는 민사, 형사사건을 막론하고 배심재판이 지배적이었지만, 이미 19세기 중반부터 시간과 비용 측면에서 민사배심재판에 대한 비판이 제기되기 시작하였다. 보통법 절차법(The Common Law Procedure Act 1854)은 보통법 소송에서 양당사자가 동의하면 배심재판을 하지 않을 수 있다고 규정하였고, 사법법(Judiciary Act 1875)에 의하여 법원의 구성이 달라지면서 더욱 더 배심재판의 비율이 낮아졌다. 오늘날 민사배심재판은 연간 10건 안팎만 진행되고 있어 예외적인 제도로 인식되고 있는 상태이다. 현재 영국에서 민사배심재판은, 1933년 사법관리법(The Administration of Justice Act 1933) 제6조 규정에 따라 구두명예훼손(slander), 문서에 의한 명예훼손(libel), 악의적 소송(malicious prosecution), 불법감금(false imprisonment)에 관한 청구에 대하여만 배심재판청구권을 보장하고 있으며, 이 중 실제로 배심재판이 이루어지는 경우는 명예훼손 사건의 비중이 높다.

b) 배심원 구성

민사사건의 경우에 High Court에서는 12인의 배심원에 의해 배심원단을 구성하나, County Court의 경우에는 8명의 배심원에 의한 민사배심재판이 가능하다. 민사소송에 있어서, High Court의 경우에는 형사소송의 경우와 마찬가지로 12인 배심의 경우에는 11:1, 10:2로, 11인 배심의 경우에는 10:1로, 10인 배심의 경우에는 9:1의 다수결로 평결에 이를 수 있다. County Court에서는 8인의 배심원으로 배심원단이 구성되며 이 경우 만장일치일 필요가 없으며 7인의 동의에 의해 평결에 이를 수 있다. 다만, 민사소송에서는 당사자 간의 합의에 의해 다수결에 의한 평결을 정할 수 있다.

c) 평 가

미국은 연방헌법이나 주 헌법에서 배심재판청구권을 기본권의 한 가지로서 규정하고 있으나, 영국은 의회에서 제정하는 일반 법률로 배심재판 받을 권리를 규정하고 있는 것에 불과하다. 영국에서 민사배심재판의 신청권은 일부 사건에 한해서만 제한적으로 부여되고 있으며 그나마 많이 사용되고 있는 명예훼손사건에 대해서도 과도한 위자료 산정이나 징벌적 손해배상액 산정 때문에 많은 비판을 불러오고 있다. 결과적으로 영국에서는 민사배심이 거의 쇠퇴했으며 사용되고 있지 않다고 하는 것이 일반적이다.

3. 민사재판에서의 국민참여재판 도입방안

국민참여재판의 도입이 가능한 사건 유형은 증거는 충분히 존재하나, 신빙성 판단이 주로 문제되는 사건이나 국민의 건전한 법감정, 정의관념을 반영할 필요가 있거나 사회규범적인 평가가 주로 문제되는 사건이라고 할 수 있다. 이에 반하여 국민참여재판의 도입이 어려운 사건 유형은 사실관계나 사안이 복잡한 사건이나 당사자가 다수인 공동소송에서 당사자의 주장과 증거가 차이가 나는 경우 또는 전문적 소송(지식재산권, 의료, 국제거래, 국방, 건축, 금융거래, 보험 등)이거나 증거가 불충분하여 심리에 장기간이 소요될 것으로 예상되는 사건 같은 경우라고 할 수 있다.

배심재판이 가능한 구체적 사건유형으로는 전형적인 임대차 분쟁 사건과 같은 생활형 분쟁 사건이나 자동차 사고로 인한 손해배상청구 사건이나 명예훼손, 소비자보호, 노동, 환경 기타 손해배상의 요건이 충족되었는지 여부 및 그 손해배상액을 어느 정도 인정할 것인지가 문제되는 사건이라고 할 수 있는데, 이러한 점에서 징벌적 손해배상제도가 도입된다면 국민참여재판이 더욱 활성화될 수 있을 것이다. 이 밖에 국가배상청구, 언론피해에 대한 손해배상청구 사건도 국민참여재판의 도입을 고려할 수 있을 것이다.

4. 민사 국민참여재판 도입 여부에 대한 논쟁

(1) 도입에 신중하여야 한다는 견해

형사 국민참여재판 제도도 충분히 정착되지 않은 상황이고, 민사재판에 대한 국민의 관심이나 참여 욕구 또한 형사재판에 비해 현저히 떨어진다. 민사재판에서는 법관의 재량이 작용할 수 있는 영역이 형사에 비하여 현저히 작고, 국민참여재판을 도입할 경우 재판의 효율성이 현저히 저하되고, 당사자의 소송비용 부담 및 법원의 업무부담도 가중될 것이다. 배심제로 인하여 오히려 횡재 소득을 기대한 소송 등 불필요한 제소 증가의 우려도 있다.

현행 민사재판제도에 별다른 문제가 없고, 전문가 참여를 위한 기존 제도를 잘 활용하면 되므로 굳이 국민참여재판제도를 도입할 필요가 없다.

독립된 증거수집제도 및 증거개시절차가 없고, 집중심리제도가 정착되지 않은 현행 민사재판제도 하에서 국민참여재판이 제대로 기능할지 의문이다. 민사소송에서는 법률평가와 사실인정이 혼재된 경우가 많은데, 양자를 명확하게 분리해 내는 것도 쉽지 않다. 영미권과 달리 배심제 도입에 관한 역사적 배경 없고, 영미권에서도 배심제의 활용도가 떨어지고 있다.

(2) 제한적 영역에서 도입이 필요하다는 견해

형사 국민참여재판 도입으로 국민의 건전한 법감정과 상식이 재판에 반영됨은 물론 절차에 있어서도 적법절차가 엄격하게 지켜지는 등 긍정적인 면이 있으므로, 민사재판에서도 국민참여재판을 도입하는 경우 그와 같은 장점을 기대할 수 있다. 민사배심을 도입할 대상사건을 제대로 선별하면 오히려 형사보다 참여재판의 장점이 더 크게 나타날 수 있다.

효율성이나 비용 부담 등 예상되는 부작용에도 불구하고, 국민참여재판 도입으로 인한 기대효과가 크다. 법관의 재량을 줄여주는 방향의 제도를 도입하는 것은 의미가 있다.

변론준비절차, 중간판결 등을 통해 국민참여재판에서 판단할 쟁점을 좁힐 수 있다. 참여재판 도입과 함께 증거개시제도, 필수적 변호사 변론주의도 도입하여 실험해 볼 수 있는 기회가 된다. 미국 민사사건 중 95%가 재판 이외의 방식으로 해결되고 있으나, 이는 배심재판을 위하여 도입된 변론준비절차나 증거개시제도 단계에서 화해 등으로 종결되기 때문이며, 이 또한 배심재판의 장점이라고 할 수 있다. 이러한 점들을 고려할 때 미국에서 재판이 이루어지는 사건 중 배심재판이 차지하는 비중이나 역할은 여전히 크다고 할 수 있다.

5. 제한적 도입 시 국민참여재판 주요 대상사건

(1) 집단적 분쟁

전문적인 지식이 필요하지 않고 국민의 법 감정과 상식을 반영할 필요가 있는 영역, 즉 예를 들어 개인정보침해 사건, 제조물책임 사건 등 다수의 피해자와 대량의 피해가 발생한 경우의 위자료 액수 결정 등에 도입할 수 있다.

(2) 징벌적 손해배상

명예훼손 등의 사건에서 위자료 액수 산정이나 징벌적 손해배상 사건(일반적 손해배상액보다 3배수의 손해배상을 청구할 수 있는 사건, treble damages)에서 손해액 산정 등의 영역에서 우선 도입 가능하다. 3배수의 징벌적 손해배상이 현재 여러 법률에 도입되어 있는 등 국민참여재판제도를 활용할 경우가 상대적으로 많아지고 있다.

(3) 기 타

소비자보호, 노동, 환경 등 현대형 소송이나 기업 관련사건, 노동(해고무효)사건 등에서 우선 도입 가능하다. 또한 의료, 지식재산권, 노동 영역에서 전문가 참여를 전제한 참심제적 국민참여재판제도의 도입을 고려할 수도 있다.

6. 민사에서의 국민참여재판 도입 시 정비되어야 할 제도

(1) 당사자의 독립된 증거수집제도 및 변론 전 증거개시절차 규정 도입

배심재판기일 이전에 현행 민사소송법상 기일 전 증거조사절차를 뛰어넘는 당사자의 증거수집 권한이 부여되어야 하고, 이를 위해 소제기 전 증거조사절차 제도의 도입을 검토할 필요가 있다. 미국의 증거개시(discovery) 제도, 독일의 독립적 증거절차, 일본의 증거수집절차(당사자조회, 제소 전 증거수집처분) 등 여러 입법례를 참고하여 한국형 증거개시제도의 도입을 검토하여야 한다.

당사자의 소제기 전 증거수집·조사권을 확대 보장함으로써 증거의 구조적 편재 현상을 최소화하되, 미국식 증거개시제도보다 증거조사수단, 절차, 제재 등의 수위를 완화하여 과도한 소송비용 부담이라는 부작용 발생을 억제할 제도 마련도 고민해보아야 한다.

어쨌든 배심제는 강력한 증거수집제도의 도입 없이는 성공하기 어렵다. 한국적 상황에 맞는 배심제와 증거수집제도를 구상하는 것이 배심제 도입에 있어 가장 중요한 과제라고 할 수 있다.

(2) 필수적 변호사 변론주의 규정 도입

형사 국민참여재판과 관련해서는 피고인에게 변호인이 없는 때에는 법원은 직권으로 변호인을 선정하도록 하고 있다. 민사사건에 관하여도 국민참여재판을 도입하는 경우, 재판의 원활한 수행과 당사자들의 충분한 변론권 보장을 위해서 필수적 변호사 변론주의 규정을 도입하여야 할 것이다. 만약 당사자들이 변호사 비용을 부담할 능력이 되지 않는다면 승소가능성과 당사자의 경제적 부담능력 등을 고려하여 국가가 소송비용을 일부 또는 전부 보조해 줄 수 있는 제도를 마련할 필요도 있다.

Ⅱ. 대체적 분쟁해결수단(ADR)의 활성화 방안

법원의 업무 경감을 위해 재판이 아닌 다른 분쟁해결방안을 장려하는 것은 오늘날 전 세계적인 추세이다.

ADR이란 Alternative Dispute Resolution의 약어로, 소송절차를 거친 후의 판결 선고에 의하지 아니한 방법으로 분쟁을 해결하는 것으로서, 광범위한 분쟁해결 수단을 모두 포함하는 개념이다. 모든 분쟁에 대해 법원을 찾아 법적 해결에 의존한다면 법원의 부담 과중으로 분쟁해결의 지연 내지 해결방법의 질적 저하를 초래하게 될 뿐 아니라, 때로는 법적 해결이 적합하지 않은 사건에 대하여 과다하게 비용을 지출하고 복잡한 절차를 거치게 함으로써 당사자들을 힘들게 만든다. 이에 따라 소송비용과 시간을 줄이고, 당사자 참여를 보장하는 측면에서 ADR제도가 발달하게 되었고, ADR은 전통적 재판절차를 대체함을 뜻한다고 할 수 있다.

1심 재판 강화에서 가장 중요한 쟁점 중 하나는 ADR의 활성화이다. 1심 강화를 위한 제도 개선은 반드시 1심 심리기간 연장을 초래하게 된다. 충실한 심리를 하기 위해서는 상당한 시간을 들여서 쟁점을 정리하고 증거조사를 하여야 하는데, 사건이 폭주하는 경우에는 1심 재판 강화에 상당한 지장을 초래하게 된다. 결국 1심 강화를 위하여는 1심 변론사건의 수를 줄여야 하므로 변론 전 단계에서 어느 정도 결론을 낼 수 있는 사건은 ADR로 조기에 분쟁을 종결하여야 한다.

미국은 1960년대부터 소송이 폭증하였고, 그 해결을 위한 논의로부터 시작하여 1970년대 조정, 중재가 이용되기 시작하였다. 1980년대 간이배심재판, 조기중립평가 등의 프로그램이 개발되어 ADR의 이용이 급속도로 증가하고 있음에도 불구하고, 1990년 민사사법개혁법을 통하여, 민사사건에 대하여 연방지방법원에 ADR의 도입을 의무화하였고 당사자에게도 ADR의 이용 검토를 의무화하였다. 1998년에는 연방ADR법을 제정하여, 각 연방지방법원은 하나 이상의 ADR을 마련하도록 요구하였다.[18] 즉, 연방기관이 관련되어 있는 행정사건과 민사사건에 대안적 분쟁해결이 공식적 경로를 통해 적극 이용될 수 있도록 법적 근거를 마련한 것이다.

독일에서도 2001년 민사소송법 개정에서 화해에 의한 분쟁해결을 장려하기 위해 화해를 위한 변론, 법원 외 화해, 서면화해제도 등을 도입하였으며, 특히 서면화해제도는 다수의 법관이 적극 활용하고 있어 매우 바람직한 개정이었다는 평가를 받고 있다. 특히 화해를 위한 변론을 진행하더라도 소송절차의 지연을 초래하지 않는다고 평가하였는데, 그 이유로 대부분의 법관들은 화해를 위한 변론 후 즉시 구술변론을 열기 때문이라고 분석하였다. 독일에서는 ADR 강화 이후 구법원(Amstgericht)에서는 2000년 9.9%에서 2004년 13.1%로, 주법원(Landgericht)에서는 2000년 17.6%에서 2004년 21.5%로 화해에 의해 종결된 사건 수가 증가하였다.[19]

한국에서도 2000년대부터 지속적으로 조정을 강조하고 있으며, 조정을 강화하기 위한 제도를 모색하고 있다. 원래 한국 민사조정법에 따르면 민사소송 사건에서 조정을 담당하는 기관은 당해 사건을 담당한 재판부, 조정위원, 조정위원회 등이 있었는데, 2009년 2월 6일 민사조정법 개정으로 상임조정위원 제도가 도입되었다. 상임조정위원은 법원행정처장이 위촉하고(민사조정법 제10조 제1항) 직무를 수행할 법원을 지정하며, 조정담당판사가 상임조정위원에게 조정에 관한 사무를 처리하게 하는 경우 상임조정위원은 조정담당판사와 동일한 권한을 가지게 된다(민사조정법 제7조 제4항). 이에 따라 전국 각 지방법원에서 상임조정위원이

18) 유병현, “미국의 소송대체분쟁해결제도(ADR)의 현황과 그 도입방안”, 「민사소송」 제13권 제1호, 한국민사소송법학회, 2009.5, 501~502쪽.

19) 한국민사소송법학회, 상소심 개선방안에 대한 사법정책 연구, 262~263쪽.

위촉되었다. 또한, 2009년 조정위원규칙에 상임조정위원이 직무를 수행할 법원에 그 업무공간 및 업무지원을 위한 조정센터를 설치하는 근거가 마련되었고, 2009년 4월 서울과 부산의 법원조정센터가 설치된 것을 시작으로 전국 지방법원에서 법원조정센터가 설치되었다.

Ⅲ. 지적의무의 도입 방안

상소심을 근본적으로 변화시키고자 할 때 가장 유념하여야 할 것은 제1심의 강화이다. 항소심의 구조를 바꾸고 상고를 제한하는 것이 국민의 권리보호에 대한 침해라는 비난을 받지 않기 위해서는 제1심이 충실하게 진행되어 당사자가 빠른 시간 내에 공정한 결과를 얻을 수 있어야 한다.

이를 위한 방법 중 앞에서 본 증거개시제도는 미국식 배심제도 도입과 함께 논의되어야 실현가능성이 높아진다. 현재 한국의 민사소송 체계에서는 1심 재판의 충실을 위해서는 법원이 좀 더 적극적으로 소송을 이끌어 나갈 필요가 있다. 법원으로 하여금 보다 적극적으로 소송을 지휘하도록 유도하고자 할 때 가장 핵심적으로 고려해 보아야 할 것은 석명권 또는 석명의무의 강화이다.

2001년 독일 민사소송법 개정에서 제1심 절차의 충실화를 위한 내용 중 가장 긍정적인 평가를 받은 것은 지적의무의 강화에 관한 것이었다. 특히 가능한 한 조기에 법원이 지적의무를 행사하도록 함으로써 절차진행이 집중적이고 신속하게 행해졌으며, 조기의 적절한 지적으로 소취하가 늘고 불필요한 신청이 없어졌고, 항소율까지 줄어드는 효과가 나타났다는 것이다.[20] 지적권의 강화에 대한 평가를 좀 더 자세히 살펴보면 독일 민사소송법 제139조에 따라 지적권 행사를 강화하였다고 답한 법관은 구법원에서는 60%, 주법원에서는 65%에 달하였는데, 구체적인 행사방법에 대해서는 "지적을 더 자주한다"가 각각 37%, 45%, "상세하게 지적한다"가 34%, 40%, "구술변론 전에 서면으로 지적한다"가 31%, 32%로 나타났다. 지적권 행사를 강화하지 않았다고 답한 법관은 구법원이 40%, 주법원이 35%인데, 가장 큰 이유는 개정법의 해석이 지금까지 해온 실무와 같은 내용

20) Bamberger, Die Reform der Zivilprozessordnung-Eine Wirkungskontrolle, ZRP 2004, 138쪽: 한국민사소송법학회, 상소심 개선방안에 대한 사법정책 연구, 226쪽에서 재인용.

이기 때문(32%, 30%)이라는 것이다. 변호사들은 "지적의무 강화를 인식한다"가 61%, 부정이 39%였다. 지적의무 강화를 인정한 변호사 중 횟수의 증가를 인정하는 비율은 50%, 지적이 상세해졌다가 42%이다. 그러나 변호사는 대체로 석명권 강화의 개정의도가 성공하지 못했다고 보고 있다(약 60%).[21]

한국에서도 독일 민사소송법의 지적의무와 관련된 조항이 이미 다음과 같이 존재하고 있다.

> **第136조(석명권(釋明權) · 구문권(求問權) 등)** ① 재판장은 소송관계를 분명하게 하기 위하여 당사자에게 사실상 또는 법률상 사항에 대하여 질문할 수 있고, 증명을 하도록 촉구할 수 있다.
> ② 합의부원은 재판장에게 알리고 제1항의 행위를 할 수 있다.
> ③ 당사자는 필요한 경우 재판장에게 상대방에 대하여 설명을 요구하여 줄 것을 요청할 수 있다.
> ④ 법원은 당사자가 간과하였음이 분명하다고 인정되는 법률상 사항에 관하여 당사자에게 의견을 진술할 기회를 주어야 한다.

그러나 석명권의 행사는 재판부에 따라 행사의 정도에 있어 큰 차이가 있으며, 석명의무를 강조할 경우 한국 민사소송법의 기본원칙인 처분권주의, 변론주의 원칙에 위배될 가능성이 있어 석명의무는 대법원 판례에 의하여 아주 제한적으로만 인정되고 있다.

현재 한국의 상황에서 석명의무의 강화는, 한국 민사소송이 당사자주의적 특징이 갈수록 강해지고 있는 흐름에 반하는 것으로 보여 한국에서는 도입되기가 쉽지 않아 보이며, 앞에서 언급한 증거개시제도와는 상반되는 제도로서 증거개시제도와 같이 도입될 수는 없어 보인다. 지적의무는 한국의 민사소송 시스템이 어느 방향으로 나아갈지에 대한 많은 고민 후 도입 여부가 결정되어야 할 것이다.

---

21) Hommerich-Prütting, Rechtstatsächliche Untersuchung zu den Auswirkungen der Reform des Zivilprozessrechts auf die gerichtliche Praxis-Evaluation ZPO-Reform, Bundesanzeiger Verlag, 94~95쪽: 한국민사소송법학회, 상소심 개선방안에 대한 사법정책 연구, 226~227쪽에서 재인용.

제4절 항소심과 상고심의 구조 개선 방안

Ⅰ. 항소심 구조 개선 방안

1. 항소심 구조변경의 필요성

민사 항소심은 속심제를 원칙으로 제1심의 심리를 이어서 진행하여 제1심 판결의 당부를 재심사하는 구조를 취하고 있다. 따라서 원칙적으로 항소심에서 새로운 사실자료를 제출하는 것이 가능하다. 다만, 새로운 소송자료가 무절제하게 제출되는 것을 막기 위해 속심제를 원칙으로 하면서도 적시제출주의(適時提出主義)(한국 민사소송법 제146조)와 실기한 공격방어방법의 각하(제408조, 제149조), 변론준비절차종료의 효과(제285조, 제410조) 등의 규정을 통하여 항소심에서 새로운 사실이나 증거의 제출을 어느 정도 제한하고 있다.

> **제146조(적시제출주의)** 공격 또는 방어의 방법은 소송의 정도에 따라 적절한 시기에 제출하여야 한다.
>
> **제149조(실기한 공격·방어방법의 각하)** ① 당사자가 제146조의 규정을 어기어 고의 또는 중대한 과실로 공격 또는 방어방법을 뒤늦게 제출함으로써 소송의 완결을 지연시키게 하는 것으로 인정할 때에는 법원은 직권으로 또는 상대방의 신청에 따라 결정으로 이를 각하할 수 있다.
> ② 당사자가 제출한 공격 또는 방어방법의 취지가 분명하지 아니한 경우에, 당사자가 필요한 설명을 하지 아니하거나 설명할 기일에 출석하지 아니한 때에는 법원은 직권으로 또는 상대방의 신청에 따라 결정으로 이를 각하할 수 있다.
>
> **제285조(변론준비기일을 종결한 효과)** ① 변론준비기일에 제출하지 아니한 공격방어방법은 다음 각호 가운데 어느 하나에 해당하여야만 변론에서 제출할 수 있다.
> 1. 그 제출로 인하여 소송을 현저히 지연시키지 아니하는 때
> 2. 중대한 과실 없이 변론준비절차에서 제출하지 못하였다는 것을 소명한 때
> 3. 법원이 직권으로 조사할 사항인 때
>
> **제408조(제1심 소송절차의 준용)** 항소심의 소송절차에는 특별한 규정이 없으면 제2편제1장 내지 제3장의 규정을 준용한다.
>
> **제410조(제1심의 변론준비절차의 효력)** 제1심의 변론준비절차는 항소심에서도 그 효

력을 가진다.

그러나 이와 같은 집중적이고 효율적인 심리를 위한 법규상의 다양한 제한에도 불구하고 항소심의 업무 과중과 소송 지연의 문제는 사그라지지 않고 있다. 적시제출주의, 실기한 공격방어방법의 각하와 같은 제도들이 민사소송법에 새로이 규정되었으나 이를 그대로 시행하는 재판부는 거의 없다. 제1심 재판은 여전히 변호사들뿐만 아니라 심지어 일부 판사들조차도 항소심으로 가는 통과심 정도의 의미를 가지는 것으로 인식하고 있는 것으로 보인다.

이와 같은 항소심의 문제를 해결하기 위해서는 다양한 방안들이 논의될 수 있겠지만, 가장 핵심적인 것은 항소심의 구조를 새롭게 바꾸는 것이다. 항소심이 또 하나의 사실심이 되지 않도록 하기 위하여 1심이 단순한 통과심이 아니라 종국적으로 분쟁을 해결할 수 있는 재판이 되어야 한다. 1심이 이와 같은 역할을 할 때 항소심에서의 사건처리도 보다 효율적이고 집중적으로 이루어질 수 있고 국민의 권리구제도 신속하게 이루어질 수 있다. 뿐만 아니라 제1심이 강화된다면, 법원의 사건처리에 대한 당사자의 신뢰와 만족도를 제고시켜 상소사건 수 자체를 감소시키는 효과도 가져올 수 있을 것이다.

항소심의 구조를 바꾸는 방안으로는 앞에서 본 바와 같이 항소허가제, 항소심의 사후심화, 항소심에서의 심판범위와 갱신권의 제한 등을 생각해 볼 수 있다.

2. 항소허가제에 대한 검토

항소심의 업무 부담을 가장 단기간에 직접적으로 줄일 수 있는 방안은 항소허가제이다. 항소허가제는 항소 제기 자체를 제한하여, 원심법원이나 항소법원의 허가가 있는 경우에만 항소가 가능하도록 하는 제도이다. 우리나라의 경우, 특히 제1심 합의사건의 항소율이 40%가 넘고 있어(2017년 40.5%, 2016년 46.1%, 2015년 44.3%) 항소허가제를 채택한다면 항소심의 업무 부담을 직접적이고 효과적으로 줄일 수 있을 것이다.

2001년 독일의 개정 민사소송법에서도 항소허가제를 규정하였는데, 이는 독일 행정법원에서 실시한 항소허가제의 긍정적인 경험에 근거한 것이었다. 즉, 독일 행정법원에서는 항소허가제가 도입된 이후(독일 행정법원법 제124조) 항소사

건이 21.3% 감소하였으며, 판사 1인당 분쟁해결률은 44.4% 증대한 것으로 나타났다.[22)]

그런데 항소허가제가 항소심의 업무 경감이라는 효과를 가장 직접적으로 가져올 수 있는 방안이라 하더라도 항소허가제는 항소심으로의 접근 자체를 제한하는 것이어서 업무 경감이라는 긍정적인 측면보다는 국민의 권리보호 가능성을 축소하는 것이라는 부정적 측면이 더 강하게 부각될 위험이 있다.

또한 항소허가제는 1심 판결 불복에 따른 2심으로 이전 여부 결정을 법원이 한다는 의미를 가질 수도 있다. 법원의 결정에 따라 당사자는 단일심으로 판단을 받게 될 수도 있는 것이다. 항소심은 당연히 1심과 3심의 형태와 관련되어 논의되어야 한다. 3심(상고심)의 법률심, 법령해석의 통일을 위해 상고허가제를 고려한다면 항소심으로의 불복은 현재 단계에서는 좀 더 넓게 인정하는 것이 타당하다. 물론 한국이 미국과 같이 1심 재판에 있어 배심제를 기본으로 한다면 항소허가제를 고려해 볼 수 있다. 그러나 현재와 같이 직업법관에 의한 재판을 유지한다면 최소한 2번의 사실심을 받도록 하는 것이 바람직하다.

이와 같은 비판 때문에 항소허가제 주장은 그리 강하게 나타나지 않는다. 대부분의 실무가나 학자들 모두 시기상조라거나 한국의 재판 현실에는 맞지 않는다고 생각하고 있는 듯하다.

3. 사후심화에 대한 검토

그러나 항소심의 사후심화에 대한 의견은 항소허가제와는 다르다. 항소심 절차의 개선을 위한 항소심의 사후심화 논의는 끊임없이 제기되고 있고, 법원 내에서도 상당한 설득력을 얻고 있으며, 사후심화에 동조하는 재판부도 있는 것으로 보인다. 항소심을 사후심으로 하게 되면, 항소심에서는 원칙적으로 새로운 사실자료의 제출이 제한되고 제1심의 소송자료만을 기초로 제1심 판결의 당부를 심사하게 된다.

항소심을 사후심화(nachprufen)하고 있는 대표적인 국가는 오스트리아이다. 오스트리아에서는 민사소송법 제501조에서 항소이유를 제한하고 있는데, 심문청구

22) 정선주, 효율적인 항소심 운영을 위한 개선방안, 민사소송 13-1(2009), 한국사법행정학회, 353쪽.

권의 침해와 같은 절차상의 무효사유가 있는 경우, 불완전한 사실확정과 같이 판결의 정당성을 침해하는 절차규정위반이 있는 경우, 증거평가가 잘못된 경우, 사실에 대한 법적 판단이 잘못된 경우에 한하여 항소를 인정하고 있다. 다만, 제1심의 소송물가액이 2,000유로가 안 되는 경우에는 무효사유나 법적 판단의 오류가 있는 때에만 항소가 가능하다. 항소이유가 이렇게 제한됨에 따라 오스트리아에서는 제1심 절차가 매우 큰 의미를 가진다. 뿐만 아니라 오스트리아 민사소송법 제482조[23]에서는 Neuerungsverbot(갱신권의 금지)를 규정하고 있다. 항소심에서 새로운 청구를 하거나 이의를 제기하는 것이 금지되며, 새로운 사실이나 증거를 제출하는 것도 금지된다. 따라서 항소심에서는 제1심에서 제출하지 못한 사실이나 증거의 제출이 불가능하며, 청구변경을 할 수도 없고 소멸시효의 항변도 할 수 없다. 그런데 오스트리아 법원은 오스트리아 민사소송법 제482조에 명시되어 있는 것보다 더 엄격한 잣대를 가지고 갱신권의 금지를 적용하고 있다.[24] 하지만 갱신권의 제한을 위반한 것은 심각한 절차위반으로 보지 않기 때문에 상고이유가 되지는 못한다.

항소심을 완전히 사후심화하여 시행하고 있는 오스트리아와는 달리 독일의 경우 2001년 민사소송법을 개정할 당시 연방법무부의 당초 계획은 항소심을 완전히 사후심화하여 제2의 사실심으로서의 기능을 완전히 없애는 것이었다. 그러나 이러한 안은 각계의 반대에 부딪쳐 실현되지 못하였고, 대신 항소심의 심판범위를 제한하는 수준에 그쳤다. 그 당시 반대 논거로서 가장 설득력을 얻었던 것은 만일 항소심이 제2의 사실심으로서 기능하지 않게 된다면 제1심 법원의 잘

---

23) 오스트리아 민사소송법 제482조 ① 항소심 법원에서, 항소심 절차 비용의 상환 청구를 제외하고는 새로운 청구나 새로운 항변을 제기할 수 없다.
② 판결문과 기타 소송기록의 내용에 비추어 볼 때 1심에서 다루어지지 않은 사실과 증거는 당사자들이 항소심에서 주장된 항소이유를 입증하거나 반박하기 위한 경우에만 제출할 수 있다. 또한 이러한 새로운 주장이나 증거는 항소장 또는 항소답변서(제468조 참조)를 통해 상대방에게 사전에 통지된 경우에만 고려된다.

24) OGH 1995-09-21, 5 Ob 523/95 ZPO(오스트리아 민사소송법) §482에 따른 갱신권 금지(Neuerungsverbot)는, 원칙적으로 항고(재항고) 절차에도 적용되며, 이는 당사자가 주장한 청구, 항변, 사실관계 및 증거에만 해당되고, 법원이 직권으로 고려해야 하는 사정(예: 법적 절차의 적합성)에는 적용되지 않는다. 법원이 직권으로 고려해야 하는 사실은 소송요건의 결여, 즉 국내법원의 관할권 결여나 법적 절차의 부적법성이 드러나는 사실에 한정된다. 소송요건의 존재를 뒷받침하는 사실에 대해서는 별도의 규정이 없으므로, 소송 각하 결정에 대한 항고에서 새롭게 주장된 사실은 갱신권 금지의 적용을 받는다.

못된 사실확정에 근거하여 나온 많은 오판을 구제할 길이 없어져 국민의 권리보호에 큰 장애가 생긴다는 것이었다.

대부분의 재판부가 제2심을 사후심으로 운영하고 있지는 않다. 법적인 근거도 완전하지 않을 뿐만 아니라 제1심 재판의 심리가 미흡한 경우가 적지 않기 때문이다. 항소심의 사후심화는 제1심 재판의 완결성을 전제로 해야 되는데, 현실적으로 제1심에서 확정한 사실관계의 완전성이 보장될 수 있는가 하는 문제가 있다. 제1심과 제2심 모두 직업법관이 심리하고 있으며, 제2심의 경우 제1심보다 더 경력이 많은 판사들이 진행하고 있는데, 제1심만 완전한 사실심으로 운영하고 법률심인 제3심이 존재함에도 불구하고 제2심도 사실상 법률심으로 운영하겠다는 것이 국민들의 지지를 받을 수 있을지 의문이다. 미국과 같이 제1심이 배심재판으로 운영된다면 사실인정에 있어 제1심 재판의 우월을 인정하고 그 바탕하에서 제2심은 사실상 법률심으로 운영할 수 있겠지만 프랑스나 독일과 같은 대륙법계 법원에서처럼 제1심과 제2심이 모두 직업법관에 의하여 사실인정이 이루어진다면 제1심과 제2심의 근본적 차이를 둘 이유가 없어지게 된다.

항소심을 사후심으로 하면 항소심에서는 새로운 사실자료의 제출이 제한되고, 제1심의 소송자료만을 기초로 제1심 판결의 당부를 심사하게 되므로 제1심 재판의 잘못된 사실확정을 시정할 수 있는 기회가 없어질 수 있다는 우려가 있다. 이는 실체적 진실발견에 큰 걸림돌이 될 것이며, 국민의 권리보호를 제한하는 결과가 되어 쉽게 각계각층의 저항에 직면하게 될 것이다. 앞서 본 바와 같이 독일 연방헌법재판소는 1심의 사실인정에 대하여 항소법원이 상이한 판단의 가능성이 있으면 의무적으로 증거조사를 다시 해야 한다고 판시하였고,[25] 연방일반법원은 제1심의 사실확정에 구속되는 범위와 관련하여, 제1심에서 확정된 사실관계에 항소심이 구속된다는 독일 민사소송법 제529조 제1항 제1호의 규정에도 불구하고, 제1심의 사실확정에 절차적인 하자가 없더라도 항소심이 제1심의 판단에 확신이 서지 않는다면 사실확정을 새롭게 할 수 있다고 판시하였다.[26]

25) BVerfG, NJW 2005, 1487.
26) BGH, Urteil vom 12. 3. 2004, V ZR 257/03.

4. 항소심의 심판범위 제한 및 갱신권의 제한

항소허가제나 사후심화는 그 자체가 안고 있는 한계나 여건의 미성숙 등의 이유로 현재 한국의 실정에 적합한 개선 방안은 아니라고 판단된다. 보다 실현가능성이 높고 현실적인 개선 방안으로는 항소심의 심판범위와 갱신권을 제한하는 것이다. 이를 통해 항소심이 제1심 재판에 너무 광범위하게 개입하는 것을 차단함으로써 항소법원은 불필요한 업무로부터 벗어나 집중적으로 항소사건을 심판할 수 있게 되고, 당사자로서는 권리구제의 효율성과 신속성을 얻을 수 있게 되는 것이다.

항소심에서 새로운 사실을 주장하고 증거를 제출하는 것을 강력하게 제한하여 새로운 사실주장과 증거제출은 항소이유를 근거지우는 데 기여할 수 있는 경우에 그 범위 내에서만 가능하도록 한다. 그리고 새로운 사실을 제출하려고 하는 당사자는 제1심 판결에서 확정한 사실관계의 정확성을 의심하게 하는 구체적인 단서를 제공하여야 한다. 제1심 법원의 사실확정에 대해 단순히 잘못된 것이라고 주장하는 것은 충분하지 않으며, 구체적인 근거를 제시하도록 한다.

갱신권의 제한을 강화하기 위해서는 우선 항소심에서도 갱신권에 관한 명문규정을 두는 방법을 생각할 수 있다. 그리고 항소법원은 항소이유에 근거하여 제1심 법원이 확정한 사실관계의 정당성이 의심스러운 구체적인 경우에만 다시 사실관계를 심사하도록 하고, 이 범위 내에서 필요한 경우에 새로운 공격방어방법을 제출할 수 있도록 해야 한다.

다만, 갱신권 제한과 관련하여서는 사실 현재 한국의 민사소송법 조문만으로도 가능할 수 있다. 한국 민사소송법은 2002년 민사소송법 개정 시 공격방어방법의 제출에 있어 수시제출주의(隨時提出主義)를 폐지하고 적시제출주의를 규정하였다. 그리고 이를 어기고 고의 또는 중대한 과실로 공격 또는 방어방법을 뒤늦게 제출함으로써 소송의 완결을 지연시키게 하는 것으로 인정할 때에는 재판부는 공격방어방법을 각하할 수 있다. 적시제출주의는 공격방어방법의 제출에 있어 수시제출주의를 채택함으로써 소송이 지연되고 1심에서 집중심리가 이루어지지 않는다는 비판을 수용하여 1심의 강화를 위하여 도입한 것이다. 이 규정을 엄격하게 적용하는 경우 변론준비기일에서 제출할 수 있었음에도 제출하지 아니한 공격방어방법이나 1심에서 제출할 수 있었음에도 제출하지 아니한 공격방어방법을 각하할 수 있으므로 2심을 사후심에 가까운 제한적 속심으로 운영할 수도 있다. 물론 재판부에 따라서 2심에서 새로운 증거를 제출하는 것을 최대한 억제하고 갱신권을 제한하고 사후심처럼 운영하는 곳도 있지만 대부분 재판부는 새로운 증거 제출을 특별한 제한 없이 받아주고 있으며, 사후심처럼 운영하는 재판부에 대하여는 변호사들이 강한 불만을 표출하기도 한다.

위와 같이 현재 민사소송법 규정 해석만으로도 갱신권 제한을 할 수 있지만, 좀 더 분명히 한다는 측면에서 "시기에 늦게 제출된 공격방어방법은 항소법원이 직권 또는 상대방의 신청에 따라 결정으로 각하하고, 항소이유에 근거하여 제1심 판결의 정당성을 심사하는 데 필요한 범위 내에서 예외적으로 새로운 공격방어방법의 제출을 허용할 수 있다"는 내용의 규정을 둘 수도 있다.

Ⅱ. 상고심 구조 개선 방안

1. 상고심 구조 개선 논의의 분류

상고심 구조 개선 방안과 관련하여 앞서 본 바와 같이 여러 가지 주장들이 있다. 고등법원 상고부 또는 상고심사부를 설치하자는 주장, 대법관을 증원하자는 주장, 상고제한제를 실시하자는 주장, 대법원을 이원적으로 구성하자는 주장, 상고법원을 설치하자는 주장 등이 그것이다. 그런데, 이 주장들은 크게 두 가지로 분류할 수 있다. 하나는 상고사건 수리를 제한하지 않고 상고사건을 처리할 수 있는 법원을 증설하거나 법관을 증원하자는 주장이고, 또 다른 하나는 상고사건 수리를 제한하여 최고법원이 심사하는 상고사건의 수를 제한하자는 주장이다. 전자에 해당하는 것은 앞서 본 것 중 상고제한제를 실시하자는 주장 이외 모든 주장, 즉 고등법원 상고부 또는 상고심사부를 설치하자는 주장, 대법관을 증원하자는 주장, 대법원을 이원적으로 구성하자는 주장, 상고법원을 설치하자는 주장 등이다. 전자는 전통적으로 대륙법계의 상고심이 채택하고 있는 제도이며, 후자의 상고제한제는 전통적으로 영미법계 상고심이 채택하고 있는 제도이다.

2. 영미법계와 대륙법계 상소제도의 발전 양상

독일과 프랑스 모두 법원과 법관의 증대를 통한 사건의 효율적 해결을 도모하였다. 독일과 프랑스 모두 여러 전문법원을 두고 있고, 최고법원에서 근무하고 있는 법관의 숫자도 몇 백 명에 이른다. 비교적 단순한 심급 구조를 가지고 있고 대법관의 숫자도 10명 내외인 영미법계와는 상당한 차이가 있다. 이렇게 영미법계와 대륙법계 상고제도가 큰 차이를 보이게 된 것은 각 나라의 사법 전통, 역사에 기인한 부분이 크다. 영미법계는 각 지방의 사법적 문제를 해결하기 위하여 중앙정부가 관여하기는 하지만 주로 절차나 법률적인 것에 관한 것이며 통일된 법령보다는 주로 판례를 통하여 통제하였으며, 사실심은 각 지방의 주민, 즉 배심에게 맡겼다. 이러한 법제도 하에서 상소심이 각 지역의 상황을 잘 알고 있는 배심원단의 사실인정을 쉽게 번복하기 어렵다. 주로 배심재판의 절차, 배심원들이 인정한 사실관계를 전제로 적절한 법령 적용 및 법률의 해석에 관하여 상소심이 판단할 수밖에 없었다. 이와 같은 특징으로 인하여 1심 재판이 상당히 긴 기간이 소요되었고, 많은 비용이 투여되었다. 배심제의 특성상 오랜 기간 재판을 할 수 없어서 대부분의 증거들이 배심재판 전에 수집되었으며, 변론은 미리 수집된 증거의 설명이나 증인신문 위주로 진행되었다. 이에 반하여 대륙법계는 배심제도가 발달하지 않았다. 주로 귀족들이거나 신분이 높은 직업법관들에 의하여 주도적으로 재판이 진행되었고 최종판단도 직업법관들이 하였다. 이러한 직업법관들의 재판에 대한 통제 방법으로서 상고심(최고법원에 대한 상소) 제도가 마련되고 발전하였다. 그리하여 프랑스에서는 하급심의 판단을 최대한 존중하되 중앙정부가 도저히 받아들일 수 없는 경우 하급심 판단을 파기하였으나 직접 최종판단까지 하지는 않고 하급심이 다시 판단하도록 하였다. 이에 반해 사법제도가 뒤늦게 형성된 독일의 경우 상소에 대한 특별한 제한이 존재하지 않았고 반복하여 재심리할 수 있었다.

그러나 사회가 복잡해지고 분쟁이 폭증함에 따라 과거의 상소 시스템으로는 도저히 증가하는 사건들을 처리할 수 없게 되자 영국은 배심재판을 줄이고 사건의 효율적 처리 방식을 강구하게 되었고, 미국은 상고허가제를 강화하게 되었다.

프랑스는 증가하는 상소사건의 효율적 처리를 위하여 상소법원의 법관을 증원하여 재판부를 증설하는 등의 방법을 강구하였고, 독일은 법관 증원만으로는 이러한 문제를 해결할 수 없다고 판단되자 2002년 민사소송법 개정을 통하여 상고허가제를 도입하였다.

3. 여러 상고심 개혁 방안에 대한 평가 및 향후 발전 방향

이와 같이 상고심 개혁의 문제는 상고심만의 문제라고 할 수 없다. 상고심 구조와 심리방식 등은 하급심, 특히 1심과 밀접한 관련이 있다. 1심이 충실하게 이루어지지 않으면 상소를 제한할 명분이 없게 된다. 곧 상고심 개혁은 그 나라가 현재 따르고 있는, 또는 향후 추구할 사법시스템, 심급제도와 함께 논의가 되어야 할 문제이며, 결코 따로 떼어놓고 논의할 문제가 아니다. 이러한 측면에서 앞서 1심 개혁방안 및 항소심 구조 개선방안을 살펴보았으며 이와 연결시켜 상고제도 개혁을 논의하여야 한다.

앞서 주장되었던 상고심 개혁 방안에 대하여 살펴보겠다.

먼저 대법원의 이원적 구성 방안에 대하여 보면, 이 방안은 기본적으로 대법관 수는 제한하되 폭증하는 상고사건의 처리를 위하여 상당수의 대법원 판사를 두고 대법관과 일반 법관으로 구성되는 재판부를 만들자는 안이다. 이는 대법원에 대법관과 일반 법관을 두는 것을 전제로 하는 것인데, 대법관과 일반 법관은 임명절차도 다르고 지위에 있어서도 상당한 차이가 있다. 대법관과 일반 법관으로 구성된 재판부가 구성원 간 동등한 지위에서의 합의가 이루어질 수 있을지 의문이다. 또한 대법관이 아닌 일반 법관이 늘어난다고 하더라도 재판부의 증가는 필연적인 것인데, 늘어난 재판부 사이 판결의 통일성을 확보하기 어려울 수 있다.

다음으로 고등법원 상고부 또는 상고심사부에 대하여 살펴보면, 대법원에 올라가는 사건이 줄어든다는 점에서는 장점이 있을 수는 있지만, 사실상 여러 군데의 최종심 법원을 두자는 주장이어서 각각의 고등법원 간 판례의 통일을 기하기 쉽지 않고 한국과 같이 연방국가도 아니고 국가의 면적이 넓지도 않은 나라에서 각 지방에 최종심을 두고 사건이 중앙으로 올라가지 못 하게 한다는 점에 대하여 비판도 만만치 않다.

다음으로 상고법원에 대하여 살펴본다. 상고법원은 고등법원 상고부와 유사한 기능을 하지만, 고등법원 상고를 한군데 모아서 서울에 두는 방안이다. 최종심 재판부를 하나의 법원으로 모아 둔다는 점에서 장점은 있지만, 상고법원 내 상당수의 재판부가 구성될 것이므로 재판부 간 판례 통일의 문제는 여전히 존재하며, 상고법원 재판관은 대법원장이 임명하게 될 것이므로 법원의 관료주의가 더 심화될 우려가 존재한다. 결국 양승태 전 대법원장의 상고법원 추진은 실패로 돌아가고 말았고, 수많은 법관들의 비판을 받고 있다. 상고법원 추진은 사실상 4심제를 도입하는 것과 유사하며, 법원의 구조를 계층화시켜 관료주의가 심화될 가능성이 큰 방안이다.

다음으로 대법관 증원론에 대하여 본다. 독일과 프랑스 최고법원이 시행하고 있는 방법이다. 폭증하는 상고사건을 효율적으로 처리하기 위하여 최고법원 법관의 수를 증원하여 재판부를 증설하고 전문재판부를 두며, 전원합의가 필요한 경우 일부 대법관만으로 연합체를 구성하여 재판하는 방식이다. 일단은 현재 대법관의 2배인 26명으로 대법원을 구성하고 향후 필요한 경우 대법관을 늘리자고 한다. 그러나 앞서 본 바와 같이 2017년 이미 대법관 1인당 3,500여 건이 상고사건이 접수되었다. 대법관을 2배로 늘린다고 하더라도 여전히 대법관 1인당 사건수는 1,800건 정도 된다. 이 정도 사건수도 대법관 1인이 처리하기에는 너무나 많다. 대법관 1인당 사건수가 최소한 500건 미만(대부분의 1심 합의부의 1년 사건처리수가 500건을 넘지 않는다)이어야 정상적인 사건처리가 가능할텐데, 그러한 1인당 사건수가 유지되려면 대법관 수가 지금의 8배 이상이 되어야 한다. 즉, 100명이 넘어야 한다. 대법관 수가 100명이 넘는 경우 대법관 전원으로 구성되는 전원합의체 구성은 원천적으로 불가능하며, 대법관 중 일부 대법관으로 전원합의체를 구성해야 하는데, 이 경우 대법관 사이에서도 서열이 매겨지게 되고 대법원 내 관료주의 문화가 형성될 우려가 있다.

결국 한국 상고제도 개혁의 방안으로 고려해 볼 수 있는 것은 상고허가제가 아닐까 생각한다. 그러나 한국에서의 상고허가제는 10년 정도 시행되었으나 변호사, 학계 등의 엄청난 비판을 받아서 폐지되었고, 상고제도 개선안으로 늘 등장하지만 여전히 비난의 십자포화를 받아서 사실상 시행 불가능한 안으로 간주되고 있다. 그러나 앞서 본 바와 같이 한국의 사법환경이 급격히 변하고 있음에 따라 향후 수정된 상고허가제 도입 가능성이 커질 수 있다. 한국 사법시스템이 미국식 로스쿨 제도와 배심제 도입으로 갈수록 미국의 사법시스템에 근접하고 있으며, 현재 다수의 학자, 법조인들이 지지하고 있듯이 형사에서 본격적인 배심제가 시행되고 민사에서도 배심제가 도입된다면 자연스럽게 한국의 항소심 구조와 상고심 구조도 영미법계의 상소심 구조에 근접하게 될 것이다. 이러한 환경이 만들어진다면 상고허가제 도입 논의도 현실화될 것으로 보인다.

結 論

한 나라의 상소제도를 개혁한다는 것은 굉장히 어려운 작업이다. 상소제도는 그 나라의 사법제도를 떠나서 논할 수 없다. 상소제도는 전체 사법제도의 가장 중요한 부분 중 하나이지만 사법제도는 상소제도로만 이루어진 것이 아니기 때문이다. 상소는 소장 제출 단계에서부터 시작하여 1심 심리 및 판결, 항소, 2심 심리 및 판결, 상고, 3심 판결, 민사 집행의 전체 단계 중 일부일 뿐이다. 증거조사 절차(증거능력 판단, 증인신문, 서증조사 등)도 사법제도에서 중요한 부분을 차지하고 있다. 또한 이러한 제도는 제도를 운영하는 사람을 떠나서 논할 수도 없다. 재판은 원고와 피고, 재판부(법관과 참여관)로 이루어지며, 배심재판인 경우 배심단도 포함된다. 즉, 상소제도의 개혁은 전체 사법제도와의 조화 속에서 이루어져야 하며, 필연적으로 상소제도의 핵심적 내용의 변화는 전체 사법제도의 변화와 함께 이루어져야 그 실효성이 있을 것이다.

그런 의미에서 이 글에서는 심급제도, 1심 운영형태, 2심(항소심)의 운영형태 및 특징, 3심의 운영형태와 상소제한제도를 한꺼번에 살펴보면서 그 조화로운 결합방식에 대한 논의를 진행하였다. 3심(상고심)이 문제라고 하여 3심의 개혁만을 추진하는 것은 효과적인 개혁이 되기 어렵고 한국에서의 최근 30년 동안의 상고심 개혁 논의가 모두 실패로 돌아간 것도 그 때문이라고 할 수 있을 것이다. 이 글에서는 한국의 심급제도 및 상소제도뿐만 아니라 영미법계인 미국, 영국, 대륙법계인 독일과 프랑스, 독일·프랑스로부터 영향을 받은 일본의 심급제도 및 1, 2, 3심 제도에 관하여 살펴보았다. 영국, 미국, 독일, 프랑스는 세계 최고의 선진국가이기도 하지만 근대적 사법제도도 짧게는 150년에서 길게는 수 백년의 역사를 가지고 있는 나라들이며, 그 나라 고유의 전통을 가지고 있다. 앞서 살펴본 것과 같이 위 나라들의 상소심은 1심과 유기적으로 결합되어 있고 서로 큰 영향을 주고받고 있다. 이와 같은 세계의 대표적인 사법제도를 살펴봄으로써 한국 사법제도를 개혁함에 있어 큰 가르침을 얻을 수 있다.

여기에서 주의할 것은 제1심과 상소심의 유기적 결합에만 집중해서는 안 된다는 것이다. 실제 재판을 진행하는 것은 법관이며, 심급제도 속에서 법관 임용제도를 따로 떼어 놓을 수는 없다. 대륙법계 사법시스템에 영미법계의 법관을 데리고 와서 재판장으로 임명하여 재판을 진행하게 한다면 그 재판이 제대로 진행될 수 있을지 의문이다. 대륙법계의 법관은 변호사 경력 없이 학교를 졸업하고 젊은 나이에 법관이 되어 직업 법관으로 성장한다. 오랜 기간 법관이 주도적으로 재판을 진행하고 판단하며 판결문을 작성하는 사법시스템에서 법관으로서 재판 업무 수행의 노하우를 익히게 된다. 수십년의 경력을 통해 상급법원으로 승진하게 되며, 그 축적된 경험을 통해 원숙하게 재판을 진행하게 된다. 그에 반해 영미법계는 상당한 변호사 경력을 가진 사람이 법관이 된다. 학교를 졸업한 후 특별한 사정이 없으면 변호사로서 활동하게 되고, 변호사로서 송무 업무에 대한 경험을 쌓은 후 그에 대한 종합적인 평가를 통해 법관으로 임용된다. 법관으로 임용된 후에는 당사자주의 사법체계하에 당사자가 증거조사 등을 주도하고 배심원단이 사실인정을 하는 재판에서 심판 역할만 하게 된다. 이와 같이 법관 양성 및 임용 방식은 1, 2, 3심 운영형태와 큰 연관성이 있다. 즉, 심급제도, 상소제도의 개혁은 법관임용 방식의 개혁과 함께 이루어져야 하며 더 나아가 법조인양성 시스템과도 밀접한 관련성을 가지게 된다.

끊임없는 소송, 소송의 지연은 큰 사회적 낭비와 비효율을 초래한다. 자신의 업무에 몰두하고 있어야 할 사회구성원이 소송에 시간과 노력을 낭비하게 되고 소송의 대상이 된 부동산이나 동산 등은 소송이 끝날 때까지 이용할 수 없게 된다. 그러므로 소송시스템을 효율화하는 것이 중요하고 소송을 조기에 완전하게 종결시킬 수 있는 사회 시스템, 즉 대체적 분쟁해결절차(조정, 중재 등)의 발전을 위해서도 많은 노력을 기울여야 한다.

국민의 재판받을 수 있는 권리가 헌법상 보장된다고 해서 1심에서 패소하여 상소하고 다시 2심에서 패소하여 상소하고 다시 재심청구를 하고 패소하고 상소하는 것을 반복할 수 있는 권리를 보장해 주는 것은 아니다. 1심에서의 심리를 충실히 하고 충분한 증거조사를 하며, 당사자들이 주장할 수 있는 공격방어방법을 충분히 주장할 기회를 부여한다면 그후 상소심에서의 재판청구권은 다소 제한될 수 있을 것이다. 물론 직업법관에 의한 재판인 경우 사실상 1심으로 재판을 종결할 수는 없다. 한 사람의 잘못된 판단으로 소송결과를 돌이킬 수 없다면 이러한 제도는 지지받기 어려울 것이기 때문이다. 이런 점에서 직업법관에 의한 재판의 경우 2번의 사실심을 보장해 줄 필요가 있다고 생각한다. 그러나 3심은 다소 다르다. 3심은 2심 재판의 절차적 적법성, 법률 적용의 적법성만 판단하면 된다. 사실인정은 당사자와 증인을 직접 본 1심의 판단이 가장 정확할 수 있으며, 최소한 2심 재판부로 하여금 1심 재판의 결함이나 실수를 보완할 수 있게 하면 된다. 당사자를 직접 대면하지도 못하는 3심 법원이 사실인정까지 번복하게 된다면 오히려 1심과 2심 재판을 부실하게 만들어 버릴 가능성이 커질 수 있다.

이와 같이 1심과 2심, 3심 재판이 그 심급의 역할을 충실하게 하도록 하고 그 한계도 분명히 할 수 있는 제도를 구축함으로써 재판이 좀 더 효율적이고 신속하며 적절히 이루어질 수 있다. 그러나 이러한 재판은 제도의 정비만으로 달성할 수는 없다. 그 제도를 운영하는 운영주체, 즉 법관, 변호사의 역할도 상당히 중요하다. 현재 한국은 미국식 로스쿨 제도 및 영미법계의 방식인 경력변호사의 법관임용제도를 도입한 지 10년이 넘었다. 이러한 제도 도입은 최근 법원의 사법행정권 남용 의혹 사건, 검찰의 수사권조정 등과 맞물려 향후 사법제도에 심대한 영향을 줄 것으로 예측되며, 이러한 인적 · 물적 변화를 대비하여 제도 개혁을 위한 준비가 진행되어야 할 것으로 생각된다. 향후 한국에서의 상소제도 개혁은 이와 같은 인식을 바탕으로 사회의 변화에 발맞추어 심급, 상소제도 및 증거조사 방식의 개선이 함께 이루어질 것을 기대한다.

부 록

상고심 개혁 논의의 고려 요소들 (법률신문 기고문)

한국 사법시스템의 전환기 속 상고심 개혁 논의의 방향에 대한 고찰
민사 1심 절차와 항소 제한의 관계에 관한 비교법적 고찰의 필요성
세계 각국의 상고제도 변천과정의 우리 상고제도 개혁논의에의 시사점
세계 각국의 최고법원의 구성 및 운영에 대한 비교법적 검토
세계 각국의 법조인 양성 및 법관 임용 시스템과 사법제도 개혁과의 관련성에 대한 비교법적 검토

한국 사법시스템의 전환기 속 상고심 개혁 논의의 방향에 대한 고찰[1)]

최근 충실한 재판을 위한 상고심 개선 토론회가 다시 개최되었다. 상고법원 도입 시도로 인하여 유발된 사법농단 사건[2)]이 각종 포탈에서 검색어 상위를 유지하고 오랜 기간 국민들의 관심을 끌었으며, 여러 명이 기소되어 재판을 받고 있는 상황이지만, 상고심 제도 개선 논의는 과거 30년 동안, 아니 멀게는 민사소송법 제정 이후의 꾸준한 주제로 대부분의 법조인들이 그 필요성을 인정하고 있는 것도 사실이다. 1990년 상고허가제가 폐지된 이래 대법원에 접수되는 상고사건의 수는 급속도로 증가해왔다. 1993년에는 13,740건이 접수되어 실제 재판업무를 담당하는 대법관 1인당 1,145건이 접수되었고, 매년 상고사건수가 급증하여 10년이 지난 2003년에는 19,295건이 접수되었는데 그 후로 대법원 접수사건이 더욱 가파르게 증가하여 다시 10년이 지난 2013년에는 36,110건이 접수되었고, 2018년에는 47,979건(대법관 1인당 3,691건)이 접수되어 1993년에 비하여 상고사건접수건수가 3.5배나 증가하였다. 이와 같은 상고사건의 폭증은 정상적인 사건 심리를 불가능하게 하였고, 그 문제 해결을 위하여 과거 30년 동안 끊임없이 논의가 있어 왔다.

이 문제의 해결은 단순해 보인다. 상고사건접수를 줄이는 방법과, 상고사건을 처리할 수 있는 대법관을 늘리는 방법, 두 가지이다. 전자의 방법이 상고제한제이며, 절충적 방법들이 상고법원 도입안, 고등법원의 상고부 또는 상고심사부 설치안이다. 대법관을 늘리는 방법도 대법관 수를 어느 정도 늘려야 하는지에 대한 이론이 있고, 절충적으로 대법원을 이원화하는 안이 제시되고 있다. 그러나 이러한 여러 가지 안들에 대하여 법조계 내에서도 이론이 많고 국회와 국민들의 생각도 다르다. 변협은 대체로 대법관의 수를 늘리자는 의견이지만 법원은 대체로 이에 대하여 반대 의견이었다. 전원합의체의 구성이 사실상 불가능해지고, 정책법원으로서의 기능이 어려워진다는 이유이다. 변협의 주장대로 대법관 수를

1) https://www.lawtimes.co.kr/opinion/156697 (2019.10.28.자).

2) 이 책 본문에서는 "사법행정권 남용 의혹" 사건으로 썼으나 이하는 법률신문 기고글 그대로 싣는다.

늘린다면 최소한 현재 대법관 수의 10배가 되어야 한다. 10배가 되면 대법관 1인당 사건수는 370건 정도 된다. 이 정도의 사건수도 상당히 부담스러운 것은 사실이지만(서울고등법원 민사부의 경우 법관 1인당 접수건수가 100건도 되지 않는다), 최소한 10배는 늘어야 재판연구관의 도움으로 어느 정도 사건을 검토할 수 있는 물리적 시간이 확보될 수 있다. 그렇다면 대법관 수를 130명 이상으로 증원해야 하는데, 그렇게 많은 대법관들이 존재하게 된다면 호칭부터 대법관이 아닌 대법원의 판사로 바꾸어야 할 것이며, 그 역할도 많이 달라질 수밖에 없다. 독일과 프랑스가 그와 같은 방식이다. 독일은 최고법원이 모두 5개 있으며 그곳에서 근무하는 법관의 수는 300명이 넘는다. 프랑스도 민·형사 최종심을 담당하는 파기원의 법관만 120명(판결에 관여하는 법관에 한정할 때)이 넘는다.

대륙법계 국가에서 최고법원의 역할은 정책법원이라기보다는 국민의 권리구제와 법령해석의 통일이라는 법원의 고유권한을 다루는 최종심이라고 보는 것이 적절하다. 정책법원은 미국식 사법시스템에서 최고법원에 주어지는 역할이다. 이러한 역할은 황제에 의해 임명되거나 자문기관 역할이었던 대륙법계 법원에는 어울리지 않는다. 국민 대표성이 약한 기관이 정책을 결정한다는 것은 그 정당성이 부인되기 쉽다.

우리나라의 사법시스템은 기본적으로 대륙법계 시스템이다. 직업법관이 재판을 지휘하고 있고, 최종 판단까지 맡고 있다. 미국과 같이 법관은 재판 진행만 하고 당사자들(변호사들)이 재판을 주도적으로 이끌어 나가는 당사자주의 시스템과는 다르다. 그러나 아이러니하게도 대법원의 구성과 역할은 영미법계의 최고법원 구성 및 역할과 비슷하다. 우리나라 최초 법원조직법은 9인 이내의 대법관을 두도록 정하고 있었다. 미국 연방대법원의 대법관 수와 같다. 이는 미군정의 영향이 큰 것으로 보인다(일본도 기존 최고법원이었던 대심원의 재판관이 50명 내외였으나 미군정의 영향을 받은 최고재판소는 위헌법률심사권을 가지면서 총 15명의 재판관으로 구성되었다). 이와 같이 우리나라 헌법에서의 법원의 지위는 독일이나 프랑스보다는 미국 헌법과 비슷하다. 대륙법계 하급심 구조에 미국식 최고법원 구조를 가지고 있는 것이다. 이러한 모순이 끊임없는 상고심 개혁논의의 원인이 된 것으로 보인다. 70년 이상 수차례 법이 개정되고 끊임없는 개혁 논의가 있었으나 아직 그 해결점을 찾지 못하고 있는 것이다.

우리나라에서 1심, 항소심, 상고심 개선 논의는 대부분 별도로 이루어져 왔다. 상고심 개혁만큼 하급심 심리방식의 개혁도 쉽지 않다. 하급심 강화를 통하여 상급심으로의 상소를 줄이고자 하지만 지금껏 성공하지 못하고 있는 실정이다.

대륙법계와 영미법계 국가의 사법제도를 잘 살펴보면, 1심과 상소심 구조는 아주 밀접한 관련이 있음을 알 수 있다. 한 나라의 사법제도는 하늘에서 갑자기 뚝 떨어진 것이 아니다. 그 나라의 오랜 사법 전통 속에서 서서히 시행착오를 수정해 가면서 형성되어 온 것이다. 그러므로 이러한 사법제도의 선진국으로부터 사법제도를 도입하고자 할 때는 제도의 일부분만 보아서는 안 되고 그 나라 사법제도 전체를 고찰하여 어떤 유기적 특징이 있는지 먼저 살펴보아야 할 것이다.

영미법계는 오랜 배심제의 전통이 있다. 배심재판에 너무 많은 시간과 비용이 소요된다는 비판으로 배심재판이 갈수록 감소하고 있으나 영미법계에서 1심 재판은 전통적으로 배심이 사실인정을 하였다. 이와 같이 배심이 사실인정을 하는 사법시스템에서는 상소는 상당히 제한적으로 인정된다. 영국과 미국 모두 상소는 엄격한 요건하에서 허가를 받아야 가능하다.

그런데, 배심은 그 성격상 일단 소집된 이상 다시 소환하기 어려워 집중적으로 변론을 열 수밖에 없고 변론의 준비를 위하여 변론 전 절차에서 당사자들의 주장과 쟁점이 모두 정리되어 있어야 하고 증거도 모두 사전에 확보되어 있어야 한다. 미국에서의 이러한 과정(디스커버리 제도)은 대부분 당사자들이 주도적으로 진행하고 있다. 배심의 사실인정을 법관들로만 구성된 상소심 재판에서 손쉽게 뒤집을 수 없다. 상소심은 배심의 판단을 최대한 존중하여야 하고 배심이 인정한 사실관계를 기초로 하여 법률적 판단에 관하여만 재심사를 하여 다시 판단하게 되는 것이다. 상소허가제는 이러한 제도의 당연한 결과인 것이다.

프랑스와 독일 같은 대륙법계는 이와는 달리 사법제도가 형성되어왔다. 프랑스의 민사 1심과 2심은 모두 사실심으로서 큰 차이가 존재하지 않는다. 1심과 2심 모두 법관의 주도하에 변론준비절차를 거치게 되고 그 절차에서 쟁점의 정리, 증거의 교환 등 대부분의 소송절차가 이루어진다. 1심과 2심의 차이는 재판을 담당하는 법관의 경력의 차이라고 할 수 있을 뿐 본질적 차이가 존재하지 않는다. 프랑스 최고법원(파기원)은 그 역사적 특징으로 인하여 법 해석의 통일성 확보가 가장 중요한 역할이다. 이러한 연혁적 특징으로 인하여 상고사건이 폭주함에도 상고제한으로 이를 해결하려고 하기보다는 파기원의 재판부를 증설하거나 재판을 보조할 수 있는 인력을 보강하고 운영방법을 개선함으로써 해결하려고 하였다.

이와 같이 한 나라의 사법제도는 하나의 유기체라고 할 수 있다. 심급제도와 하급심 및 최고법원의 구성과 운영방식, 법조인양성 시스템 모두 관련성을 갖고 유기적으로 짜여 있다.

그런데, 우리나라는 2007년 이후 사법시스템에 큰 변화가 있었다. 미국식 로스쿨을 도입하였고, 형사소송법에서 당사자주의적 요소를 대폭 강화하였으며, 법관의 임용방식도 10년 이상의 변호사 경력이 있는 법조인 중에서 선발하는 것으로 바뀐 것이다. 이러한 제도는 모두 미국식 사법제도의 영향을 받은 것이라고 할 수 있다. 그리고 10년이 흘렀다. 대한변협의 변호사 구성에서 로스쿨 출신 변호사가 40%를 초과하였다. 앞으로 다시 10년이 흐르면 80%에 육박할 것으로 보인다. 이러한 젊은 변호사들은 기존 법조인들과 상당히 다른 생각을 가지고 있다. 이들에게 법조인의 기본 영역은 변호사이다. 예전과 달리 우수하다고 평가받는 젊은 법조인들이 재조의 길이 아닌 재야의 길을 가고 있다. 결국 시간의 문제일 뿐 우리나라 법조는 변호사들에 의하여 변화하고 움직이는 사회로 바뀌어 갈 것이다(독일과 프랑스에서 사법개혁은 법무부가 담당하지만, 미국은 변협이 주된 역할을 해왔다).

또한 법원도 10년 이상 경력의 변호사들로 구성되기 시작하고 관료주의를 벗어나면서 많은 변화가 이루어질 것으로 예상되고, 검찰도 현재의 변화의 흐름을 비켜갈 수 없을 것으로 보인다. 이러한 법조 전체의 변화는 바람직한지 여부는 별론으로 하고 이미 미국식 사법제도로 방향을 튼 것으로 보인다. 그렇다면 향후 상고제도 개혁의 방향, 크게는 사법제도 개혁의 방향은 10년, 20년을 두고 하나의 큰 흐름으로 갈 수밖에 없을 것으로 예상된다. 그렇다면 현재의 제도 개혁의 논의도 이러한 흐름 속에 있음을 인식하고 비교법적으로 충분한 연구를 거친 후 거시적인 방향성에 대한 고민 속에서 이루어져야 하지 않을까 생각한다. 이러한 인식에 기반한 법조인양성 시스템, 법관의 임명방식, 1심과 상소심, 최고법원의 구성 및 심리방식에 대한 연구와 고찰이 필요할 것으로 생각된다.

민사 1심 절차와 항소 제한의 관계에 관한 비교법적 고찰의 필요성[3)]

우리나라에서의 하급심 강화 문제는 상고제도 개선과 늘 함께 제기되는 문제이다. 하급심, 특히 1심 강화의 필요성 및 항소심의 사후심화 문제가 함께 제기된다. 그러나 1심에서 충실한 심리와 판단이 이루어지지 않은 상태에서 항소나 상고 제한 문제를 제기하면 바로 국민의 재판 받을 권리의 침해 반론이 제기된다. 상고 제한의 문제는 1심 및 항소심의 구조, 항소 제한의 문제와도 직결되어 있다. 이 글에서는 영미법계 국가들과 대륙법계 국가들의 1심 운영 형태와 항소 제한과의 관계를 분석하고 우리나라에서 상고나 항소 제도 개선논의에의 시사점을 살펴보고자 한다.

미국은 연방 헌법상 배심에 의한 재판을 받을 권리가 보장되고 있으며 1심 재판은 기본적으로 배심재판을 예정하고 있다. 배심재판의 보장은 미국에서 1심과 항소심의 운영 형태에 절대적인 영향을 미치고 있다.

미국의 민사소송절차는 대체적으로 소답(訴答)(pleading), 일정 명령(scheduling order), 변론 전 회합(pretrial conference), 증거개시(discovery), 최종변론 전 회합(final pretrial conference), 변론(trial)의 순서로 진행된다. 배심은 그 성격상 일단 소집된 이상 다시 소환하기 어려워 변론이 일정한 시간 동안 계속적으로 이루어질 수밖에 없으므로, 변론 전 절차와 변론절차 사이에 명확한 단절이 생길 수밖에 없고, 변론절차에서 배심원들을 설득하기 위하여는 변론 전 절차에서 주장과 쟁점이 정리되어야 하고 증거도 모두 사전에 확보되어야 한다. 따라서 증거개시 등 변론 전 절차가 매우 세밀하게 이루어질 수밖에 없다. 1938년 FRCP(Federal Rules of Civil Procedure)를 제정함으로써 변론 전 단계(pretrial stage)에서의 소답절차를 단순화하고, 증거개시를 광범위하게 인정하였다. 그러나 원고의 사실적 주장이 소제기 시 특정되지 아니하여 쟁점이 조기에 부각되지 않게 되고 이에 따라 증거개시가 초점을 잃고 무분별하게 이루어져 소송의 지연과 고비용을 초래한다는 비판이 제기되었다. 이에 따라 1983년 FRCP 개정은 주로 변론 전 회합과 증거개시 조항을 수정하였고 그 초점은 각종 신청과 증거개시에 대한 규제

3) https://www.lawtimes.co.kr/news/158558 (2020.1.19.자).

를 포함하여 "변론 전 절차에서의 법원의 관리(management)"에 있었다.

소송의 처음 단계부터 법원은 사건 관리를 위하여 '최초 일정수립 명령(Initial Scheduling Order)'을 내리고, 그에 따른 변론 전 회합을 마치게 되면, 그 자리에서 논의되고 결정된 사항에 관하여 변론 전 명령을 내리게 되는데, 이는 그 소송절차를 규율하는 기준이 된다. 최종변론 전 회합 이후에 내려지는 최종변론 전 명령에는 변론 소요 일수, 배심 재판 여부, 다툼 없는 사실, 변론에서 심리할 사실적·법률적 쟁점, 변론에서 제출할 증인목록, 제시할 서증목록 등 증거에 관한 내용이 기재된다. 이와 같이 변론 전 단계에서의 판사의 권한을 확대하고 있지만, 그렇다고 하여 당사자주의의 기본 틀을 버린 것은 아니며, 여전히 당사자주의를 주축으로 하고 있다.

미국의 항소법원은 제1심 법원의 판결에 대해 법률문제만을 재심사할 권한을 가지며 제1심 법원에서 확정된 사실문제를 재심사할 수 없는 것이 원칙이다. 이러한 원칙은 배심의 사실인정을 최대한 존중하여야 한다는 점에서 비롯된 것으로 수정헌법 제7조가 보통법상의 소송에 있어서 배심에 의하여 심리를 받을 권리를 보장하고, 배심에 의하여 심리를 받은 사건은 보통법의 규정에 의하는 경우 외에는 합중국의 어느 법원에서도 재심을 받지 아니한다고 규정한 것에 근거한 것이다. 배심원들이 합리적 평결을 내리기에 증거가 충분하였는지 여부를 고려하는 경우를 제외하고는 배심의 평결을 재심사하는 것은 항소법원의 관할에 속하지 아니한다. 다만 배심재판을 받지 않은 경우에는 제1심 법원 법관의 사실인정에 명백한 오류가 있는 경우 그 사실인정은 항소법원의 심리범위에 속한다.

영국은 1990년대 울프 개혁으로 민사소송절차의 전반적인 개혁작업에 착수하여 1999년에 새로운 민사소송규칙(Civil Procedure Rules: CPR)을 시행하였다. CPR은 법원의 사건관리 의무를 강조하였다. 다툼 있는 사건의 경우 법원은 민사 사건을 소가에 따라 소액청구방식(small claims track), 신속방식(fast track), 복합방식(multi track)의 세 가지로 분류하고 그 분류결과를 당사자들에게 통지한다.

신속방식이나 복합방식의 경우 원고와 피고가 재판기일 전에 준비하여야 하는 사항들을 기재한 표준안내문과 그 준비기한을 기재한 예상진행표를 송부하고 증거공개, 증인진술서 및 전문가 감정서의 교환 등이 진행된다. 복합방식의 경우에는 사건관리회의(case management conference)나 변론준비기일(pre-trial review)

과 같은 절차를 이용하기도 한다.

1854년 전에는 보통법 법정에서의 모든 사건은 배심재판이 이루어져야 했다. 보통법 절차법(The Common Law Procedure Act 1854) 제정 후 배심재판의 비율은 계속 낮아져 현재는 거의 배심재판을 하지 않고 있는데 변론은 증인신문 위주로 이루어지고 있다.

영국에서는 항소를 하기 위해서는 원심법원 또는 항소심법원의 항소허가를 받아야 하며, 항소허가결정은 항소가 인용될 상당한 개연성이 있거나 항소절차가 진행되어야 할 다른 상당한 이유가 있는 경우 내려지게 된다.

독일은 2002년부터 시행된 민사소송개혁법에 의해 민사소송법이 개정되었는데, 그 주요한 내용 중 하나가 '1심의 강화'였다. 1심 강화와 관련된 주요한 개정 내용은, 실체적 소송지휘권(법관의 토론의무, 지적의무)의 신설, 원칙적 단독판사의 사건 처리, 필요적 화해변론, 서증·검증·감정물 제출의무의 강화 등이다.

항소에 특별한 제한이 있는 것은 아니며, 항소를 통하여 다투는 대상의 가액이 600유로를 초과하지 아니하는 경우에는 1심 법원으로부터 항소허가를 받아야 하는데, 항소허가의 요건은 사건이 근본적 의미를 가지고 있거나 법의 발전 또는 판례의 통일성 보장을 위하여 필요한 경우이다. 다만, 항소법원은 사실인정에 관하여 원칙적으로 1심 법원의 사실인정에 구속됨으로써 민사소송법상 항소심의 구조가 '1심과 같은 사실심'에서 '1심의 오류를 교정하는 제한적 사실심'으로 개편되었다. 이에 따라 항소심은 재판에 중요한 사실확정에 대해 그 정당성과 완전성을 의심할 만한 구체적인 근거가 있는 경우에 한하여 제1심 법원이 행한 사실확정을 다시 심사할 수 있게 되었다.

프랑스 구 민사소송법은 당사자주의의 특색이 강하여 실무상 구술 위주로 소송이 진행되었는데 이는 소송절차의 장기화를 초래하였고, 이에 따라 소송비용을 과다하게 지출하는 폐단이 나타나게 되었다. 이러한 문제점을 극복하기 위하여 1975년 신 민사소송법을 제정하였고, 신법은 과거 민사소송법의 당사자주의적 요소를 완화하고 구술주의를 벗어나 서면절차를 도입하였다. 변론에 앞서 변론준비절차를 두었고 변론준비절차에서 증거조사 등의 권한을 전적으로 부여받은 변론준비판사(juge de la mise en état) 제도를 신설하였다.

소송절차를 변론준비절차와 변론절차로 준별하여 증거조사와 절차상 다툼은 변론준비법관에게 맡기고, 실체에 관한 판단은 그 사건을 배당받은 재판부가 변론절차를 거쳐 처리하도록 하였다. 협의기일에 재판장은 출석한 변호사와 함께 사건처리 방향에 관하여 협의하고, 향후 소송의 향방을 정하는데, 사건의 성격과 난이도에 따라 변론절차에 바로 회부할 것인지, 아니면 준비절차에 회부할 것인지 정하게 된다. 변론준비절차가 종결되면 더 이상 공격방어방법을 제출할 수 없고, 변론준비절차 종결 결정은 중대한 사유가 있을 때에 한하여 직권으로 또는 당사자의 신청에 의하여 취소하고 변론준비절차를 재개할 수 있다.

프랑스에서도 소송물 가액에 의한 제한 이외에 항소에 특별한 제한은 없다.

미국과 영국의 1심 절차는 배심재판을 전제로 하였기 때문에 변론 전 절차가 굉장히 중요하였으며 그 절차에서 증거개시 등을 통하여 상당한 증거조사가 이루어졌고, 이는 당사자주의를 근간으로 하였다. 최근에는 소송의 지연과 고비용을 방지하기 위하여 법관의 절차 관리가 강조되고 있지만 여전히 당사자주의를 기초로 하고 있다. 이와 같은 1심 절차가 이루어지게 되면 당연히 항소를 제한할 수밖에 없게 된다. 항소심에서 1심과 같이 증거조사를 할 수도 없고 1심의 사실인정을 뒤집을 정당성도 존재하지 않기 때문이다.

그러나 독일과 프랑스는 법관에 의한 변론 진행과 증거조사가 중요하다. 1심과 2심이 근본적으로 다른 형태로 운영될 수 없었기 때문에 항소가액을 위주로 항소를 제한하는 것 이외에 항소를 제한하기가 어려웠다. 독일은 2002년 민사소송법 개정으로 1심에서의 법관에 의한 실체적 소송지휘권 강화와 동시에 항소심의 심판대상을 제한하도록 변경하였으나 이를 소송구조의 근본적인 변화라고 보기는 어렵다.

이와 같이 1심의 구조는 항소 또는 항소범위의 제한, 더 나아가 상고제도와 밀접한 관련성이 있다. 1심, 2심, 3심은 모두 상호 연결되어 있는 것으로서 어느 하나의 심급 운영형태만 수정하여서는 효과를 볼 수 없다(독일의 2002년 민소법 개혁이 성공적이었다고 평가받는 것은 1심, 2심, 3심 전반에 대한 전면적 개혁이었다는 것도 그 이유 중 하나가 될 것이다). 항소나 상고를 제한하거나 그 심판범위를 제한하고자 한다면 필연적으로 1심 심리가 강화되어야 한다. 그렇지 않다면 그 제한의 정당성을 인정받기 쉽지 않을 것이다. 상고제도 개혁은 1심과 2심의 개혁과 같이 논의되고 진행되어야 성공적으로 이루어질 수 있을 것이다.

세계 각국의 상고제도 변천과정의 우리 상고제도 개혁논의에의 시사점[4)]

세계 각국의 상고제도는 자신들만의 역사와 법률체계의 바탕 하에서 만들어졌다. 그리하여 각 나라마다 각각의 특성들을 가지고 있고, 상고제도의 개혁방안도 일정한 흐름을 보이고 있다. 그러나 우리 헌법은 미군정의 영향을 받아 미국식 3권 분립을 채택하고, 미국식 대법원의 구조를 채택하였으나 법원의 재판 방식은 일제시대부터 이어져온 기존 대륙법계 방식을 유지하고 있어 머리와 몸통이 서로 어울리지 않는 형태를 취하게 되었고 정부 수립 이후 현재까지 지속적으로 대법원의 구조 및 상고제도 개혁 논의가 이어져 왔다.

이 글에서는 영미법계와 대륙법계의 상고제도(주로 상고제한제도를 중심으로)를 살펴보고, 우리나라에서의 상고제도 개혁논의에 대한 시사점을 찾아보고자 한다.

미국의 연방대법원은 처음에는 대법관이 주로 연방항소법원의 법관을 담당할 정도로 사건이 많지 않았으나 19세기 후반 상고사건이 폭증하면서 상고사건 선별의 필요성이 대두되기 시작하였다. 1891년의 법원조직법(Judiciary Act)은 권리상고(appeal, 연방의회가 의무심사 대상으로 정한 사건의 상고), 상고심사제청(certification, 연방항소법원의 요청에 의한 상고), 상고허가(certiorari, 연방대법원이 상고허가신청을 받아들인 상고) 등 3가지 형태의 상고 방식을 규정하였다. 1925년의 법원조직법은 '연방법률의 통일성 유지'와 '중요한 법률문제의 해결'이라는 관점에서 연방대법원의 상고사건 선별 권한을 대폭 강화하였고, 연방대법원규칙으로 권리상고에까지 선별재량권을 확대하였다. 결국 권리상고는 1988년 상고사건선별법을 통해 폐지되었다. 연방대법원은 상고심사제청도 거의 받아들이지 아니하여 사실상 상고허가만이 상고방식으로 남게 되었다. 연방대법원규칙은 상고허가의 기준으로 연방항소법원 판결이 다른 연방항소법원 판결 또는 주대법원 판결과 상충하는 경우, 중요 연방문제에 있어 주대법원이 다른 주대법원 판결과 상충하는 경우, 중요 연방문제에 관하여 연방대법원의 판례가 없는 경우 등을 들고 있다. 미국 연방대법원의 연간 사건 접수건수는 6000～9000건 정도 되는데, 최근에는 7000건을 넘지 않으며, 변론건수는 연간 60～90건 정도밖에 되지 않고(2018년은 6442건

---

4) https://www.lawtimes.co.kr/opinion/160341 (2020.3.23.자).

이 접수되었고, 73건만 변론이 열렸다), 나머지는 본안에 대한 판단 없이 종결된다.

영국 대법원은 항소법원(Court of Appeal) 민사부와 형사부 판결에 대한 상고사건 및 제한적으로 고급법원(High Court)의 판결 중 비약상고 사건을 심리한다. 판결이나 결정에 대하여 상고하기 위해서는 항소법원이나 대법원의 상고허가(permission to appeal, PTA)가 필요하다. 상고를 원하는 사람은 우선 항소법원에 상고허가 신청을 하여야 하고, 항소법원에서 상고를 불허하는 경우 대법원에 다시 상고허가 신청을 할 수 있다. 형사사건에 대하여 상고할 경우에는 상고허가 신청의 전제로 상고사건이 일반 공중에게 중요한 법적 쟁점을 포함하고 있고, 그 쟁점이 대법원에서 심리할 만한 것임을 인정하는 원심법원의 증명서가 추가적으로 필요하다. 상고허가신청은 2017년 227건에 불과하였고, 그중 65건만 인용되었을 뿐이다. 2009년 대법원이 창설된 이후(그 전에는 상원이 대법원 역할을 하였다) 2010년부터 연간 상고허가신청건수는 200~260건, 인용건수는 50~90건 정도로 큰 차이가 없다.

독일은 전통적으로 상고제도의 의미가 민사사건과 형사사건에서 다르게 발전하여 왔다. 형사재판의 경우 개별 사건의 구체적 타당성에 무게 중심을 두어 상고제기 자체를 제한할 수는 없다는 인식이 뿌리깊게 자리 잡고 있어 상고심을 고등법원으로 하거나 결정절차를 도입하거나 상고절차를 간소화하는 데에 역점을 두었다. 이에 반해 민사재판의 경우 법률문제의 근본적인 중요성이나 판례의 통일을 더 중시하여 상고는 항소 이외 부가적인 불복방법으로 인식되었고 제한될 수 있다고 보았다. 1877년 민사소송법 시행 이후부터 가액상고제(Wertrevision, 불복가액에 따라 상고의 허용 여부를 결정하는 제도)가 이용되었으며, 불복가액의 기준이 계속 상향 조정되었다. 상고제도에 결정적인 변화가 일어난 것은 제2차 세계대전 이후이다. 영국점령지역에서 항소법원이 판결에서 상고를 허가하거나(법적 분쟁이 근본적인 중요성을 가지고 있고 최고법원의 판례와 상치되는 때) 불복가액이 6,000마르크를 초과하는 사건에서만 상고가 가능하도록 하였다가 1949년 독일연방공화국 건립 후 허가상고(Zulassungrevision)와 가액상고에 의한 상고 제한이 서독 전 지역으로 확대되었다. 그러나 상고사건의 증가에 따라 1975년 개정법에서 불복가액기준을 상회하는 경우 자유로이 상고할 수 있되 상고심법원의 상고수리를 필요로 하도록 하였고, 불복가액의 기준도 40,000마르크로 상향 조정하였다.

즉, 가액상고, 허가상고, 수리상고의 결합에 의한 상고제도가 되었다.

그러나 2002년 민사소송법 개혁으로 가액상고제도는 허가상고제도로 바뀌게 되었다. 상고심법원의 판단을 받기 위해서는 항소법원에서 상고를 허가받거나 항소법원이 상고불허가결정을 한 경우 이에 대하여 항고(단, 불복가액이 20,000유로를 초과하여야 항고할 수 있다)를 하여 상고심법원에서 상고를 허가받아야 한다. 항소법원의 상고허가만으로는 당사자의 권익을 침해한다는 반발이 있을 것으로 보여 이와 같은 항고제도를 도입한 것으로 보이는데, 실제 상고허가사건보다 항고사건이 훨씬 많다. 2002년 개정 후 상고사건(상고불허가에 대한 항고사건 포함)은 3~4000건대 정도로 유지되고 있으며(2019년은 3776건), 이 중 허가상고사건은 차츰 줄어 2019년 507건이었다.

프랑스 최고법원(파기원)의 가장 중요한 임무는 법 해석의 통일성을 확보하는 것으로 심리대상에서 사실심리 부분을 배제하고 재판절차나 판결 이유의 적법성만을 검토한다. 그러나 미국, 영국, 독일과 같이 상고 자체를 제한하는 제도를 갖고 있지는 않으며 최고법원의 구성과 운영방식의 개선을 통하여 상고사건을 효율적으로 관리하고자 한다. 최고법원은 1790년 설립 당시 형사국, 민사국, 민사심사국 등 3개 재판국만을 두고 있었는데, 사건의 증가에 따라 사회국, 상사국 등이 추가되었으며, 민사국도 추가되어 현재는 3개의 민사국, 각 1개씩의 형사국, 사회국, 상사국을 두고 있다. 그 외 효율적인 재판운영을 위하여 재판연구관 제도 및 심의관 제도를 신설하였고, 사건심사부를 설치하였으며, 적법한 상고 대상이 아니거나 그 비슷한 사유로 수리할 수 없는 경우나 명백히 근거 없는 상고인 경우 수리불가(non-admission) 판결을 한다. 이러한 다양한 노력을 기울인 결과 사건처리건수가 증가하였고(1985년 14,368건에서 2018년 21,865건으로) 처리기간은 감소하였으며(1998년 595일에서 2018년 402일로) 미제사건의 수도 대폭 감소하였다(1998년 33,887건에서 2018년 18,835건으로).

우리나라의 상고제도 개선안은 ① 대법관을 증원하자는 안, ② 대법원을 이원적으로 구성하자는 안(대법원에 대법관과 대법원 판사를 두어 재판부를 증설하는 안), ③ 상고법원을 설치하자는 안, ④ 고등법원 상고부를 설치하자는 안(대법원은 일정 소가 이상 민사사건, 일정 형량 이상 징역형이 선고된 형사사건, 중요 선거사건과 고등법원 상고부의 판결에 대한 특별상고 사건을 담당하고, 나머지는 전국 고등법원에서 담당하자는 안), ⑤ 고등법원 상고심사부를 설치하자는 안(상고심사부는 상고사건의 적격 여부만 심사하고 그 불수리결정에 대하여 대법원에 재항고할 수 있도록 하는 안), ⑥ 상고제한제를 실시하자는 안(상고는, 원심법원이 법적용해석의 통일과 판례통일 또는 법의 형성발전에 필요하다고 인정하여 허가한 때에만 허용하는 안) 등이 있다. ①안과 ②안은 대법원의 구성 인원을 늘리자는 주장이다. 다만, ②안은 대법관의 권위가 떨어질 것을 우려하여 대법원에 대법관 이외 재판에 참여하는 판사를 두자는 안이다. ③안은 ②안의 변형으로 대법관은 그대로 두고 대법원 이외의 기관을 만들어 상고법원법관을 두자는 안이다. ④안은 별도의 기관을 만드는 것이 아니라 고등법원에 상고부를 두자는 안이다. ⑤안은 독일과 비슷한 방식인데 고등법원에서 상고허가 여부만 심사하고 그 결정에 대한 대법원으로의 불복을 허용하자는 안이다. ⑥안은 원심법원에서 상고허가 여부를 심사하고 그 불복은 허용하지 않는다는 안이다.

이러한 상고제도 개선안들 모두 대체로 상고사건을 심사하는 인원을 늘리자는 주장으로 독일, 프랑스의 상고제도(독일과 프랑스는 상고사건을 담당하는 법관의 수가 굉장히 많다)나 그 개선방향과 일맥상통한다. 다만, ⑤, ⑥번 안은 소수의 사건만 상고심에서 실질 심리하는 방식으로 운영한다면 미국과 영국의 상고제도와 일맥상통한다고 할 수 있다(기본적으로 우리나라 상고제도 개선안들은 대륙법계를 바탕으로 하고 있는 것으로 보이며, 필자의 이전 글에서의 주장처럼 1, 2심 구조 및 운영방식과 별개로 논하기 쉽지 않다). 그런데 이와 같이 다양한 상고제도 개선안이 논의되고 있는데 덧붙여 어떤 개선안이 향후 변화가 예상되는 미래의 사법제도와 잘 어울리는지에 대한 깊은 숙고도 필요하지 않을까 생각한다. 폭증하는 상고사건을 처리하기 위한 근시안적 해결안이 자칫 우리 사법체계의 미래 방향과 어긋난다면 다시금 부조화의 문제에 맞닥뜨리게 될 것이며 상고제고 개혁이 더욱 어렵게 되어 버릴 수도 있다. 상고제도 개선안이 현실적으로 국회를 통과하는 것이 쉬워 보이지는 않지만 국회에 상정된다면 우리나라가 나아가게 될 향후 사법제도와 과도기적으로 어떻게 조화를 이룰 수 있을지에 대한 고민도 함께 이루어질 필요가 있다고 생각한다.

♯ 세계 각국의 최고법원의 구성 및 운영에 대한 비교법적 검토[5)]

상고제도의 개혁은 상고제한의 문제뿐만 아니라 최고법원을 어떻게 구성하고 상고심을 어떻게 운영하느냐의 문제까지 포함한다. 지난 글에서 영미법계와 대륙법계의 상고제도(주로 상고 제한제도를 중심으로)를 비교법적으로 살펴보았는데, 이번 글에서는 영미법계와 대륙법계의 최고법원의 구성과 운영방식에 대하여 살펴보고자 한다.

미국의 법원은 연방법원과 주법원으로 나눌 수 있다. 모든 주에서 주대법원을 두고 있고, 대부분의 주대법원의 대법관 수는 7명(5명, 9명인 주도 있다)이다. 연방의 최고법원은 미연방대법원이며 극히 예외적으로 1심으로서의 기능을 하기도 하지만 연방항소법원 판결에 대한 상고사건과 연방헌법 내지 연방법률에 관한 쟁점이 있는 주대법원 판결에 대한 상소사건 처리가 대부분의 업무이다. 연방대법관은 종신직이며 총 9명인데, 법무부, 로스쿨, 주법원 등 다양한 경력을 가지고 있다.

미연방대법관들의 상고허가신청사건 검토 방식은 독립심사방식과 공동심사방식이 있다. 독립심사방식은 대법관이 자신에게 전속한 로클럭으로 하여금 사건 전부를 검토하여 보고서를 작성하게 하고 이를 토대로 각 사건에 대한 상고허가 여부를 검토하는 방식이고, 공동심사방식은 공동심사방식에 동참하는 대법관의 전속 로클럭들을 공동심사조로 편성한 후 모든 상고사건을 로클럭들에게 무작위로 배당하고 로클럭이 배당받은 사건의 보고서를 작성하여 공동심사방식에 동참하는 대법관들에게 송부하면 대법관들이 그 보고서를 중심으로 상고허가 여부를 심사하는 방식이다. 공동심사방식은 1972년 도입되었는데 로클럭이 검토하는 상고사건 수를 줄여 한 사건에 대하여 보다 심도 깊게 보고서를 작성하게 할 수 있다는 장점이 있으나 여러 대법관들을 위한 보고서를 한 명의 로클럭이 작성함으로써 로클럭의 영향력이 지나치게 커질 수 있다는 우려도 있다.

상고허가 여부에 대한 평의 전 대법관들에게 심사목록을 돌리는데, 대법관들은 자유롭게 이 목록에 사건을 추가할 수 있다. 여기 올라가지 않은 사건은 표결 없이 약식으로 기각되고 심사목록에는 올라갔으나 평의에서 토론을 거치지 않은

---

5) https://www.lawtimes.co.kr/news/163383 (2020.8.10.자).

사건도 표결 없이 기각되며 표결에서 대법관 4명 이상의 찬성이 있는 경우 상고가 허가된다. 상고가 허가된 사건은 정식으로 서면공방 및 구술변론을 거쳐 심리되며, 하급심 판결에 심각한 오류가 있는 경우 서면공방이나 구술변론 없이 약식으로 하급심 판결을 파기한다.

영국의 대법원은 헌법개혁법으로 대법원이 창설되기 전 상원상임법관이 12명이었던 것을 따라 대법관(Justice) 12명으로 구성된다. 대법원장(President of Supreme Court)은 대법관 중 여왕이 임명하는데 법원 내 최고 지위는 갖고 있지 않으며 최고법관(Lord Chief Justice)이 전체 법원의 수장으로서 법원을 대표하여 의회와 정부를 상대로 사법부의 의견을 전달하고 법원 전체의 행정을 맡고 있으며 그 외 항소법원 형사부의 수장도 맡고 있다.

상고허가 여부 심리는 원칙적으로 변론을 열지 않고 3인 이상의 대법관으로 구성된 부에서 서면 심리하고 아주 예외적으로 변론이 열리기도 한다. 일반 공중에게 중요한 법적 쟁점을 포함하고 있다고 인정되면 상고를 허가하고 그렇지 않은 경우 간략한 이유를 붙여서 기각 결정을 한다. 상고가 허가되면 상고인이 원심에서 인정된 사실과 쟁점을 정리한 요약서면 등을 제출하고 변론기일이 정해진다. 대부분 사건은 5명의 대법관으로 구성된 재판부가 진행하고 특별한 사건의 경우 7명, 9명의 대법관이 변론기일에 참석하기도 한다. 특별한 사정이 없는 한 모든 상고사건은 공개법정에서 구술변론으로 진행된다.

독일은 통상법원과 특별법원으로 분리되어 있기 때문에 최고법원도 연방일반최고법원(Bundesgerichtshof), 연방행정최고법원(Bundesverwaltungsgericht), 연방재정최고법원(Bundesfinanzhof), 연방노동최고법원(Bundesarbeitsgericht), 연방사회최고법원(Bundessozialgericht) 등 5개의 최고법원이 있으며, 최고법원을 헌법적으로 통제하는 연방헌법재판소가 있다. 연방일반최고법원은 25개의 재판부(Senat, 13개의 민사부와 6개의 형사부, 8개의 특별부)가 구성되어 있고, 현재 152명의 판사(Richter, 19명의 재판장, 특별부는 민·형사부 판사가 겸직함)가 근무하고 있다. 연방행정최고법원은 14개의 재판부, 56명의 법관이 근무하고 있고 연방노동최고법원은 10개의 재판부, 38명의 법관(10명의 재판장)이 근무하고 있으며, 연방재정최고법원은 11개의 재판부, 60명의 법관(11명의 재판장)이 소속되어 있고, 연방사회최고법원은 14개의 재판부(각 재판부는 3명의 전문법관과 2명의 명예직 법관으로 구성),

44명의 전문법관(11명의 재판장)이 근무하고 있다. 연방일반최고법원의 각 부에는 1명의 재판장과 6~7명의 판사가 소속되어 있는데, 개별 사건의 재판에 모든 구성원이 참여하는 것은 아니며 법원조직법에 따라 개별 사건의 재판부는 원칙적으로 1명의 재판장과 4명의 배석판사로 총 5명으로 구성된다.

연방일반최고법원에는 일반 재판부 외에 민사연합부와 형사연합부가 있으며, 이들이 합쳐진 대연합부가 있다. 연방일반최고법원의 어느 한 재판부가 법률문제를 판단할 때 다른 재판부의 재판과 배치되는 판단을 내리고자 하는 경우 이 사건은 연합부가 맡게 된다. 즉, 민사재판부가 다른 민사재판부나 민사연합부의 재판과 다른 판단을 내리고자 하면 민사연합부에서 이를 담당하여야 하며, 형사사건도 마찬가지이다. 민사(형사)재판부가 형사(민사)재판부나 형사(민사)연합부의 판단과 다른 판단을 내리고자 하는 경우 대연합부가 당해 사건을 담당하게 된다.

민사연합부는 최고법원장과 각 민사재판부의 부원 1인으로 구성되며, 형사연합부는 최고법원장과 각 형사재판부의 부원 2인으로 구성된다. 대연합부는 최고법원장과 민사 및 형사연합부의 부원으로 구성된다.

프랑스 최고법원(파기원)에는 총 6개의 재판국(Chambre)이 설치되어 있고{각 재판국 안에 2~4개의 섹션(section)이 있다} 그중 5개는 민사사건(민사 3개, 상사·경제, 사회 각 1개)을 담당하고, 1개는 형사사건을 담당한다. 각 재판국에는 1명의 재판국장(Président)과 1명의 재판국 선임판사(Doyen de la chambre), 1~3명의 섹션 선임판사(Doyens de section), 최고법원 판사(Conseillers, 총 97명), 재판연구관(Conseillers référendaires, 총 78명) 등이 배치되어 있다. 통상은 각 섹션이 하나의 부로서 사건을 처리하며, 각 부의 재판은 재판국장 또는 해당 섹션에서 가장 선임인 판사가 진행한다. 특별히 중요한 사건의 경우에는 해당 재판국 소속 판사 전부가 참여하는 합의부를 구성하여 심리한다.

상고사건의 쟁점이 여러 개 재판국의 업무에 연관되어 있는 경우 또는 이러한 문제를 그대로 각 부마다 판결할 경우 판결내용에 상호모순이 생길 우려가 있는 경우에는 사건을 연합부에 회부한다. 연합부 구성에는 적어도 3개의 부가 참여하여야 한다. 따라서 연합부에는 최고법원장, 해당 재판국장(3명), 해당 재판국의 최선임 최고법원 판사(3명), 최고법원장의 명령에 의하여 각 재판국에서 지명한 각 2명의 판사(6명)가 참여하므로, 최소한의 구성원은 13명이 된다.

최고법원이 1차로 파기이송한 사건에 대하여 1차 파기이송법원이 최고법원의 파기이유와 반대의 결론을 냄으로써 1차 상고이유와 동일한 이유로 2차 상고가 제기된 경우 또는 어떤 사건에 중대한 원칙적인 문제점을 내포하고 있기 때문에 그로 인하여 사실심 법원들 사이에 혹은 사실심 법원과 최고법원 사이에 판결내용에 관하여 상호모순이 생길 우려가 있는 경우에는 이 사건을 전원합의부로 이송할 수 있다. 전원합의부에는 최고법원장, 전체 재판국장(6명), 각 재판국 최선임 최고법원 판사(6명), 최고법원장의 명령에 의하여 각 재판국에서 지명한 2명의 최고법원 판사(12명) 등 총 25명이 참석한다. 전원합의부의 판결은 파기이송법원에 대하여 당해사건의 쟁점에 관하여 기속력을 가지며, 이 점에서 연합부를 포함한 다른 모든 재판부의 판결과 구별된다.

영미법계의 대법원은 적은 수의 대법관으로 구성된다. 상고허가되는 사건 수가 적기 때문에 대법관 모두가 각각의 사건에 대하여 심리, 합의 과정에 참여한다. 대법관 수가 많아지면 대법관 전원이 합의에 실질적으로 참여하기 어려워지므로 대법관수는 10명 내외로 유지한다. 이에 반하여 대륙법계의 최고법원은 상당히 많은 재판부와 100명이 훨씬 넘는 법관들로 구성되어 있다(대법관이라는 명칭이 따로 존재하지 않는다). 각각의 사건에 모든 법관들이 관여하는 것은 불가능하고 극히 일부의 법관들만 참여하여 심리하게 된다. 우리 대법원은 대법관 수는 영미식을 따르고 있으나 운영방식은 대륙법계 최고법원의 그것과 비슷하다. 폭증하는 상고사건 때문에 많은 재판연구관들을 두고 있고, 보통의 사건들에 있어서는 재판연구관들의 보고서만으로 심리불속행, 상고기각 등이 결정되기 때문에 재판연구관의 역할이 아주 크다.

과거 우리 대법원은 미국 연방대법원과 같은 정책법원을 추구했으나 그 운영방식은 그에 전혀 어울리지 않았다. 그래서 대법원 상고사건 수를 최대한 줄이기 위하여 상고법원 신설을 추진했으나 좌초되고 말았다. 대법관의 인원 수, 역할은 영미법계를 추구하나 상고사건의 처리방식은 대륙법계를 벗어나기 힘든 부조화가 우리의 현실이며 여전히 그 개혁은 답보상태에 있다.

세계 각국의 법조인 양성 및 법관 임용 시스템과 사법제도 개혁과의 관련성에 대한 비교법적 검토[6)]

앞서 한 나라의 사법제도는 그 나라의 사법 역사의 반영이며 1심, 2심, 3심의 개혁이 서로 큰 연관성을 갖고 있다는 글들을 실었었다. 그런데 이러한 논의와 함께 사법제도의 기초가 되는 법조인양성 시스템을 살펴볼 필요가 있다. 실무에서 사법제도를 끌어가는 법조인들이 어떠한 시스템(국가 관장 또는 민간 자율)에 의하여 양성되는지의 문제는 법조인들의 법률적 자질, 사법에 대한 인식, 법률 업무에 임하는 태도, 국가나 공동체사회의 법조인에 대한 기대 등과 큰 관련성이 있다. 그러므로 사법제도의 개혁을 논함에 있어 법조인들이 어떤 시스템에서 양성되어 어떠한 생각을 갖고 어떠한 자질을 갖고 있는지, 그들의 생각과 자질이 그 사회의 사법제도와 잘 조화될 수 있는지에 대한 고찰도 필요하다고 생각한다. 이러한 관점에서 영미법계와 대륙법계의 법조인양성 및 법관임용 시스템을 비교법적으로 살펴보는 것도 의미가 있을 것으로 본다.

영미법계의 법조인은 실체법의 해석보다는 자연 상태에 존재하는 사회적 관습을 발견하는 역할을 하므로 최소한의 법적 소양만을 갖춘 상태로 법률가를 배출하고 이후 실무를 통하여 경험을 익히고 배워가는 구조로 양성한다. 원칙적으로 국가가 법조인양성과정에 직접적으로 관여하지 않고 민간에 법조인양성을 맡긴다.

미국은 대학교 학부과정에 법학과가 존재하지 않고 다양한 전공의 졸업자가 미국변호사협회(American Bar Association; ABA)의 인가를 받은 로스쿨에 입학하는 시스템을 갖고 있다. 법률적 지식이 아닌 일반 상식과 논리성 및 언어능력을 검증하는 시험을 통해 로스쿨 입학자격을 얻게 되며 로스쿨에 입학하면 3년간의 로스쿨 교과과정을 거친 후 변호사시험(Bar Exam)에 응시하게 된다. 미국 대부분의 로스쿨은 학기 중 학생들의 외부기관 연수를 인정하고 학점을 부여하며, 법원, 검찰, 정부기관, 민간 분야 등 다양한 외부연수 분야가 존재한다. 미국은 로스쿨 졸업 후 변호사시험 합격 이외 변호사 활동을 위한 요건으로서의 실무연수제도는 두고 있지 않으며 다양한 직장에서 업무를 수행하면서 실무교육을 받게

6) https://www.lawtimes.co.kr/news/165656 (2020.11.16.자).

된다.

미국은 각 주마다 다른 방식의 법관임용제도를 갖고 있다. 대체로는 법관선거방식, 주지사나 의회 임명방식, 실적위주 선발방식으로 분류할 수 있다.

이 중 미국 특유의 법관임용방식인 법관선거방식은 정당의 공천을 받는 정당입후보 선거방식과 공천이 없는 비정당입후보 선거방식으로 나눌 수 있다. 실적위주 선발방식은 법관지명위원회(Judicial Nominating Commission)가 법관 대상자의 검증을 통해 법관후보자를 주지사에게 추천하면 주지사가 그 후보자 명단 범위 내에서 법관을 임명하는 방식이다. 정당입후보 선거방식이 법원과 법관이 점차 정치화되는 문제를 야기하자 사법신뢰를 회복하기 위한 노력의 일환으로 실적위주 선발방식이 전국적으로 퍼져나가게 되었다. 실질적인 선발작업은 법조인과 비법조인으로 구성된 법관지명위원회를 구성하여 진행하며 이 위원회에서 2~5명의 법관을 지명하고 주지사는 이들 중 한 명을 법관으로 임명한다. 법관지명위원회의 심의는 공개되어야 하며 선발기준 중 주요한 것은 고결성, 법률지식과 법적 능력, 전문적 경력, 사법적 기질, 성실성, 건강, 재정적 책임, 공적 활동 등을 들 수 있다.

미국 연방법원 판사는 연방상원의 인준을 거쳐 대통령이 임명한다. 연방법원 판사는 특별한 자격을 요구하지 않지만, 변호사 자격을 갖고 있는 사람 중에서 연방법원 판사를 임명하는 것이 확립된 관행이다. 통상 법조계에서 크게 활약하고 평판이 좋은 변호사를 연방법원 판사로 임명한다. 대통령이 연방법원 판사 후보자를 공식적으로 지명하여 상원에 통보하면, 미국변호사협회에 소속된 연방사법상임위원회는 지명된 후보자에 대한 평가를 실시하고, 그 결과를 연방상원 법사위원회에 제출한다. 연방상원 법사위원회는 청문회 등을 통하여 후보자를 심사하고 이를 통과한 후보자는 연방상원 본회의에서 최종 심사를 받아 인준을 받으면, 대통령은 그 후보자를 연방법원 판사로 임명한다.

영국의 법조인양성은 법학교육과정과 실무교육과정으로 나뉘고 실무교육과정은 Legal Practice Course(LPC), Period of Recognised Training(PRT), Professional Skills Course(PSC)의 3단계로 나뉜다. 대다수 사무변호사(Solicitor)가 이수하는 법학교육과정은 사무변호사규제기관인 SRA(Solicitors Regulation Authority)가 인정하는 법과대학을 3년 동안 이수하여 법학학사학위를 취득하는 과정이다(법학학사

학위 미소지자과정은 3년의 법학 이외 학사과정을 마친 후 1년의 법학교육과정을 이수해야 한다). 위 과정을 통과한 사람은 1년간의 실무교육 과정(LPC)을 대학에서 이수하고 졸업시험을 통과한 후 2년간의 인가된 실무수습과정(PRT)을 거쳐야 한다(이 과정 중 PSC과정도 이수한다). 이러한 과정을 모두 마치면 사무변호사로서 등록 신청을 할 수 있게 된다{법정변호사(Barrister) 양성과정도 이와 크게 다르지 않다}.

영국은 법관인사위원회(Judicial Appointment Commission)를 설치하여 법관 임명절차를 진행한다. 법관인사위원 15명은 비법조인 의장 1명, 사법보직 위원 7명, 변호사 위원 2명, 비법조인 위원 5명으로 구성되며, 지원하는 변호사들에 대하여 서류 심사 또는 필기시험을 실시하여 후보군을 선정하고 면접 등을 통하여 법관을 최종 선발하여 임명하게 된다.

독일의 법조인양성제도의 특징은 통일적 법조인, 2단계 법조인양성이라고 할 수 있다. 통일적 법조인은, 법조인의 업무 영역은 판결이나 자문에 국한되지 않고 다양하며 변호사도 법관, 검사와 더불어 하나의 사법제도상의 기관으로서 법관, 검사와 동일한 양성교육을 받아야 한다는 것이다. 법조인이 되기 위해서는 대학에서 4년간 법학을 이수한 후 대학과 국가에서 치르는 1차 시험에 합격하여야 한다. 1차 시험에 합격한 후 2년의 사법연수과정을 이수하여야 하며 민사법원, 검찰청이나 형사법원, 행정기관, 변호사 사무실에서 시보로 근무하여야 한다. 시보들은 연수기간 중 국가로부터 급여를 받으며 준공무원의 자격을 갖게 된다. 사법연수과정 수료 후 2차시험을 보게 되며 이에 합격하면 법조인이 된다. 여기서 우수한 성적을 받은 사람은 각 주법무부에 판사, 검사로 지원하게 된다.

독일 주법원 법관은 주마다 선출방식이 다른데, 법관선발위원회가 설치된 경우 주법무부장관이 법관선발위원회와 공동으로 결정한다. 법관선발위원회는 주의회의원, 판사 등으로 구성되며, 비밀투표를 통하여 법관 임명을 결정한다. 연방법원 법관은 연방 관할주무관청의 장관과 법관선발위원회가 공동으로 선출하며 법관선발위원회는 32인의 위원으로 구성되는데 16인은 독일 16개 주의 관할주무관청 장관이 담당하고, 나머지 16인은 연방하원에서 선출된다. 위원회에서 과반수의 득표를 얻으면 연방법원 법관으로 선출되고, 연방법원 법관은 대체로 주고등법원 법관 중에서 선출된다.

프랑스의 법조인양성제도의 특징은 사법관양성제도와 변호사양성제도를 완전히 분리하여 운영한다는 것이다. 프랑스의 사법권은 일반법원과 행정법원으로 나뉘는데 일반법원은 국립사법관학교 출신의, 행정법원은 국립행정학교 출신의 사법관으로 구성된다. 판사와 검사는 단일한 조직을 구성하고 판사, 검사 직역을 서로 옮길 수 있다. 일반법원의 사법관이 되는 길은 두 가지가 있는데, 국립사법관학교의 입학, 졸업을 통한 것(대부분 국립사법관학교를 거쳐 사법관이 된다)과 변호사 등의 전문경력을 바탕으로 사법관에 임용되는 것이다. 국립사법관학교를 입학하기 위해서는 대학(법과대학에 한정하지 않음)에서 4년의 교육을 받은 후 국립사법관학교 입학시험에 합격하여야 한다. 입학시험에 합격하면 사법연수생의 지위를 갖게 되고 국가로부터 월급을 받으면서 31개월간의 교육을 받게 된다. 이외에도 공무원 등을 대상으로 하는 입학시험도 있으며 학위는 요구하지 않고 직업경력만 검증되면 된다(국립사법관학교에서 20% 정도의 비율을 차지한다).

프랑스에서 변호사가 되기 위해서는 법학교육 4년차 학위 또는 법에 의해 동등학위로 인정되는 학위 소지자가 변호사연수원 입학시험에 응시하여 1차 필기시험과 2차 구술시험을 통과하여야 한다. 국가로부터 급여를 받지 않고 오히려 등록금을 부담하며 준공무원적 지위는 없다. 6개월의 이론연수와 1년의 실무연수로 이루어지고 연수과정을 마친 후 변호사 자격시험(대부분 합격함)을 보고 변호사자격증을 취득한다.

앞서 본 바와 같이 영미법계의 법조인양성은 민간 부분에 맡겨져 있고, 이러한 민간 부분에서 실무를 경험한 변호사 중에서 법관을 선발하여 임명한다. 이에 반해 대륙법계는 법조인양성이 국가에 의하여 통제된다. 국가시험을 통과하고 국가가 주관하는 실무수습과정을 이수하여야 법조인이 될 수 있으며, 변호사 경력 없이 바로 법관으로 임용되어 직업법관으로 근무하게 된다.

우리나라는 2007년 사법개혁을 통하여 미국식 로스쿨과 경력변호사의 법관 임용 제도를 도입하였다. 우리 법조계가 아직은 사법시험과 사법연수원 출신의 법조인들이 주류를 이루고 있으나 로스쿨 출신 법조인의 수는 이미 우리 법조계의 50%에 육박하고 있고 향후 10년 후 이들이 우리 법조계의 주류가 될 것임은 명약관화하다. 민간 부분에서 양성되고 실무를 익힌 법조인은 국가 부분에서 양성되고 실무를 익힌 법조인과 법적 사고방식, 법률실무에 대한 인식과 경험에서 확연한 차이가 날 수밖에 없다. 결국 변화되는 사법제도를 운영할 사람들은 새로운 방식으로 양성된 법조인이 될 것이며 이들의 사법제도 운영방식은 기성 법조인과 상당히 다를 수 있다. 이 점도 사법제도 개혁을 논함에 있어 놓치지 말아야 할 부분이 아닌가 하는 생각에서 조심스레 새로운 관점의 제안을 해 보았다.

참고문헌

-국내 문헌-

강태원, 1심과 항소심의 관계, 개정 민사소송법시행 15년, 회고와 전망, 민사소송법학회, 2017.

김범준, 미국의 법률체계와 사법제도, 최신외국법제정보 2010년 4호, 한국법제연구원, 2010.

김용진, 항소심을 사후심화하는 세계적 추세에 대한 법리적·법정책적 분석과 개정 민사소송절차 및 행정소송절차에서의 운영방향, 법조 53권 9호, 법조협회, 2004.

김진한, 미국 연방대법원의 사건선별제도의 내용, 기준 및 심사절차, 헌법논총 22집, 헌법재판소, 2012.

김춘호, 상고제도 개선 방안, 법조(2014.9), 2014.

남성우, 로스쿨 출신 법관 임용에 따른 의의 및 검토, 법관연수 어드밴스(Advance) 과정 연구논문집, 사법연수원, 2018.

문병효, "법원조직에 관한 비교법적 고찰 – 독일 및 프랑스를 중심으로", 강원법학 제29권(2009).

박시환, 대법원 상고사건 처리의 실제 모습과 문제점, 민주법학 제62호, 2016.

박종흔, 동아시아의 법조인 양성제도, 저스티스 통권 제158-2호, 2017.

박준선, 미국과 영국의 법관임용제도와 우리나라에의 시사점, 법학논총 제37권 제3호, 전남대학교 법학연구소, 2017.

백윤기, 수원고등법원 설치의 타당성 연구, 아주법학 제1권 제2호, 2007.

법원행정처, 외국사법제도연구(8) 각국의 상고제한제도와 상고심 심리방식, 법원행정처, 2010.

———, 외국사법제도연구(11) 각국의 항소심 운영 모델, 법원행정처, 2012.

———, 외국사법제도연구(12) 각국의 민사1심 집중방안, 법원행정처, 2012.

사법정책연구원, 한국형 대체적 분쟁해결(ADL) 제도의 발전 방향에 관한 연구, 사법정책연구원, 2016.

———, 바람직한 법관상 구현을 위한 법관 임용 및 평가 방식에 관한 연구 – 미국과 영국의 제도를 중심으로, 사법정책연구원, 2016.

———, 각국의 법관 다양화에 관한 연구, 사법정책연구원, 2017.
———, 법조일원화 시대에 걸맞은 바람직한 법관 임용제도, 사법정책연구원, 2020.
———, 상고심 재판의 개선방안에 관한 연구 – 상고이유서 원심법원 제출제도 및 재항고 제한제도 도입을 중심으로, 사법정책연구원, 2021.
———, 각국의 상고심 실질심리 사건 선별방식에 관한 연구, 사법정책연구원, 2022.
———, 프랑스 형사배심제에 관한 연구, 사법정책연구원, 2023.
———, 미국과 영국에서의 법관 임용 실태 및 근무 환경에 관한 실증적 연구, 사법정책연구원, 2023.
———, 국민참여재판의 현황 및 활성화 방안에 관한 연구 – 실시요건 개선을 중심으로, 사법정책연구원, 2024.
서울대학교 산학협력단, 항소심 구조 개편에 대한 사법정책연구, 법원행정처, 2011.
송오섭, 법관임용방안에 관한 소고, 우리법연구회 논문집 6집, 2010.
오정후, 고등법원 상고심사부 설치를 위한 상고심절차에 관한 특례법 개정안에 대하여, 법학 52권 3호, 서울대학교 법학연구소, 2011.
유주성, 프랑스의 법조인 양성제도의 현황과 비교법적 함의, 법조 제64권 제10호, 2015.
유해용, 민사 항소심 제도의 개선 방안, 사법 6호, 사법발전재단, 2008.
윤남근, 우리나라 상고제도의 개선 방안, 인권과 정의 제455호, 대한변호사협회, 2016.
윤성근, 미국 연방대법원 개혁이 우리 상고법원 신설 논의에 시사하는 점, 법률신문사, 2015.
윤홍근, 프랑스 민사소송에 있어서의 준비절차에 대하여, 재판자료 66집, 법원행정처, 1994.
이무상, 프랑스 파기원의 민사사건 이유불기재 기각제도, 법조 제68권 제3호, 2019.
이우영, 법조일원화와 평생법관제 정착을 위한 제도적 기반 연구, 서울대학교 산학협력단, 법원행정처, 사법정책실, 2014.
이인석, 2002년 독일민사소송법 개정내용과 재판실무의 변화, 사법개혁과 세계의 사법제도, 사법발전재판, 2010.
이호원 · 정선주 · 전병서 · 김희균, 각국의 상고심제도 개선의 추진 배경 및 진행 과정 연구 – 독일, 프랑스, 일본을 중심으로, 연세대학교 산학협력단, 법원행정처, 2014.
이호원, 주요국가의 상고제한제도, 인권과 정의 제460호, 대한변호사협회, 2016.
임상혁, 조선전기 민사소송과 소송이론의 전개, 서울대학교박사학위논문, 2000.

장동혁, 프랑스의 법관 양성 및 선발제도, 재판자료 제134집: 외국사법연수논집(35), 법원도서관, 2016.

장주영, 대법관 증원을 통한 상고심 개편 방향, 인권과 정의 제447호, 대한변호사협회, 2014.

전형배, 항소법원 설치와 법관의 구성 및 전문화, 강원법학 29권, 강원대학교 비교법학연구소, 2009.

정규상, 독일상고제도의 역사, 민사소송법의 제문제, 경허 김결규 박사 화갑기념.

차성안, 독일 각 주의 법관임용 및 법관연수제도의 구체적 운용방법, 재판자료집 129집, 법원도서관, 2015.

최광선, 프랑스 민사소송법상 대심의 원칙에 관한 소고, 민사소송법학회지 제22권 1호, 한국사법행정학회, 2018.

최유경, 법조일원주의 법관임용방식으로서의 법관선거제도, 홍익법학 제15권 제1호, 홍익대학교, 2014.

최희수, 국민의 재판청구권의 실질화를 위한 방안, 헌법학연구 16권 1호, 한국헌법학회, 2010.

한국민사소송법학회, 상소심 개선방안에 대한 사법정책 연구, 법원행정처, 2009.

호문혁, 상고제도의 목적과 상고심 부담 경감 제도, 한국사법행정학회, 2005.

– 국외 문헌 –

Arther R. Miller, “From Conley to Twombly to Iqbal; A Double Play on the Federal Rules of Civil Procedure”, v. 60 Duke Law Journal, 2010.

Black, Ryan C. and Ryan J. Owens, “Analyzing the Reliability of Supreme Court Justices’ Agenda–setting Records”, 30 Just. Sys. J. 254 (2009).

Brenner, Saul, “Granting Certiorari by the United States Supreme Court: An Overview ofthe Social Science Studies”, 92 Law Libr. J. 193 (2000).

Bruhl, Aaron–Andrew P., “The Supreme Court’s Controversial GVRs–And an Alternative”,107 Mich. L. Rev. 711 (2009).

Collins, Paul M. Jr., “Friends of the Court: Examining the Influence of Amicus Curiae Participation in U.S. Supreme Court Litigation”, 38 Law & Soc’y Rev. 807 (2004).

Cordray, Margaret Meriwether and Richard Cordray, “Setting the Social Agenda:

Decidingto Review High-Profile Cases at the Supreme Court", 57 U. Kan. L. Rev. 313 (2009).

Edward A. Hartnett, "Questioning Certiorari: Some Reflections Seventy-Five Years After the Judges' Bill", vol. 100 (2000).

John H. Beisner, Discovering a Better Way: The Need for Effective Civil Litigation Reform, Duke Law Journal v. 60, 2010.

Lat, David, "Kagan and the Cert Pool: Should She Jump In?" (Jun. 8, 2010), http://abovethelaw.com/2010/06/kagan-and-the-cert-pool-should-she-jump-in (lastvisited Sep.30, 2010)

Peppers, Todd C., Courtiers of the Marble Palace: the rise and influence of the SupremeCourt Law Clerk (2006).

Segal, Jeffrey A., Harold J. Spaeth and Sara C. Benesh, The Supreme Court in the American Legal System (2005).

Starr, Kenneth W., "The Supreme Court and Its Shrinking Docket: The Ghost of WilliamHoward Taft", 90 MINN. L. REV. 1363 (2006).

Stras, David R., "The Supreme Court's Gatekeepers: The Role of Law Clerks in the Certiorari Process", 85 Tex. L. Rev. 947 (2007).

Sanders, A and Young, R, Criminal Justice, 3rd edn, Oxford University Press, 2007.

Slapper, G and Kelly D, The English Legal System, 9th edn, Routledge-Cavendish, 2009.

Thompson, David C. and Melanie F. Wachtell, "An Empirical Analysis of Supreme Court Certiorari Petition Procedures: The Call for Response and the Call for the Views ofthe Solicitor General", 16 Geo. Mason L. Rev. 237 (2009).

Terence Ingman, The English Legal Process, Oxford University Press(13th edition), 2010.

Zander, M, Cases and Materials on the English Legal System, 10th edn, CambridgeUniversity Press, 2007.

저자 약력

대구 덕원고등학교 졸업
서울대학교 법과대학 졸업
서울대학교 법과대학원 법학과 졸업(석사)
중국정법대학 대학원 졸업(박사)

1996	제38회 사법시험 합격
1999	사법연수원 제28기 수료
1999 – 2000	3군사령부 군검찰관
2000 – 2002	2군사령부 송무장교
2002 – 2005	대구지방법원 판사(민사, 행정)
2005 – 2006	대구지방법원 경주지원 판사(형사, 경매)
2006 – 2008	수원지방법원 판사(가사, 파산, 회생)
2008 – 2009	중국정법대학 방문학자
2009 – 2010	수원지방법원 판사(파산, 회생)
2010 – 2012	사법연수원 연수생 수습 기획 교수
2012 – 2014	서울고등법원(공보관, 민사)
2014 – 2016	창원지방법원 부장판사(소년, 영장, 형사합의)
2016 – 2019	사법연수원 교수
2016 – 2019	고려대학교, 아주대학교, 강원대학교 법학전문대학원 겸임교수
2017	법률신문 "월요법창" 연재
2019 –	법무법인 동인 변호사
2019 – 2020	법률신문 '한국 사법시스템의 전환기 속 상고심 개혁 논의의 방향에 대한 고찰' 등 다수 논문 게재
2020 – 2022	이화여자대학교 법학전문대학원 겸임교수
2021 – 2022	법무부 법무자문위원회 남북법령연구 특별분과위원회 위원
2021 – 2023	법제처 남북법제 연구위원회 위원
2022 – 2025	고려대학교 법학전문대학원 겸임교수
2022 – 2023	한국일보 오피니언 "오용규의 삶을 바꾼 판결" 연재

〈주요 논저〉

- 명예훼손에 대한 온라인서비스제공자의 법적 책임(대구판례연구회, 2004)
- 중화인민공화국 상속제도(청연논총, 2012)
- 북한과 중국의 법제비교: 사법제도, 물권법, 가족법, 민사소송법, 형사법을 중심으로(통일사법정책연구3, 2014)
- 통행지역권의 취득시효 완성 요건 및 그 대가 보상(대법원 2015.3.20. 선고 2012다17479 판결평석)(청연논총, 2017)
- 한국과 중국의 상속법 비교연구: 중국 상속법 개정논의의 쟁점을 중심으로(석사학위 논문)
- 한국과 중국의 상속법 비교연구(서울대 아시아태평양법연구소 연구총서, 2019)
- 중국 이혼제도 및 이혼의 효력(청연논총, 2019)
- 論韓國民事上訴制度及其改革方案(박사학위 논문)

상고제도론
– 세계 각국의 상소제도 및 한국 상고제도 개혁방안 –

2025년 10월 10일 초판 인쇄
2025년 10월 15일 초판 1쇄 발행

저 자 오 용 규
발행인 배 효 선
발행처 도서출판 法 文 社

주 소 10881 경기도 파주시 회동길 37-29
등 록 1957년 12월 12일/제2-76호(윤)
전 화 (031)955-6500~6 FAX (031)955-6525
E-mail (영업) bms@bobmunsa.co.kr
(편집) edit66@bobmunsa.co.kr
홈페이지 http://www.bobmunsa.co.kr
조 판 법 문 사 전 산 실

정가 30,000원 ISBN 978-89-18-91636-1